大道自显

DADAOZIXIAN

李宗桂 著

光明日报出版社

图书在版编目（CIP）数据

大道自显 / 李家祥著 . -- 北京：光明日报出版社，2021.12

ISBN 978-7-5194-6283-3

Ⅰ . ①大… Ⅱ . ①李… Ⅲ . ①航空公司 – 企业管理 – 研究 – 中国 Ⅳ . ① F562.6

中国版本图书馆 CIP 数据核字（2021）第 177726 号

大道自显

Da Dao Zi Xian

作　　者：李家祥

责任编辑：曲建文　许黛如　　封面设计：李紫石　祖　玮

责任校对：王　磊　　责任印制：曹　净

出版发行：光明日报出版社

地　　址：北京市西城区永安路 106 号，100050

电　　话：010–63169890（咨询），010–63131930（邮购）

传　　真：010–63131930

网　　址：http://book.gmw.cn

E – mail：gmrbcbs@gmw.cn

法律顾问：北京市兰台律师事务所龚柳方律师

印　　刷：北京紫瑞利印刷有限公司

装　　订：北京紫瑞利印刷有限公司

本书如有破损、缺页、装订错误，请与本社联系调换，电话：010–63131930

开　　本：170 毫米 ×240 毫米　　印　　张：25.25

字　　数：380 千字

版　　次：2021 年 12 月第 1 版

印　　次：2021 年 12 月第 1 次印刷

书　　号：ISBN 978-7-5194-6283-3

定　　价：88.00 元

自　序

2015 年 12 月 28 日，我卸任中国民用航空局局长职务。此后连续 6 年担任中央生态环保督察组组长，间或在高校和一些论坛做些报告。不少朋友劝我说，你从军干到中将；从商干出了当年世界上市值最大的航空公司，哈佛商业评论把你列为中国上市公司卓越领导者 50 人第一名，全球上市公司卓越 CEO 100 人第 17 名；从政任中国民航局长 8 年，中国民航事业高速发展，国际相关机构把国家民航安全大奖授予中国民航局，这在世界上是唯一的。你的军、商、政经历在全国正部长级领导干部中也是唯一的。你曾出版过《大道相通》《论民航持续安全》，为什么不再写一本全面反映你经历的书呢？

我一直没写，主要认为现在能真正静下来看书的人似乎在减少，更担心写得清汤寡水对不住读者。

中华人民共和国成立 70 周年大庆一过，我就 71 岁了。真是光阴似箭，日月如梭，我突然产生了强烈的紧迫感，不是畏惧死亡，而是觉得一天都不能白活。前不久，我曾劝一位略显失意的年轻朋友，人的一生路有回绕，志存恒定，谋事在人，成事在天，始终应求天人合一之境界，追不负光阴之寸失。我同样应该赶紧再做点什么。记得《论民航持续安全》一书出版后，在与编辑座谈时，有位朋友问：人到底为什么活着？是为了权、钱、名、利吗？许多人没有权、钱、名、利，生活得很乐呵呀！有权、有钱、有名、有利者，有的却莫名其妙寻短见了。我说：人活着说到底是为了一个“情”字。

情分大情小情，国家情、人民情、党之情、事业情是大情；家庭情、亲人情、朋友情、同事情是小情。最深的情是母亲情，能作为“母”称谓的只有三者：一是生养哺育了我们的母亲，她赋予我们生命，并养育我们成人；二是母校，她赋予我们知识，并培养我们成长；三是祖国，她给予我们繁衍生息做事创业的平台，并且是我们情感和生命的最后归宿。我们不能回归于母亲和母校，因为我们的母亲、母校及一切亲友最终都将回归于祖国。

我知道我的紧迫感是因情而动，还是应该还原、思考并检视自己，说出最想说的话，捧出凝结在心中 70 多年的殷殷之情；

献给伟大的祖国！

献给我眷恋的故乡！

献给我已 95 岁的母亲！

献给一路走来帮我助我的亲友！

献给我心中的未竟事业！

2021 年 3 月 16 日

目　录

第一章　早年记忆

第二章　军旅之途

第三章 治理企业

第四章 主政民航

第一章

早年记忆

人生之旅不是事先规划的

经常看到一些名人名家在与青年学子讲课时，大谈做好人生规划，似乎人生是规划出来的。我在70多年的人生岁月中求学、从军、经商、从政，可以说没有哪一步是事先规划的。人生就像奔涌河流中的一滴水，不知哪朵浪花把你推到什么位置上。人生若是规划出来的，那人生就太容易了，谁会为自己规划一个遗憾甚至是失败的人生呢？人所能把握自己的在于走好脚下每一步，做好自己应该做的每件事。这样走着走着，不经意间就走到了新天地；干着干着，不经意间又干出了新境界。有心栽花花不开，无心插柳柳成荫，是有志者的一种目光，是志存高远的一种内涵。俗话说，“没想到”“想不到”，生活的辩证法常常是“没想”却“到”了，总“想”却不“到”。因此，坚定之心在于走好人生每一步；高远之志在于做好手头每件事。

屈指算来，从1969年参军入伍，在半个多世纪的岁月里，我经历了10次较大范围和跨度的工作变动，无一是事先规划的。在所从事的军、商、政历程中，有6次是被组织应急选派到新的工作岗位的。有人说我经常是临危受命，那是过誉。平心而论，我是非常喜欢那些具有挑战性工作岗位的。因为它更能唤起一个人心中的斗志与激情，逼着你不能懈怠，凝心聚力搏上一阵，回头一看总有收获成果的喜悦和自我价值实现的成就感。

有人问我，你多次应急性的工作调动，其中包括大跨度的角色转换都是在事先没有计划和准备的情况下发生的，但是看看你每次角色转换后的工作举措与结果，又都像是有备而来的。你是如何做到这一点的呢？

其实，一个人从呱呱坠地便开启了自己的人生之旅，在朦朦胧胧、咿咿呀呀之中便开始了对人生认知的积淀。自逐渐懂事便在大人的指导下从各种形式的学习与生活实际中识正误，辨善恶，逐步增长着自己的良知、良能，直至形成自己较为独立的健全人格，在此基础上主动持续不断地致良知，赋良能，行良善，直至认识事物的普遍规律，形成科学的思维方式思想方法，建立起自己正确的人生观、价值观以及整个世界观方法论的认知体系。自觉终生坚持知大道，行美德，而且道不坐论，行不空谈，以知促行，以行成知，从而使自己以坚实的脚步从必然王国向自由王国进发，自己的心地渐渐进入光明之境。这样就能识得隔行不隔理，隔山不隔道，遇事会审时度势，抓住关键，掌控全盘，高屋建瓴，恰当地识人断事，提出思路，指出路径，拿出举措，从而从容坚定游刃有余地应对各种复杂的情况，不犹豫、不彷徨，坚定自信适应不同场境的转换，扮演好多种角色。这一切的一切，都是从人生初始以勤奋扎实的脚步在日积月累的学习感悟和实践提炼中逐渐形成的。没有什么一蹴而成，一步登天，也没有什么天纵豪杰，人生天才，基点皆为大地之子，烟火人生……

依山傍水的小村庄

我 1949 年 11 月 23 日生于山东省峄县永安乡大洼村，那是一个依山傍水的小村庄。儿时记忆中村里只有李、武、周、潘四姓 12 户人家，都是在中华人民共和国成立前逃荒避难居留此地的穷苦人。一条弯曲的河流由西北而正北，经正东绕村向东南流去。夏季蛙声阵阵，秋、冬季河水清澈见底，游鱼成群，虾米成窝。村南一岭横亘，荒草蔽岭，野兔窜腾，野鸡横飞。村西有一座山，海拔约百米，县志记名为湖山，村里人则称它为小山。据县志记载，山上有唐代寺院，名为湖山寺，当年仍存依稀可辨庙基。山顶有合抱柏树一株，高约 5 丈，苍翠欲滴，形如伞盖，微向北倾，十数里外可见此树。是村民出远门回村的地标，谚曰：看见山上树，还有十里路。

山南半坡有银杏树一棵，相传是建湖山寺时所栽，粗壮高大，几人方能拉手合抱，是枣庄市仅存的几棵千年古树之一。那是棵母树，年年秋天金黄的银杏高挂枝头，村民相约只捡落地果，不打树上杏，免伤树上枝。

山顶还有两方巨石，石上有碗口粗圆孔，传说是湖山寺插庙旗的基石。由于村子地势低洼，稍遇大雨河水便倒灌到村里。每当此时，全村人便扶老携幼，逃上小山避水。

斯文而严厉的爷爷

村中唯一能识文断字的人是我爷爷李明富。他是十里八乡的知名人物，众人不呼其名皆称他“先生”，红白喜事执事是他的常年义务活儿。每有来请，他便换上唯一的长衫，牵着我的手前往。我最喜看他穿着长衫进出大门的姿态：右手托起长衫，前襟向上一撩，左脚跟着向后一抬，右脚向前一迈，衣不蹭木跨过门槛，很是有节奏感。此时，奶奶每每会偷偷地浅浅一笑。等事毕归来，爷爷总让奶奶给他做些吃的东西，奶奶总是边做边咕哝说：“在外当执事有酒席还不吃饱。”爷爷回应说：“妇道人家不懂，执事岂能在宴席之上胡吃海塞，那是有伤斯文、贻笑大方啊！”

每临春节，邻居及周边村民便络绎不绝地带着红纸、蓝纸来请爷爷写春联。家乡的习俗，当年家中有长者去世不贴春联，第二年贴蓝纸对联，第三年才能贴红纸对联。爷爷在他们带的纸上记下名字，每每写到晚上点灯。从我上小学起，爷爷便教我如何叠纸、裁纸、试笔。从那时起，爷爷便开始了我的书法启蒙。

爷爷虽然斯斯文文却治家颇严，有时严厉起来全无斯文气。我小叔李传宝仅比我大 4 岁，一次小叔玩闹中骂了人，让爷爷听见了，他突然大怒，一把拽起小叔扔进了水塘里。小叔在水塘里扑腾了一阵才上了岸。不过小叔从此像换了个人，再没与人打过架，长大后先当赤脚医生，工作很有成绩。后来又当了镇党委书记、区委副书记、区人大主任。小叔在水中扑腾时，有位族叔就站在岸边。事后爷爷让我去责问那位族叔为什么不下水搭救，族叔说那水塘很浅，淹不着人。我转告爷爷，爷爷悻悻地说：“浑话，淹着了人我能往里扔吗？淹不着人也要救，这叫礼数，可要记住喽！”

家世的由来

我稍懂事后问起爷爷家世，循着爷爷讲述的线索，在以后的岁月，我逐步厘清了李姓的繁衍和我们家世的由来。

据《新唐书宗室世系》和《北齐史序传》记载，李氏最早出自嬴氏，源于古帝颛顼高阳氏。尧帝时首位大理掌管刑狱要职的皋陶，以官命族，为理氏。始祖皋又称作咎繇，字庭坚，为东夷部族首领，活动中心在偃（奄），即今山东省曲阜一带。皋陶以善理刑狱而著称，他死后葬于安徽六安，他的后代，被封于英、六、许。英即古蓼国，在今河南固始县；六在今安徽六安；许在今河南许昌。自这位最初得姓的开山始祖发祥以来，后裔历经夏商各代，世为大理，承传不息。及至殷商末年封为翼隶中吴伯的李澂字德灵，以直道不容于纣，得罪而死。其妻契和氏携子利贞逃于伊侯之墟，食木子而活命，遂改理为李氏。李利贞娶母亲娘家契和氏为妻，生子叫李昌祖。李昌祖在陈国任大夫，住家于苦县（今河南鹿邑）。周康王时把苦县赐给李利贞四世孙李硕宗为采邑，世代定居。李利贞的十一代孙便是出任周平王太史并开创我国道教的始祖李耳，即老子。老子著《道德经》五千言，《史记》称为“无为自化，清净自正”，是“隐君子也”。老子是史书记载的李姓第一人，此后李氏苗裔不断迁徙，萍踪四方。

康熙选中了高祖的诗

族谱记载，峄阳（峄山之阳）李氏系出陇西，谱冠“复兴堂”。明初洪武二年从山西洪洞县迁至峄县李家庄。始祖李文公耕读传家，至高祖李克敬家道始兴。《峄县志》记载，李克敬（1659—1727）“生而颖异，五岁能咏《尚书》，八岁吟五经，十岁能属文赋诗，弱冠已为通儒，补博士弟子员”，在当地已小有名气。康熙十三年，新任知县把15岁的李克敬招到县衙，当众以《乡愁》为题命其作诗。李克敬即时咏道：“愁人不能寐，绕室转彷徨。方止思亲泪，闭眼却故乡。惊魂以一断，塞霄万里长。顽身飞不去，残梦送凄凉。”

因此在峄县赢得文名。

康熙四十六年（1707），康熙南巡至峄县台儿庄。李克敬听到消息，意识到这是一次转变命运的机会，便从滕县私塾收拾行囊，连夜赶赴台儿庄向康熙献上了《雅颂八章》：

承天抚世，稽古帝王，书契以来，未有穆穆我皇。佚殷越周，流虞漂唐，三后在天，配之弥光。

穆穆我皇，其道配天，蔼蔼如云，森森如渊。兆民游之，春草露鲜，洋洋泄泄，不能言其然。

又能言其然，何以颂我皇？不识不知，与覆载相忘。穷天亘地，外周八荒，莫不乐输将，莫不享来王。

向或有不，庭螳拟其斧，帝用亲征，士如貙虎。雷霆震惊，游魂摧沮，不诛而服，于铄神武。

圣恩湛濡，斯醴斯醹，念我兆人，如在肌肤。饥赐之脯，贫蠲之租，穷檐载舞，深宫犹吁。

恐有弗见闻，时巡于迈，世维雍矣，圣心弗懈，载察吏治，载省民瘵，四国跂祈，愿六龙蚤届。

道成治平，海宇宴宁，垂拱受之，天载无声。于以赓咸英，于以续六经，于以禅云亭，以祚我皇清。

于穆顾喜，谓有肖子，用锡繁祉，下闻民言。祝吾皇亿秭，自我民听视，惟万年万世，与天无止。

皇矣圣帝，亘古一君，治佚顼喾，德迈华勋。欢祝雷动，齐寿苍旻，亿万斯年，沐我皇仁。

这种诗经体的雅颂，当然是歌功颂德。但是，诗中所陈康熙功德，也不是无原则地吹捧，大体上反映了康熙皇帝的功业。

时献诗赋者六七百人，筛选进呈21卷。李克敬所做雅颂八章，钦选第一。康熙四十七年，李克敬山东乡试第十二名；康熙五十四年，李克敬赴京参加会试，高中二甲第九名为进士。因康熙帝南巡知其名，将其选为翰林院庶吉士，名声大噪。李克敬晚年归籍，致力于文化教育事业，所建明伦堂为当时峄县唯一学堂。重修峄县文昌阁时为峄县唯一图书馆，此后数辈人皆以耕读为业。至曾祖父为鸦片所误，家境日渐衰落。祖父李明富幼时读私塾，因生计所迫辍学为富家长工，曾从奉军年余。因贫难婚配，家人以换亲之法（祖姑母嫁与刘家，刘家之女嫁与赵家），为祖父聘微山县夏镇赵氏之女为妻。祖母李赵氏为人慈善谦和，善于持家，兵荒马乱之年能聚家衍世，实属难能。

外祖父武学新，家居峄县永安乡西山阴村，距大洼村之南近两千米，家境稍殷实。1948 年父母成婚，我出生时举国已红旗遍地，祖父为我起小名红祥。

老鼠夹子逮住了人

儿时美好的记忆非常短暂，我虽是家中长孙，却在外祖父家受到宠爱似乎更多些。姥姥去世早，二姨武秀英 20 多岁就病亡了，作为长女，外祖父的家务常由母亲帮助打理。母亲说，我是在外祖父家由三姨背着长到学会走路的。记得我会走路后，一次三姨没看住，我拉开菜橱去拿老鼠夹子上挂的油条，一下子被夹住了手。大人们哈哈大笑说："这下可逮住了个大老鼠。"在我的哭闹中三姨却挨了一顿打。三姨武秀铃 50 多岁就被肝癌夺去了生命。那一年得知她病重，我去看望她，当我把一沓人民币放在她怀中时，三姨带着泪花的眼神忽地亮起来，那眼神既充满着对延续生命的渴望，又饱含着我对她孝敬的欣慰，一旁的三姨夫竟掩面失声了。

溺水后迷上了小人书

我们村与铁道游击队第二任大队长刘金山家相距约 3000 米，小说《铁道游击队》大队长刘洪是以第一任大队长洪振海和第二任大队长刘金山两人为原型塑造的。爷爷说我们家是铁道游击队的堡垒户，一次刘金山带着一名游击队员被鬼子追到我们村。爷爷让他们把短枪藏进草房的房檐里，给他们戴上斗笠混进打麦场的人群中，躲过了鬼子的搜查。

父亲李传森少年时任过抗日儿童团团长，能认识字，打得一手好算盘，代理过铁道游击队后期的钱粮工作，新中国一成立便当上了乡供销社的主任。我入小学前他调到县委组织部任副部长。他是个不顾家的干部，把我们放在农村，不让进城，自己整天骑着自行车下乡。他白天不着家，偶尔第二天一早母亲会拿出一把糖分给我和弟弟说："你爹昨晚回来了。"我们从来不知他是何时来、何时走的。

记忆中我与父亲相处最长的一次是小学二年级的暑假。那年暑假他把我接到组织部；他整天忙工作，只在中午、晚上与我共相处，平时就把我交给宣传部部长宗伯伯的儿子平贵。平贵大我许多，当时已上高中。一天晚上，父亲有事，平贵带我去了城西大沙河边。大沙河是峄县城的护城河，水势甚大，水流湍急。暑天傍晚热气蒸人，平贵到了河边，脱下衣服让我看着便下河游泳。我看他在水里那样得意，趁他不备也试着在河边蹚起水来，蹚着蹚着那水似乎一点一点地把我向河里拽。忽地，我只觉得两脚悬空，天旋地转，两耳嗡嗡作响，不见天、不触地，忽忽悠悠，飘飘荡荡，顺着水流翻滚而下。"小祥！""小祥！"不知过了多长时间，隐隐约约从上游远处传来呼唤声。这时我觉得脊背一下子着了地，顺势在河湾的浅滩处坐了起来。平贵疯了似的呼喊着从上游奔来。他发现了我，一下把我抱出浅滩，周身看了一遍，见无伤痕，问道："喝水了吗？"

"不知道。"我回答。

"呛着了没？"他又问。

"不知道。"我又答。

他摸了摸我的肚子说："回去可别告诉大人啊。"这事父亲似乎还是知道了，他不再把我交给平贵，而是给我找来一堆小人书，他去上班时就让我一本本看小人书，下班回来还不时问我小人书的内容。我被小人书给迷住了，捧着字典，常常看到父亲催我吃饭才作罢。

父亲给的小人书不够看了，我就去县委附近一家书店的小人书专柜阅读。一次，书店阿姨说："小朋友，这里不是阅览室，不能光看不买的。"我说："阿姨，不看怎么知道买哪本呀。"她可能觉着我嘴甜，笑了笑不再言语，等我下次再去，她还主动拿出新到的小人书让我看，不再提购买的事。

该回家上学了，平贵哥特地把他从前阅读过的两捆小人书送给我。村里的大人们大都没有读过书，我成了村里的小故事员，阴天下雨大人们总要把我叫去讲小人书中的故事。特别是那套《三国演义》，我能不看本本从桃园三结义讲到三国归晋。村里辈分最高的六太爷说："这孩子将来会有出息。"从此以后，读书成了我最大的爱好，而且什么书都喜欢读，一捧起书一切皆忘，读着读着就与书中的人物、事理交融了。读古代书仿佛在与古人对话，能领略到其中风姿情怀，有一种历史的穿越感。比如读诗词，忽而会被带入"感时花溅泪，恨别鸟惊心"的忧愤；忽而被带入"会当凌绝顶，一览众山小"的旷达；忽而被带入"采菊东篱下，悠然见南山"的闲适；忽而被带入"人生自古谁无死，留取丹心照汗青"的豪迈；既有"春风得意马蹄疾"的欢快，又有"鼓角灯下老泪多"的隐忧……有时你还会从中思别人所未思、发别人所未见。

琵琶女不是羞怯是机警

有一次与几位朋友聊起白居易的《琵琶行》，这是列入高中课本的诗词名篇。其中有广为人知的名句"千呼万唤始出来，犹抱琵琶半遮面"，写的是琵琶女从船上被叫出来的神态举止。许多教材和老师把这句讲解为描写琵琶女羞答答的样子。我说，我没读过高中，以我对《琵琶行》全篇的认识，我认为这句主要不是描写琵琶女的羞怯，而是描写琵琶女的胆怯与机警。理由有以下两点：第一，看《琵琶行》的场景，开篇便是"浔阳江头夜送客，枫叶荻花秋瑟瑟"。清冷的夜晚，秋风萧瑟，在江边一条孤船上，一个弱女子只身弹琴，听到陌生人的呼唤，第一反应应该是担心害怕，她能轻易出来吗？经过千呼万唤，她判断可能不是坏人。如果是坏人，不会千呼万唤，可能只一声呼喊或一声都不呼唤直接上船叫人了。据此判断，她才“犹抱琵琶半遮面”出来了。用琵琶半遮面不是害羞，而是遮住脸面在偷看观察。第二，看琵琶女的自述：“十三学得琵琶成，名属教访第一部”，“五陵少年争缠头，一曲红绡不知数。钿头银篦击节碎，血色罗裙翻酒污。今年欢笑复明年，秋月春风等闲度”，直到“老大嫁作商人妇”。她 13 岁便进入教坊演出，长期浸淫在风月场中，早已把与富家子弟打情骂俏、醉酒嬉闹习以为常了，直至大龄嫁作商人妇。这样一个过来人在陌生场合不会再害羞，更多的是机警与防范。还有诗的结尾：“座中泣下谁最多，江州司马青衫湿。”多数教材只解释是因为白居易与琵琶女同是天涯沦落人，相逢何必曾相识，产生了更多的同情与共鸣，所以才“泣下最多”。其实还有一层，白居易是文人墨客，文人墨客易多愁善感，若是遇上了张飞、李逵式的人物，可能就不会“泣下了”。我一说完，几个朋友便鼓起掌来，说这个解释有意思。

唐代长安的能见度大于 50 千米

读名著名篇第一遍和第二遍是不一样的，同一名著名篇在不同年龄段甚至在不同场景下看也是不一样的。有时看似东一篇西一篇的东西，放在一起联想，可能萌生一个新观点。2017 年我带领中央生态环保督察组在陕西省督察生态环保工作，在与一位省领导谈话时我说，西安的空气清洁度在唐代是超级优质的，能见度大于 50 多千米，而且 100 多年稳定不变。

他说：“没听说唐代能见度这方面的记载啊，你怎么知道的？”

我说：“有诗为证呀。祖咏（699—746）有一首名篇《终南望余雪》：‘终南阴岭秀，积雪浮云端。林表明霁色，城中增暮寒。’说在长安城望终南山，北阴秀丽，皑皑白雪，若浮云间，雪后初晴，林梢夕阳余晖闪烁，使长安城中平添了几许寒意。长安城距终南山 50 多千米啊。杜牧（803—852）有名篇《过华清宫三首》，其一是：‘长安回望绣成堆，山顶千门次第开。一骑红尘妃子笑，无人知是荔枝来。’是说从长安回望骊山，华清宫花团锦簇，楼阁次第层叠，看到那驮着荔枝的快马飞奔而来，妃子们心花怒放。可一般平民百姓哪里知道那马是在为取悦妃子们运荔枝呢？长安城离骊山华清宫多远？也是 50 多千米。这两位唐代著名诗人年龄相差 100 多年。一位是从长安城往南看，一位是从长安城往东看，能见度都是 50 多千米。是他们告诉我唐代西安能见度 50 多千米且百年不变。”

那位省领导笑道：“佩服佩服，唐代诗人也在促我们抓生态环保了。”

有位朋友对我说：“与你交流，感觉你读了许多许多书，你读书有何基本方法？”

我说：“滴水穿石。”

他说：“那就是持之以恒喽。”

我说：“滴水穿石，可不仅仅是持之以恒呢。第一是持之以恒，坚持不懈。第二是方向专一。如果东滴一下，西滴一下，到处乱滴是难以穿石的。读书也要一段时间相对集中精力于一个方面，争取读懂悟透。第三是要有一定的力度，如果轻飘飘地滴，只会生青苔，而不能穿石。读书的力度除了坚持还要用心思考，综合联想才能收博观约取融会贯通之效。学而不思则罔，不思等于没过脑子，不但难明其意，连记都记不住。”

当然，每个人阅读的方法和感触点是不一样的。一次，一位同事向我诉说其失眠的苦恼。我估摸着找了两本适合他读的书送给他，建议他失眠时不妨读读书。第二天他兴冲冲地对我说：“你的办法真是好，那书我看了一会儿便睡着了。”

我笑道：“开卷有益不是虚传呢。”

母亲转干的机会被父亲搅黄了

母亲武秀蕊，新中国一成立便是村妇联主任。后来乡里想调她脱产到乡里做妇联工作，父亲硬是阻拦不让去。对此，母亲至今耿耿于怀。父亲 90 岁去世，近 80 岁时得了老年痴呆症。趁他还清醒，我拉着他的手问：“爸，您还有什么遗憾和心愿吗？我替您去做。”

他直直地看着我，一顿一顿地说：“没有，没有。只有两件事心不落忍。一是对不住你妈，使她失去了转干部干事业的机会。她是能干的，却拴在家中受了一辈子苦累。二是对你和你弟弟们关爱少，你们都是靠自己拼打硬扛磨炼出来的。特别是你，你妈说没你她可能早不在了，是你自小帮助她撑起了这个家。”

父亲说的是实情。

与祖父母在一起时，我们家算是个大家庭，祖父母育有四男三女。我记事时大姑早已出嫁，伯父已成家。我父亲在男孩中排行第二，他下面还有两弟两妹，都还没成家，全家十数口人生活在一起。南向草房三间，东头一间祖父母住，中间正堂待客，西头一间伯父母住。东厢西向草房两间，北头一间我父母住，南头一间为全家灶房。院中一棵合抱粗的大槐树庇护着整个院落。树上有个鹊窝，那喜鹊只在一早一晚叫喳喳，中间很少叫。奶奶说：“早报喜，晚报财，这窝喜鹊有灵性，你们可不要乱惊动它啊。”

一篮子萝卜分了灶

1958年全民大炼钢铁，大人小孩儿都忙活。村边垒起了座座小高炉，全村人往炉中投矿石的投矿石，添炭的添炭，耐力好的不停地拉着风箱，整个村子弥漫在烟雾中。各家停灶，吃饭都到村里的公共大食堂，大呼小叫，你拥我笑，煞是热闹。该出钢铁了，人们使劲地敲着锣鼓，从炉中搬出的不是钢，而是块掰不开、砸不动、扔掉可惜、不扔无用的黑坨坨。临近冬天，没了粮食，大食堂散伙，各家重新自起炉灶。祖父把全家人召集在一起，他没了往日的神韵，但仍不失斯文地说：“劫数！劫数！分久必合，合久必分。他大嫂二嫂，从明天起你们带着孩子们也各自起灶吧。”大伯母闻言先抽泣起来，母亲似乎坚强些，凄然地说：“俺听爹的。”大伯父李传宗是村长，忙公务外出不在家，爷爷当即带着叔叔靠西墙先给大伯家搭了个灶房，然后靠着我们住的东厢房北墙给自己搭了个灶房。因我们的住房连着老灶房，爷爷让我们仍使用老灶房。

掌灯时分，母亲让我到爷爷处领回了分得的唯一物品：一篮子胡萝卜。临别时，伯母从自己的篮子中挑了两个最大的胡萝卜放进了我的篮子里。善良的伯母因饥年得了胃病，后来转为胃癌，40多岁便去世了。

帮助母亲撑起家

此后大饥荒便弥漫开来。人们都在奋力寻找可以食用的东西，野菜、谷糠、榆叶、薯秧……凡能吃的都往家中收拢。母亲请西院李传训族伯专门给我编了个适合我背的粪箕子，又给我买了个小镢镰，让我也加入了寻找食物的人群。头一年庄稼长得好，可是没得收。冻在地里的地瓜，算是当时能找到的最佳食品了，虽然化冻后软乎乎地煮不烂，但是不苦，还略有点甜味，成了当时大人和孩子的最爱。我随着大人们早出晚归，沿着地瓜垅一遍遍刨着冻土翻找。傍晚，母亲站在村口张望着，看到小小的我背着满满的粪箕子的残地瓜一歪一歪地归来，嘴里总是上气不接下气地念叨着：“我孩子，我孩子……”

母亲病了，很重，时不时吐着殷红的血。父亲带她看了几家医院总也不见好。母亲拖着病体，还要照看一岁的妹妹和两个幼年的弟弟，重活只能落到我身上。10岁的我仿佛是个大人，家中担水，母亲专门找人给我买了一对小号水桶；召开村民会议由我代表去参加；分得的自留地和菜地由我学着种植；家中无闹钟，一早看着启明星的高度，自己做碗地瓜汤吃了去上学；放学后按照母亲的吩咐忙里忙外，要么是背着粪箕子到野外捡粪，倒进自家的自留地或菜园子里。夜深人静时，母亲常常变戏法似的拿出一小条烤过的豆饼，轻轻塞给我：“你弟弟都吃了，这是留给你的，快吃了吧。你正长个儿，明天还有许多活儿等着你干呢。”我一吃完她马上又递一碗温开水：“再喝碗水送送，这样你就不觉得饿，能睡好觉了。”

最艰难的是1960年，那年冬天格外冷。年前一入冬，一位亲戚悄悄告诉母亲，峄城南郊吴林一带正在收储大白菜，有不少丢弃的白菜帮可拣回储用。接连几天一大早，母亲让我牵着生产队的那头最小的毛驴，每天往返40多里，跟着那位亲戚去捡拾。捡拾的白菜帮装在麻袋中，由小毛驴驮回来。嫩一些的白菜叶，母亲就储在地窖中。那只小毛驴基本为我专用，因其太瘦小，大人们很少用它，偶尔有人牵它，它也不跟。每次我去牵，它都顺从地跟着走。从此，每次到枣庄煤矿捡炭等需要它驮东西的活儿，它就成了我的好伙伴。

五个饺子全家的年

转眼间，1960年春节到了。节前父亲不知何时拿回一袋荞麦皮，一袋酒糟。母亲用这些和着地瓜粉贴饼子，弟弟吃了拉不出，母亲常常帮着一点一点往外掏，弟弟难受的样子和母亲无奈的表情一直印在我的脑海里。

春节那天，少了往年的欢笑与鞭炮。一大早，我和二弟、三弟及小妹都穿着前一天晚上母亲找出的干净衣服静静地围在锅台边。没有丸子、肉、鱼、饺子、糖果等过年的一应景物，看着母亲把两盘切碎的豆饼、花生饼和着我年前捡的嫩白菜叶一起放进锅里，我使劲地拉着风箱，盼着尽快煮熟。

“二嫂！二嫂！”本族三婶隔着短墙叫着母亲。

母亲起身过去，返回来手里捧着两只扣着的碗。我停下风箱和弟弟、妹妹一起盯着母亲手中的碗。母亲在锅台边蹲下，轻轻地揭开了扣着的碗。哇！饺子！饺子！5个冒着热气的饺子！母亲让我们每人拿了一个。没品出什么滋味儿，我们就把饺子吞进了肚子。碗里还有一个，那该是母亲吃的。俗话说，不吃饺子不算过年，可是最终母亲也没吃，她把那个饺子留给了仅1岁多的小妹妹。

可怜的小妹妹到头来还是没熬过1960年。那年深秋的一个星期天，我从外边背着野菜回到家，只见母亲失神地坐在门边。我叫了声：“娘！”她没回声，起身紧紧地拢着我的肩头，进屋之后平静地说：“你小妹妹没了，中午吃了野菜粥一直吐，吐着吐着就没气了。”我放声大哭起来。母亲劝我：“别哭，别哭，没了也罢，省得跟我受罪了。”

得知小妹妹是奶奶用旧絮裹着在怀中抱了许久才葬在小山的阴坡时，我挣脱母亲，疯也似的哭着向小山跑去。母亲追不上我，唤着路过的族叔拦我。族叔一把抱住我，劝道："小孩子下了葬是不能惊动的，那样会使她散了魂，使她永远找不到归处。"我只得作罢。

小山阴坡的脚下，有一条村子通往乡镇的小路，那是我每天上下学的必经之处。每次路过，我都忍不住向山上多看几眼。有时会停下脚步，凝望着山坡上起伏的碧草，晃动的小树，摇曳的山花，它们哪一簇该是小妹妹呢？

家乡的习俗，小孩子夭折，做母亲的要回娘家避几天。母亲交代我照看弟弟的事项后，便起身去岭南山阴村外祖父家。我送母亲到村南，母亲一步一回头，走着走着，那脚步明显加快了。离我有相当的距离后，她又回头望了我一眼，脚步近似于小跑了。紧接着，瑟瑟的风送来母亲的声声号啕。唉！这条连接山阴与大洼的三里乡间小道哟，自从 10 多年前母亲在喇叭声中乘着花轿被抬进大洼，她曾无数次地来回行走，该承载过她多少美好的憧憬与欢欣，又记录着她多少无奈的伤心与情愁啊。

生性达观的母亲

母亲在外祖父家住了一天就回来了，她放心不下自己的 3 个未成年孩子。此后她从不主动提起小妹妹的事。母亲非常达观，她认为过去的事就要让它赶快成为过去，无法挽回的事不再萦怀。她的生活态度是记住美好，忘却愁肠。她曾说："愁苦，愁苦，越愁越苦，除却愁苦才能纳福。"在人际关系上，她认为应该是亲望亲好，邻盼邻安，妒忌，妒忌，妒忌有毒，毒不着别人，先毒自己；人皆有错，莫记人过，记仇，记仇，仇是记出来的。记人仇，自己愁；给人让让路，自己脚下宽；要记住别人对自己的好，忘记自己对别人的好，不然总觉得别人负己，心气不畅。

一次我做作业时，听见她与人聊天，那人问："去年你借出的 5 元钱（当年 5 元钱在农村就算钱了）人家还了吗？"

"没有。"母亲说。

“你该要啊！”

“都是亲戚邻里的，他有钱会主动还的；他没有，你要也还不了，反倒伤了情分，人重钱轻！”

人重钱轻，包括以上种种，都成了我终身的信条。

全村大食堂生活结束后，村里实行按工记分、年终按工分分配制。母亲身体不好，为能多挣点工分，年底多分些东西，我除了帮母亲做家务，还尽可能多地参加生产队的劳动。大人的活儿干不了，就主动干些适合我干的活儿。当时全村的牲畜是集体饲养，依我当时的年龄最适合干的就是割草放牧了。放学后、节假日，我经常赶着生产队的牛、驴去放牧或割草交给饲养场。1961 年的一个夏天，我在埋头割草时，突然雷声炸响，抬头一看，狂风裹着乌云，瞬间瓢泼大雨漫天而下。我急忙背起粪箕子，提起镰刀跑向附近的瓜棚。被淋成落汤鸡的我奔跑中脚下一滑摔了个仰面朝天，只觉得左上臂剧痛难忍。转头一看，只见地上有一条肉，血水泥水混成一片。原来我摔倒时左臂砸在右手握着的镰刀上，割下了左臂上的一条肉。我赶忙爬起来脱下背心，缠上伤口跑向离得最近的东山阴卫生所。值班医生查看了伤口说：“按说你这伤口该缝线，可咱这里不具备，只能给你清洗后放上消炎粉，如果不适你再去大医院吧。”

我说：“叔叔，我在野外割草没带钱。”

他说：“你这孩子好坚强，不要钱了。”

我带着伤臂回到家，向母亲讲了经过，母亲又流了一场泪。还好，伤口很快就长好了，不过左臂上至今留着 1 厘米宽、10 厘米长的伤疤。

煎饼咸菜三年学

度过了 1961 年、1962 年，光景就渐渐好转了，1963 年我考入枣庄市第三中学初中班。这所中学成立于 1956 年，1963 年作为试验，从全市招收了 200 名初中学生，以考试成绩依次编了 4 个班，每班 50 人，我列第一班第 37 名。学校离我家 20 多里路，除了家在市区的学生，其他人大都住在学校。非农业户口的学生凭粮票买饭票在学校食堂就餐。农业户口的学生，每周六下午回家，星期天下午背着家中做的能吃一周的煎饼、咸菜返回学校。家中条件好的农村孩子可在学校食堂买些热菜热汤。此后3年，我就过上了每周回家背一次煎饼、咸菜的生活。

医学专家讲，人的疾病三分之一是治好的，三分之一是自愈的，三分之一是不治的。母亲的病在1963年竟神奇地自愈了。即使这样，因弟弟小，事务多，家中自留地和菜园子的种植仍由我打理。每到周六下午，我便早早离校，经常直奔自留地和菜园子。二弟早在那里带着工具等着我，一块儿干到天黑才回家。第二天再干一天活，直到晚上才背着母亲为我做的地瓜干、煎饼返回学校。三叔李传勤在枣庄煤矿洗煤厂任厂长，周六、周日也时不时骑着自行车接送我离校或返校。

据说，人的口味偏好主要是在童年、少年时期形成的，我对此深信不疑。此后，我参军入伍，走遍全国的山山水水，品过全国各地的风味；调入中国民航之后，飞遍世界各地，尝过多国大餐。若问我什么最好吃，煎饼仍是我的最爱。母亲深知我这一点，每次我离家出远门，总要亲手给我做些煎饼。为使煎饼放得久，她还要再加一道工序，把煎饼做成酥酥的煎饼卷。后来不管我在哪里工作、任什么职务，每次回家她仍坚持不辍。2014年，87岁的她不慎摔坏了股骨头。我急急赶回枣庄，朋友请外地专家给她做了股骨头置换手术。手术非常顺利地完成后，她从麻醉中醒来，看见站在病床边的我，母亲蜷缩着瘦小的病体，眯着泪眼，弱弱地说的第一句话是：“娘没给你做煎饼呢。”我忽地泪流满面了。一旁主管副院长王玲女士哇的一声掩面跑出了病房。

卖了肥猪买回一块过时的肉

在边学边劳动中，我成了种植的能手，尤其那几分菜地长得总比邻家好。家中还养了猪，以粗菜喂猪，以猪粪肥田，形成了良性循环。第一次养猪是在1961年秋天，母亲让大舅帮助买了个猪娃。那猪娃特小，全身漆黑，腰间一片白，嘴巴翘着，刚买来哼哼叽叽的，就让它待在灶房里。一天，忽然不见了，母亲就让我和弟弟到处找。还好，最后在村东河沿的一个猪群里找到了它。我把它抱回家，母亲怕它再跑了，请人帮忙垒了个猪圈，把它圈起来。我从外归来，总会带些它喜欢吃的食物喂它一会儿，它也越来越乖，只是食量越来越大，第二年长成了个大肥猪，人见人夸。有相熟的来找母亲想出高价悄悄买走，父亲知道了，告诉母亲这猪不能卖给私人，只能卖给国家。那时国家对生猪实行统购统销，城里人凭肉票买肉，农村人把猪卖给国家时发给一定数量的肉票。猪允许私养，但是严禁私宰私售。

实在没有更多的猪食供养了，母亲给它喂了最后一顿饱食，请邻居帮忙把它捆绑起来，放到架子车上。我拉上车子，母亲跟着，直接把它送进了市肉联厂。肉联厂根据膘情先定级，再定价，然后根据猪的重量发肉票。那猪长得实在好，肉联厂给定了个特级，最高价，发了一沓子肉票。母亲数了数钱，欣喜地说："再攒些就够翻盖老屋了。"

卖了猪总是要买些肉回家的。在买肉时，母亲围着肉架子看了一遍又一遍，问道："师傅，有没有更肥些的？"

那位卖肉的师傅打量了一下我们说："今天的鲜肉都在这里了，你要更肥的东墙上倒是挂着一块，只是时间长了点，要不我取下来你们看看吧。"说罢，他搬来梯子取下了那块肉。那肉长条形，真的有些时日了，肉皮已经变硬泛黄，内侧倒是挂着满满的膛油，膛油已经风干起了薄薄的膜。

母亲提着掂了掂交给我，又走到肉架子边，提起一块肉掂了掂，悄悄对我说："好像比鲜肉轻不少呢。"

卖肉的师傅似乎看出了母亲的心思，说："这块肥肉起码风掉了一两斤水分。"

我低头闻了闻那块肉说："师傅，这肉已经有味儿了，不信你闻闻。"

我先让母亲闻了闻，母亲说："还是小孩子鼻子尖，这肉真的有味儿了。"

我把肉提给了师傅，师傅闻了闻说："不明显呀！"

我说："明显就不能吃了，谁卖了活猪买块臭肉回家呀？"母亲也犹豫起来。

师傅见状说：“这肉真的还能吃，我看你们也不易，我给领导说说每斤降价一毛钱卖给你们得了。”

当时新鲜猪肉价钱是七毛三分钱一斤。我说：“减半吧。”

师傅看看我笑笑说：“头一回见小孩子会砍价。”说罢转身请示领导去了。不一会儿师傅回来了，不容置疑地说：“领导说了，减半算账太麻烦，就按四毛钱一斤。”

母亲又提起那块肉闻了闻，冲我说：“就这吧。”

母亲觉得捡了个大便宜，回来便忙开了。她先把那块肉用开水烫了一遍，然后浸在温水里。第二天一大早，母亲便把那块肉的肥膘一点点割下，炼了满满两坛子大油炒菜用；把肉皮和着佐料炖了个烂透，连同炼油滤下的油渣剁了一大盆萝卜饺子馅，招呼我和弟弟和她一起包饺子。那天二弟风箱拉得特带劲，中午饺子便出锅了。母亲先盛了两碗，让我给爷爷、奶奶送去，挨家邻居让弟弟分别送去一份。然后，她特地盛了一大碗扣上，亲自隔墙喊族家三婶接过去。这一切完毕，我们全家才开始吃饺子。那饺子真是香极了，我和弟弟吃得满头大汗。母亲开始和我们一起吃，吃着吃着慢了下来，接着眼圈变红了，跟着两行清莹的泪珠顺着两颊滚落下来。

“娘，你怎么哭了？”二弟见状问道。

娘没看二弟，却看了我一眼说：“娘刚才给三婶送饺子被风眯了眼，快吃饺子吧。”

我知道娘心疼我们几年都没这样吃过饺子了。这光景，她一定想起了1960年没了的小妹和那年大年初一的5个饺子。

好马别卖驴价钱

家中自留园种的菜吃不完，母亲就经常让我到十里泉铁厂等处去卖掉补贴家用。茄子、韭菜、黄瓜、豆角、辣椒轮着卖。铁厂有位郭师傅总选我的菜，慢慢熟了，他怜我年幼，除了按价付钱，还时不时悄悄塞给我个玉米饼子或白面馒头。我也在卖菜中领悟出买卖的真谛。人脉是物流的最好渠道；卖点是要价的最好依据。有一年，春节过后家中还有储藏的萝卜待处置，否则一糠就处置不掉了。我推了满满一车找到郭师傅，他二话没说，全部收下，并付了很好的价钱，还说若有再送来，厂子1000多人，一车还不够厂里每人一份菜呢。

2004年，中国国际航空公司上市，我任中航集团总经理、国航董事长。两家中外知名保荐机构做的估值模型被我连续3次否定。他们不无轻蔑地说："李总，你可是军旅出身，没卖过股票。"

我回道："不错，我是没卖过股票，但是我卖过黄瓜。"

他们说："卖股票和卖黄瓜可不是一回事。"

我说："实质是一回事，都是个'卖'字。卖东西你们知道卖的是什么吗？"回答说卖的是价值。我说："不对，卖东西卖的是卖点。比如卖黄瓜，你不能吆喝黄瓜可以吃，而是要吆喝黄瓜的卖点。你们知道黄瓜的卖点吗？"他们面面相觑。我说："黄瓜的卖点一个是鲜，一个是嫩，就是头上顶花，身上带刺，这样的黄瓜才能卖出好价钱。你们做的估值模型仅从航空股票一般性出发，没充分反映出国航的卖点。"我接着讲了国航的五大卖点，并提出把每股的价值由1.6元提高到2.6元，最终路演后提高到2.98元。上市开盘即涨到3.22元，涨幅8%。按最初的估值只能募集54亿元，按调整后的估值，最终募集达107亿元，事后皆大欢喜。上市保荐机构与上市公司操作上并不是完全一致的。上市公司追求的是上市能卖出公司真正的价值，而保荐人往往追求的是确保卖出去。只要能卖出去，他们就能拿到佣金。因此，上市公司要当心别人把自己的好马卖成了驴价钱。

1966年，文化大革命的风暴席卷全国，正值选择高中还是报考其他学校的初中学子们，有的一抖身变成红卫兵小将，有的不够小将条件或不愿意做小将的则成了逍遥派。家中有许多农活等待的我进入了逍遥派行列。

一天，母亲忧心忡忡地说："你爹好多天没音了，明天你去峄城看看。"那时父亲已任枣庄市峄城区组织部部长，第二天一早我便赶往峄城。一进西关街，便看见街道上人山人海，口号阵阵，造反派正押着走资派游街。

我挤进人群，看见了胸前挂着大牌子的父亲，牌子上写着“打倒走资本主义的当权派李传森”！名字上打着粗粗的红 ×。父亲头戴高高的纸筒帽子，佝偻着腰，和几个装扮与他一样的人被推搡着踽踽前行。我挤出人群，飞快地跑回家，将所见一五一十地告诉了母亲。母亲让我别告诉他人，急急地找爷爷去了。

午夜时分，我被说话的声音惊醒，父亲回来了。爷爷把伯、叔等召集在一起说：“传森流年不利，要在家中躲避些时日。我看造反派不会放过他，防备人家抄窝，他不能住在家里。现在正是夏季，青纱帐已起，村北大坟地、南岭东头滩、村西小山上，还有村东河沿湾，这几个地方可以转着躲躲。夜间你们兄弟几个轮流做伴，白天饭食可让红祥装着割草的样子送一送，先躲过夏秋再说。”

第一次拒绝父亲

从第二天起，每到早、中、晚，我就把母亲做的饭藏在粪箕子中，装作外出割草的样子送到父亲藏身地。

一次，父亲吃过饭从身上掏出一封信让我去峄城交给他的一个同事，并说：“找不到那个人就买张邮票贴上，把信投入邮筒里。”

我说：“这封信不能送，一送说不定就暴露了您的行踪。造反派对我及那位叔叔有无监控都不好说，就是您那位同事现在是什么状况也不知道。动荡时期大浪淘沙，鱼龙混杂，有的卖身投靠，有的告密邀宠，有的落井下石，您还是按爷爷说的躲一段时间再说吧。”

父亲慢慢收回了那封信，望着我说：“你长大了。”

爷爷真是料事如神，父亲回家躲避仅几天后的一个漆黑深夜，全村的狗狂吠起来。只见无数手电筒灯光四处乱晃，造反派们把村子围了个水泄不通，逐家查找父亲。由于爷爷布置得缜密，造反派们扑了个空。

不该蹬的那一脚

父亲的工资停发了，母亲让舅舅给我买了一架独轮车，我加入了大人们的卖沙队伍。小我两岁的二弟家祯也停了学，帮着我捞沙、拉车；三弟家福小小年纪有时也来帮着干。一次雨后路软地滑，二弟不小心拉偏了车，我没稳住把，车子一下陷进路边的泥水里，接着便翻了。一天的辛苦泡了汤，我把空车扶正，气恼地蹬了二弟一脚，二弟委屈地坐在泥水中哇哇哭……每思及此，我都痛悔不该蹬我二弟那一脚。

说是入了学，其实是下了井

1967 年秋天，学校通知初中毕业了一年多的我选择下一步的就学方向。当时父亲“靠边站”，每月仅发 12 元生活费。弟弟们正处学龄期，靠身体单薄的母亲支撑全家仍是件难事。恰逢枣庄煤炭技工学校成立，考虑到上技校费用少，下井有补贴，毕业就业早，我拒绝了老师劝我读高中的好意，毅然报考了枣庄煤炭技工学校，被分到井下机电专业班。学校在垎塔埠，离家很近。

说是上了学，其实是下了井。上学没几天，学校为我们发了黑色矿井服，派我们到枣庄煤矿的所属矿井去挖煤。有的同学对此有意见，我还是很乐意的。一来发饭票，饭食好；二来有补贴，给零用钱；三是我很喜欢那身黑色矿工夹克服，穿上两手一插挺帅气，甚至夏天都不舍得脱下。一次父亲的同事贺阿姨在街上遇见我说：“怎么大热天还捂着件黑衣服，多热啊！”她拉着我试了件衣服，非得替我买下换了不可，我硬是没答应。

不知为何，枣庄煤炭技工学校开办不到一年就停办解散了，这下可急坏了全校数百名同学，共推几名代表去市里交涉。市里说权限在省里，代表们又跑到济南反复上访。后来上头的答复是学籍转工籍，学生变工人，这是后话了。到了 20 世纪 80 年代大兴文凭之风时，那批学生代表又为文凭的事反复上访。上头答复凡上过枣庄煤炭技校的一律确认为中专学历，我当年就收到过用其他形式代章的中专文凭确认证明，这更是后话的后话了。

在枣庄煤炭技工学校奄奄一息之时，我见不能正常上学，干脆就回家继续推车卖沙了。那年小弟李家忠出生，我又帮母亲顶起了全家的外界事务。

父母成婚后就一直住在东厢土坯墙老屋中。那屋实在太老了，墙皮时常掉渣，遇连阴雨屋内滴水不断，地上泥土泛潮，物品统统长毛。从早几年起，母亲就一直筹备着翻新老屋，二舅武德选、三舅武德浩、四舅武德堂老早就一早一晚地忙着在南岭起石头。等到正式动工盖房，亲戚邻居都来帮忙。几天的工夫，两间老屋翻盖成了三间北房，土墙换成了石墙，母亲脸上洋溢着满足和成就感。在翻盖房子中，出力最多的是大舅武德洋。他是当地有名的能工巧匠，打得一手好石料。在备料的数月里，他经常一早一晚赶来，对关键石料逐一精心打凿，那些房门、房角、露脸处的石块均出自他的一凿一錾。可惜好酒误人，后来 50 多岁的他与朋友一起饮酒，备的酒喝光了，已喝过量的朋友误用装过农药的空瓶子打来散装的白酒接着喝。二人双双农药中毒，朋友侥幸得救，大舅最终没抢救过来。身处数千里之外的我，得此噩耗哀痛得几夜难眠。

差点漏接了一位将军

1968 年冬天，北京军区空军来枣庄市接新兵。得此消息正在河滩捞沙的我，未来得及告知父母就跑到公社武装部报了名。没几天，接兵部队负责人王小喜便来家访了。当时父亲仍处于“靠边站”“挂起来”的状态，既无工作，也无结论。在是否允许我入伍一事上，接兵部队政审时发生了分歧。一种意见认为我父亲算是走资派，我入伍政治条件不合格；王小喜等人认为我家抗战时期就是铁道游击队的堡垒户，历史干净，政治过硬；父亲虽然“靠边站”，但是没定论，一旦“解放”，转眼还是革命干部，兵苗很好，不接可惜。最后王小喜打包票说：“这个兵如果接错了由我负责，分兵若是没人敢要由我带走。”

我最终被批准入伍了。离家那天，我揣着入伍通知书到全村各家告别。母亲用一块旧蚊帐布连同她专门做的煎饼和父亲送的《毛泽东选集》四卷给我裹成了一个包袱。装煎饼时，我说部队伙食比这儿好，煎饼就不带了，母亲没同意，说："到时候你就知道了。"军车开动前，父亲和叔叔赶到车站来送我。父亲往我口袋里装了一张钱，两元的，淡绿色版。

还真让母亲说准了，尽管兵站伙食不错，但是闷罐子军列新兵多，停车时间短，饭点车一停，新兵下车就抢饭。记得在石家庄车站一位新兵抢饭时，军帽掉进了菜锅里，他干脆顺势捞了一帽子菜端上了车。没等到驻地，那些煎饼就被我和同伴吃光了。

王小喜是个言而有信的人，他真的一直把我带到他所在的部队，并一直关注着我的成长进步。他负责部队后勤工作时，有人向他推荐我任他下属部门的助理员，他说："这个人我了解，他的潜力比你们介绍的要大得多，还是让他在军事或政治领域去施展吧。"后来他转业到河北省石家庄市任建材局局长。1995 年夏天，我任空军某军政治部主任时，途经石家庄去看望他，谈起当年他到枣庄市接兵的往事，他朗声笑道："我还算是有眼光吧，差点漏接了一位将军。"

我的青少年岁月就这样远去了。但是它却像一坛老酒，存之愈久，回味愈甘。自小艰苦的生活磨砺不仅成就了我健全独立的人格，为我日后在许多场景下应付裕如打下了坚实的根基，更使我从中逐渐品味出了些许真切的人生真谛，使我在漫漫人生之旅中步步迈出扎实的脚印，不迷茫，不懈怠，一些感悟至今仍甘之如饴。

人的潜能往往是逼出来的

人对经历的辛酸与甘甜的记忆是不均衡的。记忆神经对辛酸，特别是痛苦的记忆往往更深切和持久，尤其那些刻骨铭心的痛是终生难忘的。甘甜意味着安逸和温柔，没有辛酸和痛苦那样的利刃，对记忆神经的刺激相对较弱，激活不了深藏于人体内的潜能，使人产生不出幡然奋进的斗志，进而生出昂扬拼搏的精神。《孙子兵法》云:“置之死地而后生，置之亡地而后存。”异乎寻常的潜力往往是逼出来的，正如孟子所言:“天将降大任于是人也，必先苦其心志，劳其筋骨，饿其体肤，空乏其身，行拂乱其所为，所以动心忍性，曾益其所不能。人恒过，然后能改;困于心，衡于虑，而后作。”司马迁在《报任安书》中对此进一步做了诠释:文王被拘禁的时日推演了《周易》;孔子在困窘的境遇中编写了《春秋》;屈原被流放后创作了《离骚》;左丘明失明后写出了《国语》;孙膑被砍去了膝盖骨编著了《兵法》;吕不韦被贬到蜀地才有了《吕氏春秋》传世;韩非被囚禁在秦国，写下了《说难》《孤愤》;《诗经》300篇也大多是圣贤们为抒发郁愤而写出来的。

舒适安逸常常是锐气的消蚀剂

然而，追求舒适安逸是人的天性。有人不明白安逸舒适常常消磨着人的锐气和进取精神，进而使人生出惰性。惰性往往又是堕落的开始，最终使人滑向反面，最典型的要算民国人物汪精卫了。汪精卫年轻时追随孙中山为救国投身革命，不惜个人安危刺杀清朝的实权人物摄政王载沣。刺杀失败被捕入狱，大义凛然地写下了“慷慨歌燕市，从容作楚囚。引刀成一快，不负少年头”的豪迈诗篇，因此获得了革命少女陈璧君的芳心。后来汪精卫获释，以此为资本逐步进入国民党和民国政府的高层。荣华富贵的浸淫使他们夫妇逐步蜕变了，以致在抗日战争最困难的阶段，夫妇二人投靠日本人，成了最大的汉奸，被永远地钉在历史的耻辱柱上。

艰难困苦玉汝于成

艰辛曲折的生活经历会成为成功人士的垫脚石，由此形成社会人才和社会财富的流动规律:社会人才总体上是由下向上流动，社会财富则是从上向下流动。卑贱者最聪明，高贵者最愚蠢。“肉食者鄙，未能远谋。”英武开国者秦始皇、刘备育出的是蠢材代表秦二世与阿斗;流浪女诃额伦、乞丐朱五四育出了一代天骄成吉思汗、明太祖朱元璋。金玉满堂，莫之能守，富贵而骄，自遗其咎；富不过三代；君子之泽，五世而斩等，就被前人总结出来。其兴也勃焉，其亡也忽焉的周期律，也成了一人、一家、一团体、一地方，乃至一个国家难以逃出的魔咒。

人生分为幼年、少年、青年、壮年、老年各个时期。不同时期，人的愿望与追求是不一样的。不同阶段、不同的生活经历对一个人的终身影响迥异。俗谚有三岁看大、七岁看老之说。这虽不尽然，但是穷人的孩子早当家是被普遍认同的。这说明幼年的经历对一个人的终身有着基础性的影响。岁月分四季，花草有四时，人生亦如此，各个年龄阶段有各自生成的相应内容。心理学、社会学研究表明，幼、少、青时代是人生成长的关键期，其间所形成的生活习惯、待人接物方式对于终身有着重大影响。不同年龄阶段潜能塑造的缺失，如同草木错过季节一样，终身难以补救。

不同生活经历与不同生活场景，塑造出人的不同潜质。与幸福的家庭个个相似、不幸的家庭各有各的不幸不同，每个人的正能量潜质个个相似，负能量潜质也个个相似。正能量的潜质，比如善良、勤奋、节俭、诚实、忍耐、谦和、踏实、顽强、勇敢、善解人意，等等；负能量的潜质，比如凶恶、懒惰、挥霍、放纵、骄横、虚浮、脆弱、怯懦、不近人情，等等。

正像人民解放军的战斗力源于先进理论的武装，并在土地革命战争、抗日战争、解放战争、抗美援朝的战火中受到洗礼，一个人正能量潜质的塑造，也必须来源于教育和生活的磨炼。有眼光的家长会给后人选择有利于磨炼的场景。最典型的要数毛泽东对其爱子毛岸英的培养了。毛岸英在苏联回国前已是一名尉级军官，一回国，毛泽东便让他脱去尉官服，跟着陕北老农杨步浩去当农民。进北京后，不让他进党政机关，让他去丰台，下工厂当工人。抗美援朝爆发，又把他送往朝鲜前线。1949 年 10 月 24 日，毛岸英写信给表舅向三立，批评他想通过亲戚关系谋个人利益的思想，很是让人肃然起敬。此信现珍藏于韶山毛泽东故居纪念馆中，体现了毛岸英的崇高情怀。这再次证明，对于人生来说，环境是个大熔炉，场景是个大模具，实践是个大课堂。

家务劳动才是最重要的家庭作业

幼少年的教育和磨炼，不单事关个人的成长，也关系着国家的未来。新加坡高度重视国民素质从娃娃抓起，李光耀曾说：如果你从 6 岁开始就能系统地把好观念灌输给学生，就能培养出良好的公民。如果你不能这样做，就只有一群拉杂的人。令人担忧的是当下的教育无论在家庭还是在学校，仅偏重于知识的学习，只关注学生的考试成绩，素质教育异化成了“吹、拉、弹、唱”的艺术培训。特别是有些“幼少素质拓展班”，招的是富家子弟，去的是风景名胜，吃的是奇异风味，发的是虚名奖证。有的还引导一掷千金，奔着异国风情去拓展，花的是高费，享的是沉醉，养的是奢靡，成的是娇贵。怎么能开拓正能量的潜质？其实，让子女更多地参与家庭的日常生活就是对子女最好的培养。特别是家务劳动应作为幼少年的必修课，这是比家庭作业更重要的作业。家务劳动不但是幼少年提高生活自理能力的根本途径，更在于使幼少年在家务劳动中拓展思维，动手动脑，磨炼心智，懂得交往，学会配合，从而变得心灵手巧，善解人意。这是智商、情商融为一体的综合训练活动，是家庭作业无法替代的。有的家长，孩子一放学回家就催着做家庭作业，然后就是看书。不让子女参与家庭的日常活动，不让洗衣，不让做饭，不让购物，不让劳动，不让社交，一切由父母或保姆包办，却不知脱离了生活实践，只会让子女成为低能儿、书呆子，就是人们常见的那种既不近人情，又不懂事的人。古人对此早有深刻的认知。宋代诗人陆游有诗曰：“古人学问无遗力，少壮工夫老始成。纸上得来终觉浅，绝知此事要躬行。”意思只有在亲身实践中，才能学到真知识，增长真本领。

智商情商之我见

人的一切活动都是知识、智商、情商综合作用下的行为。人的知识不单是来自书本课堂，更是来自社会生产劳动和社会交往。如果仅仅注重课堂和书本知识的学习，缺乏生产劳动和与人交往，往往影响健全心智的形成，表现为不明事理、不通人情，甚至只知以自我为中心，忽视他人的存在。走上社会对生活充满无力感，经不起挫折与风浪。3 年前网络上报道一名女硕士毕业后，两年找不到工作，多次面试，一再被拒，恼怒之下她当街打骂陪伴她找工作的母亲，怪其母多年来什么都替她包办，只让她读书、读书。是啊，招聘面试是专业知识考试后面对面的交流，主要考的是情商。一个没有参加过生产劳动，包括家务劳动、缺乏社会交往的人，很难取得理想的面试成绩。

有人曾问我，什么是智商，什么是情商，二者是何种关系。我认为对于一个人来说，智商、情商是一体的。智商主要表现为一个人对所学知识的认知能力、领悟能力、拓展能力。这主要基于头脑聪明、记忆力好、反应快、灵敏度高，这源于先天的孕育和后天的训练。情商主要表现为在人际交往中对人的尊重和理解能力，尤其对人性的领悟与把握能力。情商主要不是基于聪明，而是源于善良。主要在于后天生产劳动和社会交往中品行的培养与训练。对于一个人来说，智商情商都很重要，纵观一生，情商更重要些。特别是在生产社会化、经济全球化的今天，人的社会交往更为广泛，更加频繁，较高的情商赋予一个拥有知识的人更高的能量，是知识力量的倍增器。智商总体上来说是属于智的范畴；情商从总体上来说是属于德的范畴。德智相兼，以德为先。德把智引领到正确的轨道上，正确的轨道才是人生的正途。

莫贬人情世故

情商的培育，最有效的途径是从孝道的培养开始。古人讲：孝为百善之首，这是至理名言。孝是人际亲情最浓重的情感，是待人接物善意的源头。没有孝情的人，是难以明了人情世事的。不明人情世事，还何以谈情商？

人情世故是一个汉语成语，是指为人处世的道理和经验。“人情”是指人与人之间的情感；“世故”是指对世界上的事物要出于人性去观察和处理。人情世故出自文天祥的《送僧了敬序》：“姑与之委曲于人情世故之内。”

很遗憾，有一个时期，把人情世故等同于老奸巨猾，和孝道一起作为封建主义意识形态进行了批判，这是社会道德滑坡的重要原因。在大力倡导文明友善社会价值观的今天，对传统优秀文化的弘扬应抓住孝道这个根本，这是最基本的人性内容。作为家长，都想让自己的孩子大有作为，就是俗话说的望子成龙。这也是人之常情，但是要明白，一个对人性没有更深体悟并付诸行动的人，怎么能在社会上有更大的作为呢？

孝顺新解

孝顺一词出自《国语·楚语上》，原指爱敬天下之人，顺天下人之心的美好德行。后多指尽心奉养父母，顺从父母的意志。其实，生活的实践证明，孝与顺有着付出与反馈的效应。即一个人只有心存孝心，行为才能顺畅。这是因为，孝是爱心和善念的集中体现，而爱心和善念是一个人为人处世最有效的通行证。一个人只有心存孝心，人生之旅才能顺遂。也就是说，只有孝，才能顺，简称孝顺。这算是对孝顺一词的新解吧。

在这里还要讲一下，讲人性与革命斗争坚定性的关系，二者并不矛盾。中国共产党对敌斗争的路线和策略，历来是坚持人性原则的。战争年代优待俘虏和战后对战俘的改造，都充分体现了这一点。至于对罪大恶极分子的铲除，那也是坚持人性原则的表现。实行左倾机会主义的人，特别是坚持“极左”路线的分子，在某些方面的表现恰恰是以没有人性为特征。这对党内同志和社会都造成过极大的伤害。为了防止和杜绝“极左”的行为，单从政治上批判还不够，还应从人性的缺失上对其清算，这样才更彻底些。

同时，在这里我还想讲一下人性与党的关系。人性是党性的基础，党性是人性的升华；没有人性，党性就失去了根基；没有升华，一个先进政党的先进性就失去了光泽。正是这种升华才浓缩出了一个先进政党的宗旨初心，成为先进政党的鲜明旗帜，先进政党以此为号召，引领人民群众前进奋斗！

第二章

军旅之途

当兵就要去戍边

山西省大同市南郊依山傍水，坐落着一片军营，那是某部的新兵训练连。我被分配到无线电台报务训练队，除了学习无线电台的使用与维护，大量时间是收发报的基本功训练，如同电影《永不消逝的电波》中李侠那样。教员讲解基本要领之后，主要是学员自己练习，最后考试看谁电报发得快、发得清，音调悦耳；收报看谁记得快、记得准，字迹美观。我课上认真学，课下悄悄练，很快成了尖子学员。

这个部队是雷达部队，驻地高度分散。新兵训练结业分配时，许多人希望能留在内地，特别是北京附近的河北。我认为既然来当兵就要去戍边，心中憧憬着大漠孤烟直、长河落日圆的旷阔，激荡着西北望、射天狼的豪迈，第一个写了申请去边疆的决心书。连队把我的决心书抄在大红纸上，张贴在宣传栏里，作为分兵教育的导向。

1969 年 4 月初的雁北大地春寒料峭，大同火车站行人稀疏。怀揣边防通行证的我与其他 10 名不同专业的新兵一起登上了北去的列车。随着飞驰的列车，我一一记下途经的车站：丰镇—前旗—乌兰察布—大六号—白音察干—土牧尔台—德日斯图—朱日和—塞汉塔拉—郭尔本敖包。经过一天的行程，乘警查验过边防通行证之后，我们在齐哈日格图（后改名查干特格）下了车。一辆老式苏联嘎斯，就是电影《列宁在 1918》中抓列宁的那种车，摇摇晃晃、颠颠簸簸，拉着我们向大漠深处驰去。

漫天黄土的大漠深处

这是遥远的天边。黄的天，黄的地，黄的风，黄的沙，偶尔一团枯黄的骆驼草顺风滚过，追逐着它的野羊通身也是黄色的。

戈壁上矗立着一座雷达站，3 座形态各异的雷达天线在黄风中徐徐转动着。离营区还有一段距离，就传来欢迎的锣鼓声。下了汽车，我们被连队领导和老兵们簇拥着进了营区。说是营区，其实只有黄砖黄瓦两排平房，融在黄色的戈壁中。一口水井上架着一座人力水车，简易篮球场上两个木质篮球架在风中嗡嗡作响。虽然已是 4 月初，漫野不见一点绿，老兵说要到 5 月碰上下雨，草儿才从硬硬的土里钻出来。

差点被退回了内地

上个月中苏在珍宝岛刚打了一仗，对面蒙古国驻有大量苏联军队。毛泽东主席号召“准备打仗”，到达连队第二天即给我们新兵每人配发了一支半自动步枪，200 发子弹，接着就进行了实弹射击和手榴弹投掷训练。训练后我实弹射击考核取得了 10 发子弹命中 93 环的优秀成绩。连长王福星在全连对我进行了表扬。那支让我露脸的步枪编号是 87974，白天我随身背着，夜晚靠在枕边，我当班长都不舍得把它换成冲锋枪。

到了连队第三天，我的腹泻越发严重，原因在水。连队那口架着水车的井虽然很深，推上几十圈才出水，但是仍属于地表水，颜色泛黄，微咸带苦，手感滑腻。那是全连唯一的水源，附近牧民时不时也赶着牲畜来饮水。大风一刮，牲畜的粪便吹落到井中，那水更不是滋味。每天晚上全连都要集体拉水，灌进炊事班的大水池，用醋和明矾沉淀后再用。我来到连队即腹泻，显然是水土不服。俗话说：好汉经不起三泡稀。5 天后，我实在不能下床了，军医建议把我送回内地连队，我坚决不同意。一位牧民听说了，送来一碗用奶茶熬制的蒜汤，我服用第二天还真的慢慢止住了。说来也怪，经历了那次腹泻，此后我走遍全国、全世界再没有发生过水土不服的事。

除了水，连队生活另一个困难是吃不上新鲜蔬菜。当地不生产蔬菜，外地难运来。上级送来的压缩脱水蔬菜，浸泡后炒熟入嘴似干草，咀嚼塞满牙缝，下咽直打嗝。顿顿牛羊肉，三天准吃够。肉包子大家只吃皮不吃馅，多数馅肉团团留在屉布上。一位老兵探亲带回了几颗大白菜，大家一哄而上，每人一片叶子被抢光。菜，菜……这里真的不能种菜吗？这一问题时不时在我心中转圈圈。

心中的责任与头上的疙瘩

一个月后，我担任了连队的板报员兼理发员，同时还是连队的文体委员，这些工作都是在休息时间去做的。对理发者，我来者不拒，星期天几乎天天泡在理发室。我把理发时了解到的好人好事、趣闻逸事，用多种体裁编成小故事登在连队饭堂里的板报上。一次，给一位雷达操纵员理发时，发现他脑袋上有个鼓包，我问他怎么回事，他说刮大风固定雷达天线时撞的，我便以“心中的责任与头上的疙瘩”为题写了篇通讯登上了板报。这些发生在大家身边的事很受关注。饭堂一开，人们往往先到板报前瞅几眼，有时端着饭碗边看边议论。指导员表扬说：“李家祥把板报办活了。”

当年底，我被评为“五好战士”。班长王兰斌提拔为电台台长，连队直接宣布我接替他的班长职务。班长乃兵头将尾，履职的要诀是“工作带头干，身后带一串”。

国务院门前栽排树，中南海里散散步

1970 年春天，国家决定当年国庆节举行阅兵活动。上级通知在边防部队中选拔优秀士兵作为受阅人员，身高要一米七五以上。我所在连队分得一个名额，经过公开推荐，我作为代表到北京南苑机场参加受阅方队训练。报到后，我被选为班长排头兵，随后即进入紧张劳累的踢正步训练。

3 月下旬一个周六晚上，队长找到我说：“明天休息，北京市请求阅兵训练部队能参加义务植树活动。”我当即表示愿意带队去。第二天一早，我带领全班十几个人上了一辆大卡车，汽车在文津街国家图书馆门前停下来。国家图书馆南门对着中南海的北门。从中南海北门进入往南可到达长安街的中南海新华门。中南海有南院北院之分，去中共中央办公地简称去南院，去国务

院办公地简称去北院。我们的任务是在中南海北门东西两侧植树，树苗是国槐，东侧 20 棵，排到中南海湖边；西侧 35 棵，排到府右街东侧。挖坑、栽苗、培土、浇水，中午一过我们就全部栽完了。一位从新疆来的士兵问我能不能进中南海看看。我与哨兵协商，哨兵笔挺而立，客气地说："知道你们都是阅兵训练人员，但是也是不能进入的。你们若想游玩，可到对面北海公园。"我一看进去无望，开玩笑说："今天在此栽树，他年进去再散步。"说完，大家哄笑着上车返回了。

2000 年，我从军队调入中国国际航空公司工作。一天，中央办公厅通知到中南海参加中央领导出访专机保障协调会。我特意报车号从中南海北门进入。整整 30 年了，当年栽的国槐已长至碗口粗，齐刷刷列在中南海北门两侧，摇曳着枝条与我相逢。我提前在府右街北口下车，自西向东，逐一摸着树干，回顾着当年植树的场景，感慨岁月的飞逝和人生的种种际遇与巧合。散会之后，我没有马上离开，由北向南漫步在中南海湖畔，在瀛台桥边驻足良久，那是慈禧太后当年幽禁光绪皇帝之处。瀛台北边是勤政殿，是中国最重要的办公之地。此后，我多次在那里参加会议。

阅兵方队训练重复，枯燥乏味，需要很强的自律性、悟性和体能。不到 10 天，我那一排人就被淘汰了 3 人。方队正式训练刚刚有形时，突然接到命令阅兵训练停止，人员各回本单位。这是自 1949 年连续 12 次国庆阅兵中断 10 年后所准备的第 13 次阅兵，却被取消了。

一肩挑了两个班长

阅兵训练取消后，我直接回到边防连队，在担任无线班长的同时，连里还让我兼任记录标图班长。一个士兵同时兼任两个不同专业的班长，这在连队是没有过的。5 月底连队党支部报上级批准我为中共正式党员，并增补为连队党支部委员。党支部建在连上是毛泽东 1927 年秋收起义后在三湾改编时创建的制度。毛泽东曾总结说："红军所以艰难奋战而不溃散，支部建在连上是一个重要的原因。"党支部是连队领导的核心，指导员一般任书记，连长任副书记，其他委员各有分工。战士委员一般负责共青团和群众工作，参与党支部集体领导。多数战士担任一段时间的支部委员，就被送进院校或教导队培训后提拔为干部。

戈壁滩上长出了菜

参与了连队集体领导，总要为连队建设提出点创意或建议。5月之后的内蒙古戈壁草原，几场雨过后就泛青了。望着日渐浓密的青草，种菜的念头不时在我心中萌动。我以能长草的地方，一定能长菜为由，向连队党支部郑重提出了种菜的建议，并报告自己入伍前种菜的经历，请求担负试种的任务。党支部批准了我的建议，决议由我和司务长范明亮共同负责这项工作。范明亮早我入伍三年，刚提拔为连队司务长，工作很有冲劲，散会后他就找我谈种菜的事儿。我说："种菜在于土、水、肥及温度，现在草已生长，温度不是问题，关键是土、水、肥。我们在井边开出几畦地，先种些易成活的韭菜、菠菜、小白菜试试。"范明亮很快买来了上述几种菜的种子，我们便种上了。不几天几畦菜地里都长出了嫩嫩的幼芽，这给全连带来了莫大的惊喜。值班之余，大家都喜欢来菜地转转看看。可是各种菜刚离地便不再生长了，慢慢地叶子开始萎缩变黄，成了枯萎的小老菜。我们挖开菜地分析，原因在于土层太浅。亘古以前内蒙古戈壁是浩瀚的大海，随着地球的变迁大海退去生成了戈壁。连队所处戈壁滩土层仅有十几厘米，稍往下一挖便是洁白的沙层。由于土层太浅，保存不住水肥，菜苗便失去了持续的生长力。原因找到了办法也就有了。我们向下将沙子掏出，从别处取来地表土拌入牛羊粪回填，使土层增加至一米多深，这样水肥就保存住了，重新再种大获成功。从此连队接长续短地能吃上新鲜蔬菜了。种菜的成功进一步提高了我的威信，连领导更把我作为骨干倚重。

差点开火打了自家人

当年蒙古国完全倒向苏联，随着中苏交恶，中蒙边境也日益紧张。在毛泽东主席指出“危险来自北面”之后，我们天天枕戈待旦。当年在我们连队正面，还发生了苏联在蒙古驻军的一名中尉连长开着吉普车给哨所送物品误入中方境内，被我边防部队俘获的事件。对方多次向我方讨要苏联那名中尉未果。为防止对方报复，以小股机动兵力偷袭我小、远、散军事单位，捕获我们人员作为交换的筹码，上级让我们制定了防止对方偷袭“抓一把就走”的预案，并进行了多次演练。

一天深夜，哨兵报告发现有不明机动车辆从北方边境向我雷达阵地驶来。全连立即进行灯火管制，按预案全副武装进入了阵地。我随副连长曾凡湘带领第一反击队负责正北面最重要地段的防御。这时不明车辆已经进入我们的火力射程，且不时向我方射击。副连长举起手枪正准备发出还击命令，我突然看见对方车辆灯光里有类似黄羊的动物在跑动，车辆不时向黄羊开枪。我赶忙建议副连长别开火，防止造成误伤。我判断说：“敌方偷袭我雷达站不可能仅来一辆车，也不会老远就向我射击。车前有黄羊跑动，分明是一辆打猎的车。”这时，车辆突然停了下来，隐约可见有人从车上下来捡拾被击中的猎物。副连长说：“也有可能是敌方打猎的车进入我境！”我建议说：“敌我不明不能打。”经他同意，我带着肩扛式火箭筒和4名战士一起冲上去包围了那辆车。这是一辆解放牌大卡车，连司机共三人，两支半自动步枪，车辆无牌，人员无领章帽徽，车上除了猎杀的几只野羊，没有其他物品。我们将这辆车押回了连部。经盘问，他们是我陆军边防某部的后勤人员，私自夜间出猎。经与有关单位核实后，被有关单位接回并给予了军纪处理。

连队在总结这件事的大会上，表扬我在避免误伤友邻部队人员上发挥了重要作用。

8元津贴改为60元工资

新年一过，我被送到军教导队培训学习。

3个月后，我返回连队，大家改称我李台长。指导员刘发元找我谈话说：“王兰斌台长调走了，你接替当台长。”

我说：“士兵提拔为干部不是要满服役期四年吗？我才刚入伍两年啊。”

他说：“为加快军队干部年轻化，军委决定在满两年服役期的优秀士兵中选拔干部，让你赶上啦。”那时部队风气好，入党提干不用跑，不用找，只要工作干得好。

当月我由每月8元士兵津贴改为发60元的工资，其中排级薪金52元，边防津贴补助8元。领到工资后，我立即给祖父、母亲各寄去15元；给正生病的外祖父寄去30元，他用这钱买了一只羊补身子，病情有了明显好转，他逢人便夸这个外孙没白疼。

无线电台是边防雷达站上报空情的基本通道。当时电台工作室设在地面平房中，天线从窗户直通室外房顶，明眼人一看就知道电台工作室在何处，若是遭敌破坏，雷达情报就难以上传了。我决定把电台转入地下，用地道与寝室连在一起，上下班不走地面，并设置了多道假天线，外人很难发现电台工作室在哪里。在建地下室最紧张的几天，我双手磨出了血，几次累得瘫坐在地上。大家一鼓作气，一周时间就把地下室建成了。

亲历“9·13”事件

转眼到了1971年9月。12号那天晚上，苏尼特右旗乌兰牧骑宣传队来连队慰问演出，演出完了连首长陪同他们就餐很晚才结束。夜间零时左右，连里响起一等战备信号，我立即跑进电台值班室，电话守机员递给我话筒说：“北京直接来的电话找值班领导。”

我接过话筒说：“我就是值班领导。”

“有一架飞机正从内地往蒙古国方向飞，你们雷达看到了没有？”电话中急切地问。

我连忙扫了一眼标图板说："看到了，在我连东南方向，不在正常国际航路上。"

"你把这架飞机飞行诸元直报给我，不能间断！其他上报方式仍然按原系统进行。"我按要求头戴耳机，手持话筒，看着标图员在标图板上用红笔标出的这架飞机的飞行航迹，不间断地将飞行方位、速度、高度、距离等飞行诸元上报着。凌晨 1 点 50 分，飞机进入蒙古国境内。2 点 30 分，飞机在蒙古国首都乌兰巴托东南温都尔汗区域距我国边境 265 千米处突然消失了。北京方面见我们反复搜索无果，给了我一个新的电台频率和呼号，让我立即开通一部直通北京的电台，发现情况立即直报，同时注意随时收听北京的直接指令。一切忙完，天已经亮了。

直到传达中共中央 54 号文件，我们才知道，9 月 13 号夜间的那架飞机是林彪乘坐的飞机。此后有不少传言说那架飞机是被我方飞机或导弹打下来的，这纯属猜测。一是我当晚亲见雷达探测那架飞机的飞行诸元，空中仅此一架飞机，没有其他歼击机追踪。二是该机飞行航路下，特别是临近边境没有我方部署的防空导弹阵地。三是当年我方防空导弹有效射程半径约 50 千米，而飞机飞出国境的距离超出了我方导弹有效杀伤范围。

有人说飞机会不会是被蒙古国或苏联打掉的呢？可以肯定地说也不是。因为当晚我们雷达探测的空情，蒙古国境内没有起飞航空器，而且在这架飞机进入蒙古国境内的航路下既无防空武器部署阵地，也无军用机场，因此该机只能是坠毁。后来我看到的数据是该机坠毁地点距我国边境 360 千米，而当时我们连雷达测的是距我国边境 265 千米消失，这是因为该机迫降前下降高度，飞出了我们连雷达的探测范围。

事后我方组织专家组根据多方因素，特别是该机所加油量记录判定为：这架飞机是因燃油耗尽，实施迫降而坠毁的。

当兵没满服役期当了连队指导员

不平静的1971年过去了。1972年我被提拔为连队副指导员。指导员刘发元比我入伍早10年，许多工作他把我顶到前边，我知道他是有意培养我，我也主动替他分担相关工作。连长裴福林跟我半开玩笑说：“你这家伙悟性高，看来我得准备与你做搭档了。”不久，他就被调走了，接替连长的是团作训参谋张成绪。1973年初，刘发元被提升为营副教导员，我接替了他的职务。

军队规定，军人不满服役期一般不安排探亲休假。1973年5月，我入伍满四年，有了探亲休假的资格。趁着工作的空当，上级批准我回家探亲。

回到阔别四年的故乡，最想见到的是母亲。弟弟说，母亲正在村西小山上劳作，我便向小山跑去。母亲听说我回来了，一路小跑着往家返。当她看见我时，一边小跑一边念着：“我孩子！我孩子！”我赶紧迎上去把她肩上的家什接过来。母亲眼中闪着泪花，那是兴奋的泪花。她拍着我的肩，仰脸打量着说：“你长高了一头，把那些挨饿没长的个补回来了。要是不挨饿，肯定比这还要高。”

故乡的亲情是温馨的，我看罢应该看望的亲友，用一天时间拆洗了祖父母的被褥，那时没有洗衣机，就在村东南井边的石槽里，一遍遍打着井水搓洗。爷爷拄着棍，坐在石槽边，脸上漾着慈祥的笑。既像在回味，又似在欣赏。这件事成了村里的佳话，都说军队真是锻炼人，当兵几年连被褥都会拆缝了。

按规定假期是20天，可我总是想着连队的事。母亲见我时常走神，说：“娘知道你现在是单位的当家人，国事总比家事大，你总牵挂着单位，要不就早点回去吧。”

在家一周我便决定返回部队。临行前，父亲与我做了一次长谈。我参军的第二年，他被“解放”了，调任薛城区区长。他问我现在到底是什么职务，我说是连队政治指导员。他说是副职吧？我说是正职。他说没吹牛吧？我说没有。他凝重地掰着指头说：“班长、排长、副连、正连，四年四级，你这进步有点太快。”

接着，他以在组织人事部门工作十几年的经历，讲了一个人任职提升太快可能带来的弊端，要我引以为戒：一是，根基不牢，心浮气躁，遇挫易折；二是，骄傲自大，忘乎所以，脱离群众；三是，盲目自信，自以为是，处事武断；四是，疏于学习，忙于事务，无暇自修；五是，招人忌妒，易惹是非，徒生烦恼。

我说：“那也不尽然，许多老一代革命家在井冈山二十几岁就当师长、军长甚至是军团长，跟着毛主席打出了新中国。”

父亲说：“那可不一样，老一代革命家那是在血与火的洗礼中拼杀出来的，是在大风大浪中淘出来的人精。这与和平时期干部成长的环境大不同。”接着，他以“文革”中红卫兵造反夺权，从一名学生或工人一步登上省市领导岗位、昙花一现、纷纷败落的事例证明他的见解。我没再说话，只是默默地想。

连队建设上台阶，上级带人来观摩

返回连队，我就和连长商量如何进一步提升连队建设水平。连队是部队的基石，对于雷达部队来说更是如此。雷达部队高度分散，一个团分布数省，每个连都必须独当一面。对于边防雷达连来说，天高上级远，平时困难多，战时风险大。当年在中苏交恶的背景下，首要的是提高生存能力。为此，借鉴把无线电台转入地下的做法，我们决定除雷达天线外，将所有工作车、发电机等在地面的设备全部转入地下；围绕着营区挖战壕，修碉堡，建暗道，使各工作点与宿舍地下相通，对营房进行全面伪装。经过半年多的苦干，连队防御工事、防御体系进一步完善。上级得知后，派人前来总结做法，组织其他连队前来观摩。

在提高雷达情报保障能力上，突出反电子干扰训练，提高对空中小、低、慢目标的发现、判断能力。

在连队生活管理上，利用内蒙古军区在边境进行水文普查的机会，请打井队帮助连队打了两眼深200米的水井，使连队告别了喝苦咸地表水的历史。利用水源充足的条件，进一步扩大蔬菜的种植，使用塑料大棚，增加了西红柿、黄瓜、香菜、苋菜等细菜的种植，并且开始试种甜瓜、西瓜、白兰瓜。连队蔬菜自给有余，还时常送给友邻单位，进一步密切了军民军政关系。

一次，在向陆军边防部队首长汇报对面空情动态时，得知每到冬季，对方畜群时常顺风越界进入我国境内。当时因双方关系紧张，为越界牲畜归还问题，时常发生龃龉。还不还，还多少？完全由我方视情况决定。于是我们提出能否将越界牲畜给我们一部分收养，作为连队改善生活之用。边防团长爽快地答应了。

没几天，一场大风过后，边防团陆续给我们送来了30头牛、30匹马、10只骆驼、200多只羊。加上连队原有的100多只羊，羊群一下达到400多只。从此，全队在肉食上也做到了自给有余。连队一下子富裕起来，不但在连队建设上增加了自主经费，而且每个老兵复员离队或战士家人来队探望，连队都送上一份丰厚的纪念品。这在物资短缺的年代，很令兄弟连队羡慕。

刀与枪的对峙

作为连队党支部书记的指导员，对连队政治建设负有首要责任。循着好主官带出好支部、好支部带出好骨干、好骨干带出好连队的思路，扎实推进连队的思想政治建设。“四好连队”中的思想政治建设好是有硬指标的：连队不能发生非正常亡人事故；不能发生违法犯罪案件；不能发生影响恶劣的违纪事件；不能发生损害军民关系的群体纠纷事件和问题；更不能发生叛变投敌越境外逃的涉外事件。

要防止上述问题的发生，除打牢工作基础，关键是要管控好少数“个别人”。“个别人”往往是一个单位的“砸锅人”。辩证法告诉我们，事物中的正负能量多是不相等的，许多鲜花掩不住一腥臭，一只苍蝇可以坏一锅汤。因此，只有个别人不失控，工作才能不失手。为此，连队建立了定期分析、重点管理、结对子帮教、责任到人、反馈落实的制度。要求连队工作骨干对重点人要做到 4 个知道：知道重点人在哪里，知道重点人在干什么，知道重点人愿望是什么，知道重点人需要什么，及时把工作跟上去。

借鉴上级通报的有关案例，结合日常工作实践，我发现连队一些重大违法违纪事件常常带有突发性。即一些“个别人”出现问题并没有预谋，往往是在消极情绪促发的激情犯事。这与连队战士的年龄小、不成熟、易冲动、不计行为后果等特点有关。针对这一特点，讲究工作方法和工作艺术，往往能及时化解矛盾，收到较好的效果。

一天晚上，卫生员兼文书小何匆匆跑来报告：有个战士下岗后就餐时与炊事班班长发生了激烈冲突，这名战士操枪把子弹推上膛对准了炊事班班长。炊事班班长顺手抄起菜刀，两人对峙，谁也劝不动。我赶忙跑到现场，两人正怒目叫骂对峙着，这可是千钧一发啊！

这时的关键是要立即解除子弹上膛枪支的危险。“指导员来了！”不知是谁大喊一声。趁着那名持枪战士一愣的瞬间，我一个箭步扑上去，将枪管往上一抬，把他连枪带人紧紧抱住，其他人上前夺下了他的枪。他挣扎着，狂喊着，依然要与炊事班班长拼命。我了解这名战士，他是个孤儿，被公社轮流寄养在几户人家长大。他干事认真，任性固执，自卑而又特别自尊。这时你给他讲什么是没有用的。我示意炊事班班长立即离开，让几个人连拉带抱把他带到了连部。一松手他便一头撞到桌子腿上，干号着寻死觅活满地滚。我见难以劝住，让卫生员找来几片安眠药给他灌下，按到我对铺床上，不一会儿他便呼呼睡着了。我让人找来炊事班班长了解情况。炊事班班长说：“他下岗晚，说饭凉，我准备给他热一下，他说不行，得重新做。接着嘴里不干不净地催着快点，我说了句你急什么？他就骂开了，我只还了一句，他就操起枪把子弹顶上膛对准了我，我急忙拿起菜刀自卫。”炊事班班长边说边流泪，一脸的委屈和无奈。

我说：“你也别委屈，这件事的起因还真有教训。首先，你是炊事班班长，应该有很强的服务意识，不能光重视大拨的人员开餐，对零星晚到的执勤人员更要热忱细心，不能让人吃冷饭。就是有人有点特别要求，不是大的原则问题也要体谅。晚下班的人员情绪往往没有平时好，再遇上冷饭，容易有牢骚。咱们连队有家底，你们炊事班辛苦点，从明天起给零星晚就餐人员再加一道热菜。你们做到饭菜热、味道美，就餐人员自然心情愉悦情绪高了嘛！我可告诉你，后勤伙食顶连队半个指导员，你们工作做得好，可是替我分了一半心呢。”听了我这番话，炊事班班长起身抹去眼泪敬了个礼说：“指导员我错了，我知道今后该怎么做了！”我指了下里屋说：“你回去别休息，做一份蛋炒饭，两个苏味菜，外加个紫菜汤等着，可要先做自我批评啊。”

炊事班班长走后已经是后半夜了。过了一会儿，我听到对铺有响声，拉开了灯。那位战士已经坐起来，双手抱着头伏在双膝上。我走过去轻轻扒拉着他的头发说：“昨晚脑袋没碰起包吧？”他没回话，嘤嘤抽泣起来。我说：“多大的事呀，值得操枪上子弹？枪可是瞄准敌人用的，咱不聪明，也不能干傻事啊！你是个孤儿，爹娘只留下你这条独根，他们在天之灵还等你开花结果呢。你是吃众家饭长大的，亲邻敲锣打鼓把咱送到部队，咱总得有颜见家乡父老啊。今天这事儿你弄得多悬，手指一动那可就是千古恨！”我说到这里，他哇的一声大哭起来，那哭声分明充满着悔意。等他哭了一阵，我又说：“其实我知道你不会开枪的，战友之间一点小矛盾不至于啊，我之所以先把你抱住让枪口朝上，是怕枪走了火，那后果就不堪设想了，并不是我偏向炊事班班长，你明白吗？”这时他回答道：“指导员，我明白，你是真心为我好，这事是我错了。”我说：“人非圣贤，岂能无错，有错改了就好。平心而论，这件事炊事班班长也有不对，刚才他来了想给你道歉，见你没醒，这会儿正给你做饭呢。走，吃饭去。”我拉着他的手进了饭堂。

炊事班班长用围裙擦着手迎向前说：“真是对不住，是我这个后勤没当好，做了点你家乡风味，给你赔不是。”两个人泪流满面地拥抱在一起。

这件事闹得动静太大，我担心他一时下不了台，更担心他情绪有反复，决定暂时不让他回班里，留在连部临时当文书，仍与我睡对铺。

连队文书既是连里的通信员又负责收收发发，也帮助连领导处理一些个人杂务，与连领导天天在一起。经过几个月的耳濡目染、耳提面命，他的行为举止发生了很大变化，不仅待人接物变得谦和，而且工作之余主动找脏活累活干。在羊群产羔的时节，他主动日夜守在羊圈里帮助接羔，手上裂开了道道血口子，一直干到羊群产羔结束才回来。

一次，连队的羊与牧民的羊串了群，回来一清点，少了数十只。他牵来一匹马，背上水壶说："指导员，我能找回来。"说罢骑上马奔向草原深处。等了一宿，他没回来，我有点急了，坐上吉普车，带着干粮和水去找他。直到第二天才发现夕阳下的他，牵着马赶着羊顺着电线杆子往连队走。我迎上去，他满脸沙尘，嘴上起了泡。我心疼地问他为什么步行，他说跑得太远了，马和羊都快走不动了，只好慢慢赶。我让他上车吃喝了一阵，问他有没有与牧民发生争执。我知道在草原上不同羊群混到了一起，准确分清是很难的，常为大了小了、多了少了发生纠纷。他说："没有。我在羊群接过羔，对母羊多少有印象，我先挑出母羊，小羊就跑过来了，母羊小羊一挑出来，常在一个群的公羊也跑过来了。"

"嚯！遇事学会动脑筋了。"我称赞道。

"跟着领导学呗！"他腼腆地说。

"你这家伙怎么也会拍了。"我在他肩头轻轻擂了一下。

"我可说的是实话。"他一脸的诚恳。

我在全连大会上表扬了他，与连长商量，经党支部讨论任命他为副班长，兼管连队饲养组的工作。

他一离开，连队文书岗位就空缺了。过去连部选文书，多是选颜值高、聪明伶俐、招人喜欢的战士。通过他的转变，我与连长商量决定改变以往选文书的做法，专门选需要重点帮助的人来当文书，仍然与我睡对铺。年轻战士有很强的可塑性，这些人一当上文书，认为被领导信任，自律意识随之提升，加上在领导身边随时得到帮助教育，不长时期都有了可喜的变化。

在我任连指导员近 4 年的时间里，从没发生过人员管理"失控"问题，连队年年被评为"四好"连队。后来有人问我怎么想出了这个办法？其实，这首先是感情问题，精诚所至，金石为开，带兵的人对兵要有真挚的感情。

军长下连来当兵

林彪事件发生后，军队进行反骄破满学习，开展军队高层领导下连当兵活动。上级安排一位副军长来我们连当兵3个月。他是一位老红军，13岁入伍，3次过草地，身上负伤多处。我担心他住在班里与战士睡通铺不方便，以不影响战士睡眠为由，安排在连部与我睡对铺。开始他怎么也不答应，我告诉他雷达兵睡不好觉，值班时对着荧光屏容易打瞌睡，一旦发生漏情问题就大了，他才勉强同意了。

当天深夜两点多钟，他大喊一声，腾地坐起来。我拉开灯，攥住他的手问他怎么了？哪里不舒服？他慢慢点上一支烟，深吸了一口说："没事。"然后淡然对我说："战争年代时常作战，早年得了一种幻觉症，经常在熟睡时忽然听到枪炮齐鸣，下意识起身去拼杀，没想到今天刚下到连队第一天老毛病就犯了。你别担心，不要告诉别人，睡觉吧。"说罢摁灭了烟，倒头睡去，不一会儿便响起了鼾声。

下到连队，他早年的潜意识可能被激活了，他的幻觉症几乎夜夜犯。我每次都要陪他说一会儿话，有时他兴致一高就聊到天亮。

一次，他聊兴又起了，问道："小李子，考考你。你说咱们解放军战力强的根本原因在哪里？"

"根本在于党的领导规定了军队的宗旨性质。"我答道。

"还有呢？"他又问。

"你问根本，根本就一条啊。"我说。

"我没说你答错。你种过树没有？"

"种过。"我简要讲了在国务院北门栽树的事。

"你看那树根仅一根儿吗？"

"不是，是一盘根。"我说。

“对喽，独独一条根，树是活不成的。连毛主席自己都说缔造人民军队的不是他一个人，还说‘四个伟大’他讨嫌！小李子，你记住，今后凡是热衷于搞个人崇拜的人，编着词对上吹捧的人，不是怀有野心，就是身上有坏事。这种人，有的是借梯子登屋往上爬，有的是像毛主席所揭露的，为了打鬼，借助钟馗，排除异己。还有的是干了坏事在找保护伞。搞个人崇拜，不但影响领导人的晚年，更大的危害会给国家带来灾难。咱们国家封建历史长，有喊万岁的传统。现在已经吃了亏，今后还可能会有人喜欢搞这一套，你们年轻人可要记住哟。”我好奇地听着只有高层才能接触到的信息，全无了睡意。

“您说的树不是独根，咱们军队战斗力强的根本还有哪些？”我接上开头他的话茬问道。

“军民一体、军队纪律、战略战术等也都是带有根本性的。其实还有一个重要之点是民主。就是政治、军事、经济三大民主。这三大民主也是咱们军队战斗力的源泉呢。政治民主使官兵平等，士兵、下级有人格；军事民主激发众人的聪明才智，众志成城，再加上个‘众智成城’，军队的战斗力又添了个倍增器；经济民主，经济公开，消除盘剥和猜忌，实现了上下同欲。《孙子兵法》上说上下同欲者胜。当年我参加红军时，哪懂得什么共产主义、民族复兴？首先看到红军上级不欺下级，不打骂士兵，队伍歌声嘹亮，很乐呵，我们几个小伙伴就跟上红军走了。这就叫政治民主有人气，军事民主长士气，经济民主生同气，几气一聚就是战斗力。俗话说精气神，其实应是气为首，没气什么也都没了。人生一口气，打仗是一鼓作气，因此说民主也是军队战斗力之源呢。

“发扬三大民主就要提倡讲实话，听真话。特别是当领导的要能听真话，当领导的喜欢听奉承话，假话就盛行了。你不知道，这些年数不清的‘讲用会’培养了多少嘴巴干部。这样的干部嘴巴巧，脸皮厚，假话连篇讲不够，领导放屁说不臭，遇到难题原形露。”

说到这里，他看了一眼怔怔的我，干笑了一下说：“扯远了，扯远了。反正你这个当指导员的要学会发扬三大民主啊！这可是我军光荣传统的重要内容。”

这时起床号响了，他首先下了地，勒好皮带手一挥说：“走，与战士一起出操去！”我跟上他，他的脚步明显比往日轻盈，是夜中的一席长谈卸去了他心中的块垒吗？

醍醐灌顶的人生课

借着这个难得的机会，我请他在连队讲了几次传统教育课。每次他都欣然答应。请他列席连队党支部会议，他却认为不妥。我说：“您可以不发言，只观察，有需要改进的您单独给我讲。”他最终同意了。

一次，连党支部会议散会后夜已深了，他似无睡意，说：“下周我就该走了，参加了你们几次支部会，有些看法想和你交流一下。”

我一听，赶忙拿了本子过来。“你不要用笔记了，这既不是命令，也不是指示，你觉得有道理就记在心里，否则，算我没说。”他看了我一眼接着道：“基本上都是关于你这个当支部书记的。党的各级领导原则是民主集中制，反对个人专断。而你有一次没等大家讨论完，就归纳了个结论，不经表决，就问大家怎么样，别人能说怎么样，只好同意呗！还有一次，会议一开始你就说了个意见，也不知你与连长商量了没有，就让委员们表态。我明显感到有两位同意得很勉强，也通过了。这样长此以往，党支部集体领导集思广益的功能就被损害了。你这个书记慢慢就会变得主观武断，独断专行。俗话说，众怒难犯，专欲难成。一个当书记的行事一独，最终会变成‘霸王’，那是要‘别姬’的。这是毛主席告诫的。”我忽地觉得背后冲上了一股凉气。“还有，支部会上有人发言不合你的意思，你就打断别人发言。这不好，哪有掌握了权力不让人讲话的道理？党的会议上应该使人畅所欲言，充分发表意见，对错自有公论。当书记不要以为自己自然代表了正确，真理总在自己手里了。没那事，不让人讲话本身就不正确。你说呢？”

“您批评得对，我一定改正！您还有什么交代的？”先前背上的凉气变为热流转到了脸上，我感到火辣辣的。

“有啊。”他顿了一下，“我来了这段时间，感觉你善良，诚恳，勤奋好学，会关心人，但也感觉到你有明显的骄傲情绪。上周连里开晚会，有个班表演的三句半节目里有段唱词是‘边疆虽然有些苦，自种瓜果蜜样甜，要问谁的功劳大——指导员’，你也安然受之了。”

“下来我让他们纠正了。”我说。

“为什么当场不纠正？你当场就应该把‘指导员’改成‘指战员’。这样既摆正了自己，又教育了战士，也平衡了其他连领导的心理。人贵有自知之明，知人者智，自知者明。明智是明在前，智在后，人自知最难。我说个生活现象吧。我们一起生活一段时间了，若问起我的相貌，你肯定能准确说上来。你天天照镜子吧？你闭上眼睛想想，你对自己相貌的认知有对我的相貌认知得清晰吗？没有吧？这就是为什么旁观者清，当局者迷。这次军队进行反骄破满教育就是让领导干部要正确认识自己。你入伍四年就当了指导员，这在和平时期是很少的。当然，主要是你干得好，其中也有机会的因素。要知道，一个领导岗位不仅只有你一个人能干，许多人也能干，而且可能干得比你还好。你怎么办？只能谦虚谨慎干得比别人更好。要懂得权力是个双刃剑，权力不能马上给人以智慧，但能使人马上愚蠢。有的人一到高位立马连路都不会走了，把权力当作能力，把附和当作赞同，把吹捧当作支持，把谗言当作拥戴。神气十足，目空一切，这样能行得远吗？这就叫德能不配位，早晚会出事。我经得多，见过不少这样的蠢人，可要当心呢！一生都要扑下身子干事，夹着尾巴做人，尤其是在取得一点成绩的时候。人们常讲失败是成功之母，其实表现更多的却是成功是失败之母。这点你也要记牢。”

这时天已亮了，他起身拿起皮带准备去出操。我赶忙提醒他今天是星期天，不出操了，同时感谢他的教诲。他说：“那好，咱都抓紧睡会儿。”我躺下怎么也睡不着，这可是一场醍醐灌顶的人生课啊！

他三个月的当兵生活结束了，我跟车去火车站为他送行。快上车时，我拿出了一份礼品说：“连队有个规矩，老兵服役期满复员，都送一份礼品做纪念。您今天也是当兵期满，都一样，要不您就特殊了。”

“你这个小李子呀，你说的理由不成立。今天我当兵期满不假，可我不是复员，是复位，复副军长之位。”说罢他朗朗大笑起来，我把礼品悄悄递给来接他的参谋。参谋正色道：“首长是从不收礼的，你还是带回吧。”

火车开动了，他从车窗探出身子向我挥手，大声道：“路不好，早点回吧，晚上看书别太晚。”

我的眼睛模糊了，心里空落落的，鼻子直发酸。是啊！人生最难得的是能际遇高人，哪怕与他们交往短暂，往往也会使人回头有难忘的故事，低头有坚实的脚步，抬头有清晰的远方。

误越国境巧脱险

副军长走后不久，上级来了一份重要文件传达到边防基层连队。我们连传达完后，上级要求我亲自送到另一个边防雷达连。那个连队驻在内蒙古凸出部的边境线上，距我们连 300 多千米。我送到后已是晚上了，因第二天有事，我连夜往回返。边境上的路多是车辆轧出的，车辙很乱，没有明显地标，走着走着，就分不清什么道了。那天晚上月光明亮，我手持指南针，不时提醒司机朝连队方向开。

忽然，前方出现了一片灯光，我估摸那该是二连浩特市了。不多时，车辆驶进城镇主街道，我向街道两旁扫了几眼，不对，怎么只有蒙文不见中国字呀？这时前方出现了一个穿着长风衣、戴着大盖帽的背枪人，示意我们停车；分明是蒙古国的军人或警察。我立即掏出手枪上了膛。司机问我怎么办？我说不管他，冲过去。那人吹着哨子，朝天开了一枪跑进一个院子。很快院子里驶出一大一小两辆汽车，小车在前，大车在后，鸣着枪向我们追来。

这时，一条铁路横在前面，我判断这应该是中蒙铁路了。我让司机关闭车灯，别踩刹车，沿着与铁路平行的公路向南开。后边的车追到铁路边，一下子失去了目标，判不明我们朝哪个方向跑了，两辆车打着远灯转着圈寻找的工夫，我们早驶出他们车灯的射界了。

蒙古国的扎门乌德与我国二连浩特一北一南相距仅9千米，夜晚从远处看，两个城市的灯光交织在一起。当年中蒙边境几十千米才有一个界桩，我们的小车误入扎门乌德了。我让司机仍然关灯借着月光行驶，不能再往前开了，前方就是中蒙双方各自设立的边防检查站，我们在对方境内肯定会被扣留的。前几年我方在边境俘获的那名苏军中尉，作为苏联在蒙古国驻军、威胁中国的证据仍被扣押在我方。如果我们被扣留，那就成了苏联和蒙古向我方交换的筹码。这一带边境的地形地貌我是熟悉的，到了一片开阔地，我让司机拐向一条小路，横穿铁路向西开，看看远离了后面的灯光，我再让司机左转向南行驶。戈壁滩的地面平坦干硬，无陷车之虞。不一会儿车子驰过拖拉机犁过的松土带，那是为防止对方秋冬季在上风口放火焚烧我国草原，由我方犁出的防火道。防火道在边境线我方一侧，越过防火带就彻底安全了。

回到连队我交代司机不要给任何人讲跑错路的事。当天晚上我用保密电话直接向团长报告了此事的经过，并主动做了检讨。团长谢琴曾是抗日战争时期河北白洋淀雁翔队的小队长，他听完我的报告说："真是够悬的，你能机智脱险，没什么损失，应该表扬呢。不过不便声张，防止引起外交纠纷，就到此为止吧。你们连地处边疆，敌情社情都复杂，今后不要再给任何人提起此事。"我猜想，团长以一个老兵的敏感，此事他也没告诉其他人。

牧民巴图委托修的手表

驻边疆少数民族地区连队的指导员还有一项工作就是密切军民关系。连队定期到敖包巡诊，放映电影。打了深水井之后，还专门开辟了牧民来连队给牲畜饮水的场所，交往多了，自然也就熟了。

一次，牧民巴图委托一名连队领导把坏了的手表带到内地修一修。这名领导把坏表放在抽屉中给遗忘了。直到他调走也没想起此事。

一天，巴图来取表，一看表没修，而且不走了，一下子从皮靴中拔出尖刀，往桌上砰地一插嚷道：“解放军达拉戛（蒙语：领导）能骗人吗？表我不要了，骗人的不行！”

我见状立即拉住他坐下，给他倒了一杯水，摘下我的表递给他说：“你在草原上没表不方便，先戴着，等修好了你的表，再换回来。”气氛一下子缓和下来。一周后我趁到内地出差的机会，带着他的表去修理。修表的师傅说，这表没法修了。我买了同样牌子的一只二手表，换上巴图的表链带回来，让人交给了巴图。

“八一”节到了，哨兵报告说巴图送来头上缠着红布的大绵羊，留下个字条就走了。我出门一看，篮球架的柱子上拴着两只大绵羊，打开纸条，上面歪歪扭扭写着“慰问解放军”。蒙古族的习俗礼物是不能退的，巴图女儿降生时，我让军医代表连队给他送了一份厚礼。后来巴图经常帮助照看连队的羊群，把我当作好朋友念念不忘。20 多年后，他女儿结婚时，还托人捎信邀我参加婚礼。

相见时难别亦难

边疆的生活紧张、充实、欢快。作为连指导员每年心情最不平静的时刻是老兵复员的日子。铁打的营盘流水的兵，每年春季连队总要迎来一脸稚气的新兵，一到冬季又要送走服役期满的老兵。迎来新兵的欢快，转眼又化作与老兵离别的情愁。边疆的雷达站遥远而孤寂，人们的朝夕相处慢慢生成生死与共之情。对于无论是现役的还是曾经的军人来说，连队都是作为一名军人孕育军旅情结的处女地。此时“复员”二字，对于许多老兵来说，结束了当初走入军营中的全部憧憬与梦想，作为义务兵的奉献，也都在“复员”二字中化作对全部军旅生涯的眷恋与牵挂。最难割舍的时刻是在火车站台上，人们相拥而泣之后走进车厢，火车那声长笛真是令人撕心裂肺。大家都清楚，人们从此天各一方，许多人终身再难相见。但是，相互思念的因子会存在心中，终身挥之不去。

出了一窝"笔杆子"

1975 年，邓小平主持军委工作提出加快军队干部年轻化。第二年，军机关来连队调研，后来我才知道主要是考察我。工作组走后没几天，与团长同为抗战时期入伍的团政委缪树言打来电话："小李呀，上级若是让你当团副政委你敢不敢？"我一听一下愣住了。当时团里还有两名副政委，都是解放战争时期入伍的老兵，他们的子女年龄都比我大。这时我想起第一次回乡探亲时父亲的那次长谈，"感谢首长信任！不是害怕，我请求上级考虑别一步把我拔那么高，这样于公于己都好些。"我恳切地说。

"你年纪轻轻能这样认识问题难得呢！我知道你的想法了。"政委挂了电话。

一个星期后，我被任命为所在雷达团政治处副主任。政治处还有 3 位副主任，都大我近 20 岁，我排第四，分管组织、宣传和共青团工作。机关与基层工作最大的区别是基层在会干，机关在会写，笔头要硬。基于这一点，上任伊始我便找来关于写作的书，细细研读，选取范文，反复揣摩。每次向股长或干事布置文字任务，我也都写一份，与他们写的暗暗对比。有时同一份文件我会布置几个人分头写，他们写完了分别报给我后，我会结合自己所写的吸收他们所长再写一遍，与他们集体交流修改。多数情况下，他们会心悦诚服地以我写的为蓝本再加工。

大量的阅读，经常的写作，不断的交流，我的文字功夫日见长进。第二年 5 月的一天，发生了一件轰动团机关的事。团收发室收到解放军出版社寄来的几捆邮件，打开一看，原来是刊载了有我所写小说的《解放军文艺》期刊，这是以前团机关没有的事。此后，军队的报刊不时有我的作品刊出，人们更对我另眼相看了。

政治处的年轻干事经常围着我讨教写作秘诀，我顺势把他们作为骨干培养，一下子激起全机关的读书写作热情。人们都在努力着，比试着。不久，政治处其他人的作品也开始陆续见于多种刊物。在我主政团政治处和任团政委时，经常接到军、军区、总部机关的电话，都是向我讨要"笔杆子"。有人提醒我不要把骨干调光了。我说，骨干不走，骨干不来，人才在培养，人才在牵引，拦人去高枝，人才会变稀，一人去高就，带动一长溜。上级在一个单位经常选人，更有利于这个单位的建设。

后来我算了一下，在我身边当干事的人员，先后被军以上机关要走了 9 人，进入军区和总部机关的有 7 人。这 9 名人员后来都走上师级以上岗位。其中，7 人获大校军衔，2 人进入将军行列。空军指挥学院教授尚金锁曾被中宣部部长邓立群选为秘书，现任中华诗词学会常务副会长兼秘书长；军旅诗人范诗银，从当排级代理干事起就在我身边工作，后来被上级直接调进北京。上级还曾想调我到北京上级机关创作组，被军首长以我是梯队干部人选为由婉拒。多年后一些相熟的人谈起这段往事，常常感慨地说："你任职时的那个雷达团，可真是个秀才窝啊！"

临时施工团的政委放了一"炮"

我在政治处正干得顺风顺水时，一天政委找我谈话说："上级决定在东高山为咱们团修一座雷达地下工程，由咱们团和军区工兵团抽调 9 个连组建一个临时施工团担负这项任务。临时施工团长由工兵部队出，上级决定由你去担任政委。因为是临时单位，干部原级别不变。"我二话没说，当天就带着行李远赴东高山了。

这明显是个仓促上马的工程，施工部队都开进现场了，工程图纸还在修改，施工材料更是今天有，明天无，整个工程干干停停。转眼冬季到了，大雪封山，工程彻底停了下来。

一天早晨，公务员发现经常起早转山的我不见了踪影，找到宿舍发现我赤身露体仰卧在地面上，赶忙喊来军医查看。不好，煤气中毒！他们立即抬起我往山下医院送。"李政委……李政委……"一个遥远的声音在我耳际越来越近，我慢慢睁开了眼睛，是杨乃栋军医抱着我在声声呼唤。我问："现在是什么地方？"他们说快到山下了。我说："没事了，咱们返回吧。"

工程无进展，还差点儿出了煤气中毒事故，上级又接二连三派人来调研。

一天，来了位地质专家，边查看边询问地质结构，谁也说不出。他要看地质报告，谁也拿不出。专家发怒了:“你们这是拿战士生命和国家财产当儿戏啊！没有地质勘探报告怎么能施工呢？这叫蛮干。”

专家的愤怒引起了高层重视，军区首长亲自出面召开论证会。据说这个工程来自某大人物的一句话，论证会都是泛泛而谈，没有人表明工程该上还是该下。这时军区首长拿着与会人员名单说:“李家祥，雷达部队，你也谈谈。”我坐在后排，按说是不能发言的，但首长点了名，又必须讲。

还好会前我把一两年来不同调研组在现场的零散意见，整理成发言稿，没想到还真用上了。于是我掏出来朗声念道:“这是一个仓促上马的工程，既无全面设计，又无地质勘探，经费无保障，材料临时凑，干干停停，连我们这些一线施工人员都不知道这个工程最终要建成什么样子。据说这个工程的功能是防护雷达站，可是雷达天线是不能架在山洞中的。否则，雷达天线发射的电波束会被屏蔽，那就无法探测空情了。雷达天线只能架设在所在地地标的最高处，且周围没有遮蔽物。因此，用挖掘山洞的办法建设雷达防护工程是有待商榷的。有的专家说这个工程纯粹是劳兵伤财。”念到这里我打住了。

“好！你的发言很真实，很明确，”接着他把笔记本一合说，“散会！”

座谈会最后首长通常都是要讲话的，这次例外，是我唯一参加过的主持会议的领导最后没有讲话的座谈会。

10 多天后，工程下马，组建两年多的临时施工团宣布撤销，我则到空军指挥学院学习去了。

调涨工资的名额让了

1980 年一过，我返回雷达团担任政治处主任。那年，中央军委决定给军队部分干部调涨工资，名额是 3%，具体谁调要经过群众评议。我从当干部就没调过工资级别，调到内地工作每月还减少了 8 元的边防补助。经群众评议，我列为全团应调之首。名单上报军机关待批准的当口，时任团政委的王书新把我叫到办公室说：“××这几天下班后天天跑到我和团长家中哭哭啼啼，认为自己该调涨工资，说自己今年已确定转业，这次不调，今后就没有机会了，你看咋办好？”

我说：“××我熟悉，虽说他的职务比我低，眼下工资比我还高两级。他入伍比我早11年，家中3个孩子正读书，家属无工作，本人又面临转业，想调级是可以理解的。不过现在名单已经确定并上报了军机关，再向上级申请名额，一是不见得能给，二是就是再给个名额，还得经过群众评议，也不一定能评上他，反而增加了许多矛盾。我看就把我的名额换成他得了。”

“那行吗？要是还有人来找呢？”政委说。

“更换名额事宜我来与军机关协调。如果有谁为调级找你和团长，你们让他去找我，我相信没人好意思向我一个让名额的人再来讨要名额。”

一回来，我就亲自打电话向军机关说明情况，将我的调级名额换成了××。结果团机关一片风平浪静，这件事很快传为佳话。

黑状告出个模范团政委

团政治处连年被上级评为先进政治机关。1983年我接任了团政委职务。我任指导员时的连长张成绪当团长，我俩又成了搭档。张成绪稳重正派，都说我俩是“珠联璧合”。

正当全团各项工作有声有色推进时，军副政委兼纪委书记带了个庞大的纪检调查组突然住进了团部，并向我工作过的连队和临时施工团驻地派出了分组。直觉告诉我，调查组是冲着我来的。一时间，上下议论纷纷，张团长担心我的压力大，下班前总要到我办公室聊上一会儿。他见我若无其事，谈笑风生，该干啥干啥，也不提关于调查组的事。但是他临走时没头没脑地加了一句：“你这人我了解。”

调查组在团里工作了10多天才走。临走前我给他们送行，其中一位相熟的人员悄悄向我摇了摇大拇指。在军队中摇大拇指有两种含义：一是表示赞赏；二是表示工作就绪了。我装作没看见。纪检调查组走了没几天，军机关又派来了一个以组织、宣传口人员为主体的更大的工作组，同样向我工作过的单位派出了分组。这次是公开找人围绕我的事迹座谈，并向我索要相关工作照片和资料，拍我阅读过的书、发表过的文章，等等。

后来得知，前些日子军纪委接连收到对我的举报信，说我在边防雷达连私养牛羊，私分公物；在临时施工团利用职权私自做家具，向老家偷运木料；搞文艺创作出风头；让调级别是沽名钓誉；任政委后拉帮结派，排除异己，搞特殊，吃小灶，办公家具换新套……林林总总列了 10 多条问题，军党委决定彻查。调查组把调查结果向军党委汇报后，军政委温刚大笑着对副政委说："你这个纪委书记去查案，结果查出个模范团政委。我和军长商议正准备在咱们军树立一批先进典型，弘扬正气，根据你们的介绍，这个李家祥就先算一个吧。"

不久，军机关制作的图片、影像、资料完成了。军党委正式决定以"模范团政委——李家祥"为标题，将我的事迹与其他几位人员的先进事迹一起在军所属部队进行巡回展览。

此后，军机关了解到了写匿名信的人，军领导征询我对其处理意见。我说："第一，我本人处理问题性子急，有时批评人太尖刻，有我与他沟通不够的因素；第二，这个人业务能力强，是个人才，若是给个处分一通报，他很可能自暴自弃，就废了；第三，留在我们单位有利于我严格要求自己，同时也有利于我们对他的帮助，就别做纪律处理了吧。"军机关同意了我的建议。后来他的工作很有成绩，我们还推荐他交流提升任职。

没干过干部工作的干部处长

1984 年 5 月的一天晚上，军秘书处长打电话要我立即赶到军部，军首长要找我谈话。团部与军部同城，我放下电话马上赶往军部。

秘书处长把我引进军党委会议室，我扫了一眼，除 7 名军常委没有机关工作人员。温刚政委示意我坐下说："军党委决定调你担任军干部处长，你有什么想法吗？"

“我服从组织安排，不过我没做过干部工作，也没思想准备。”我说。

“你没有思想准备就对了，一个人整天想着当这干那的，是沉不下心思干工作的。军党委就是要选一个没干过干部工作的人当干部处长。干部管理部门是要害部门，就选了你。明天空军干部部长带人来考察军属部队师领导班子，由你陪同。你明天一早就报到，团里的工作慢慢交吧。”其他军首长也分别提出了工作要求。

第二天，我陪同空军干部部长赴军属5个师逐一考核师班子。我清楚，军首长对上级工作组在军属部队的工作进程及相关评价是十分关注的，对各师主官的看法和发现的问题更为在意。鉴于此，我每天都将相关情况整理成简报，通过保密传真直报军长、政委及相关领导。这样，在空军工作组考核工作结束后与军首长正式交换意见之前，他们基本掌握了空军工作组要谈的内容，以便提前考虑相应的意见和建议。这项工作一结束，温政委满意地对我说："你第一个差事办得很灵光。"

此后不久，不单是干部工作，只要是军首长带队的综合工作组，总要把我列为成员。军机关大的材料、领导的重要讲话，军首长时常点名由我起草。

两位首长讲话一个稿

一次，军长和政委共同带领一个工作组整顿某师的工作，因为忙于调整干部事宜，他们没让我担负文字任务。在整顿工作总结大会上，军长和政委分别讲话。在军长讲话时，我观察到主席台上的政委脸色越来越严肃，继而他抬起头，转着脖子满会场找人。他发现了我，示意我快过去。我怕干扰军长讲话，绕到后台靠近了政委。他悄声说："你快给我起草个讲话提纲，内容侧重于部队政治建设方面，在军长讲话结束前递给我。"

我有在文件包中带着纸笔备用的习惯，立马就躲在后台写起来。结合政委平时强调的一些观点和这次来该师整顿调研中他在底下的零散讲话，我帮他归纳了4个问题。需要政委举例发挥的段落，在讲话稿上用括号都做了注明。

我一边写，一边听着军长讲话的进程。领导的正式讲话，一般都是从“同志们”开始，等听到声调一高，再念第二个“同志们”，那就该到结束语了。恰好在我刚要写完时，军长突然提高了声调念道：“同志们！”我连忙上台将讲稿放在了政委面前。

会议一结束，政委就把我叫到招待所他的房间。他一脸怒气地说：“今天要不是你，洋相可就出大了。××给军长和我写的讲话稿是一式两份，只是标题印着我的讲话、军长的讲话。军长先念了，我还能再念吗？！你把××给我叫来！”

政委是经历过战争年代的人，向来以严格要求著称。我把××叫来，并提醒他见了政委要实话实说做检讨。

“首长对不起！我错了，两份首长讲话稿，我连夜只写出了一份，上午开会就要用，只好那样印了。”××认错道。

“你写不出来早说呀！怎么能这么处理问题呢？”政委说罢向外一挥手。××只好低头出去了。

“这人缺乏基层锻炼，回去你找个地方把他放下去任职。”政委说。

回到军机关，我向军党委提交了一个××保留正团级到部队任副团职的方案，军党委同意了这一方案。

干部工作的重中之重是协调平衡好单位领导用人上的分歧。原则要坚持，方法要圆融。原则是指干部工作的政策、程序、任职条件等规定；方法是指时机、步骤、平衡等方面的技巧。一个岗位的空缺，有时不同领导会提出不同人选。这种情况下，一般不能将不同领导提出的不同人选告诉不同领导，那样谁提的人选都难以顺利通过。遇到这种情况，要通过考核、摸底、权衡，以令人信服的理由，拿出都能接受的方案。在非紧急情况下，遇到领导有不同意见，可以等一等、拖一拖。

一次，一个正团职岗位，军长、政委分别提出了人选。通过考核摸底，两个人选都属于优秀干部，都符合任职条件。在提交方案上我就找理由等，一直等到又出现了一个正团职岗位，我才向党委上报了那两个人的任职方案，结果都顺利通过了。

站在而不是夹在领导中间

干部工作是人事工作，人事工作的背后是人际工作。人际工作往往很微妙，所谓微妙，就是只能意会，不可言传。一个单位领导的分歧大多发生在人事安排上。做人事工作的人，如果处理得好，可以弥合领导之间的分歧，自己就站在了领导的中间；处理不好，会加剧领导之间的分歧，自己就被夹在了领导中间。人事工作者顺利开展工作，就要营造出自己总是站在领导中间的态势。站在领导中间，是一种公道正派，游刃有余，有独立人格的形象。夹在领导中间就被动了，或是偏向了一边，不仅失去了公道正派的形象，在众人眼中往往还失去了独立的人格。一旦自己偏向的领导有失，正所谓靠山山倒，靠人人跑，后果不仅是自己的失落，常常还连带着自己的跌落。

干部人事工作政策性强，关注度高，带敏感性，有保密性。在干部人事部门工作的人，唯有公道正派、严守纪律、甘当人梯、谦虚真诚、勤奋细致，才能行稳致远。实事求是、恻隐仁爱是干部人事工作的方法和工作艺术的内核，有时“笨”方法才是最有效的方法，“愚”主意才是最为人接受的主意。这种“笨”是大巧若拙之“笨”，这种“愚”是大智若愚之“愚”。那种八面玲珑、四处讨好、显摆卖弄、许愿哄骗、投机取巧，甚至坑人造假者，最终结局一定是聪明反被“聪明”误。

一年取得大学本科文凭

做人事工作，时时与人打交道，要有人文内涵，这更离不开学习。1981年，国家为在“文革”中失去受高等教育机会的人们开了一扇窗，实行自考高等学历文凭的制度。我一直跃跃欲试，一调入军机关就立即报名加入了自考的行列。当时是大学本科16门课程，每个季度考一次，每次考4门，每门60分以上为通过，16门课全通过发给国家统一认证的大学本科文凭。我评估了自己多年读书的积累，第一次就报了4门。有人劝我说：“高等教育自考内容宽泛，文凭含金量高，难度大，一次报一两门能及格就很不容易了，有人一门考了几遍也没过呢，你别胃口太大了。”连自考组织人员也劝我少考两门，我仍然坚持一次考4门。成绩一公布，结果全通过。第二、第三、第四季度考试，我连连报考了4门。最后一次考的是大学语文，作文是自命题：“学不可以已”。指出这句话的出处，根据其意自命一个作文题，文字不超过800字。我知道这是荀子《劝学篇》的开篇语，其意是学习没有完结时。我以“学无止境”论述，结果得了高分。一年内，16门课程全部通过，取得了大学本科文凭，这是山西全省唯一的，在军机关又引起了轰动。山西省把我树为全省青年自学成才标兵，在省会太原召开大会表彰。同台受表彰的还有郑渊洁，他是自学起家搞创作，后来成了中国著名的儿童文学作家。全国政协常委、一位老一代革命家的夫人应邀出席表彰大会；省委书记李立功亲手向我颁发“山西省青年自学成才标兵”匾额。那位老一代革命家的夫人从秘书手里接过一个信封递给我，内装1000元人民币作为对我的奖励。当时团级干部每月工资是100多元，1000元算是大钱了。我说：“老妈妈，我有工资，不能拿你的钱。”她说：“这是奖励，你一定得拿着！”我只好把钱收下，会后送给了省自学考试工作人员，作为省自考组织工作费用。老一代革命家热心教育、关爱青年、珍惜人才的殷殷之情，令与会的我们感佩不已。此次活动更激发了我的学习热情，学习成了我的最大乐趣，几乎每天都坚持读书不断、笔耕不辍。

让出提升机会

转眼间在军机关工作3年多了，1987年某师政治部主任岗位空缺，我拟订了一个由该师某团政委补缺的方案。在军党委正式讨论该方案时，军政委直接给我打电话说：“今天这个会你别参加了，让一名副处长来做会议记录。”我放下电话，一边通知副处长与会，一边猜想让我回避会议的原因。我随副处长到军党委会议室门外，让他请政委出来一下。

政委一出门，我轻声问道：“首长们是否考虑让我去某师？”

“怎么？你不想去？”政委反问道。“某团政委从解放军政治学院培训毕业待安置快两年了，他比我大 5 岁，这个职位还是安排他更顺些。”我恳切地建议道。政委微笑了一下，返回了会议室。

会后，副处长告诉我，某团政委的任职方案通过了，报空军待批。又说：“政委在会议上讲，现在主动让调工资名额、又让提升机会的干部不多呢。军长接话说：也就是李家祥吧。”

引起高层关注的一场误会

一转年，军党委上报空军，任命我为另一个师的政治部主任。刚一上任，就碰到个硬任务。师长和政委一起来到我的办公室，政委拿出一件传真电报说：“李主任，你先看看这个。”

这是一件印有中共中央办公厅名头的传真电报，上边赫然印着国家最高领导人的批示。大意是军队三大纪律八项注意是红军时期就有的纪律，也是我军的光荣传统，今天还发生这样打骂欺凌新兵的事很不应该。部队对此事要认真调查，严肃处理，彻底消除影响。下面还分别印着中央军委首长、空军、军区空军，一直到军各级领导的批示和要求。由于这个传真电报来自最高层，各级领导都格外重视。军区空军政治部甚至要求把调查处置以及到地方化解矛盾消除影响的具体方案上报军区审定后再实施。

政委等我看完电报上各级领导的批示后说：“我和师长商量此事就由你牵头负责调查落实。电文中地方群众反映的内容比较长，你看完后先拟个调查处置方案，送我阅后报军区空军政治部。”他俩走后，我细细地阅读电文，这是一封湖南省衡阳市信息点直接向中共中央上报的社情动态反映电文。内容是衡东县今年入伍的新兵家长们近期议论纷纷，有的甚至情绪激动、怒不可遏。说自己的孩子入伍分到空军某航空兵师，天天受到带训军官和老兵的打骂欺凌，挨打时还要排着队，立定不准动，谁要是动一下或叫一声，还会被拉出来，一边罚站，一边再打。带队军官和老兵还搜查索要新兵的物品，许多新兵的现金、香烟都被索要走，谁要是不给，被打得更狠。现在许多人被打得腿部肿胀，脚上流血，难以走路。最近，新兵家长们一收到孩子来信就聚集在一起互相打探，许多家长正准备结队进京上访，此事已成为影响衡东县稳定的一个热点。

这可正是“稳定压倒一切”的特别时期，这样的热点问题引起高层的关注是必然的。军区政治部收到师上报的由我牵头负责的调查处置方案，一位领导亲自给我打电话说：“此事调查结果要向上写专题报告的，要准确无误，可不能弄虚作假！”

我调阅了全师所属部队新兵分布的情况，发现传真电报中所反映问题涉及的新兵全都集中在与师部驻地在一起的一个场站部队。根据传真电报中所反映的情形，我当即把机关相关人员找来，让他们带着望远镜，明天一早与我一起行动。

第二天，新兵训练开始，我们找了个能观察到新兵训练场的地方隐蔽起来，拿起望远镜观察着训练场上的一举一动。只见排排队列就位，带队干部下达开始走正步的训练命令后，负责施训的老兵每人带一列分别进行一步一动的分解动作训练。

我参加过拟举行的国庆阅兵训练，清楚列队的正步训练讲究排面整齐，步幅一致，抬腿踢脚同高，落地整齐有力，其难点在于抬腿踢脚同高。分解动作训练时，常常让战士一条腿直立，一条腿抬起踢脚在空中停一会儿，体会正确要领的感觉。对抬腿踢脚或高或低与整体不一致的，施训教练会用手中细细长长的木棍或竹竿逐个敲点一两下纠正。我观察了一阵子，整个训练场还是比较正规有序的。当然，也有个别对动作要领领悟慢的战士被叫出队列进行单个敲点着训练。个别教练员偶有训斥之声，但是没有发现打骂欺凌新兵的现象。

观察之后，我带人进入新兵训练队进行深入调查，通过逐一找相关人员核实，没发现有打骂和有意体罚新兵的现象。至于反映的搜查新兵物品，甚至索要新兵现金、香烟问题实际是这样的：按军队内务条令，对士兵物品要进行定期清点，对超出规定影响部队行动、非部队配备的物品要予以清理，或寄回，或转让，不准再保留。

新兵入伍离家，不少人往往带有不少现金，边远部队周边没有银行，战士集体住宿多是通铺。为防丢失，训练队让战士交出由集体保管，都有严格的交收签字手续。

新兵来自全国各地，多数人不抽烟，新兵训练队开展了健康生活活动，号召新兵戒烟。恰恰衡东籍战士抽烟的偏多，有的响应号召主动交出了随带的香烟，也是暂由集体保管，同样有登记签字。征得衡东籍新兵的同意，我看了个别人写信的底稿，有的把上述情况向家中写成了被用棍子打、物品被搜查、现金香烟被索走。

我们还逐一检查了衡东新兵腿部和脚部，除3人开始训练脚上泡磨破渗了点儿血，现已结痂外，没发现其他人脚部有伤。新兵训练刚开始几天腿部疼痛或略有肿胀是正常反应，一般一周之内会自行消失，我对此有深切体验。找新兵座谈和查看他们的腿部，与我的体验一致。

征得几个与家中来往信件比较多的衡东籍新兵同意，我们也看了部分家长的回信，有的回信中一开头就问："孩子，这几天你又挨打了吗？被打肿的腿好了吗？"等等。这样的信中一问一答，进一步扩大了以讹传讹，致使不实信息在家长中广为流布，就出现了衡东信息上报的那种情况。

这个训练队的新兵来自全国4个省市，我们还找其他省市户籍的新兵了解情况，无一例衡东籍新兵给家中写信所反映的情况。当然，我们也了解到新兵训练队一度在一定的时间内训练安排内容过多，训练强度偏大，个别教练员不够耐心，偶尔对反应慢的新兵有训斥现象，这些都让他们立即予以纠正。但是，这与衡阳信息点反映问题的性质是不同的。情况一一查清了，结论可以说基本上是一场误会。

这时一个棘手的问题是如何向上级写出专题情况报告。如果就查清的情况如实写，除了担心上级认为袒护部队，更担心的是，这就等于上级的批评是误批了。如果违心地写个检讨式的报告，那又是等于欺蒙上级啊。我向师长、政委建议说，先去衡东县消除影响，回来再依据整体情况考虑向上写专题报告的事宜，他们同意了。

经请示上级同意，决定由我带领工作组和涉及的几位衡东籍新兵一起赴衡东说明情况，消除影响。到达衡东后，我们首先向县委和县武装部致歉，并如实介绍了情况，也让新兵现身说法。县领导说没及时掌握情况，与部队沟通不够及时，也请部队谅解。最后双方一致决定，在衡东县电视台黄金时段由我做讲话和情况说明，由新兵介绍实情和入伍后的体会，电视台连播3天。随后工作组又亲登相关新兵家门，逐户慰问，彻底消除了误会和负面影响。最后我带人来到衡阳市，市领导说衡阳信息点是中央的直报信息点，他们不掌握情况，就派了一名市领导陪同我们到衡阳信息点交涉。

解铃还须系铃人，我提出请衡阳信息点依据新的情况，再向上报出一条新的信息。衡阳信息点听完情况介绍，非常爽快地表示再由他们上报一条信息，题目拟用《部队亲临衡东说明真相，新兵家人忧虑顿时全消》。等我带工作组返回到部队，这条新的信息已经各级首长阅罢传到师部。这样，我们无须就此事再写专题报告了。北京军区空军政治部领导专门打来电话，称赞此事处置得很圆满。

军民共建，一举两得

师政治部的一项职能是对外代表部队处理好军民军政关系。该师是在“准备打仗”时选择吕梁山深处作为部队驻地的。机场是填沟平岭而修，营房是依山就势而建，因地形所限，整个营区既无围墙，也无院落，许多营房与民居犬牙交错混在一起。公社化时期军产民产没有明确界限，20世纪80年代实行包产到户，军民不时为土地、道路、采石、挖矿、烧窑等发生纠纷。一到农作物收获季节，村民把机场跑道、滑行道占领，作为庄稼脱粒和粮食晾晒的场地。有时从飞机洞库到机场的通道也铺上了厚厚的庄稼，等着飞机滑行碾轧脱粒，飞机发动机吸进异物那是要酿出事故的，因而常常弄得飞机寸步难行。

针对上述现象，师政治部联系当地村镇开展军民共建精神文明活动，开展法制宣传，帮助驻地村镇制定村规民约，依法划定军事禁区，对影响军事设施的开矿、采石、烧窑等场所，请地方公安部门协助予以封闭，帮助村民另选场地，并且给予合理补偿。农忙时节，组织部队开展助民劳动，统筹安排部队训练时间和科目，为村民让出部分场道作为庄稼脱粒和晾晒粮食的场地。结合汽车新司机训练，专门安排对村民铺在场道上的庄稼进行碾轧，帮助脱粒。通过禁、堵、疏、助的综合措施，既密切了军民关系，又优化了部队的战备训练环境。

联防共治，抓住偷油贼

当时物资匮乏，部队时常发生物品被盗的问题，有时刚洗的衣服拿出去晾晒，转眼之间就没了。一位师领导出去开会，家中的电视机等物品被洗劫一空，部队的通信设施、停机坪上的航油器材等，也时不时或遭到破坏，或不翼而飞。为此，部队一方面加强内部防范；另一方面与当地建立联防共治机制。师政治部还在村民中布置联防共治信息员，对他们进行不公开的培训，交任务、教方法、给奖励，这些举措收到了明显成效。包括那位师领导家中被盗等多年积案被逐一告破。

一天晚上，一名治安信息员来报告，有人预谋开着拖拉机夜间盗窃停机坪飞机上的航油。我组织师保卫科和警卫连及时巧妙布控，提醒掌握抓捕的时机，当夜人赃俱获，盗油者受到了法律制裁，使部队驻地治安环境得到了优化。

自愿留在吕梁山

这个师驻地在吕梁大山的深处，是举足轻重的战略部队，自从老师长徐水香被调走任副军长后，部队的训练管理工作走了下坡路，3 年发生了 4 起飞行事故，其中 3 起是机毁人亡的一等事故，牺牲了 9 名飞行员。虽然我任职的政治部的工作不时受到上级的表扬，但是部队的飞行事故令人揪心啊，政治工作也失去了成就感。

1991 年年底，军区上报了调我任京畿航空兵某师政委的方案。其间，我去北京开会，那个师的几位领导还集体约我吃了顿饭，欢迎我去该师工作。我任现职单位的师政委曾长期在北京工作，他理论水平高，协调能力强，待人诚恳。我到该师工作时间不长，我们就成了无话不谈的好友。他家安在北京，家中正面临着许多实际困难。有鉴于此，回到师部后，我主动向上级提出可否将他调往我拟任职的京畿部队，把我留在吕梁山接替他。

第二天，北京军区空军首长亲自打来电话，问我是如何考虑的。我回答说："这个师的情况我已熟悉，我留下来有信心做好工作。同时这一举也解决了我们师政委家中的实际困难。"

上级同意了我的请求。

整风肃纪，振作部队

师政委的任职命令一下，我立即以师党委书记的身份逐个找班子成员谈话，与师长进一步分析飞行训练事故多发的原因。主要是部队飞行训练基础打得不牢，领航技能薄弱，空中遇到特殊情况处置能力低。部队的 3 起机毁人亡事故有两起直接原因出在领航上，一起出在基本驾驶技术上，另一起一般飞行事故直接原因在于飞行员精力不集中，作风毛躁。深层次的原因在于商品经济条件下，部队部分飞行员与地方民航攀比收入，思想不稳，训练不走心；部分机务技术人员以身体为由长期离队，甚至在地方民航打工，影响了飞行训练保障工作；机关一些工作表面化，沉不下去，与实际结合不紧；部分领导干部碰到问题强调客观多，有畏难情绪，对部队疏于严格管理等。

要使部队振作起来，师领导班子首先要振作起来。在师党委统一思想后，立即在全师开展了思想、作风、纪律大整顿。开展讲使命、讲职责、讲纪律、讲表率活动。为弘扬正气，纠正歪风，召开全师干部整风肃纪大会，邀请家属一并参加，大张旗鼓地对立足岗位贡献突出的 90 名飞行员等各类干部予以表彰，对 33 名闹转业擅自离队等违纪的干部进行了公开处理。飞行

员 ××× 为了转业进民航挣大钱，长期不参加飞行训练，多次闹着要求转业，最后竟不辞而别。教导员追到汽车站命令他返回，他拒不服从，抬脚把教导员踹下了汽车。

师党委决定开除他的党籍，取消飞行员干部身份，按士兵除名，不向地方移交他的飞行资质，使他不仅没有达到目的，还失去了在部队的所有身份。一名从事地面保障工作的副营职干部，当班期间组织人喝酒打牌，误了工作，被降为排级以观后效。对长期离队人员派人逐个做工作，不回的除予以相应的处分，还一律停发工资，结果全都返回了部队。

擅自离队还去告状

一名长期离队的团副参谋长，返回部队后怒气冲冲地拿着军队纪律条令找我讨说法："李政委，你也在违反军纪呢！我逾期不归给我处分我认了，你凭什么扣发我的工资？军队纪律条令上可没这条！我明人不做暗事，今天晚上我就要进京到总政上访，告你个擅权违纪乱为！"

面对他嚣张的架势，我从抽屉里拿出一本《中华人民共和国宪法》往桌子上一拍，说："我告诉你，你可不是单违纪，而且还违法！离队不归是违纪！长期不在岗领工资是违法！《中华人民共和国宪法》上可是明文写着国家实行按劳分配制度，多劳多得，少劳少得，不劳不得。扣掉你的不劳所获，是在维护国家根本大法！"

他的脸一下涨成了猪肝样，两眼睁得大大的，愣住了。

"我知我有八张嘴也说不过你，我今天只有进京上访讨说法。"他的语气明显软下来。

"进京上访我不拦你，那是你的权利。不但不拦你，我还会派秘书科长陪你去。"我说。

"秘书科长跟着，我怎么上访？他回来肯定会向你汇报我都说了什么。"他说。

"秘书科长只陪你去，陪你回，你反映情况时他会回避，放心吧。"我说。

他一离开，我立即给总政治部信访办主任通了个电话，介绍了关于他上访的因由，并请他帮助做工作。信访办主任说："我明天亲自接待他，放心吧！"

第二天，他走进信访办公室，简要报告了因由，重点是告我扣发工资违反纪律条令的问题。

信访办主任拿出即将下发的对军人实行劳动教养的规定说："像你这样长期擅自离队，处分和扣发工资是轻的。按照这个马上下发的规定，对你至少要劳动教养一年半！快回去改正错误，好好工作吧。"

他彻底没了脾气，我约他做了一次长谈，他主动写了一份深刻的检讨。我要求他在长期离队返回的人员中以自己的新认知配合机关一起做工作，收到了很好的效果。

专用水果费装进专人的口袋

实行"四讲"的思想、作风、纪律大整顿，部队的精神面貌发生了可喜的变化，行政管理工作也遵循规章严格起来，松懈散漫作风为之一扫。同时，通过调查研究，也解决了官兵反映的一些切身利益问题。

飞行员反映餐后上水果，专用水果费吃不到飞行员的肚子里。的确，刚吃饱饭的肚子还能盛多少水果呢？改为配发水果罐头，众口不一很难调。我拍板决定，将飞行员的水果费随工资一起装进飞行员的口袋，自买水果。后勤部门提醒说："上级文件规定不准这样做。"我说："飞行员的水果费不装进飞行员的口袋，很容易进了别人口袋，先这样办了再说。"后来上级后勤部门知道来调查，结果在其他部队也推广了这一做法。

山沟里一道亮丽的风景线

那个时期在自我完善、自我发展的口号下，军队允许经商办企业。师里借地利之便，办了两座煤矿，把太原部队招待所装修后改为宾馆对外营业，利用增加的财力把飞行员的飞行补助费提高到最高类别；给基层食堂发放补助，改善饭菜质量；对没有工作的随军家属增加补贴；对有特殊困难的官兵家属发放救济金；为每位临时来队探亲的家属发放旅游参观费用；对于接近最高飞行年限的飞行员，停飞前部队主动联系航空公司予以接受安置，消除他们的后顾之忧。

无工作心中总是不安，有工作是稳定人心的最大因素。部队地处大山深处，除家在农村的家属为解决户口问题愿意随军外，家在城镇的家属极少有人愿意随军走进这大山里。随军无工作的家属们虽然能得到一些生活补贴，但是对于他们来说无工作终究是一块心病。稳住家属才能稳住干部，稳住干部才有利于部队的稳定。为此，师里决定在原有的基础上，借助部队的技术优势和力量，在提高产品质量和扩大市场规模上下功夫，进一步办好师属电子元件厂，作为安置随军家属工作的平台。电子元件厂在当地政府注册，进入工厂工作即为正式职工。电子元件厂的规模得到扩大，厂房得到优化，产品知名度越来越高，引来了众多人士参观。工厂产品不仅在国内享有盛誉，而且还远销日本、东南亚。随军家属们大多被安置进电子元件厂工作，从而消除了她们的后顾之忧。有的家在城镇无工作或有工作不理想的家属也主动申请随军进电子元件厂工作。每到早晚上下班，这些身着白色工作服，头戴彩色工作帽的家属，成了山沟里一道亮丽的风景线。

为化消极因素为积极因素，部队对在思想作风纪律大整顿中的受处分人员一视同仁，做出新贡献的同样使用。那位在飞行保障值班中组织人员喝酒打牌被降为排级的副营职干部，在后来的值班中忠于职守，灵活处置，避免了一起飞机滑行与行驶车辆相撞的事故，受到通令嘉奖，并恢复了他的副营级职务。这一系列举措，使部队的士气进一步提升。

这里需要指出的是，军队一度从商经营活动，虽然在短时间内解决了部队的某些难题，但是时间一长，弊端丛生，带来了许多负面的东西。不单是与民争利，更主要的是使军队不能集中精力担负起战备训练任务，削弱了部队的战斗力，甚至诱发了许多腐败案件，败坏了部队的声誉。后来党中央、中央军委决定停止军队的一切经商活动是完全正确的。不仅如此，在和平时期，如果让军队自我完善、自我发展，长此以往，军队就会改变性质，最终危及国家政权。

一年就打了翻身仗

为使师长集中精力组织部队在加强飞行员的基本驾驶技术上下功夫，我与师长商量后，我亲自带领机关人员深入领航队伍，与领航员们一起研究空中领航的特点和规律、易发生的特情和解决办法。最后帮助领航人员归纳总结出空中领航的“四句诀”：位置不清早报告，上升高度要三号（三号是地面导航台），联系不通换频道，计算油量选跑道。这四句话好记易做，解决了飞行迷航后及时正确复航的难题。

此后不久，一架飞机在远距离飞行训练中又发生了位置不清的问题，飞行员与领航员密切配合，飞行员一边拉升飞机的飞行高度，一边报告领航员及时呼叫“要三号”，地面导航台立即给出航向“270”，飞机最终顺利返场。事后飞行员主动为导航台请功说：“那个女导航员给出的航向很准确清晰。”什么？部队的边远导航台没有女兵呀！一查，原来那个大山深处的导航台仅有一名志愿兵导航员值守，他妻子带着孩子长期住在山里陪伴。由于经常看着丈夫工作，也基本学会了导航操作。他那天下山买东西，让妻子注意收听，没想到他妻子还真起了大作用。那可不行！他妻子没有认证的导航资质，他是属于擅自脱岗，部队决定给他记大过处分，可他妻子毕竟挽救了一架飞机。那好，奖励 1 万元，他家一下子成了万元户。

经过扎实的训练，全师的飞行技术水平和应变能力有了长足的进步。第二年，经过空军考核，部队跨入先进训练部队行列。全师的思想政治建设、作风纪律建设、工程技术保障和后勤保障工作也全部被空军评为先进，部队一年打了翻身仗。此后，部队各项工作年年保持了良好的发展势头，师领导班子也年年被空军评为先进师党委。

为进一步打牢部队建设的基础，我和其他师领导带领机关人员长年跟在外场飞行一线，重在蹲点基层营连，盯住问题抓落实。一次，空军政治部主任徐承栋来部队考察，他不打招呼，深入一个连队，发现我正在该连与士兵一起维护跑道。他见我一瘸一拐的，非要看我的伤处，我提起裤腿，他一看，二话没说，一把把我拉上车，非得让我回去休息。回到机关，他攥着我的手说："你的腿肿成那个样子，还在跑机场，真是令人不落忍。"

保证三年不出大问题

我任师政委三年多，上级决定让我离职进入国防大学基本系学习。在北京，军区司令员和政委与我谈话，司令员说："家祥同志，你离开部队去学习，部队工作不会出现反复吧？"

我伸出三个指头回答说："不会。我保证三年内部队不会出现大的问题。"

政委盯着我问："何以见得呢？"我说："接替我任职的政委我了解，师党委这几年确定的工作思路不会变。整个师班子心齐风正有干劲，4 个正团级部队 8 名军政主官都可靠，103 个基层营连台站没有不放心的单位，仅有一个边远靶场有点弱，前不久我去蹲点刚回来，正派人继续跟踪巩固。主官是单位的顶梁柱，基层是单位的地基台，只要柱子硬，地基实，单位就不会出现塌台的事。"

说到这里，司令、政委都笑了。政委说："看来你这个保票靠谱，这就叫心中有数。"

我离开后，这个师 10 年没出现严重飞行事故等大问题。与我搭班子的师长和接替我的政委后来都提升到了军区领导岗位，双双走进了将军行列。

国防大学学战略

国防大学坐落在北京西北郊的百望山旁，基本系主要是进行战略性理论及战例的学习研究。开学典礼上我代表新学员发言。学习期间我最重视的是关于解决台湾问题的研究及作业。20 世纪 80 年代，邓小平同志就提出新时期的三大任务之一是实现祖国的统一。作为一名军人，特别是高级将领，在解决台湾问题上能建功立业，那是人生的浓墨重彩之笔。对台湾问题的关注和研究成了我心中最大的结。

战略是指事关方向、事关全局、事关基础、事关全面、事关根本和事关长远目标实现的那些要素和内容；战役是指为实现战略并在战略指导下而进行的阶段性、局部性活动，它直接服务和受制于战略，对战略有着重要的影响；战术则是指导和进行战斗活动的具体战法和行动步骤。战略决定战役，战役决定战术，战术、战役都为战略服务。战术是基层领导者应具备的素养和能力；战役是中高层领导者应具备的素养和能力；战略则是高层领导者应具备的素养和能力。它主要包括战略的制定、战略的实施、战略的掌握、战略的实现等内容。领导者职务越高，这种能力应该越强。正如清代名士陈澹然所言："不谋万世者，不足谋一时；不谋全局者，不足谋一域。"即，不善于从长远利益来筹划的人，是筹划不好一时之事的；不懂得从全局角度谋划事体的人，是谋划和治理不好一个区域事宜的。其要义是长远包含着眼前，眼前不能损害长远；全局包含着一域，一域不能妨碍全局。这是需要有长远的眼光和广阔的胸怀作为支撑的。在战略、战役学的学习研究中，结合赴井冈山和延安等实地的观摩，联想相关的中外历史事件，我获得了一些自己的认知。

一、正确的战略判断和战略的制定，首先对世势时局要有洞彻准确的观察和全面客观的分析。历史上一个最典型的例子是诸葛亮在茅庐中为刘备所做的战略运筹。刘备起兵之后，一会儿投靠公孙瓒，一会儿投靠曹操，一会儿投靠袁绍，一会儿投靠刘表，甚至还一度投靠陶谦，一度又投靠吕布。真是东一下，西一下，南一下，北一下，四处奔波。攻无方向，守无地盘，居无定所，何也？盖因没有明确的发展战略，缺少长远发展的方向及目标。前途、前途，前无方向和目标也就没了前途。在走投无路的苦闷中，得到朋友指点，刘备三到隆中请诸葛。诸葛亮在茅庐之中，手指地图把天下大势说透了，为刘备制定了东联孙权、北拒曹操、进兵四川、建立蜀国的筹划，使刘备茅塞顿开。"三国"的概念，可以说是诸葛亮的创意。从此，刘备如虎出山，如龙腾渊，大展宏图。这一情节在《三国演义》第三十八回中有精彩的描述。第三十八回可以说是《三国演义》的魂，前三十七回是为此做铺垫，后八十二回是因此而展开。诸葛亮的最高智慧不在草船借箭、不在舌战群儒、不在七擒孟获、不在六出祁山，而在这千古绝唱的一席隆中对。

现代最伟大的战略家要数毛泽东。90多年前，在半封建半殖民地的旧中国，莽莽九派战乱急，他敢井冈竖红旗，就在于他对当时的国情、世情有着深切的洞察，对国家和世界的走向有着高远的判断。他深知中国的红色政权为什么能够存在，从而大无畏地领导了井冈山的斗争。抗日战争时期，他那篇享誉中外的《论持久战》，站在全世界反法西斯斗争的全局分析中日两国的矛盾及长短，提出了抗日之战是一场持久战，分三阶段，最后胜利是属于中国的论断。此后，中国抗日战争的进程和走向准确验证了毛泽东的论述。经典思想的伟大意义就在于它“穿透性”的普世意义，在当下百年未有之大变局下，毛泽东的深邃战略思想、方法，对于我们应对复杂的国际斗争依然有效。

1946年，蒋介石携400万正规军，在自己形势一片大好中发动了内战，提出三个月消灭共产党的目标。毛泽东面对这种黑云压城的局势，精确地分析了敌我双方的长短与态势，针锋相对提出了三至五年打败蒋介石的论断。结果，三年时间真的打败了蒋介石，建立了新中国。其实，当时许多有识之士，仅从国共双方所提出消灭对方的时间目标上，就判断出蒋介石必败无疑。蒋介石也没想想，从1927年红军在井冈山仅有几万人起他就开始对红军围剿，到1936年底，剿了10年也没剿灭红军。1946年时中共的正规部队已近百万，还有200多万民兵，据有1亿多人口的解放区，这是三个月能消灭得了的吗？

不合时宜的战略目标，后面跟着的必然是失败，蒋介石最后的结局，为此做了注脚。

邓小平也是一位伟大的战略大师。1978年，他提出全党的工作重心要转移到以经济建设为中心上来。之前，他对世界大势先做了观察。他东看一眼，西看一眼，发现东方西方之间的诉求主要是和平问题；他南看一眼，北看一眼，发现南方北方之间的主要诉求是发展问题。横竖相加，提出了和平与发展是当今世界主题的论断。他认为这是中国难得的应该抓住的发展机遇期，从而制定了党的一个中心（以经济建设为中心）、两个基本点（坚持四项基本原则、坚持改革开放）的基本路线，一举开创了在社会主义初级阶段建设有中国特色的社会主义的发展道路。

总之，战略家决策者的眼光，在于能够理解历史规律，穿透现实迷障，洞察未来先机，指明历史走向，触摸到地平线之外的世界，顺势提前布局，做出战略安排。

二、胜利为王。每次胜利都是强者的胜利，而弱者是不能胜强者的。那么何以解释世上战略上的弱者却打败了战略上强者的案例呢？理解这个问题最好的钥匙是毛泽东军事思想。

毛泽东军事思想辩证法告诉人们，敌我双方之间强弱的矛盾是可以转换的，在一定条件下强可以转换为弱，弱也可以转换为强。实现这种转换的要诀就在善于把自己战略上的弱转换为战役、战术上的强，把对方战略上的强转换为战役、战术上的弱。在井冈山上，面对强敌的围剿，毛泽东提出十六字诀作战方针，即“敌进我退，敌驻我扰，敌疲我打，敌退我追”，集中优势兵力打歼灭战，就是实现敌强我弱转换的妙招。这十六字前两句是使强敌变弱，后两句是等敌弱我强时再打，这样自己就成了以强胜弱，立于不败之地。

毛泽东在这方面最经典的语言是：战略上我们是以一当十，战术上我们是以十当一。以一当十是战略上敌强我弱，以十当一是战术上我强敌弱。在军事活动中，各种千变万化的军事行动以及谋略计策都在于营造出战役、战术上的我强敌弱的态势，最后对敌一举歼灭之。其实，毛泽东的人民战争思想，从根本上来说是依靠人民的力量使强敌变弱、使自己变强的思想。再加上其占山为上、山地运动战、山地游击战的思想，可以说我军由小到大，由弱变强，一靠人民的拥护，二靠大山的庇护。看吧，井冈山、大巴山、大别山、吕梁山、太行山、沂蒙山等，正是座座大山，使强敌的机械化部队以及飞机大炮无用武之地。大山成了庇护我军的铜墙铁壁，使许多强敌在大山中陷入灭顶之灾，还为我军“义务”送来了大量的作战物资。经过长期无数次这样战役、战术上我强敌弱的切换，积小胜为大胜，积短胜为长胜，最终把战略上的敌强我弱，转化成了战略上我亦强的局面，从而实现了我方的彻底胜利。总之，掌握了这种敌强我弱的转换之妙，就掌握了战争的主动权。

三、战略一旦确定，不能随意漂移。战略既然管的是长远和方向，一旦确定就要一以贯之，不能随意变动。虽然有时在具体行动步骤上需要调整，但是方向目标不能摇摆，这就叫路有回绕，目的恒定。红军在“左倾”路线指导下，第五次反围剿失利后，中国革命进入了低潮，被迫长征，此时最急迫的战略任务是保存自己。遵义会议毛泽东回到了核心领导岗位，掌握了红军的指挥权，他的一系列决策都是围绕着保住红军不被消灭而谋划。四渡赤水、巧渡金沙江、强渡大渡河是为保存自己而谋划，直至爬雪山、过草地还是为实现此目的。有人说，雪山、草地几乎是生命的禁区，红军为什么选择那样的路线？正因为是生命禁区，敌人没法在那里设防，红军走那样的路线才能保住自己。

到达陕北之后，毛泽东仍然在领导红军围绕保存自己做文章。包括一到陕北便利用敌人内部的矛盾，与国民党东北军、西北军秘密达成停战协议。西安事变发生后，又实行联蒋抗日的方针，甚至把红军改编为国民革命军第八路军，换掉红军的服装与旗帜。当然，这首先是抗日民族统一战线大义的需要，同时其中也隐含着借此保存自己的战略目的。这从红军编入国民革命军序列之后，仍然坚持中国共产党对八路军的领导，保持原有的基本性质，实行独立自主的山地抗日游击战争战略等方面都体现出了这一点。

有效地保存自己，才能更好地消灭敌人是毛泽东一直坚持的重要原则，从来没有发生过漂移。刘伯承元帅曾言：“五行不定，输个干净。”“五行”是泛指战略指导原则，这些原则如果不确定、不坚守，那是要彻底输掉的。反观蒋介石，在战略上经常表现为飘忽不定，弄得前方一线指挥者无所措手足。有时在一个战略行动中还夹杂多种意图，追求所谓的一石二鸟。

还以西安事变为例。西安事变为什么发生？这当然首先是全民抗日的愿望大势所趋，但是，其中也有蒋介石在处置红军到达陕北之后战略指导的败招之因。可以说，红军是被蒋介石的军队一路追赶着到达陕北的，这时的红军正如毛泽东所说，走了两万五千里，剩下两万五千人，从兵力的数量来说，红军处在危期。那么从红军所处之地来看，往东是黄河，红军东渡黄河，在山西被晋军与蒋军一联手赶了回来，还牺牲了陕北红军创始人刘志丹。往北是毛乌素大沙漠，在当年那样的少数民族荒漠之地，红军是难以生存的。往西是甘青新疆，红军西路军西征的失败证明，在那样的地形地貌中，红军是难以与蒋军、马家军周旋的。

从地理上来说，可以说当时红军处在危地。此时，蒋介石若是调集自己的嫡系部队压上去，那红军的后果就不堪设想了。蒋介石没有这样做，而是打着小算盘，想利用红军这把刀把东北军、西北军一举削弱或解决，实现所谓的一石二鸟，这实际上是他自己战略指导上的漂移。他的小算盘被张学良、杨虎城识破，他们不仅不打红军，还暗地里与红军结盟，趁着蒋介石去西安督战之机，一举发动了“西安事变”，扣留了蒋介石，实现了逼蒋联共抗日。蒋介石本想一石二鸟，结果是二鸟全跑，一个也没逮着，反而把自己弄了个灰头土脸，这就是其战略指导漂移的后果。

四、战略实施要盯住重点，抓住关键。战略的长远和全面特性使其涉及诸多方面，在战略实施上要全局在胸，盯住重点，抓住关键环节才能保证战略的顺利实现。在这一点上，毛泽东同样是无与伦比的高手。

1936 年，红军长征到达陕北，在面对如何有效保存自己的局面下，毛泽东高举共同抗日道义的旗帜，利用敌人营垒中的矛盾，抓住解除红军眼前最直接的威胁这个关键，千方百计先秘密与奉蒋介石之命围剿红军的东北军、西北军达成停战协议。要知道，当时东北军、西北军加在一起的兵力是红军的 10 倍以上，能与他们停战就实现了眼前保存自己的战略目的。

同时，当时红军不但要实现保存自己，还要实现发展自己，发展自己的根本在于培养人才。为此，在那样极端困难的情况下，毛泽东毅然决定大办院校。1995 年国防大学组织到延安观摩学习时，我对此做了一一统计。除了大家所熟知的抗日军政大学、延安鲁迅艺术学院，另外竟然还有 27 所各类院校，总共达到了 29 所。其中，令人惊讶的是居然还办了一所农业机械学校，为日后的边区大生产乃至将来的新中国培养了农机人才。中国共产党正是利用这些院校培养了大批的种子，并将这些种子或派到抗日前线或撒向了广袤的敌人后方，使人民力量迅速壮大起来。

1945 年日本帝国主义投降，蒋介石为限制人民力量的发展，给八路军下达了原地驻防待命、不准接受日本军队投降的命令。毛泽东不但指挥八路军不听从蒋介石的命令，而且还抓住蒋介石的军队远在大西南的时机，立即组织中共在华北、山东的力量迅速抢占东北三省，占据了日本投降后最具战略意义的地区，为最终取得解放战争的胜利赢得了先机。

战略实施中的重点和关键是支撑整个战略的四梁八柱，一步走活，全局皆活，一步走瞎，房倒屋塌，盯紧抓住，就会势如破竹。

“四个关系”和“四种偏向”

国防大学没毕业，我即被中央军委任命为空军 × 军政治部主任。

这个军是我当新兵起一直所在的部队，各方面情况比较了解，各部队特点比较熟悉，相关工作自然得心应手。主要职能之一是领导和指导师、旅、团政治机关抓好工作落实。为更好地担负起这项职能，上任伊始我便选择了一支前后工作产生过重大反差的部队做调研。

这支部队驻地在北京市，20 世纪 80 年代中期一度管理十分混乱，接连发生几起惊动高层的问题。一起是一名新兵偷学开车，夜间将部队的一辆卡车偷偷开出营区，跑了一两百千米，将车开进了天安门广场。当年的天安门广场没有像今天这样严格管理，他一圈一圈地在天安门广场练起车来。练习中汽车发生了故障，他不会维修，怕暴露自己，摘下车牌，打“的”偷偷返回了营区。第二天，有关方面发现天安门广场停了一辆无牌卡车，几经周折才查明是该部战士偷学开车所为。

另一起是该部队汽车连的司机在出车中，天天经过驻地公路上的一个公安部门交通检查站，因经常发生矛盾，一气之下在春节前夕，该汽车连干部带领部分司机化装偷袭了这个汽车检查站，将该车辆检查站一举摧毁，打伤打散了该站检查人员。公安部门几经调查，查清了是该部队汽车连官兵所为。

还有一起是该部队洞库连的守洞士兵，经常偷盗驻地附近居民的猪羊家禽在洞库内宰杀烹食，并违反规定在驻地谈恋爱，将女青年带进洞内留宿。由于洞库是军事禁区，公安机关较长时间没能侦破居民牲畜家禽失盗的案件。另外，该部队物资管理漏洞多，干部不作为乱作为，形式主义、官僚主义问题突出。

上述问题暴露后，被有关方面报到了军队高层。京畿重地的部队管理如此混乱，引起高层首长的震怒。一位首长在上报的材料上批示："管理如此混乱的部队，空某军还有多少？解散重建！"接到批示，空某军立即组织了一个由军首长亲自带队的工作组进驻该部队调查整顿。问题一一核实后，对该部队主要领导做了撤职处理，对涉事的基层单位予以解散重建。当时我负责解散重建基层单位的干部调配工作，特地从边远艰苦地区调入了10多名优秀基层干部，充实到了重建的基层单位。

在查找该部队问题发生的原因时，发现该部队各种管理规章制度都是健全的，就是不落实。由于该部队离北京比较近，各级工作检查组也没少来，但是往往来了也多是听听汇报，转转看看，当日来当日走，该部队还有一个接待上级检查组的流程，基本上就是如何应付检查。真可谓是机关是形式主义、官僚主义，底下是当面一套、背后一套，致使该部队的问题长期被掩盖。

整顿完该部队之后，军师团三级也对工作作风问题进行了反思和改进。经过上下共同努力，该部队的工作不久就发生了新的变化，此后一直是空某军驻京部队中各方面工作都很出色的部队，多次受到上级的表彰。总结正反两个方面的经验教训，我归纳出领导机关指导部队抓好工作落实，要正确处理四个关系，克服四种偏向，收到了积极效果。

一、正确处理文字工作与实际工作的关系，克服重文字工作轻实际工作的偏向。

领导机关的工作内容可分为两大类，一类是文字工作，即书写请示报告、通知通报、指示简报、经验材料、论文报道等；一类是实际工作，即深入实际、调查研究、检查指导、处理具体事务、解决具体问题、办理具体事项等。这两类工作既有明显的区别，又有内在的联系，后者是前者的基础和前提，前者是后者的反映和升华。领导机关扎实工作，必须正确处理二者之间的关系。

首先，文字工作必须结合实际工作去做，以多做、做好实际工作为前提。领导机关要以主要精力多深入基层，接触实际，调查研究，多掌握真实情况，多解决具体问题。这样，发命令、指示才能符合实际，请示报告才能反映真实情况，典型材料才真实可信，通知通报才能有的放矢，意见要求才能有真知灼见。从而使文字工作与实际工作相统一，防止两张皮。

其次，文字指导与面对面指导相结合，多实行面对面指导。特别师旅团机关要充分发挥接近和贴近基层的优势，坚持以面对面指导为主。实行面对面指导，布置与检查紧密衔接，决策与验证相融一体，最符合扎实工作的要求。

另外，实行面对面指导，也是处理好个性与共性的根本途径。一般说来，文字指导体现的多是共性，面对面指导多是个性，只有多熟知个性，共性的工作才更有普遍意义和成效。然而有的人不明此理，忽视甚至轻视实际工作，认为文字工作能争头彩、壮门面，出力见“效”早；实际工作麻烦多，无名声，卖力却影响小，因而单纯热衷于文字工作。更有甚者为追求报纸有名、电台有声、电视有影，常常浮在上面想点子，苦思冥想憋稿子，也不愿意下去深入实际找素材。如此做文字工作，只能是无源之水，无本之木，写出的东西只能是空话连篇，使上下空受“文山”之害。

二、正确处理对上与对下的关系，克服重对上轻对下的倾向。

领导机关的工作对象主要分为两个方面，一是对上，一是对下。正确处理对上与对下的关系，主要应注意两点：

第一，对上负责与对下负责相统一、相一致。具体应该做到五个一样：即对上对下一样负责，不能对下失责；对上对下一样重视，不能对下忽视；对上对下一样真诚，不能对下敷衍；对上对下一样认真，不能对下马虎；对上对下一样热忱，不能对下冷漠。要特别注意防止只知道对上负责的现象。其实，各级领导机关最终都是对下负责、对下服务，失去了对下负责也就失去了对上负责。有的人认为偏重对上负责能获得上级的青睐，但上级领导和机关最赞赏的还是那些深入基层，深入实际，扎扎实实辛勤耕耘的下级。

第二，领导机关的主要精力要多对下。要在三个方面下功夫。其一，要在多解决实际问题上下功夫。领导机关的根本职能在于解决问题抓落实，工作的着眼点应该在多为基层解决问题办实事上。这就要经常心往下边想，人往下边走，眼往下边看，事往下边办。其二，要在多联系群众上下功夫。要关心基层，心系群众，倾听基层的呼声，把握基层的脉搏，反映基层的需求，当好领导联系基层的桥梁和纽带。其三，要在调查研究上多下功夫。领导机关不能仅当“传声筒”，而要当“加工厂”。这就要勤调查，善思考，细论证，多研究，只有这样才能发挥好机关的职能作用。然而，有的人不能正确处理对上与对下的关系，重对上，轻对下，对下层不甚关注，对高层唯恐不周。有的甚至热衷于走“上层路线”，心往上头想，人往上头转，事往上头办，成了上层的“常客”，基层的“稀客”。其实最终还是想使自己尽快向上窜，这显然与领导机关的工作宗旨不符。

三、正确处理形式与内容的关系，克服重形式轻内容的偏向。

形式与内容是领导机关开展工作经常要面对的问题。二者的关系是内容决定形式，不离形式；形式表现内容，影响内容。正确处理二者关系，要坚持二者的辩证统一，注重形式为内容服务。在具体工作中要注意以下四个方面：

第一，布置工作要把握工作内容的必要性、可行性、有效性，不能只从表面形式出发，办那些热热闹闹劳而无效的事情，更不能干那种追求大气，彰显气派，图个叫好，劳民伤财的蠢事。

第二，检查工作要注重实效，不能单纯听汇报、查登记、看报表，蜻蜓点水转一转，走马观花看一看，列队欢迎握握手，问候一声拍拍手，说声再见挥挥手，转身上车雄赳赳。这样的工作检查只能是形式主义糊弄官僚主义，官僚主义助长形式主义。

第三，推广经验不能照搬照套，要从实际出发，区别不同类型，不同条件，因地制宜，量力而行。不搞“大呼隆”“一刀切”。更不能揣摩领导心思，体现领导的“恩典”，用吃偏灶的办法，拼人力物力财力，堆出个典型、样板、亮点来，那是难以服人的。

第四，工作创新不能乱提口号。工作创新要在加强的前提下改进，在继承的基础上创新。不能把脑筋动在不断出花花点子上，把精力放在不断变换口号上。那种图虚名的创新，最终招来的只能是实祸。

四、正确处理眼前与长远的关系，克服重眼前轻长远的偏向。

领导机关的工作从其效应上看，有眼前与长远之分，注意眼前工作成绩是无可厚非的。但是，眼前要服从长远，不能妨碍长远更不能损害长远。在具体工作中要注意把握这样几点：一要围绕全局多做工作。全局性工作多属于一个单位的中心工作，涉及单位的长远建设，具有综合性整体效应的特点，领导机关应主动服从全局，围绕全局开展工作，不能因其效应周期长和绩效的整体性而少做工作。二要多做基础工作。基础性工作事关长远，事关根本，经常起作用，长期起作用。要有很强的基础意识，自觉在基础性工作上多下功夫。三要多做巩固提高性的工作。要在需要经常抓，反复抓，抓反复，常抓不懈的工作上多动心思下功夫。四要多做服务性的工作。领导机关要有很强的服务意识，以功成不必在我的襟怀，积极主动做好那些以他人直接成绩为结局或以他人收益为结果的，事关单位长远的工作。但是有的人不是这样，他们轻长远，重眼前，轻长效，重近利，只顾眼前俏不俏，后面洪水滔天不管了。为了能在上边多挂号，常常“打一枪换一个地方”，工作如阵风，风过一场空。有的为了抢头彩，上级工作刚布置，他就马上出“经验”。结果“经验”出得快，问题也出得快，甚至边报“经验”，边出问题；有的急于创政绩，办上几件急功近利的事便没下文了；有的显山露水的工作争着上，默默无闻的工作悄悄让等等。其实，这都是形式主义、官僚主义作风在作怪。

形式主义、官僚主义作风之所以成为多年的顽疾，根子在于工作指导思想不端正，私欲杂念在作祟。从整体机制上来说，与权力过于集中，缺乏下层对上层的监督与质询，包括对形式主义、官僚主义长期缺乏系统、有效的查办追究办法有关。大量实践表明，要根绝一种东西，只有根绝这种东西所带来的好处才能收到效果。

为老兵平反

在此期间，有一件落实政策的工作，我至今记忆犹新。那是 1996 年的一个秋天，秘书处的同志带来了一位上访老者，他身上衣服补丁摞补丁，脚上鞋子露着脚指头。他走进会客室，把烟灰缸中的烟头挑出接在一起，深吸了几口才从破袋子中掏出上访材料，其中有一张证书让我愣住了。那是一张带有王震签名的三五九旅立功证书，接着看其他材料，原来他是抗日战争时期入伍的三五九旅老兵，新中国成立前担任连队的司务长，1951 年“三反五反”运动时因 20 万元（旧币）账目问题被定为贪污，受到了开除党籍撤销职务遣返回乡的处理。

早年他年纪轻，能劳动，有饭吃，虽然觉得委屈，也没有上访，后来年龄大了，劳动能力渐弱，生活陷入困顿。1978 年看到国家落实各方面的政策，大量平反冤假错案，才开始走上漫漫上访之路。但问题一直没有解决，后来查到他所在的老部队归建到了我现在任职的空某军，才找到了这里。我让公务员从我宿舍里找了两件衣服、一双鞋给他换上，又给他买了两条烟，让人带他到招待所先住下。

机关对他带的材料逐一核查，因年代久远，其所在部队几经变更，处理他的原始材料找不到了，但其健在的老领导、老战友都出具了相关证明材料，经核对没有伪造。军政治部在讨论对其平反时出现了两种意见：一种意见认为他的问题年代久远，已无确切的原始材料，不好再另下结论。另外，

1978年以来主要解决的是“文革”中的冤假错案问题，他的问题不在其中，因此也不便解决。

另一种意见认为，虽然他的问题缺乏原始材料，但是现有的调查证明可以认定他反映的问题基本属实。当时的20万元（旧币）仅相当于后来的20元钱，就算认定是贪污，所做的处理也明显偏重，属于罚不当过。再者，虽然1978年以来解决的主要是“文化大革命”中的冤假错案问题，同时对之前整风“反右”，给“地富反坏分子”子女摘帽等相关问题也解决了不少，上级也没有文件规定，“三反五反”中的问题一律不准解决。因此，对他的诉求也应该采取实事求是的态度。

听完两种意见，我明确表示赞同后一种意见，并搬出邓小平1980年11月15日关于“9·13”事件中对飞行员潘景寅的谈话说服大家，最后一致同意为这位老人平反。报军党委决定恢复其党籍，按副营级离休干部交所在县城安置，为其解决科级干部住房一套，同时随迁一名孙辈亲属进城，户口农转非，以方便照顾他的生活。

克里斯案例

领导者包括各类执法人员，经常要具体处理事关某个人的生计甚至是生命攸关的问题，有些问题政策法律界限很清楚，这比较容易处理。还有些人的问题处在政策法律的灰色地带，领导者和执法者的主观裁量空间很大，具体处理这样的问题，就要以善念与人性良知做出抉择，这也是世界人类共通的心智。一个著名的例子是冷战结束后，德国法院对冷战时期，东德一名士兵枪杀翻越柏林墙青年克里斯的判决。

东德青年克里斯为生计翻越柏林墙，被东德一名执勤的士兵发现，上级命令这名士兵开枪射击，结果克里斯被这名士兵击毙。冷战结束以后，这名开枪的士兵遭到起诉。这名士兵的辩护律师以军人服从命令为这名士兵做出无罪的辩护。法官判决说，作为士兵不执行上级命令是有罪的，但是打不准是无罪的。他作为一个心智健全的人应该明了，克里斯的行为没有危害他人，他不过只是为生计翻墙而已。此时此刻这名士兵有把枪口抬高一寸的权利，这是他应该主动承担的良心义务。法官最终判决开枪打死克里斯的士兵两年有期徒刑，这个案例至今仍然在德国法学院的课堂里作为公平正义的案例。这一案例再次告诉人们，在一定场景中处理问题面临多种抉择，甚至迫于形势压力而左右为难，这时善念与人性良知应该成为自己的最后一道防线。

此后在任何单位工作，凡涉及人事问题的处理，我都以“依据政策、与人为善”八个字为基本点来办理，数十年来从未留下使人上访的后遗症。

交接班大会上的尴尬

1997 年即将过去，还有两天就要跨入 1998 年了，中央军委下令调我任空军西安基地政委。任职前上级找我谈话介绍说：“这个基地前身是空第某军，下辖航空兵、导弹、高炮、雷达、试验飞行等多种部队，整个部队分布于大西北，由于所辖部队种类多、分布广，部队的管理工作难度比较大。整个部队建设上面临的突出问题是：发生的事故致使非正常伤亡人数年年突破上级规定的管控指标。你上任之后要和司令员一起设法扭转这一问题。”

12 月 30 日，我到达西安正式上任。在部队机关召开的交接班大会上，军区首长刚宣读完任命，前任政委正准备做告别讲话，参谋长急匆匆走到我和前任政委的身后中间。他是有紧急事项要报告，可一时又不知向谁报告，只好没有明确指向笼统地说：“报告政委，刚刚驻汉中城固的一个连发生了枪击事件，造成两名战士死亡，请示处置意见！”我和前任政委下意识地互看了一眼，他的脸微微有点泛红，嘴唇动了一下，欲言又止。此时任命已宣布，他不好再说什么了。

我立即接上说：“此事由我们来处理。你立即通知该连保护好现场，管控稳定住人员，然后抓紧组织一个调查组，由你带队去该连。还有些具体事宜，会后我马上向你交代。快去，先给连队打电话！”

“是！”参谋长急急离开了会场。交接班大会在尴尬的气氛中结束了。一散会，前任政委不好意思地对我说：“真是对不起，让你一到任就为这种事操心。”我与他很早就相识，他是个厚道人，我知道他此时的心情比我更沉重。

“这个连队离西安有800多里吧，百里长的竿子，八竿子也打不着，这些小、远、散单位历来是部队管理工作的难点。新的岗位你的担子也不轻，祝你一切顺利！”我与他就此话别。

执勤配枪装上空壳子弹

参谋长带领的工作组查明了该连枪击事件的原因。这起枪击事件不是刑事案件，是两名同时入伍的新兵在宿舍摆弄枪支时走火，一名新兵将另一名新兵打死。这名走火的士兵因为害怕，当场开枪自杀。善后相关事宜已交由该连所在团处理。

听完参谋长的汇报，我让他组织机关人员列出所属部队近5年来发生的非正常亡人的起数、类别、原因等数据材料，召集他们分门别类、逐项研究解决办法。

统计结果出来了，枪支走火是造成部队非正常亡人列第一位的问题，其次是车辆事故，再次是部队士兵日常生活管理工作的漏洞所致事故。

那就先解决枪支走火问题。我和主管行政工作的副司令员把机关相关部门负责人召集在一起，就这一问题我出了两道题目：第一，怎样才能杜绝枪支走火；第二，万一发生枪支走火怎样才能避免致人死亡。我见大家面面相觑，说：“这两个题目今天不做讨论，请大家先回去想办法，越具体越好。三天后，我和副司令员在这里再听取你们的主意，你们大家可要各显神通哟。”

三天后再开会，各部门可能对自己的具体办法不自信，都不愿意先发言。

“兵马未动，粮草先行。后勤部门分管军械，你们先讲讲。”我指了下后勤部门人员说。

“现在和平时期，极少发生需要动用枪弹的事，我们的意见是可考虑把枪支收起来集中保管，平时不再发到士兵手中。士兵手中无枪，自然也就走不了火，伤不着人。”后勤部门的人说。

“你们这是刀枪入库，就差马放南山了。枪是战士的伙伴，战士无枪，还叫什么战士？”副司令员说。

“我们的办法是枪还是要发给战士，但首先要加强培训，让战士熟悉枪支，正确使用枪。同时对日常枪支管理要进一步细化，例如，在宿舍不准玩弄枪支等；其次，可考虑对子弹集中保管，实行枪弹分离，这样枪支就走不了火，也就避免了连带问题。”司令部的人说。

“有枪无弹，枪还有何用？再说，战士值勤有枪无弹，紧急情况下如何应对？”副司令员又问道。

“我们的意见和以上差不多。只要战士手中有枪有弹，绝对避免枪支走火是难以做到的。”工程和保卫部门的人员说。

会议一下子冷场了。我见无人再发言，问副司令员有什么要讲的，他摆摆手说：“主要听政委的。”

我扫视了一眼会场说：“刚才大家的发言有不少可取之处，我讲几条具体的办法请大家考虑。第一，我们的所属部队都是技术型兵种，多数人员值勤的岗位是不需要配枪的。他们每年集中打两次靶，了解枪支性能，熟悉枪支使用就可以了。平时不再配枪，枪弹实行集中管理，许多部队现在已经这样做了，要继续坚持。第二，有些人员上岗值勤是必须配枪的，不仅配枪，还要配子弹，对这些人员在枪支使用上要加大培训力度，严格规范枪支保管使用制度。在不值勤时，可考虑以班排为单位集中管理枪支，实行值勤持枪，下岗离枪。如果是这样，就不会发生这次城固连里的事故。第三，最后一道防线，也许是最后能兜住底的防线，就是战士值勤时枪中的子弹不要全部押实弹，前三发可用空壳子弹代替。”

“什么是空壳子弹？”有人问道。

“空壳子弹是电影、电视剧战争片中演戏用的子弹。大家都看过战争片吧，你看那枪打得噼噼啪啪如真弹一样响，可那子弹是没有弹头的，伤不着人。”我说。

"可咱们部队全都是配发的真子弹，没有那种空壳子弹。"有人又说。

我接着说："咱们西安不是有电影制片厂吗？他们那里空壳子弹应该多的是。政治部的同志负责军民共建，散会后就去联系电影制片厂，请他们支援一下，请后勤部出费用买点。一般情况下枪支走火也就是一发，这样即使走了火空壳弹也打不死人，同时也不影响警卫人员值勤时遇有特殊情况的处置。警卫人员处置特殊情况，一般都是先鸣枪示警吧，三枪示警后，如有必要，正好用上实弹。这些办法如何？"全场一致赞同，有人还鼓了掌。

一散会，政治部立即派人去西安电影制片厂联系空壳子弹事宜。电影制片厂一听，马上给予部队无偿支援。

第二天，连同空壳子弹一起，新的枪支管理使用规定就下发所属部队立即执行。司令部还专题通知了空壳子弹的使用管理事宜。

大约 10 天后的一个深夜，电话铃急促地响起。部队领导大都有体验，深夜有电话，最轻是打架，一般没有什么好事。果不其然，电话中司令部值班参谋说："报告政委，刚才导弹 ×× 旅又发生了枪支走火问题。"

"死人了吗？什么原因？"我问道。

"没死人。两名哨兵换岗时，接岗的哨兵想试试在岗哨兵的警惕性，发生了误会，那位持枪在岗的哨兵惊慌中对着接岗的哨兵走了火，由于距离近，接岗哨兵的帽子被空壳子弹熏出了一片黑印。"参谋回答。

有惊无险。"指示 ×× 导弹旅认真总结教训。"我放下了电话。

新的枪支管理办法见效了，接着我与司令员以看得见、摸得着、做得到、有实效为基点，指导机关依次对车辆管理、预防煤气中毒、预防人员溺亡、预防人员寻短自杀等，在容易发生非正常伤亡人的盲点、节点，分别制定出防范举措，督导部队自上而下，责任到人，全系统、全链条、全节点、全覆盖抓落实。

1998 年，全基地所属师、旅、团、营、连一举杜绝了非正常亡人的问题，成为总参谋部通报表彰的、全军仅有的两个无非正常亡人的军级单位之一。1999 年部队继续保持了无非正常亡人的局面，成为总参谋部通报中仅有的连续两年无非正常亡人的军级单位。2000 年这项工作继续保持良好势头，总参谋部来人对此项工作做专题调研，当他们了解到部队值勤哨兵空壳子弹的使用时，大感兴趣。其中一名调研人员说："在全军推广这一做法，每年可是能挽救数十人的生命啊！"

2000 年 9 月 17 日，中央军委发出专件，增补我为空军党委委员。不少相熟的人看到通知打来电话说："看来你又要有重任了，到时候我们去北京找你讨酒喝啊！"

很快，北京真的来电话了，不过不是让我任职军队，而是派我转换战场。从此，我的职业生涯发生了重大转向。

第三章

治理企业

深夜奉命进京

2000年11月10日晚上6时许，北京一个电话直接打到空军西安基地。电话员说，北京要我本人接电话。

打来电话的是中央大型企业工作委员会的组织部部长殷晓晶。当年中央专门设立了一个工作委员会，主管全国的国有大型企业。这个工作委员会的主任是时任国务院副总理、后来的全国人民代表大会常务委员会委员长吴邦国。

“李家祥政委，中央决定调你到北京工作，请你今天晚上务必赶到北京报到，明天上午要参加重要活动。”殷晓晶部长在电话中急促地说。

“殷部长，请原谅，你是不能直接用电话调动我的工作的。按照党中央、中央军委的规定，作为一名军人，我只听命于来自军队的调令或军队系统上级打来的电话。”我说。

“李政委，你讲的有关规定我都知道，调你进京工作是中央的决定，我是按照中央的指示给你打电话。本来这个电话应该由军队系统通知你，但是因为太紧急，如果通过总政治部、空军、军区空军等一层层首长阅后再通知你，你今天晚上就赶不到北京了，这样也就耽误了明天上午你必须参加的重要活动。我查了一下，今天晚上西安至北京只有8点半一个航班，你赶紧乘坐这个航班赴北京吧，有人会在机场接你。至于军队系统方面的事，我马上会与他们协调。”殷部长挂了电话。

我立即接通了兰州军区空军首长的电话，向他报告了北京的电话情况，并请示他可否立即赴京。军区首长在电话中说：“你来西安基地工作很有成效，调你去北京工作的事军区至今一无所知，你可以先按北京的电话要求，立即动身去北京报到，我会立即向上级查询你的调动事宜。”

我放下电话看了下表，已经7点多了，从部队机关驻地到西安咸阳机场还需要将近一个小时，时间不允许再做其他准备，也来不及换便装，我提起公文包就直奔机场。

飞机到达首都机场已是夜间 11 时了，空军干部部部长刘绍亮等人已在机场等候。刘部长直接把我送到了空军机关大院会议室。空军时任司令员刘顺尧、政委乔清晨、政治部主任邓昌友已在座。

乔清晨政委开门见山地说："家祥同志，这是一项政治任务，比较急，中央决定调你去民航中国国际航空公司工作。和平时期，中央这样紧急从军队调人去地方工作，是没有先例的，肯定是一项硬任务的，你要不负中央托付，一定完成好任务。"

"中国国际航空公司是什么级别啊？"刘顺尧司令员问道。

"现在企业不讲级别了，不过这个公司的主要领导一般都是中国民航总局副局长担任的。"邓昌友主任答道。政治任务，对一个军人来说首先是服从，不过，我还是想到了军籍问题。

"我首先坚决服从中央的调动。不过，事先我没有思想准备。按中央军委规定，军队师以上干部转业到地方工作是自愿原则，先由本人写出转业申请，报组织批准再办转业手续。我没有转业的意愿，请组织能保留我的军籍。"我表明态度，同时也表明了我对军队的留恋。31 年的军旅生涯，军营已成为我心灵的家园。再说，我的志向可不是去企业挣钱，而是为解决台湾问题出力。

"军委首长已经说了，你是属于中央工作调动，不是转业，你的军籍保留，完成了任务可以回来。时间不早了，你明天一早还要去民航报到，明天晚上我和其他空军首长为你饯行。"乔清晨政委说。

第二天一早，我一身戎装，与总政干部部、空军干部部、中央大型企业工作委员会组织部的人一起走进中国国际航空公司的大会议室。中央大型企业工作委员会常务副书记郑斯林、中国民用航空总局局长刘剑锋分别宣布命令和讲话。

我被任命为中国国际航空公司党委书记，中国民用航空总局副局长王开元被任命为公司总裁。

我和王开元总裁仅做了个简短发言，便被催促道："快，快，赶快去专机坪，首长马上就要到了。”

专机坪是国家领导人出行时专用飞机的停机坪，一架747大型客机在各项准备工作就绪后，静静地停在那里，等待着江泽民主席赴泰国参加亚太经合会议。亚太经合会议组织英文缩写APEC，是亚洲太平洋经济合作组织的简称，这是亚太地区最高级别的政府间合作机制，会议每两年举行一次。

我们在专机坪刚站好，中央警卫局的引导车便进场了。紧跟着，首长乘坐的车辆在专机前停了下来。车门一开，江泽民主席走下了汽车，向在场的人望了一眼，在场的人员中我是唯一穿着军装的人。只听他说了一句:“嗯，到任了。”便径直向我走来。

我举手敬礼，问候了一句:“主席好！”

他与我握手，郑重地说:“家祥同志，国航重要，任重道远。”

未等我答话，他转身与其他人一一握手后走向了飞机舷梯，一只脚刚踏上舷梯第一阶，又转身返回向我走来，再次说:“国航问题不少，不要着急，具体工作事项，国务院领导会向你们交代。”然后他才登上了飞机。

送走了江泽民主席，我才第一次与我今后工作的搭档王开元总裁交谈。他首先问我是何时接到通知要来国航工作的。我指着我的衣服说:“昨天晚上。你看，连衣服都没来得及换呢。”他笑了一下说:“我比你好点，算是在北京近水楼台先得月，比你早一天得知调到国航工作。”

王开元总裁是中国民航界的资深人士，有着丰富的民航工作经验，他为人厚道，处事正派，虑事周详，与人为善，在民航业界有着很好的口碑。在此后的工作中，我很庆幸自己又遇到了一位好搭档。

中央领导当面指示

根据江泽民主席“具体工作事项，国务院领导同志会给你们谈”的交代，我与王总商量，应该首先去中南海国务院向国务院领导请示工作，以便全面了解党中央、国务院关于国航的工作意图。

国务院领导秘书来电话说:“首长吩咐你们不必来国务院了，下午他亲自去国航与你们谈话。”

下午 3 时，国务院领导准时来到机场。他从文件包掏出个笔记本郑重地说：“我下面讲的意见，都是江泽民总书记和朱镕基总理的工作要求。”

他接着说道：“中国国际航空公司是目前中国民航界资格最深的航空运输大企业，是中国的载旗航空公司，除了中国国际航空公司飞机上印着中国国旗的标志，其他航空公司的飞机是不允许印有中国国旗的。国航担负着国家领导人出行的专机任务，在国内外有着重要的影响，为中国民航业的发展做出过重要贡献。近两三年来，这个公司连年亏损，特别是发生了一些影响恶劣的案件。党中央国务院对国航高度关注，决定改组国航领导班子，9 名公司领导换了 6 名，决定由你们二位担任公司的主要领导职务。希望你们二位不负重托，带领国航尽快扭转工作被动的局面。根据江泽民总书记和朱镕基总理的指示要求，你们在具体工作上要把握好这样几项工作。第一，要确保航空运输安全，这是重中之重。第二，严格要求，带好队伍，特别是飞行员队伍。第三，加强经营管理，扭转公司连年亏损的局面。第四，清理案件，接受教训，完善公司各项规章制度。第五，在公司弘扬正气，树立起良好道德风尚。第六，在上述工作的基础上实现公司的良性发展。”

末了，他再次郑重地说：“以上这些，可是江总书记和朱总理的指示要求，希望你们认真领会，抓好落实。我祝你们工作顺利！”

党中央、国务院关于国航的工作要求，归纳起来是 12 个字：安全、队伍、效益、制度、风气、发展。接着，我们便立即着手围绕这 12 个字，谋划国航的各项工作。

临危受命的来龙去脉

中央调我到国航工作之后，军队不少与我相熟的人好奇，为什么中央从军队中专门选调一个军级干部干企业，而且偏偏选中了我，上任又催得那样急。国航以及民航界的人也很好奇，中央为啥从军队选了个人任职国航？书记一职又不是专业技术干部，民航也有很多人选啊。说实话，我对这些开始也挺纳闷，后来才清楚了整个事情的来龙去脉。

知道内情的人士告诉我，2000 年 11 月的一天晚上，中央办公厅通知他带上国航相关问题的材料，立即到中南海参加会议。会上有关人员汇报了国航近期出现的问题。

第一起，国航一名飞行员参与贩卖毒品，利用飞机从美国芝加哥向国内贩卖毒品 12 公斤，用面粉袋子做伪装，在飞行员所住的宿舍床下被起获。

第二起，两名机长各自从美国纽约违法购买手枪一把，藏在飞机上，躲过海关检查带回北京被起获。

第三起，一名国航财务负责人，贪污公款在逃，这是目前国有企业中财务犯罪贪污最大的一笔款项。

第四起，在北京自由市场上查获了挪威三文鱼等涉嫌走私贩卖产品，经追查是国航员工从合资的航空食品公司偷出来卖的。

第五起，国航个别员工利用工作之便，参与组织国际偷渡犯罪等问题。此外，国航这几年连年亏损，每年亏损都在六七个亿。

“你们听听，国航这么多问题，你们能睡着觉吗？得赶紧想办法。”中央领导说。

当过领导的人都知道，当上级领导者说对某个问题赶紧想办法时，上级领导者心中对这件事已经有办法了。

中央领导接着说：“中央决定中国民航总局去一名副局长任国航总裁，解放军总政治部从空军选人去国航任书记，抓队伍建设。”

“结果把你选调来了。”知情人士说。我到任国航后，军队与我联系最多的人是时任解放军总政治部干部部副部长孔宪德，他几乎每隔十天半月的总要与我通电话或到公司看望我。我任某师政委时，他带队对我做过考察。他说：“11 月初，中央领导指示总政治部，让总政治部从空军军级干部中选一名能扭转工作局面、会抓班子带队伍的人去解决中国国际航空公司的问题。总政治部根据平时掌握的空军军级政工干部的情况，提出了两名人选。因为总政治部了解到，你是属于那种临危受命、攻坚克难型的干部，既有抓班子带队伍的经验，又有军事干部的气质，就把你作为首选，最终报江泽民主席亲自审阅选定了你。我们把选调你去国航工作的情况向中央军委首长报告时，军委首长还说：这个干部完成任务之后，我们可得要回来啊！”孔宪德副部长一再叮嘱我，一定要完成好任务，千万别干砸了。我明白他的用意，这是除了事关中央决策的正确性，也事关总政治部推荐干部的准确性，同时也是对孔宪德副部长本人考察识别干部能力的检验。

在有关方面刚刚完成对国航领导班子调整的工作流程，江泽民主席赴泰国参加亚太经合会议的前一天下午，他亲自询问调整之后国航新的领导班子成员到任的情况。有关方面意识到，江泽民主席明天出行经过首都机场，可能会对国航的工作有所指示。于是时任中组部领导催促有关方面，通知国航新的领导班子成员连夜赴京报到。从任何角度来讲，这都是一场背水一战的任务，没有退路，开弓没有回头箭。

从此，我和国航领导班子全体成员一心扑在全面转变国航工作上。一年时间，国航就扭转了企业连年亏损的局面。两年时间，国航联合中国航空公司和中国西南航空公司组建了中国航空集团公司，我出任中国航空集团公司党组书记兼中国国际航空公司总裁。三年之后，中国国际航空公司在境内外成功上市；四年之后，中国国际航空公司成为全球市值最大、盈利能力最强的航空公司。公司创造了行业年总回报率高达 1022% 的业绩，也就是说股东每投资 100 元，就给股东回报了 1022 元。2006 年，国航盈利额占国内全中国民航业利润总额的 186%，被国内外誉为民航界“一枝独秀”的企业。我本人先后被国内外知名机构评为“中国改革十大杰出人物”“2006 年中国年度经济人物”“2006 年中华十大经济英才”，获评亚洲品牌创新人物奖、蒙戴尔《世界经理人成就奖》金奖、哈佛大学《商业评论》中国上市公司最佳董事长第一名、全球上市公司最佳经营管理人 100 人第 17 名（第一名为美国苹果公司的乔布斯）。先后应邀去美国哈佛大学、哥伦比亚大学、芝加哥大学、法国巴黎工程技术大学以及国内的北京大学、清华大学、国防大学、中央党校等十数所高校讲企业经营管理和做相关学术报告。还先后被芝加哥大学、国际生产力研究院聘请为教授和院士。这些荣誉和成果，都是建立在对国航的成功治理和经营基础之上的，所反映的是全体国航人团结奋斗的共同业绩。

关于国航的企业治理，2007 年我曾在所著《大道相通》一书中，以国航八大制胜方略做过介绍。那本书曾两次再版，并由新加坡书商译成英文版在全球发行，在这里不再赘述。这次仅将一些内容和当时不便写的事项做些补充，同时对一些过往做法从事物存在和发展的内在规律上再做些梳理，以加深对这些做法的理性认知。

企业与军队的不同

在我刚进入国航时，军队的朋友不少人替我捏着一把汗：一个从军 30 多年、没干过企业的人如何适应企业的经营管理工作？国航的员工也对我存有疑虑。企业的经营管理毕竟不同于军队的战备训练，一个带兵经武的将军能带领企业盈利发展吗？应该说这些担心和疑虑不是没有道理。这些问题的实质，是我本人如何尽快适应企业，进入工作角色的问题。

演好一出戏，演员必须对剧本和本人担负的角色有着真切的理解，才能使自己融入剧情，把自己切换成剧中的角色。一个人从一个领域进入另外一个陌生的领域，也必须对这一领域有着真切的认识，并对自己担负的角色有着透彻的理解，才能把握好对自己的定位，履行好自己的职责。

军队与企业不同，军队是国家机构，企业是社会组织。军队的职能是维护国家的主权、统一与领土完整，捍卫国家安全，保卫人民的和平劳动。军队的核心职能是打仗，一切建设和工作根本指向是战斗力；军人的职责是备战打仗，一切活动的目的是能打赢。打胜仗是评价军事活动的唯一标准也是最高标准，甚至在一定条件下为实现打赢的目标可以不惜一切代价。

军营的文化是牺牲奉献的文化，是勇猛铁血的文化，是令行禁止的文化，是团结协同的文化，是一言九鼎无戏言的文化，是令出法随的文化，是纪律严明的文化，是整齐划一的文化，是务实求真的文化，是威武文明的文化。

军队中人与人之间的关系，是由军队的性质、宗旨所决定的，军队的内务条令对此做出了具体规范，从根本上来说是一种为了最终的胜利生死与共的关系。这种关系圣洁纯真，每临战事，生死相托，每次冲锋，生死相依，一声战友，令人荡气回肠。在这里，虚伪欺诈、心计铜锈都被排除在外。

企业的功能与军队迥异。企业的功能主要有三项：一是创造国民财富，这主要体现在赢得利润、上缴税费上；二是承载国民就业，这主要体现在不断招收职工上；三是科技和管理创新，这主要体现在新技术、新工艺的发明创造和管理体制机制的创新上。

通行的企业文化底色大致都是团结、务实、创新、高效、拼搏等，但是，不同的企业往往有着不同的企业文化特色。优秀的企业在于优秀企业文化的滋养，优秀的企业文化需要长期不懈的培育，而毁坏一个企业的优秀文化，往往只是一茬人的事。

企业中的人际关系与军队中的人际关系也是迥异的。企业中的人际关系是建立在相互理解认同和容忍迁就基础之上的，上下级界限不那么鲜明，人与人之间无须生死与共，日常生活无须整齐划一，上班齐聚一起，下班各奔东西。

企业中人与人的关系大多是工作关系。有人问过我什么叫工作关系，我的观察和解释是，所谓工作关系，就是有工作就有关系，没工作就没关系。除了公司章程，领导与职工之间没有硬性的纪律约束，领导与员工碰面，抬眼也行，不抬眼也罢。如果员工碰见领导能主动攀谈，甚至勾肩搭背，那说明关系很是融洽了；如果员工对领导有意见，吵吵嚷嚷是常事，骂骂咧咧不算事，甚至此处难留爷，自有留爷处，递上一张纸，辞职奔别处，不辞而别者亦不为稀奇。

在企业中，人与人的利益纠葛要比军队多，特别是在经济上谁多谁少、谁高谁低是经营管理者经常碰到的矛盾。当然，经济也是经营管理者治理企业的重要手段。在老牌国有企业大都有多年形成的人际圈子，祖孙三代共事一企，亲连着亲，友连着友，触碰一人，牵动一串。在现代企业治理中，这些东西很容易成为企业治理的负能量。

在企业当领导，特别在国有企业当领导，没有军队那样的体制机制上的威严保障，企业管理者的尊严和权威主要来自员工的心悦诚服。这就要求企业管理者能够完全融入企业的员工队伍中。融入一个人群，根本在于心灵情感的融通，这是人与人建立有效联系的终极路径，无分军队与地方，甚至无分中外国别。想清楚了这些特点和路径，行为就会自觉奔着这些意涵而动。

坐豪华车屁股上也长不出花

上任第二天，我就用便装换掉了将军服，不从军队带秘书、司机、公务员，只身一人以国航员工的身份到首都国际机场为驻地的中国国际航空公司上班。当天接我上班的车辆坏在半道上，公司有人知道了说，看吧，新来的书记一来就被抛在半道上，这明摆着是出师不利呀！还有的说，这寓意着半途而废，国航可不是好玩的，在国航当领导是坐住立不住，立住坐不住，就等着瞧吧。

公司办公室的人觉得这事办得太没面子，新领导刚来服务保障工作就掉了链子。过了一天，机关便开来一辆价值 80 多万元的德国原装豪华奥迪新车作为我的专用车。我谢绝道："企业正在亏损中，给我买这样的高级专用车不妥呀！"他们劝道："领导嘛，应该的，哪个大公司的领导不是豪车呀？有的比这高级多了。"

"卖掉！坐豪华车屁股上也长不出花。"我不容置疑地说。

是啊，当年国企的经营管理包括改革都在探索中，企业体制机制的问题，包括经营管理者的薪酬待遇问题等，上级没有明确的规定。大企业的老总们不管企业盈亏，多数都是豪华车，以示企业的实力和气派。老总们的薪酬更是五花八门，年薪少则数十万，多则数百万、上千万，个别的有年薪高达 6000 多万元之巨者，相当于时任国务院总理 426 年的工资收入。

中华人民共和国的宪法上写着国家实行按劳分配，在个别企业实际上是实行的按胆分配，谁的胆子大谁就敢给自己定惊人的年薪，还名曰学习发达国家机制，改革开放与国际接轨。为什么在一些单位领导失去公信力，老百姓变成了“老不信”，甚至造成了干群对立？就在于群众对这种国企高管分配无制约的现象有意见，只能把不平憋在心头。

我心想，如果我心安理得坐上这辆豪华车，那才真正把自己撂在了半道上。宁愿坐不住，我得先立住；只要能立住，早晚会坐住。

上任伊始，我曾拜访过国航的四位老红军。他们询问我，听说军队离休的老红军，没有专车乘坐的每人都配发了一辆桑塔纳轿车，他们新中国成立后被分配到中国民航，后来国航虽然改制为企业，但是作为老红军，他们也应该与军队的老红军有一样的待遇。他们的要求是合理的。当年一辆桑塔纳轿车 20 万元左右，那辆价值 80 万元的德国原装豪华奥迪如果卖掉，正好可以购买 4 辆桑塔纳轿车。我不容置疑地让机关卖掉了那辆豪华奥迪，买了 4 辆桑塔纳分别送到老红军的家中，我仍然乘坐那辆修好了的旧车。这件事一下子在公司引起了轰动，有的感慨地说，新来的书记把老红军、老八路的作风带来了。

一次偶然的车辆抛锚问题，却成为我融入国航的顺途。

公司最关键的队伍

接下来，我与王总商量，他以主要精力抓公司的经营管理运行，我以主要精力抓公司的班子队伍建设。

抓班子队伍建设的路径一般是抓班子带队伍，但是到一个新单位，在对班子不熟悉的情况下，可以先从调研队伍情况入手，抓队伍看班子，抓队伍促班子。

在航空公司中，飞行员是公司最关键的队伍。按照马克思主义的学说，生产力的三要素是由人、生产工具和劳动对象构成的，其中人是生产力要素中最积极、最活跃的要素。航空公司的生产工具主要是飞机，掌握飞机的人主要是飞行员，劳动对象是客人和货物。飞行员和飞机是承载航空公司其他所有工作人员的工作平台，换句话说，航空公司的其他人员都是围绕着飞行员和飞机运转的。

抓住抓好了飞行员队伍，就抓住抓好了航空公司最关键的生产力要素，而影响国航形象和公司发展的几起问题恰恰主要是发生在飞行员身上。除了北京市公安局当年破获的跨国涉毒涉枪案件是个别飞行员所为外，在一年多前，国航还发生了飞行员袁斌因对公司住房分配不满，利用执行飞行任务的机会，把从北京起飞本应飞往云南昆明的航班劫持飞到了台湾，在国内外造成了极为恶劣的影响。

一个领导者到一个新的单位开展工作，首先要厘清工作思路，工作有思路才会有出路。思路正确打胜仗，思路错误打败仗，没有思路打乱仗。清晰的工作思路应该体现在“三个知道”上，即知道长远干什么、知道眼前干什么、知道重点干什么。国航发展的经验教训表明，飞行员队伍建设是航空公司平稳健康发展的关键，无论从长远来看、从眼前来看、从重点来看，航空公司都应该抓住抓好飞行员队伍建设。于是，我把有 1500 多人的飞行总队作为调研和解决问题的首选单位。

曾经的辉煌

在进入国航飞行总队开展工作之前，我首先对飞行总队的历史做了较为详细的了解。国航飞行总队是中国民航最早的飞行员队伍的主体单位，曾按照军队的建制进行管理。自 1955 年成立以来创造了诸多的辉煌，最亮眼的成绩是保持了 45 年多的飞行安全记录。伴随着中国民航的发展，飞行总队不论在执行国家领导人专包机任务上，还是在开通国内外复杂航线上，以及在民航飞机的升级换代改装上，都勇于担当，敢为人先，扮演了当先锋打头阵的角色，每次都出色地完成了任务。

其中最著名的是 1965 年落实周恩来总理关于“中国民航不飞出去就打不开局面，一定要飞出去才能打开局面”的指示，圆满保障周恩来总理乘坐中国民航飞机出访非洲 12 国，总航程达 44361 千米，结束了中国领导人出国租用外国飞机的历史，完成了周恩来总理关于中国民航一定要飞出去的夙愿，为中国民航飞向世界积累了宝贵的经验。

中国民航总结出的许多飞行安全的经验、许多为飞行员所熟知的保证安全的诀窍，其渊源都是来自飞行总队。其中，“三坚持四严一保证”至今仍然为民航人所推崇。“三坚持”，即坚持全心全意为人民服务的宗旨，坚持安全第一、预防为先的指导方针，坚持严字当头、实事求是的科学态度；“四严”，即严密的组织，严格的训练，严明的纪律，严谨的作风；“一保证”，即充分发挥思想政治工作的保证作用。这些安全管理的工作经验，经过了数十年的沉淀，许多已渗透进中国民航的安全规章中，成为中国民航安全文化的核心内容。

飞行总队数十年来不但为国航培养了一茬又一茬的优秀飞行员，而且还为中国民航的其他航空公司输送了大批的飞行骨干。可以说，其他航空公司成立之初的飞行骨干大都与国航飞行总队有着深厚的渊源。这样一个有着优良传统和创造了诸多中国民航第一的飞行总队，为何在一两年内却发生了那样多的负面第一呢？带着这样的疑虑，我带人走进了飞行总队。

又有空勤人员失踪了

就在这个当口，飞行总队报告有一名空勤人员失踪三天了。当务之急是赶紧找到失踪人员，否则其他工作是无法集中精力开展的。经过反复寻找，发现这名空勤人员独自躲在一个房间的犄角旮旯，不吃不喝，欲寻短见。原因是他违纪背着组织与家人乱搞，女方以与他有了孩子为由，经常向他索要钱财，而他从没见过女方所说的孩子。他内有家室，外有情网，被缠得不堪重负，难以解脱。我让人在北京城里找到那个女人，谈起他们之间的关系，那个女人矢口否认，并称从未与他有任何交往，包括经济上的往来。那名空勤说，他们交往用的是现金，这就成了根本说不清的问题。最后只能向那个女人要了一份从未与这名空勤人员有任何关系的保证书，帮助他解套了事。

结合这个刚刚发生的事例，联系此前所发生的案件，通过22天的调查、座谈、剖析、反思和法纪宣传，使飞行总队上下认识到，在过往的辉煌和成就面前，飞行总队领导班子背上了包袱，没能面对市场经济的大潮与时俱进，针对新的历史时代特点加强总队的思想政治建设，重业务、轻思想、重物质奖励、轻人文关怀，放松了严格要求、严格管理，不想严，不会严，不敢严，只求过得去，不求过得硬；适应新时期的特点开展工作的思路不清，办法不多，议而不决，决而不行，当断不断，反受其乱。从飞行员个人来说，有的人存在着“骄”“娇”二气，没有摆正个人与组织的关系，忽视了严谨自律和个人品德修养，放任甚至放纵自己，个别人发展到个人主义膨胀，目无法纪，为追求钱财不惜以身试法，极个别的人甚至为自己的骄狂、任性、私欲铤而走险，最终落了个身败名裂的可悲下场，既令人愤慨，又使人惋惜。

在上下统一思想认识的基础上，指导全飞行总队开展了回顾辉煌思传统、查找问题看教训、展望未来担责任的活动。总队领导班子召开了倾吐肺腑的谈心交心和批评与自我批评的组织生活会。吸收机关中层干部参加，给总队党委提批评建议，真正触动了思想，触及了灵魂，有的领导成员讲到动情处，泪流满面，失声痛哭，深感对不起群众的希望与期待，辜负了上级的信任与嘱托。

在此基础上，从思想、组织、法纪、作风、机制上制定了全面加强飞行总队领导班子和飞行员队伍建设的决定。决定规定了目标任务、工作内容、方法步骤、责任落实办法和奖惩措施，使飞行总队的整体建设有章可循，有规可守，不因人事变换而偏废。同时对飞行总队的下属机构，即飞行大队、中队的工作也做了相应的规定，并对这两级党组织的工作围绕着思想会引路、日常会服务、矛盾能消解、关键能把住的职能明确了工作路径。

随身携带机长的电话号码本

在飞行总队调研期间，我本人还与总队领导、飞行骨干广泛地开展了谈心交流，并把我的手机号码和办公室电话公布于众。我也让人把飞行总队全体机长的手机号码做了个电码本放在我随身携带的公文包中，以便随时与他们交流。一次，国航飞行总队一个机组飞往美国经停阿拉斯加州的安克雷奇机场，一名飞行员在湖畔散步时被森林里出没的黑熊咬伤。机长第一时间向我报告了情况，我及时向他交代了处置办法，那名飞行员和机组最终平安归来。

投之以木桃，报之以琼瑶

飞行员队伍是一个特色鲜明的职业群体，他们普遍学历较高，思维敏捷，行为严谨，忠于职守，走南闯北，见多识广。特别是机长，是每架飞机飞行活动的实操者、指挥者，有着较高的综合素养，但是囿于特殊的工作环境，又有着驾驶舱文化的印记。他们视野开阔，有的有时思维带有线性；见多识广，有的有时又自视清高；重感情讲义气，有的有时又感情用事；思维活跃，有的阅历却又略显简单；学业经历比较顺畅，有的遇有挫折承受能力较弱；接触人不少，有的却不太会处理人际关系；他们可塑性强，领悟性高，稍微一点拨，他们往往能举一反三，悟出自己的见解。总之，这是一个非常可爱的群体，对他们投之以木桃，他们会报之以琼瑶。与他们交往，他们讨厌盛气凌人的说教，讲求情真意切、畅怀平等的交流。做他们的思想工作要善于把大道理讲小，以小见大；把远道理讲近，由近及远；把深道理讲浅，深入浅出；把虚道理讲实，以实见真。领导他们要虚实结合，既注重思想领先严格要求，又要倾听他们的诉求，致力于解决他们的实际问题，帮他们排忧解难。

当年困扰北京民航飞行人员有两大难题，首先是家属子女户口进京安置难的问题，另外是住房分配难的问题。公司领导集体研究决定，首先设法解决飞行人员特别是机长的家属子女户口进京安置问题，住房问题待公司职工住房改革中再统筹优先解决。公司经过多方努力协调，国家人事部、北京市人民政府决定对国航飞行人员给予特殊人才家属子女随迁进京安置政策，第一批就解决了数十名飞行机长家人的户口进京问题，这在飞行人员中一下子引起了轰动。家人的团聚可是人们天天思盼的事，家人进京户口问题一解决，可以连带着把飞行员家属工作、子女教育及家庭长远的定居问题统统解决了，这对飞行人员的士气提振和积极进取起了极大的催化作用，也加深了他们对各级领导的亲切感。

一次，我步行去飞行总队，一辆迎面驶来的小轿车吱的一声停在了我面前。从车上下来一位年轻人，他一说名字，我知道他是飞行总队三大队的一名机长。我问他有什么事，他真切地说："李总，我们飞行员都非常感谢公司领导既帮助我们提升思想，又帮助我们解决家人进京这么难的题。我懂得做好本职工作是对公司的最好报答，可是现在我还是想请您坐坐我的车，让我送您一趟。"说到这里，他的眼圈有点泛红，我二话没说，拉着他的手，上了他的车。

真情的交往就是这样春风化雨，金石为开的。还有一次，有人告诉我，住在公司南楼（职工住宅区）的几位资历较深的人员因历史积怨感觉公司不公，商量着要一起去中纪委上访。我得知情况后，利用次日的星期天休息时间以家访的名义到其中一名参与者家中去做客。在交谈中我把话题引到了他拟上访的事情上，听了因由，多是老企业的一些通病，都是在下一步公司改革中能解决的问题。我让他把要上访的人全部召集到他的家中，先肯定了他们关心公司建设的积极态度，同时又说明他们所要向上反映的问题，都是在公司新的规划中能解决的事项，我还借机听取了他们的相关建议。最后，他们一致表示信服我所做的分析与解释，不再相约去上访。末了，他们所提的唯一要求是让我午饭不要走，和他们一起喝场酒。我知道这些资深的人更重感情讲义气，他们很会从酒风中看作风，从品酒中品人品，从真喝假喝中论感情。他们喝酒时最终又把控得很理性，很少有喝大酒乱场子的现象。但是，那天我还是喝得有点高了，记不清下午是几点钟回来的。

公司大会上，飞行员拂袖而去

2002年，中国国际航空公司、中国西南航空公司和中国航空公司联合重组为中国航空集团公司之后，所有航空主业都整合到了新的中国国际航空公司，我任中国航空集团党组书记兼中国国际航空公司总裁。我仍然把飞行员队伍建设作为公司工作的重中之重。在我第一次去西南分公司调研之后召开的公司大会上，主持人宣布由我做大会讲话，我刚张口讲了一句“同志们”，飞行人员座位区忽地站起了一群人集体离场。主持人尴尬地劝道：“回来！”根本无人理会。我示意主持人不要劝阻了，若无其事地接着讲道：“我这次代表集团公司来西南分公司做调研，主要是想听取大家关于对新组建的集团公司建设的意见和建议，今天的讲话主要是与大家做个交流，不愿意听的现在还可以离场。不过，我还是希望大家先听听我讲的内容，以便你们提出更好的意见和建议。这也是我这次来成都最想听到的。”我这样一讲，会场顿时安静下来。我从党中央国务院决定中国民航这次联合重组的决定讲起，着重阐明联合重组不是谁吃掉了谁，而是适应世界民航发展趋势，实现中国民航跨越式发展的需要。我历数了国航、西南航、中航各自的优势和短板，讲明联合重组可以集中资源，优势互补，消除短板，使新组建的中航集团赢得更广阔的发展空间和优势，这也为公司每个员工今后的收入和事业发展搭建了坚实的平台，开辟了宽广的前景。最后，我着重阐明每个人应以什么态度和姿态参与到这次联合重组中。会场由躁动到安静，由安静到活跃，由活跃到热烈，其间不时为掌声所打断。会议结束时全体起立，以热烈的掌声把我送出会场。

我明白会议开始时那群离场人员的心理活动，别看他们离了场，其实他们仍然关注着会议的情况和结局。会场的最后气氛传到了他们那里，其中一个人托人转告想见见我，我一听就知道此人是那群离场人员的挑头者。我早已了解到他飞行技术好，资格老，处事有爷们气，虽然不是飞行队的领导，但是他在部分飞行员中有一定的影响力。我让人转告他，我也正想见见他，并要求他把所有离场的人都带来。当天晚上，我派人安排了一个咖啡室，他真的把所有离场的人都带来了。

一见面他便道歉道：“李总，对不起，我们今天太随便了。”我说：“我知道，今天的事你们不是冲着我来的。我这是第一次到西南分公司，和你们没谋过面，更谈不上有什么芥蒂，你们不该冷我的场呢。我很想知道，今天你们为什么要离场？不想参加会议找个理由不到会不就完了吗？何必像戏台上跑龙套的兜了一圈再离场呢？”

他们说：“我们对公司有意见，就是想用这种方式表达一下。”我详细听取了他们的意见。他们的许多意见正是西南航空囿于西南一隅，因发展所困而形成的，正是这次联合重组所能解决的。他们听了我的分析表示认可。接着我把话题一转说：“不过，我可不赞成你们今天在会场上那种表达方式。那是公司的会场，不是自由市场，想来就来想走就走。飞行员是最讲究规矩的，可是今天你们的行为给人的感觉很没规矩。你们刚才讲的对公司的意见别人有没有？肯定有，为什么人家没有用你们那样的表达方式？这说明‘骄’‘娇’二气在飞行人员中不是个别现象。你们听说过国航几名飞行员违法犯罪的问题吧？我可以告诉你们，我调研之后认为‘骄’‘娇’二气正是他们走上违法犯罪的初始原因。我想请你们想一想，是谁给你们插上了钢铁的翅膀？是组织吧！组织上给我们插上了钢铁的翅膀，怎么能到头来眼中没了组织呢？这不符合为人之道啊！飞行、飞行，离开了机务、机场、空管、气象、运行签派等诸多保障能飞行吗？当然，飞行员是航空公司生产的主力军，正因为如此，公司也给了你们比别人高的薪酬，包括在饮食、住宿、医疗等方面的特殊待遇，这些都体现了对你们的尊重。做人的辩证法是别人对你越尊重，自己应该越自重，越谦虚。你怎么对待别人，别人也会怎么对待你；你目中无人，最终别人也会目中无你。今天我想请你们记住一句话：飞行员在天上飞得再高再远，最终还要回到地上，最终的平安着陆可是一生飞行生涯的事。”看看时间不早了，他们有的明天一早还要去飞行，我和他们互留了手机号码，结束了谈话。此后，我以短信或微信的方式与他们保持着交流，有的直到今日。

何愁队伍带不好

2005 年，庆祝国航安全通航西藏 40 周年，在拉萨参加完有关纪念活动途经成都，当天晚上四川省领导安排为参加庆祝活动的人员接风。有的飞行员知道了我在成都，盼望我能和他们聚一聚，我辞掉了四川省领导的安排，赶到了他们订的酒店。开始只安排了一桌，谁知你传我，我传他，飞行员络绎不绝地往这里赶，来一拨加一桌，一直把饭桌加到了走廊里。大家一边聊，一边喝，一边唱，真是成了欢庆之夜。后来国资委的一位领导知道了，感慨地说："公司领导与员工能处到这个份儿上，何愁队伍带不好！"

"头"与"魂"的关系

在边调研边抓公司班子队伍建设的同时，我也在不断思考着自己作为企业党委书记的角色和定位。

应当说，企业中的党委书记与军队中的党委书记的角色是不完全相同的。军队中的党委书记职位是毛泽东等老一代革命家在井冈山创建工农红军初期，为保证实现党对军队的绝对领导而实行的一大革命性举措。这一举措从根本上解决了革命军队军阀化的问题。在军队中设立党委，配备政治委员当书记，再加上军队中的政治机关及党的组织一直层层建到连上，直到班排都有党小组，就实现了党对军队绝对领导的一贯到底。所谓绝对领导，是指中国共产党是军队中唯一的政治组织和思想的领导者，其他任何组织和个人不得染指军队。这一原则是全军上下必须无条件遵循的。

军队中实行军政双首长制，重大问题包括作战方案、人事任免等都是由党组织集体讨论决定后，由军政首长分头组织指挥实施落实的。对上的综合报告和对下的命令下达，由军政首长共同联署。在战争年代紧急情况下，党委书记有最后的决定权，但是事后要向上级报告并承担责任。

与党对军队绝对领导的原则相应的一整套组织人事、体制机制运作方式，经过 1927 年以来的长期实践，已经很科学和完备了。它不仅保证了人民军队的战无不胜，也保证了人民军队自创建以来从未发生过成建制的哗变、叛变和军事政变。

在国有企业中设立党的组织，是中华人民共和国宪法关于党的领导地位所规定了的一个重要举措，是中国特色社会主义的一个特色。关于企业中的中共党组织、党委书记的职能作用及其相应的体制机制和运作方式，新中国建立以来特别是改革开放以来在不断探索中。在计划经济时期，党委在企业中是集体领导作用，党委书记与厂长经理是党委集体领导下的分工协作关系。改革开放以来实行市场经济，公司法规定企业实行总经理负责制，总经理一般是法人代表，目的是解决集体领导无人负责的问题。不提集体领导，只讲个人负责，一些企业又出现了个人专断的问题，致使个人搅黄企业，造成国有资产流失的案例屡见不鲜。这时就有了党委和党委书记在企业中是保证作用的提法。但什么是保证作用，众说纷纭。用保证作用对应总经理负责制，有的企业又出现了保证不负责的现象。

当年有的企业围绕着党委书记与总经理的关系问题闹出了不少的洋相和笑话。有一个很典型的事例，报载有一家企业，总经理与党委书记不和，最后矛盾发展到难以解决，总经理一怒之下召开办公会议开除了书记的厂籍；书记一听，马上召开党委会议开除了总经理的党籍。

我调入国航时，相关文件的提法是发挥党委在企业中的保证作用，这显然与我在军队中任政委党委书记的工作惯例迥异了。经过观察思考交流，我渐渐地对“保证作用”有了较为清晰的认识。

实践证明，改变公司的面貌、实现公司健康发展的根本在队伍，因为公司成绩的来源在第一线，问题的发生也多在第一线。队伍建设的关键在于领头人。正如拿破仑所说：一头狮子带领一群绵羊，这群绵羊最终会变成一群狮子，而一头绵羊带领一群狮子，这群狮子最终也会变成一群绵羊。强班子才能带出硬队伍，而领导班子坚强，关键又在于总经理和党委书记。这就叫队伍好不好，关键在领导，领导行不行，关键前两名。

作为在企业中处于前两名之一的党委书记，发挥党委在企业的保证作用，在具体工作层面有两个方面的保证任务。

第一是对企业整体的保证任务。这体现在三个方面：首先，要保证企业在经营活动中贯彻党的方针路线和国家的法律法令，保证企业做到依法经营，使企业的经营活动始终运行在党的方针路线和国家的法律法令的轨道上。其次，要保证企业的党组织坚强，队伍过硬。这体现在企业的党组织作用明显，党员的先锋模范作用明显，工会、团委等群众团体的作用明显，企业内部关系和谐，员工队伍素质高，岗位职责履行得好，企业风气正，协作紧，上下同欲，形成优良的企业文化。最后，摆平体现水平，搞定才能稳定，没事意味着成事。要保证企业四个不发生，即不发生群体事件、不发生重大安全责任事故、不发生重大刑事案件、不发生重大贪腐问题。

第二是对总经理和公司其他领导班子成员的保证任务。这也体现在三个方面：首先，要保证总经理和领导班子其他成员全面地履行职权。党委书记要明白，组织在企业设置党委书记职位不是让书记与总经理争权的，不要认为保证作用没有权力。保证作用本身也是一种权力，那就是保证的权力，这种保证的权力像梯子和柱子，保证总经理和公司班子成员登台安全表演。那些在公司只想当总经理不乐意当书记的人，说到底大都是个人权力欲在作祟，缺乏甘当人梯的精神。其次，要保证总经理和班子成员顺利地履行职权。这就要求党委书记要有压路机和排雷器精神，主动帮助总经理和领导班子成员排除履行权力障碍，为他们顺利地履行职权创造顺畅的环境。总经理和领导班子成员履职遇到干扰和阻挠时，党委书记不能当旁观者，不能幸灾乐祸地等着看笑话，更不能助纣为虐地使绊子，而是要主动为他们排除履职的干扰和障碍，甘于当“恶人”，敢于“唱黑脸”，以保证他们集中精力顺利履职。再次，要保证总经理和领导班子成员正确地履行职权。党委书记对保证企业领导班子全体成员正确履行职权自然有把关的责任。要通过落实相关制度和办事程序及日常善意的提醒，使公司全体领导班子成员包括书记自己在内的权力都在正确的轨道上运行。保证公司领导每个人履行职权的过程和结果都能经得起问、经得起查、经得起历史检验。

在企业中，党委书记和总经理的关系是最重要的关系。当时一般都实行总经理负责制，总经理一般也是企业的法人代表。从企业经营管理来说，总经理是企业的“头”；从党委对企业的保证作用来说，党委书记主要做的是“魂”的工作，从一定意义上可以说，党委书记是企业的“魂”。这样，党委书记和总经理的关系类似头与魂的关系。无魂之头是昏头，无头之魂不是灵魂是游魂，只有“头”“魂”合一、浑然一体才是健全的“头脑”健康的“魂”。

德同而相聚，志同而道合，道不同难以相为谋。党委书记与总经理搞不好关系，很少是因为大是大非问题，主要原因是思想境界低，闹个人意气，忘记了共同担负的责任，争个人说了算。俗话说：争，争，两头空。党委书记与总经理相争，副职不好工作，公司难以和谐，最终是两败俱伤，都不落好。

党委书记与总经理共事，正像同唱一台戏，互相护台好戏台，互相补台都上台，互相搅台乱了台，互相拆台都下台。其实，领导者的权威不是争来的，而是在工作实践中自然形成的。党委书记和总经理作为公司的掌门人，只有顾全大局，不计个人名利地位，多为公司和他人着想，才能获得班子的认同和群众的拥护。领导干部的职位越高，格局也应该越大。什么是格局？格局最终体现在一人心中所装他人的数量。心中装的他人数量越多，格局才越大。平常人物属于家庭，优秀人物属于单位，杰出人物属于国家，伟大人物属于世界。

在企业党委的作用以及党委书记与总经理的关系上，有的人总是过分地在提法和制度上抠字眼，打转转。其实，任何提法都不可能尽善尽美，任何制度也不可能完美无缺。当然，制度更带有根本性，制度好，可以保证好人好干事；制度不好，致使好人难干事。但是，任何时候、任何事最终的决定性都在于人。制度是由人制定的，也是由人执行的。只有人的素质高，才能制定出好制度，也只有人的素质高，好制度才能执行好。

我把上述思考与认识同公司其他领导交流，大家都表示很认可。我们以此集训公司下属机构的党委和支部书记，收到积极效果。公司下属机构党组织的团结明显改进，作用明显增强，书记与经理的关系更加密切。有的原来不想当书记只想当经理的人也打消了念头，安心做好书记的工作。

北京市企业工作委员会的人来国航调研企业的党建工作，看到了国航集训下属机构党委和支部书记的文件中关于党组织对企业的保证作用以及经理与书记“头”“魂”关系的表述，大加赞赏说：“多少年企业中党建扯不清的提法，国航讲得比较清晰，非常有借鉴意义。”他们把国航的相关文件转发，供北京市的企业借鉴参考。

德籍员工要求加入中国共产党

国航还把加强企业党建的工作延伸到了与外资的合资企业。北京飞机维修工程有限公司，英文缩字AMECO，是由中国国际航空公司与德国汉莎航空公司于1989年合资创建的飞机维修企业，国航占有控股地位。这个公司合资运营得比较成功，仅用了10多年的时间就发展成了世界知名的飞机维修企业，业务遍布全世界。德国历届总理大都到访过这家总部设置在北京的公司。公司的董事长由中方担任，总经理由中德双方轮流担任。

我担任该公司的董事长时，总经理是德方的赫尔特先生。他对公司中有中国共产党的组织存有异议，多次提出要么撤掉该公司中党的机构，要么由中方全部承担党组织在该公司的人员工资和活动费用，双方几经交涉无果。我找到赫尔特做工作，他对我讲，这不是他的个人意见，而是德方在该公司所有德籍人士的意见。我说："那好吧，明天请你把公司中的所有德籍人士集合起来，我去做一次讲话再讨论此事。"第二天，赫尔特集合了该公司的所有德籍人士，我以中国共产党在中国的领导作用、中国共产党的组织在企业中的保证作用、中国共产党员在企业岗位上的模范作用为题向他们做介绍。我从中国共产党的信仰来自德国人卡尔·马克思所创建的马克思主义讲起，越讲气氛越热烈，最后交流互动环节中，突然有几个德国人同时举手，我让坐在前排的一位年长者先讲。他激动地站起来，涨红了脸说："李先生，我请求加入中国共产党。"

他身后同时又站起几个人说："我们也都想加入中国共产党。"

突如其来的此情此景真是令我意想不到，我说："我非常感谢各位先生的申请。但是，中国共产党章程规定，申请加入中国共产党必须是中华人民共和国的公民。不过，今后我们可以向各位先生经常送些中国共产党员的读物，作为你们进一步了解中国和中国共产党的材料，也便于我们之间更好地交流。"大家热烈鼓掌，会场气氛达到了高潮。

会议结束之后，赫尔特边送我边说："你今天讲得太好了，我完全听明白了！中国共产党领导中国，中国共产党的组织在公司中能使公司多赚钱，中国共产党员在公司中是带头为公司赚钱的模范。以前我们提的那个问题今后不会再提了。我们德国人虽然不能加入中国共产党，但是我希望今后你们在公司中党的活动能让我们参加。”事后，我向该公司的党委布置了一些可以邀请德国友人参加的党组织的活动内容。比如，一般性的党课、党员的联谊活动、非涉密文件的传达学习等，这对进一步密切双方关系起到了积极作用。

军营文化与地方文化的磨合

最初调入民航时，在工作生活中，我每天都有很不自如的感觉，心中时常冒出尽快完成扭转国航工作局面的任务，自己还是尽快回部队的念头。我知道，这种不适应是军营文化与地方文化碰撞的反应，我必须尽快走出这个反应期。

我调入国航的时间不长，空军有一位师政委主动请缨来国航工作，他的一位老首长在国航飞行总队归军队建制时任过飞行总队的政委，当时的飞行总队是正师级别。他想调入国航工作，真是令我喜出望外。一来我多了个帮手，二来日常工作生活中有了个共同话题多的人。经过协调解放军总政治部、空军和民航总局，他很快被调入国航飞行总队任党委书记。他工作热情高，干劲大，办法多，工作初始很是有声色。为方便工作，并尽快出成果，他带来了在军队的司机，还不时请其所在部队在工作上给予一些支援性保障。可是仅仅工作了两个月，他就坚决要求离开国航返回部队。我很理解他，他是没过军营文化与地方文化磨合反应这一关。我又联系总政治部和空军，把他调回空军，到另外一个部队继续担任师政委。

他向我告别，我与他做了长时间交谈。末了，他说：“我真佩服您的忍耐性与适应性，这一点我真的学不来。”

与解放军总政治部和空军一样，中央大型企业工作委员会和中国民航总局也一直关注着我调入国航之后与国航班子集体共事的工作成效。那位师政委调入国航又返回军队的事，中央大型企业工作委员会的常务副书记郑斯林知道了，他是由江苏省省长调入北京担任此职务的。他与我谈话说：“家祥同志，办办转业手续正式调入国航吧。你保留着军籍，就是留有后路；如果断了后路，相信你会干得更好。我们都非常希望你能长期留在民航工作。”

我知道他对我调入国航以来的工作表现是满意的，担心我有临时观念，说不定哪天也“飞”了。我说：“谢谢组织对我工作的认可。我保留军籍是军方高层定的，这也便于与军队特别是空军协调工作。民航的工作包括空域航路等诸多方面离不开军队的支持，有这个军籍，与军队交往就方便多了。再说，您也看到了，我保留军籍也没影响我在国航的工作呀，反而为国航带来了不少的工作便利呢。”

他笑着说：“那也是，那也是。”此后，上边再没提及关于我军籍的事。一次，中国民航总局一位领导问我：“家祥同志，你从军队到地方工作有些不习惯吧？”

我实话实说：“还真的有些不习惯。”

他问：“最不习惯的是什么？”

我说：“最不习惯的是地方上一些人说话好像不怎么算数，经常是算的不说，说了不算，我有时也弄不清哪句是真的，哪句是假的，有一种常常受骗的感觉。”

他听了先是一怔，继而笑着说：“地方哪能像军队呀，军队是军中无戏言，吐个唾沫砸个坑。在这方面你还得慢慢习惯呢。”

是的，军人讲话讲究严谨可信性。说到做到，说了就做，做不到不说。办事讲究有头有尾，善始善终。答应的事千方百计去落实，就是经过努力没落实，也一定会有回声。我刚到地方时，经常碰到一些人对某些事仅仅是说说而已，表态很随意，说完无声息。交办的事情不追问，经常没有下文了。许多事办得疲疲沓沓，拖拖拉拉，一些事估摸着早该完成了，一问，他那边还没动手呢。有的事即使落实了，也不知道反馈一声。

一天，我问国航姚维丁总会计师：“××是不是个骗子？”

姚总反问道：“怎么了？”

我说："他每次见我都要说请我聚聚，他每说一次，我都要等几天，可是他说了许多回至今也没真请我一次。在军队，谁要是先说请你聚聚，一般不会超过一个星期肯定会真请的。"

姚总哈哈大笑说："您太实在了。不过 ×× 还真的没骗您。'抽个时间请您聚聚'，那仅是个客套话，就像见面问声'您好！'当不得真的。"

我苦笑说："怪不得不少人把军人叫傻大兵呢。"

这就是军营文化与地方文化的差异在日常生活中的表现。

文化，是人类社会相对于经济、政治而言的精神活动及其产物，分为物质文化和非物质文化。教育、科学、艺术等皆属广义上的文化，而政治、经济与文化相互交织。实际上给文化下一个精确的定义非常困难，但是有一点是可以确定的，那就是凡是某种文化，都是积淀在人们心灵中的东西。它是凝结在物质之中，又游离于物质之外的，能够被传承和传播的思维方式、价值观念、生活方式、行为习惯等的总和，它是人们相互交流的意识形态，是对客观世界感性上的认识与经验上的升华。

人类文化有共通性，但是不同的群体因工作生活环境、生活方式、工作方式、传统习惯、行为要求、职场性质等不同，又有着不同的文化特质，这对不同群体中的单个人具有人文教化作用。

朝思暮想的未竟之志

一个在军营中生活了大半生的人，身上必然带有军营文化的印记，而军营文化也早已成了他的心灵家园。说实话，保留我的军籍不单是方便我在民航的工作需要，也是对我的一种精神慰藉，那绝不是我贪恋和平时期养兵中的某些舒适，而是关乎我始终没有泯灭作为一名军人心中的未竟之志。

2000 年 11 月 11 日，在中国国际航空公司大会上宣读对我的任命之后让我做表态发言时，我讲的第一句话是："我本来是一个为解决台湾问题，为实现祖国伟大统一时刻准备献身的人，突然空降到了中国民航。"

有人说，解决台湾问题的决策那是党中央、中央军委最高层的事，你一个军级将领朝思暮想有何用？此言差矣！最高层的决策要有人去执行，只有对最高层的决策事项朝思暮想者才能为最高层所用。

维护祖国统一是中华民族的爱国主义传统，实现祖国完全统一是中华民族伟大复兴的历史任务之一。国家的统一是民族复兴的重要标志，中华民族的伟大复兴既是一个走向现代化的实现繁荣强盛的过程，同时也是一个实现祖国统一的过程。这关乎着中华民族的核心利益、长远利益和中华民族的尊严，这是全体中华儿女不可动摇的坚强意志，是国家早就确立了的大政方针，一个真正的军人能对此不朝思暮想吗？

还有人会说，国家解决台湾问题的方针是和平统一，你总想着打仗献身干什么？能战方能言和，这是起码的通识。大陆只有具备对各种台独和独台势力战而胜之的意志和能力，国家实现和平统一才有可靠的前提。否则，和平统一只能永远在嘴上。有鉴于此，国家从不承诺不以另外的方式解决台湾问题。作为在维护国家统一和领土完整上负有使命的军人，能不具备为此而勇于献身的血性吗？哪一个国家的独立和领土完整不是靠一代一代大批勇于献身的志士仁人和民众拼搏出来的呢？长期以来，各种遏华势力一直都在图谋把“台独”和台海作为阻止中华民族实现伟大复兴的廉价棋子和兴风作浪之地。为粉碎敌对势力的这种图谋，作为一名中国军人首先要坚定为国勇于献身之志，这是真正的军魂所在！军人绝不能在经武备战中同时又吟唱着德国诗人海涅梦幻般的诗句:“为国牺牲是很好的，可是要是活着那就更好了。”

当然，军人应有献身祖国的坚定军魂，同时又坚决反对那种鲁莽的无畏牺牲的行为。战争的法则是保存自己消灭敌人，而战场的逻辑是只有以英勇无畏的英雄气概去压倒一切敌人并战而胜之，才能更有效地保存自己。

人生不满百，常怀千岁忧。忧国忧民的历史担当，能激励一个人祖国至上，砥砺前行。我调入国航之所以不计个人得失地奋力工作，除了心中不辜负党中央的重托，其中也有早日完成任务、早日回军队履行一个军人的神圣使命之意。

打开国航工作新局面

言归正传，当务之急是谋求国航的工作开新局。

在重点抓班子和飞行员队伍建设取得初步成效之后，公司以法制教育为开端，以提高员工资质能力和增强团结为重心，在抓其他专业人员队伍的建设上也取得了积极进展。与此同时，公司的经营管理工作也扭转了被动的局面。通过实施开源节流，合理调配运力，提高飞机利用率，改进营销办法，提高北京枢纽的中转能力，开展航油套期保值业务，降低油料使用成本，调整资金使用比例结构，减少财务成本，清理隐存账户，堵塞“出血点”等综合举措，一举扭转了公司连续 3 年亏损的局面。公司在 2000 年亏损 6.47 亿元的情况下，2001 年盈利 3400 万元。与上年相比，减亏增利 6.81 亿元，极大地提振了公司整体的士气。

公司抓紧了对过往案件的清理工作，抓获了贪污 2600 万元出逃的财务人员，这是当年在全国国企中个人贪污金额最大的一笔。仅用了不到半年的时间就将公司过往的案件清理完毕。判刑 9 人，其中死刑 2 人，受到党纪政纪处分 28 人，追回赃款赃物合 4000 多万元。2001 年 5 月初，一次，一位中央领导途经首都机场，他向我问起国航过往案件的清理情况，我向他报告了上述情况之后，他高兴地说：“这下行了，国航的风气肯定好多了。”

应对积重难返的事，推倒重来去解决

一个公司连年亏损，大案要案迭发，大都是多种矛盾和问题累积的结果。往往是体制的惰性无法自拔，从而使人产生了惰性，人的惰性又固化了体制的惰性，如果按照老套路走下去是扭转不了这种局面的。因为那些矛盾和问题产生于过时的体制机制及由此所形成的利益固化，在这样的“土壤”上只能复制过往的矛盾和问题，而且会愈演愈烈，这就是人们常说的“内卷化”。

事物发展的规律是日久必腐，根源在于事物中正能量的因素随着时间的推移会逐渐异化为负能量的东西。而负能量的东西只能产生更负的能量，直至这种更负的能量将事物彻底摧毁。

因此，转变一个问题积重难返的单位面貌，必须对旧有的“土壤”进行深翻另作，对原有板结的“土壤”进行革新性地改造才能见效。

因此，公司新的领导班子在初步调研了班子，稳定了队伍，清理了积案，扭转了亏损之后，为谋求公司长远更大的发展，逐项启动了改革工作。

机长劫持飞机

这是由公司分房问题诱发的一起惊天劫机案。

1998 年 10 月 28 日清晨，中国国际航空公司的 CA905 次航班机长、正驾驶袁斌登上了波音 737 飞机。8 时零 5 分，这架由北京—昆明—仰光的航班飞上了天空。8 时 40 分左右，这架飞机飞至山西太原上空东北 30 千米处，袁斌突然对副驾驶文飞说：“我要把飞机开到台湾去，你得听我的！”

文飞开始认为是玩笑，当确认是真的时，文飞劝袁斌不要做这种傻事。袁斌故意猛蹬方向舵，造成飞机剧烈晃动，并威胁：如不配合，那就机毁人亡、同归于尽！文飞出于对飞机上全体乘客安全的考虑，只得将驾驶权全部交给了袁斌，并通过飞航广播频道向民航主管部门报告飞机被劫持，将飞往台湾。中国民航主管部门全力劝阻没有成功，只好联系台湾华航及台湾有关部门采取因应措施。

11 时 17 分，被劫持的 CA905 航班安全降落在台湾中正国际机场。机上 104 名人员，全部安然无恙。

台湾当局为了解劫机的动机及过程，将袁斌带离机场进行了侦讯。当天，经大陆与台湾有关部门协商，由文飞改为机长，和副驾驶穆向农执飞该机，于 18 点零 3 分从台湾起飞，当晚 23 时 35 分在云南昆明机场平安降落。

10 月 28 日，台湾方面以袁斌涉嫌违反民用航空法劫机犯罪对其进行了收押。此后，袁斌被判处有期徒刑。2001 年 6 月 28 日，袁斌被遣返回大陆，大陆依法对袁斌的劫机犯罪行为判刑 10 年。

袁斌时年 30 岁，是国航最年轻的机长之一，当时月收入 1 万多元，真可谓是风华正茂，前程似锦。他为什么要劫机犯罪逃台呢？说来真是令人可气可悲。

袁斌劫机逃台的原因竟然是因为对公司分房有怨气，认为劫机去台湾既能分到更大的房子，又能发泄对公司分房不满的恶气。台湾刑侦部门在听到袁斌供述劫机的原因是因为分房时，不可思议地说："你为分房劫机来台湾，可是大错特错了，台湾从来不分房。"

分房，当年在中国大陆可是一个单位最难最大的问题。这是公司员工最关注的问题，也是公司领导最棘手、最头疼、最难摆平的问题。弄不好不仅单位鸡犬不宁，甚至酿成群体事件、极端事件。袁斌劫机逃台事件，仅是其中一例罢了。袁斌劫机事件传出，国航竟有人说袁斌替他们解了气。袁斌事件说明公司的住房分配制度难以为继了。

可不是吗？袁斌劫机后，近两年的时间里，公司掌握的 120 套房源不敢再分了。国航新领导班子上任后，碰到的问题就是这 120 套房子分不分？不分，众多员工无房住，房子却闲着；分，僧多粥少，分得不公、不均，要挨骂。总之，不分，天天在挨骂；分，天天仍挨骂。为了物尽所用，不造成资源浪费，同时也显示公司新的领导班子应有的担当，我们决定硬着头皮也要分。

为此，公司专门成立了一个分房领导小组，经过四上四下四次张榜公示，勉强才将 120 套住房分到了户。就是这样，许多人仍然愤愤不平；更多的人则是络绎不绝地跑公司，找领导，送申请，递条子，托关系，盼望下次能优先分到房。

取消住房分配制，员工成了大富翁

为彻底解决公司员工住房的难题，2001 年公司顺势推出了一项重大决定，并在公司内部郑重宣布，凡有住房需求者，不分工龄，不分资历，不分专业，不分岗位，不分男女，不分级别，皆可申请。所申请的住房大小、户型，完全由个人决定。要求将申请的住房面积和户型在规定的时间内，报送到公司住房办公室。公司将在最短的时间内，逐户满足申请者的要求。

这个决定在公司一公布，立即在公司上下引起了一片欢腾。当然，也有人将信将疑，天下有这样的好事吗？难道新来的公司领导有神术，一下子能变出这么多的住房来吗？

公司根据员工第一批上报的住房需求，立即以公司垫支的方式，先期在望京开发建设了首批2600套住宅，这也是北京望京小区的首批住宅建筑。户型面积完全按员工申请的要求而设计，每户面积80~250平方米不等，户均面积在140平方米。建成后以每平方米2800元的成本价向公司员工出售，逐一满足了员工的住房需求。

随后，公司成立了建筑开发公司，专门经营建筑开发业务，优先服务于公司员工的逐年住房需求，从而彻底解决了困扰公司多年的员工住房问题。

在以成本价解决公司员工住房的过程中，公司党委规定，公司领导班子成员不得参与购房，一切按照公开透明的原则，按员工的申请统计为依据，杜绝任何人假公济私。在整个房改过程中，没有出现一起员工投诉的现象，把这项工作办成了公司员工的满意工程。

第一批开发建设的国航员工望京小区住宅，10多年之后，每平方米房价涨到了10万元，首批在此购房的国航员工，房产户均增值千万元以上，户户都成了名副其实的千万富翁。有的将住房转手，在顺义、通州等地购置了更大的别墅，有的以一房在别处换多房。他们高兴地说："一代人在国航当员工，解决了三代人的住房问题。"

这就是改革的力量和员工对改革成果的享受。

人事工作难摆平，选人用人辟蹊径

与公司3年不分房同步，因牵扯到太多的复杂因素，公司在人事上已实行了3年冻结，不是公司在人事上不想动，而是不好动。

国航作为一家大型国有企业，多年来一直实行的是干部人事行政级别制。截至2000年11月，国航科级干部有1116名，司局级和处级干部有548名。

由于公司3年人事工作冻结，许多的司局级和科级实职岗位人员多是由副职牵头，代理着正职。实际负责的没有权威，不牵头的“看着风景”，人浮于事，无事生非，工作不累，嘴巴很忙。人与人之间的矛盾大都是“说”出来的，你“说”他，他“说”你，越“说”负能量越多。有人跑来名曰汇报工作，说的却是别人的不是。公司表面上看似平静，其实是鸭子浮水，表面上不动，水下紧划拉。已冻结了3年的人事工作，不能总冻结啊！

一听人事工作要解冻，不少人立即活跃起来，来“汇报思想”的人排队挂号，各种电话、信件、纸条也纷至沓来。应当指出，这种现象在当年那种人事制度体制下，并不是国航所独有的。

那时在干部选拔上所流传的“说你行你就行，不行也行；说不行就不行，行也不行。横批是：不服不行”“你自己要行，得有人说你行，说你行的人要行”等段子，虽然有些偏颇，但也反映了长期固化的选人用人机制的弊端。

很显然，人事冻结要解冻，但是不能照着老路子走。

吏治是治世之本，人事是治企之本。纵观中国上下几千年的发展史，人事制度历来是不断变革的重中之重，而这种变革都是以适应生产力的发展和社会有效治理为需要。夏、商、周三朝实行“世卿世禄制”，战国时期出现了“军功封爵制”，同时伴以“养士”之风，招揽有才干、能言善辩之人，为国君和诸侯服务。秦代则以“军功”和“辟田”为选官的依据。到了汉代，则形成了一套较为完备的选官用人制度，名曰“察举制”。察举是自下而上的推选人才制度，也叫“选举”。汉高祖刘邦首创下诏求贤，要求郡国向上推荐具有治国才能的贤士大夫，开了“察举制”的先河。汉惠帝、吕后诏举“孝弟力田”，使察举有了明确的科目标准。汉文帝下诏，选拔人才定下了“对策”，其实就是考试。其后，选拔人才的科目不断充实，并逐步形成了统一的选才标准和办法。到了隋唐，则发展成了“科举制度”，成了中国重要的选官制度，从而开通了人才由下而上流动的渠道，使“朝为田舍郎，暮登天子堂”的下层人士有了进阶之路。

其实，任何人事制度的改革，都是选人才，去庸才，除坏才，并且在人事工作上形成公开、公正、公平的环境，让上来的人好说话，让上不来的人没话说。这就要用公开求公正，用公正保公平，用公平聚人心、正风气。

企业的经营管理，要害是对人的经营管理，就是要把员工队伍摸得透透的，把用人机制建得妥妥的，把经营骨干用得顺顺的，把全员的素质提得高高的。一个企业这不顺那不顺，关键是经营骨干没用顺。人一用顺，可以说是一顺百顺。把人用顺，就必须消除在人事工作中那使人心不顺的种种弊端。本着这一思路，国航新的领导班子达成了共识，在解冻人事工作中贯彻“三公”原则，实行岗位公开，选拔标准公开，考试竞聘公开，对最终人选进行公示后再任用。

全体起立再“坐”下，全体出去再进来。为此，公司专门成立了人事聘用工作机构，并外请人才选拔专家参与运作。公司领导不搞一朝天子一朝臣、一茬领导一茬人那一套，对具体领导岗位人选不点名，不授意，不暗示，只管标准、条件、程序，排除干扰，让人事聘用工作机构公开、公平、公正运作。变“相马”为“赛马”，让机制去选人，最终人选报党委集体讨论决定。对一些条件成熟的单位和岗位，还实行了“全体起立再坐下，全体出去再进来”。按照新的标准和条件及程序实行了全员公开竞聘制，这就打破了“铁交椅”式的终身制，让想干事能干事的人有了新的机会，使懒人庸人有了淘汰的出口。

运用新的选人用人机制，公司解冻人事工作中调整充实了 10 多个二级单位的领导班子，从在职岗位上调下中层管理者 48 人，无一人上访闹事不服气。在公司客舱服务部 41 个领导岗位开展“全体起立再坐下，全体出去再进来”的重新竞聘中，有 86 人参加，结果原岗位在职人员中有 17 人“坐不下”“进不来”而落选，换人率达到了 41.7%。

事后我曾找一名落选的人员谈话，问他有什么想法，他回答说：“公开竞聘，公平、公论、公信，落选了心里虽然不是滋味，但是我心里服气。这个制度在，今后我还有机会，我要努力提高自己，争取今后重新竞聘上岗。”

此后，公司在人事工作改革中进一步加大了力度，不但在公司内部坚持实行竞聘上岗，还面向社会招聘经营管理人才，并且对京外招来的人员实行新的管理办法，档案放在人才中心，薪酬也有一定区别，解聘不存在安置问题。公司曾拿出总部、机关和二级单位 3 个总经理职位，面向社会公开招聘。3 个岗位应聘报名者达 600 多人，其中不少是港澳台和国外人员。仅集团公司资本运营部总经理一个职位，就有 240 多名国内外人士报名，其中博士和博士后有 80 多人。后来，公司还实行了在国际上招收机长的制度，一石激起千层浪，这些举措在公司激起的正能量是不难想象的，它把中国国际航空公司全体人员的思维和视野带入了国际化。

后来，在公司人事制度改革上，我进一步提出，每年自上而下对公司的所有经营管理领导岗位，拿出三分之一进行重新竞聘的设想，并让机关着手制定实施细则，意在使公司经营管理领导岗位人才选拔上建立起常态化、制度化的流动机制。每年拿出三分之一的岗位重新竞聘，就形成了每隔三年多时间，公司的经营管理领导岗位就重新洗牌一次，就附带解决了公司经营管理领导岗位人员固化的问题，从而形成公司经营管理干部的任期制、轮换制。

换人如换刀，新器好拿妖。其实，企业经营管理领导岗位人员最忌固化，固化往往产生僵化。市场经济日新月异，市场行情千变万化，企业作为市场经济的主体，必须有随时而动、顺势应变的能力，这依赖于企业经营管理者的不断更新。俗话说，换人如换刀，新器好拿妖。企业的生机与活力，从根本上说来源于人事的更替与转换。人用活，企业活；人用死，企业死。这主要在于一个人的能力和知识总是有限的，最可怕的是思维的僵化，而一个人久居一位，很容易闭目塞听。一个人的判断力，主要在于他接收信息来源的多样性。有的领导者长期生活在单一信息源里，而且有时是一种被扭曲、颠倒的信息里，加之人群中多数有赞美领导的习惯，一个人赞美之音听多了、听久了，很容易使自己弱智，进而对单位、对自己产生盲目自信、自大的估价，从而做出自不量力的行为和决策，把企业带入歧途，最终使企业经营失败，甚至是破产。俗话说：流水不腐，户枢不蠹。动态的事物才更有生命力，人事更替亦是如此。

扎紧钱袋子，止住出血点

初入国航，出人意料的是国航下属单位几乎家家都有自己的财务账户，名目繁多的“小金库”多达300多个。经摸底调查，公司下面的“小金库”并非一朝一夕、一人一地之事，有不少竟是领导授意或默许的。“小金库”往往伴随着账外账，这是能为小集体或个人利益提供某些方便的渠道，特别在国有企业，国家对企业业务招待等费用支出都有某些限制和规定，有了“小金库”，设了账外账，一些单位的开支就能摆脱上级或同级财务部门和审计部门的监督约束，很多拿不到台面的事，比如请客送礼、滥发钱物等，办起来就方便多了。然而，这些“小金库”也是公司的一个个出血点，特别是航空公司，现金流量巨大，结算关系复杂且相对滞后，大量“小金库”的存在，很容易造成资金管理的失控。资金管理的风险是企业生死攸关的大风险。千里之堤，溃于蚁穴。如果对这些“小金库”视而不见，任其蔓长，最终必然导致公司资金管控之堤的崩塌。事实上，小金库的大量存在，已经成为公司连年亏损的一个重要原因。

公司领导形成共识之后，决定对公司的“小金库”进行全面清理，堵塞住这些年形成的“失血点”，还公司一个健康的肌体。

一听要取缔“小金库”，一些利益相关者便躁动起来。有的自觉在公司有脸面的人主动跑来说情，大谈“小金库”的“好处”和必要性，什么这事关中层领导的机动权啦，事关基层领导的积极性啦，事关群众的直接福利啦等，一句话，“小金库”不能动；有的有“背景”的不直接出面，拐个弯往上捅，再由上面往下压；有的一番提醒的口吻之后，总还要加上一句，“稳定可是压倒一切哟”；还有的自以为是“大拿”的人，摆出了一副“离了张屠夫，你吃连毛猪”的架子，公然叫板说：“收了‘小金库’，我就离职去！”还有的在底下撺弄着集体抵制，散布说：“大家都不交，还能把我们都撸了！”

面对重重阻力，公司领导口径一致，态度坚定，斩钉截铁地提出：“期限一周，不交账户交职务，交完了职务还得交账户！”规定一下，财务部立即拥满了交账户的人，财务部全体人员连夜加班加点仍应接不暇。

财务部总经理一脸愁容地报告说：“即使暂时不核账，单是接收账号、清点资金，两个星期也接不完。”

我打趣道：“平时总说公司亏损，资金紧张，现在送钱的人来了，又叫苦接不完了，这也真叫出息！我看这样吧，先收账号，资金的清点和账目的核对，你们收完了账号再逐个单位去清点核算。”

一周之内，300 多个“小金库”的账号全部交齐。随后，财务部统一组织人员依号逐个单位进行了清点核对，结果一举清理出资金 6000 多万元。财务部的人说：“那些天，真是数钱数得手发麻呀！”

财务是企业健康运营的心脏，财务管理掌控着企业的命脉。美国经济学家路易斯·加潘斯基谈到财务管理时说过：“良好的财务管理对一个工商企业、一个国家乃至整个世界经济状况都至关重要。”

取缔“小金库”仅是第一步，建立科学的财务管控体系才是治企之本。建立财务管控体系关键是要适应公司经营的需要，科学得法。正如清代袁枚的《随园诗话》所言：“熊掌豹胎，食之至珍贵者也，生吞活剥，不如一蔬一笋矣。”意思是说，再珍贵的食物，如果食用方法不对，就会觉得还不如一般的蔬菜嫩笋好吃。企业财务管理也是如此，方法对了，事半功倍；方法不对，力气白费。

任何事都是知其根本，方得其法；得其法，方能食髓知味。解决原有的资金管理分散的问题，首要之法就是对公司原有的资金管理办法进行改革，对全公司的资金实行及时监控和集中管理。具体办法是全公司实行财务收支两条线，全公司的收入款直接进入公司的专用银行账户。支出实行统一拨款，跟踪到底。同时，公司还建立起资金账户电子化管理系统，使资金回笼速度大幅提高。国内营业部银行存款账户做到了当日清零。实行总部统一贷款办法，年节约财务费用 3500 万元。实行实时跟踪预算，动态管理，每月滚动调整的收益指标管理办法。使用现代信息技术手段，公司建立起的收益管理系统，既保证了在合适的时间，以合适的价格把公司的产品销售给了合适的顾客，确保了公司收益的最大化，同时又杜绝了销售环节中人情关系等现象的发生。

中国人民银行2011年曾发布了一份关于“腐败资产外逃”研究报告，引起了不小的震动。报告引述中国社会科学院的研究资料披露：从20世纪90年代中期以来，外逃党政干部、公安司法干部和国家事业单位、国有企业高层管理人员，以及驻外中资机构外逃、失踪人员数目高达近2万人，携带款项达数千亿人民币。国家社科基金《中国惩治和预防腐败重大对策研究》课题组的调查则显示，金融系统和国有大中型企业，是携款外逃的重灾区。

不幸的是，之前中国国际航空公司驻外管理层卷款外逃的事件也屡有发生。公司原有松散的财务管理制度成了居心不良者违法乱纪的温床，同时造成了公司资产的大量流失。为清除这一温床，断绝某些人的非分之想，公司在财务管控改革中启动了和中国工商银行、中国银行联合打造的织网战略。

具体做法是：一方面，利用中国工商银行国内网点分布较为广泛的有利条件，将公司国内收入集中进入中国工商银行的电子银行结算网，借助该银行网络进行资金管理和调度，并与该银行签订了网上查询协议，利用该银行网上查询系统实时监控公司的资金调度和流向，一遇资金异动，系统自动报警，做到及时防范，及时处置。

另一方面，利用中国银行在国际业务方面的优势，将公司遍布世界的营业部每日收入委托中国银行及时归仓。公司规定国航所有账户必须经由这两家银行办理，而且公司下属各账户资金沉淀不得超过一定的数额，一旦超过，银行自动将资金划归国航总部的专用账户。借助中国银行在国外的网络功能，公司也实现了对境外分支机构资金的实时监控与调度。

这一办法也使“违规合同”问题没了出路。2004年，英国某银行从国航账户违约转出款项200万英镑，这是一笔不小的数目。当年我亲赴英国依法依据与该银行交涉，迫使该行在一周之内全额归还了这笔“丢失”的资金。如果国航之前就实行上述与中国银行战略合作的办法，就不会发生这种情况。

公司驻澳大利亚的一名经理，在澳大利亚签出违规合同2000万元，国航总部及时发现了这一动向，通过中国银行与公司在资金管控上的联动机制，及时对这笔违规合同资金进行封堵，最终使这笔资金没有落入非法人员之手。

预算管理是个宝，扭亏增盈可确保

企业一切活动的出发点和归宿是获利。企业一旦成立，就会面临竞争，并始终处于生存和倒闭、发展和萎缩的矛盾之中。对企业而言，财务管理的目标是企业价值最大化，保证企业利润的顺利实现，并且能使企业保持着稳定的现金净流量。为此，公司进一步夯实全集团财务统一管理的各级责任，即集团总部负责制定会计核算和财务管理制度；负责编制集团财务报告，审核、批准和调整各直属公司的年度财务预算，并监控预算执行情况；确定各直属公司的融资权限，审批各直属公司限额以上的融资行为；负责统一协调争取税务政策和行政收费政策的支持，组织集团范围内具有共性的税务筹划。其中预算管理是国航加强经营管理的一个亮点。

在国航有“预算管理是个宝，扭亏增盈可确保，先干后算常亏损，先算后干见绩效”的说法。当时公司实行全面预算管理的原则是：在适度扩大投入的同时，着眼自身挖潜，按照“生产发展速度高于全民航平均水平，运输生产增长高于运力投入增长，经济效益增长高于成本费用增长，劳动生产率增长高于职工收入水平增长”的要求组织公司的生产经营，使公司实现有效率、有效益的发展。

全面预算管理实施之后，集团各单位采取逐级审核、部门联动的方式，财务部门编制之后交到企业管理部，成为制定考核办法的依据。年底审计之后，作为对该单位兑现奖惩的根据。另外，集团与二级单位在每年年初的工作会议上签订责任书，使二级单位对自己全年的目标任务早知道，对完成任务的措施办法早谋划，对相关工作部署早展开，提高了各个层级人员工作的积极性、主动性。

其实，早在2001年5月，公司就对生产经营试行了预算管理，宣传预算管理的必要性，说服有关部门实事求是对原先的投入产出计划采取双压缩的办法，逐项调整预算，调减收入14亿元，调减成本15亿元。从当年7月航空经营的旺季开始执行新预算，到年底，公司实现3300万元盈利，这对于连续三年亏损21亿元的国航来说，成果来之不易，公司上下士气大增。从此，公司的全面预算管理得到了上下的普遍认同。

篱笆扎得紧，监督不可少

没有严密的审计监督，财务管理就会漏洞百出。

上任之初，我就听取了国航财务部门关于一只“硕鼠”的汇报。一名国航财务人员贪污2600万元之后，人财不知所踪。这个数字，创下了当时全国企业个人贪污之最。

此人利用职务之便，采用假发票、假凭证平账的手段，分8次转出钱款1400余万元。但是，到年底要对账时，他担心罪行败露而坐立不安。此时，国外某公司打过来一笔购买航材的回扣款，他填补了亏空，并将余下的691万元及另外几家公司转来的330余万元一并转走，接着他就隐姓埋名、仓皇出逃了。天网恢恢，疏而不漏，4年之后他被捕，处以极刑。这只硕鼠给公司带来的资金损失触目惊心，同时此事也成了公司接受教训、在财务管理上加强审计监督的现实版教材。

为此，公司建立了一整套强化财务监察、审计的制度，并实行追溯责任制：监察、审计、财务工作检查时，如果没有发现应该发现的问题，事后要追溯当事者的责任。与此同时，如果公司财务工作有的监察、审计、工作检查需要请外部中介机构实施，对相关谈判合同中要写明，“如果没发现应该发现的问题，相关中介机构除退还中介费用外，还要承担相应的资金损失”等条款，从而避免相关监察、审计、工作检查走过场。

通过推进财务集中管理，完善财务组织、决策和管控制度，国航构建了“财务整体管理，资金整体运行”的机制。通过加强预算管理，强化对预算执行考核的力度，推进公司资金的集约管理和控制，推进内部统一结算，发挥财务资源的整体力量，加上配之以预算管理软件和全面财务信息监控等手段，集团公司实现了对全公司投融资、担保、大额资金往来、工资福利发放等重大事项的资金流量和资金链的管理，提高了资金使用效率。下属公司的账本对集团全部公开透明，坚决防止“小金库”和账外账问题的反弹。上述一系列举措，不但提高了公司的盈利能力，而且使公司有效地防范可能发生的财务风险。

结合财务管理的改革，国航对驻外营业部费用管理也改变了以往实报实销的办法，实行驻外机构开支与经营绩效挂钩的费用包干制，并依据各驻外机构的经营绩效实行动态包干，奖优罚劣，经营指标完成后，包干费用结余归已。这一举措不但改变了驻外机构以往开支不计成本，住大房子、用豪车、吃大餐的铺张浪费问题，相应减少了公司的驻外费用，而且调动了驻外人员奋力进取的积极性，额外增加了驻外人员的收入，很受大家的欢迎。

美国驻华大使骆家辉不坐头等舱的真相

其实，相关费用包干管理办法，在美国政府及其政务活动中应用得很广泛。大家也许还记得2011年8月，美国华裔驻华大使骆家辉与夫人李蒙携三个子女乘坐经济舱来华赴任的报道，不少国内报纸将此作为美国政要轻车简从、严于律己的亮点大加渲染，有的还配发了骆家辉背着肩包、带着全家步出北京机场的照片。

由于骆家辉先生是第一位华裔美国驻华大使，这在国内引起了不小的反响。一次，我以中国民用航空局长的身份，回请骆家辉大使全家餐叙。提起他携全家乘坐经济舱来华，被中国媒体作为严于律已的亮点报道一事，骆家辉大使及夫人李蒙笑着说，这哪是什么严以自律，是为自家省钱。他们夫妇告诉我，从美国来华赴任的费用，还有其他一些相关费用，是美国政府采用打包的方式一次性付给他们的。至于来华买什么舱位的机票，那是他们自家的事，事后也没有什么报销机票等诸多的啰唆事。他们算了一笔账，如果来华全家乘坐头等舱，要花去30万元，乘坐经济舱只花了几万元。全家大人孩子身体都很好，何必要花那个大钱啊！一个单程省下的费用，在美国可以给孩子买一辆不错的小汽车呢。

我打趣道："以我在航空公司工作的体验，碰上你们这样的要客，航空公司可是很失望啊！"餐桌上的气氛顿时活跃了。

由此联想到2013年以来，我国推进国家治理体系、治理能力的现代化，这不仅包括经济、政治、文化、社会、生态文明和党的建设等各领域体制机制、法律法规安排，建立起一整套紧密相连、相互协调的国家制度，其作用具有根本性、全局性、长远性；在此之下还应该细化出各个方面相关具体的规章制度和突破性的做法。比如：如果政府国有企事业单位在相关行政开支方面实行类似美国政府政务活动开支包干制的办法，一些公款旅游、公款消费、公务接待等所隐藏的弊端就可以迎刃而解，这不但减少了事后报销工作的资源消耗，而且还消除了人情报销、巧立名目贪占公家便宜等林林总总的是是非非，最终形成的是社会资源的合理运用，减轻的是全体纳税人的负担。

虽然骆家辉大使携全家乘坐经济舱来华赴任是为自家省钱，我认为对他和夫人李蒙简洁的生活态度还是应该肯定的。由于当年媒体对此报道所引起的轰动，被人们称为骆家辉现象。当然后来评论也分成了两极，有的说骆家辉是"做秀"。其实，一个人的行为活动是由他的价值观决定的，其综合原因不是简单用"做秀"所能概括的。

一根牙签35万元

一个公司的经营管理，扎紧钱袋子是节流。节流不但在财务管理上，更大的范围在于减少公司的成本中。中国古籍《大学》一书中讲："生财有大道，生之者众，食之者寡，为之者疾，用之者舒，则财恒足矣。"也就是说，开源生财的根本在于调动众人共同积极主动地创造财富。

为此，国航在推进财务管理改革的基础上，顺势推出了新的绩效薪酬改革，建立起新的业绩考核和收入分配导向机制，明确提出，“为岗位价值付薪，为知识能力付薪，为效益业绩付薪”的收入分配价值取向。同样的岗位、相同的职务，因最终效益业绩贡献不同，收入分配却拉开了档次。

在市场经济条件下，企业实行激励性的薪酬分配机制，是调动广大员工积极为企业创造效益的最有效手段。加上有效的思想引导，许多员工的智慧与潜能被激发出来。员工们不但都认真负责地履行好岗位职责，有的还积极为公司减少成本、增加收益献计献策。

许多旅客也许还记得，国航曾经在飞机上的牙签纸包里放三根牙签。乘务员发现旅客大都只用一根，很少有三根牙签都使用的，于是旅客部供应部门向供应商提出，每个牙签包减少一根牙签，并相应减少每包的费用。此项不起眼的举措，为公司每年节省牙签订货支出 35 万元。

在机上餐食配备上，以往公司是依据每架航班旅客的订座数量 125% 配备的，可是在航班飞行中，有相当数量的旅客在上飞机前用过餐，特别在跨洲际长航线飞行中，许多旅客仅用两餐。机上餐食是不能回收的，到达目的地后，剩余的餐食就倒掉了。返程时再根据旅客的订座数量另行配备相应餐食，由此造成极大的浪费。有鉴于此，根据员工建议，公司一改以往的做法，根据剩余餐食的概率，每个航班减少 10% 的配餐数量。以当年国航 20 多万架次的航班量计算，全年机上餐食成本节省 3.7 亿元。

公司减少成本最大的项目不在餐食，而在油料上。航油是航空公司运营成本的大头，约占到航空公司运营成本的 40% 以上。节油就是降低飞行的燃油消耗，减少公司的燃油成本。为此，公司专门设立了“节油奖”，鼓励飞行员们在工作中科学掌握加油的安全裕度，并优化航路，尽量使用距离较近的进离场方式，尽可能多地使用地面电源等举措，减少燃油消耗。加之运行签派部门也主动适时调配运力、机型，减少运力的无效消耗，提高运行效率，使公司每年减少油料成本近 10 亿元。

由于采取诸如此类的举措，国航的运营成本控制逐步达到了国际上一流的水准。当时，国航的客千米成本是 5.1 美分，而世界领先的国泰航空客千米成本是 5.9 美分，新加坡航空客千米成本是 6.9 美分。国航低成本竞争的优势逐步显现，直至把国航推上了世界盈利能力最强的航空公司。

坚决取缔包机业务

“半亩方塘一鉴开，天光云影共徘徊，问渠那得清如许？为有源头活水来。”朱熹这首借景喻理的名诗，虽然写的是“观书有感”，但对于企业的经营管理也很有借鉴意义。企业的经营活动从效益上来说无非就是两个方面：一个是开源；一个是节流。节流主要体现在公司成本的控制上；开源主要体现在公司的市场开拓和收益上。一个企业在经营上，开源与节流二者不可偏废，但从长远发展来说，开源更具有源头上的意义。

开源对企业来说就是开拓市场，扩大收益。国航实施开源的第一个举措就是取消公司的包机业务。

此前，国航的一些航线自己不经营，而是将运力和航线打包给承包商。承包商与国航签订承包经营合同之后，向国航交付一定的承包费用，即取得了对国航的飞机和航线的经营权。这一举措对公司来说看似省事，其实隐含着诸多的弊端。

第一，包机业务造成公司收益的流失。飞机运力与航线是航空公司取得收益的最基本的途径，对外承包的结果是公司取得了若干承包费用后，就向承包商让度了这一途径。明摆着的道理，承包商不赚钱能承包航空公司的飞机运力和航线吗？既然能赚钱，航空公司为什么不自己直接经营呢？承包商从承包中赚取的利润，不正是航空公司流失的利润吗？我就公司取消包机业务连发的这三问，使公司相关人员哑口无言了。

第二，包机业务减弱公司的综合盈利能力。航空公司一般都经营着多条航线，有许多架飞机在同时运营。这些飞机和航线在运营中通过中转联程、客货互拨、运力调剂搭配、枢纽联动等举措，可以大量减少公司的运营成本，增加公司的运力、航线、市场的综合收益。而承包商只热衷于最赚钱的航线的承包，对不赚钱和其非承包的航线是不关注的，有时甚至挖其他航线的墙脚来填补自己的欲壑。也就是说，航空公司的对外包机业务，不但直接造成了公司收益的流失，而且还间接地给航空公司收益造成了大量损失。

第三，包机业务减弱了航空公司的市场开拓能力。一个企业的盈利能力与企业的市场开拓能力密切相关。航空公司将运力和航线承包给别人，必然使自己远离了市场，远离了客户，导致对航空市场心中无数，对客户需求若明若暗。长此以往，就在航空市场上丧失了主动权，听命于承包商。一个在市场上丧失了主动权的企业，还何谈盈利能力？

第四，包机业务减弱了航空公司的凝聚力和员工的归属感。我在一线调研时，谈到公司的包机业务。不少飞行员、机务人员、乘务人员说，他们一听到飞的是包机航线心中就不是滋味，感到很压抑。早先一说来中国国际航空公司工作，感到很自豪，现在一听飞机和航线被人承包了，就觉得自己一下子成了承包商赚钱的工具。有的向我央求道："李总，快把国航承包出去的飞机航线收回吧，我们真的不愿意飞。"说到此处，有的眼含着泪花，一脸的委屈。国航作为中国民航的老牌单位，员工们主人翁的意识是非常浓烈的。

第五，航空公司的包机业务容易隐藏猫腻，滋生腐败。飞机航线包不包，包给谁，不包给谁，包什么机型，不包什么机型，包哪条航线，不包哪条航线，淡季包还是旺季包，长期包还是短期包，最终用什么价格包，如此等等，其中都是大有讲究的。凡是有讲究的事，内中必然有将就。如何讲究和将就，那就看相互之间咋忽悠。看似有争也有让，最终还是连在一线上。当然，这些必然会在公司内部引起议论和传言，甚至引出不少的猜疑。

公司一提取消包机业务，内外都有反对声。对内好办，谁反对取消包机业务，就把上述包机业务的弊端，特别是包机业务容易隐藏的猫腻和滋生的腐败说给谁听。毕竟公司绝大多数人员还是明事理的，很快大家就统一了认识，对取消包机业务达成共识。但是这一举措却断了某些人的财路，有的找上门来软磨硬泡，仍然要这项业务。

有一家相关承包者为拉关系保财路，几次约见我被婉拒后，每天给我寄来一包礼品。我不收，也不打开看，每天原件退回。如此一来一往持续了半年多，对方才作罢。后来一次公司信息发布会结束后，有一个人跑上前对我说："我就是那个给你寄了半年邮包的人。"

我笑笑仅说了句："谢谢，你真有韧劲！"

对方也笑笑说了句："还是比你差一截。"

极个别的见软的不行，打来威胁电话说："你断了我们的财路，我们也能断你的后路！"

我斩钉截铁地回道："是国家把我们调到国航，我不信你能抗过国家力量！"

包机业务被公司坚决地取消了，公司上下一片叫好。

锁定战略收益高

公司之前的销售业务，主要依靠客货代理人销售网点。虽然能扩大一部分市场，但由于要付出代理费用，而且代理网点为扩大销售，不断提出打折价格，使得公司收益时常缩水。为此，从2001年起，公司便开始大力开展直销业务，减少对代理人网点的依赖，实施锁定大客户战略，大大提升了公司的市场占有率和收益水平。其中，对有个部委客源的锁定很有代表性。

国航的许多工作，都得到了许多部委的具体指导、关心帮助。鉴于此种情况，我对国航内部明确提出要求，努力做到"两服"：一是在大局上要主动服从领导和指导；二是在航空交通保障上要积极提供服务。为此，2002年春节期间，我还主动约见一个部委的领导，汇报相关工作。在交谈间隙，他们的办公厅主任报告说，他们的老干部多，春节慰问费用比较紧。当年各部委一般春节期间都要发放部分福利，机关服务局创收多的就发得多些，创收少的就发得少些。这个部委在国家部委中编制人数多，而且离退休老干部也多。当年虽然允许部委服务机关搞一些创收，但这个部委不是经济部门，创收来路少，节日慰问费自然不丰裕。

我插话问道："需要多少费用？"

“大约差 80 万元。”主任回答。

我回答说：“由我们国航来解决。”

“那能行吗？”领导问道。

我说：“没问题。若是不够，可以再加 80 万元。”

领导说：“家祥同志你是开玩笑吧？”

我说：“不是。最近国航做过市场调研，你们这个部委以及直接管理的单位，每年乘飞机的出行费用大约是 1 亿元以上。若是国航在你们机关服务局办一个直销点，由国航直销人员把电脑系统安放在你们机关服务局，并与你们的财务系统联网，所有人员出行及组织的相关会议活动航空交通费，由国航直销人员办理出票手续，相关票务费用由你们财务部门直接划给国航，这样就减少了中间环节。然后国航每年按总费用 3% 的数额返回你们的财务部门，作为国航的销售费用和对你们这样的直销客户的优惠返款，这样每年可以额外获得几百万元呢。这对国航来说是市场行为，对你们来说是合法所得，这有什么问题呢？这样一来，你们每年慰问老干部等费用紧张的问题不就解决了吗？”

领导是老成持重之人，我见他仍有些迟疑，又补充说：“前不久，国航与一个部委机关服务局已经签了这样的直销协议了。”

领导闻言，转身对办公厅主任道：“你可告诉机关服务局与国航有关部门对接，也签订个直销协议，这既符合国航的市场行为，又符合相关规定。同时又要规范相关费用的管理使用，好事办好，公款公用，不要弄出什么后遗症。”

国航市场部门与这个部委机关服务局开始对接得很顺利，但是往下就困难了，双方交涉了几个月仍然没落实下去。阻力不在这个部委和国航的相关部门，而是在于对这个部委已存在的 5 个票务代理公司，都“吸”着他们的票务代理业务不松口。是啊，这个部委是国家机关乘坐飞机的大户，每年几百万的代理费用，谁能甘愿舍弃呢？最后，在这个部委领导的直接过问下，问题才得到了解决。

国航乘着在这个部委建立起直销业务的胜势，不仅向国家党政机关，而且包括驻京企业、军队、人民团体等各大单位全面开展直销业务，把北京近200多家大单位人员出行的机票都锁定在国航。为了将客源锁紧锁住，国航不仅实行销售费用返还和优惠客户，而且购置数十辆面包车，根据票务信息，在早晚出行和回京旅客高峰时点，直接派出车辆接送旅客。进而，市场部和客舱服务部又联手建立并细化了旅客服务系统，将经常乘坐国航飞机的旅客的出行规律、餐饮特点、特别需求等内容档案化，适时提供个性化的服务，进一步扩大和巩固了客源。公司还将这种直销业务扩大到了京外和国外，大大提高了国航的市场占有率和收入品质。仅2002年，国航的直销收入就达到170亿元人民币。

有了根据地才能立得稳

国航的全称是“中国国际航空公司”，在贯彻周恩来总理“中国民航一定要飞出去”的指示中起了领头雁的作用。但是，随着中国民航市场化改革的深入，国航偏重国际航线的市场结构，给公司的盈利能力带来了巨大的压力。一方面，在国际航线上国航首先要面对国外航空公司激烈竞争。老实讲，由于中国民航国际经营起步晚，对国际航线经营的实力和经验不足，在对外竞争上处于弱势；另一方面，由于国内航空运输业市场化步伐的加快，国航在国内市场的份额不断被国内异军突起的各类航空公司所挤压，使得国航在整体经营格局上面临着腹背受“敌”的局面，这也是造成国航经营连年亏损的一个重要原因。

早在20世纪70年代，美国著名的泛美航空公司也曾面临过这种局面。泛美航空是1927年成立的老牌航空公司，长期主导着美国国际航线的经营。70年代起，美国放宽航空经营准入，大量新成立的航空公司进入航空市场，使得泛美航空在国内的市场逐渐萎缩，加之其他不利因素，使得这家老牌航空公司在1991年黯然倒闭了。这一案例启示航空经营者，国际航线的经营，要有国内航空市场的支撑。如果没有了国内客源市场的支撑，国际航线的运营就没有了生存的根据地，最终就可能导致泛美航空公司的下场。

前车之辙，不可不鉴。为此，国航从2001年起开始调整航线结构，围绕打造北京运营枢纽，加大国内主流航线的投入，同时积极开辟国内有发展潜力的新航线。这一举措一度引起国内其他航空公司和一些人士的非议，有的责问国航："你们公司的名字是中国国际航空公司，不在国际上下功夫，跑回国内搅和什么？"

国航人反问道："你们名称是×方、×方、××省航空公司，也没只在×方、×方、××省飞嘛！"

企业的经营不能在乎别人说什么，而应该明白自己该干什么。2002年，中国国际航空公司与中国西南航空公司、中国航空公司联合重组为中国航空集团公司，三家航空公司的主业全部集中于中国国际航空公司，为国航的航线结构调整带来了丰厚的资源，使国航的国内外航线增加了200多条。国航以此为契机，大力打造国内"根据地"，使公司的航线结构形成了国内支撑国际、国际拉动国内的双增长局面，从而使公司的收益源头进一步扩大。

有人讲，经营企业持续打造公司的竞争能力是一个永恒的主题，这从市场经济的特性上来说无疑是正确的。市场如战场，作为市场参与主体的企业，正是通过市场中的竞争才激发出了企业的生机和活力。在市场中只有勇于竞争、善于竞争、竞争力强的企业才有更广阔的生存空间。竞争虽然是企业在市场中的永恒活动，但是不等于经营活动的唯一手段。有时采取竞合的方法，能达到减少一个企业竞争力量的耗散，增强自己竞争能力、扩大收益的目的。在这方面，国航与德国汉莎航空公司的竞合就使双方受益，实现了双赢。

德国汉莎航空公司简称德航，是德国国家航空公司。按载客量和机队规模计算，为欧洲最大的航空公司，客运和货运的服务经营中心位于德国的经济中心法兰克福。国航首航德国经营的第一条航线就是北京至法兰克福航线，这条航线也是中德双方投入运力最多的航线。虽然，从1989年国航与德国汉莎航空就联合组建了北京飞机维修公司。经过10多年的合作发展，该维修公司成为亚洲最大的飞机维修公司，取得了令中德双方满意的合作成果，也是德国领导人访问中国的必到之地，成了中德两国密切合作的象征。

虽然国航与汉莎航空在飞机维修经营合作上成果颇丰，但是在中德航线运营上却各不相让。当时国航的整体实力不如汉莎航空，在客货航线竞争中虽然各有损益，但是国航损益更大，特别是货运业务长期处于亏损的状态。

按照1989年国航与汉莎航空的飞机维修合作期限15年的协定，2004年双方的合作就到期了。在到期两年前的2002年，国航与汉莎航空就是否继续合作事宜，必须提前做出安排。由于在15年的合作中，双方都取得了满意的成果，都对继续合作抱有积极的态度。我与汉莎航空高层接触中顺势提出除飞机维修业务合作外，是否可以考虑扩大双方的合作范围，在货客运业务和共飞航线上实行联营。具体方案是，双方航班代码共享，在共飞航线上，双方各投入运力50%，经营结果也各担50%，统一编排航班，共同进行市场营销，在不共飞的航线上相互代销，为对方运营提供方便，有偿相互代理地面服务业务等，把原来的相互损益变成了相互增益。这一联营方案一经实施，双方收益大幅提高，特别是国航的货运业务，一举扭转了经营被动的局面。

其实，一个企业的经营，有时不在于你能拥有多少资源，而在于能连接多少资源，调动多少资源。商业的本质是交易，连接是交易的基本形式和手段。连接可以使一个企业在错综复杂的土壤上根深叶茂，从而结出累累硕果。

在经济全球化的情势下，行业联盟化是一个必然的趋势。为进一步扩大国航竞合的范围，实现国航与世界更多航空公司的连接，充分体现中国国际航空公司“国际”的分量，在2003年，国航成功实现与中国西南航空、中国航空的重组。体量和实力壮大，并连续三年盈利之后，国航适时启动了加入星空联盟事务的谈判。

世界各国航空公司因地域、经营理念的差异，特别是竞争关系的格局等因素，分成了三大不同的航空运输联盟。即以德国汉莎航空、美国联合航空、加拿大航空、日本全日空航、新加坡航空等为骨干的、由全球28家航空公司组成的星空联盟；以法国航空、荷兰航空、俄罗斯航空、意大利航空、美国达美航空为骨干的、由世界20家航空公司组成的天河联盟；

以英国航空、美国航空、国泰航空、澳洲航空等为骨干的、由世界 15 家航空公司组成的环宇一家联盟。三大联盟的航空运输量，占到全球航空运输总量的 60% 以上。

星空联盟（STAR ALLIANCE）成立于 1997 年，总部位于德国的法兰克福，是世界上成立的第一家全球性航空联盟。这个前所未有的航空联盟，通过联盟成员的共同协调与安排，为旅客提供了更多的航班选择、更理想的接转机时间、更简单化的订票手续及更妥善的地勤服务。符合资格的旅客可以享受在全球超 1000 座机场贵宾室以及其他相互通用的特权和礼遇。会员搭乘任一星空联盟成员的航班皆可将累积里程数转换至任一成员航空的里程酬宾计划的账户内，进而成为该计划的尊贵级会员。一定级别的会员可享受订座位及机场接送、登机、通关及行李托运等代办服务。

不仅如此，任一星空联盟的乘客只要是持金额无限制条件的机票，如果在机场临时更改航班，不需至原开票航空公司要求背书，便可直接改乘联盟其他成员的航班。另外，星空联盟设计了以飞行里程数为计算基础的“星空联盟环球票”，票价经济实惠，加上联盟的密集航线网，可为旅客提供轻松便捷的环游旅程。

星空联盟的主要合作方式包括扩大成员航班代码共享规模、常旅客计划的点数分享、航线分布网的串联与飞行时间表的协调、在各地机场的服务柜台与贵宾室共享、共同执行形象提升活动等。

相对于航空公司之间的复杂合作方式，对于一般旅客来说，使用星空联盟的服务则比较简单，只要申办成员航空公司提供的常旅客计划中的任何一个，就可以将搭乘不同航空公司班机的里程累积在同一个系统中。原本是跨公司的转机延远行段也被视为同一家公司内部的航线衔接，因此在票价上有机会享有更多的优惠。

星空联盟的优惠包括：常旅客计划，贵宾休息室，获得里程积分，星空联盟的奖励，转机，成员航空公司在同一航站楼运营。星空联盟产品和服务还包括特惠套票和航空通票。星空联盟还在世界多个机场设置共同票务柜台，共同专用贵宾室等，这些尽显星空联盟成员公司为旅客提供的更多便利。

星空联盟的乘客权益包括：享受超值通票和特惠机票，如环球票、环亚洲通票；享受通程登机一站式服务。航班不正常时，乘客可以享受最快时间的签转；乘客的行李发生错运、漏运之后，可以第一时间找回送到；乘客搭乘联盟内任何一家航空公司的航班，都可以积攒和兑换里程积分，从而获得下次更优惠的机票。

星空联盟的金卡会员享有优先办理登机手续和专用值机柜台、优先机场候补权、优先候补座位权、优先行李提取和部分行李免费托运以及航班的协调及特别通道的服务等。

星空联盟公司共用信息系统，联合采购、代码共享、航班时刻协调等。如果航空公司在异地遇到运行困难，例如飞机故障、员工工作受阻等，向所在地的同盟航空公司求助，一般都能得到及时相应的帮助。这样，不但扩大了盟内航空公司在全球的通达性，方便了旅客中转等事宜，提高了公司的服务品质，同时也提升了公司的运行效率和公司的收益，以竞合代替了竞争。

小舢板不可与大军舰编队

从2000年起，星空联盟就开始以邀请的方式希望国航能加入星空联盟。面对星空联盟伸来的橄榄枝，不少人认为国航应该立即加入星空联盟。当时国航分析了自己的实力和加入星空联盟之后的效益，认为入盟的时机还不成熟。这主要在于，虽然加入星空联盟能为公司的发展带来上述诸多的好处，但若是自己公司的规模小，航线少，市场占有率低，竞争力不强，影响力弱，入门后不但不能充分享用盟内的诸多资源，而自己的资源反而容易被盟内其他航空公司所虹吸，从而不利于自身的发展。

当时为了说服大家，我举例说：“小舢板是不能与大军舰编队航行的，那样小舢板不但借不上大军舰的力，反而被大军舰拖垮。”

缔结联盟的一个原则是，弱者永远不要与强者结盟。弱者与强者结盟，只能充当强者的附庸，为强者所摆布。

正是基于这一点，20 世纪 60 年代，世界兴起不结盟运动。参与不结盟运动的都是欠发达国家。这本身也是一种结盟，是弱者互相联结在一起，以应对强者、维护自身权益的一种联盟，这不失为明智之举。有的国家不明此理，认为把自己绑在强者的战车上就可以成为强者了，那是欲东往西，选错了方向。我曾与日本朋友交谈说，日本想成为一个正常国家，必须抛弃日美同盟。当然，日美同盟有二战时期日本战败的背景，想一下子抛弃不那么容易。但若日本心甘情愿地维护日美同盟，日本就永远成不了一个正常国家。

看看那张安倍晋三夫妇 2019 年 4 月 26 日访问美国与特朗普夫妇合影的照片吧。安倍晋三夫妇被挤出红地毯之外，完全成为陪衬的角色，折射的正是日本与美国关系的写照。这虽然反映的是弱者与强者政治结盟的后果，其实，企业间的结盟也是同理。

因此，国航直到 2002 年以后借助联合重组，壮大了自己的实力，且连年实现盈利之后，经过两年多的谈判，才正式加入了星空联盟，并很快实现了借助联盟壮大自己的初衷。粗略估算，每年借助联盟扩大收益 10 亿元，并在全球放大了公司的品牌效应。

只有实施转型才能实现转变

国航加入星空联盟之后，有 50 多项业务实现了与星空联盟成员单位对接，使国航的国际化进程加快。也就是说公司从经营理念、经营模式到运营组织、销售渠道、品牌内涵、服务流程和标准等，都发生了很大的变化。特别是 2004 年 12 月，公司在香港、伦敦两地成功上市，标志着公司由国有独资企业转变成了由国家控股、具有多元投资主体的大型股份企业。公司进入资本市场，成了公众公司。以股东会、董事会、监事会的相继成立为标志，初步形成了现代企业法人治理结构。同时，国航上市之初，我们就确定了公司新的战略目标：做主流旅客认可的航空公司；中国最有价值的航空公司；中国盈利能力最强的航空公司；具有世界竞争力的航空公司。要实现这样的战略目标，公司必须坚持规模经营，实行“大运行、大市场、大服务、大保障”的生产组织方式；必须追求网络效益的最大化；必须依靠协同作战和跨部门合作的方式，实现枢纽网络型公司的经营战略。

在2002年国内民航业一体化整合的初期，国航就抓住了机遇，把握先机，扩大经营规模，有效整合经营资源，取得了一定的竞争优势，公司经营效益提高显著，初步形成了良性发展的势头，在一定程度上奠定了公司长远发展的基础。但是，不容回避的是，长期以来，在计划经济体制下，公司原重组各方多年所形成的组织架构，基本没有触动。公司重组各方原有的组织架构，基本上属于生产保障型模式，存在管理层次多，资源管理分散，条块分割，协同效能低，生产运行、信息沟通等管理链条不能有效衔接等问题。而从公司的长远发展规划来看，5年之内，国航的机队规模、生产能力将翻一番。这样一来，公司的经营管理和生产运行组织的跨度和幅度将成倍扩大，进而公司生产力的布局与市场的布局将难以匹配，这将严重制约公司网络化经营和枢纽战略的实施。还有，公司核心职能机构的设置不尽合理，缺乏规范的业务模式和科学高效的决策流程、协调沟通机制，组织架构和机制缺乏市场导向；部门之间、上下之间、单位之间管理界面和责任不清晰；公司全体员工尚未充分认同和理解公司的战略发展目标和新的文化理念及价值观，不能从公司长远发展目标考虑自身的长远利益；公司还没有真正建立起以业绩为导向的激励机制和薪酬制度，关键人才价值不够突出，对专业技术人员的激励不到位，公司的凝聚力还不够强的问题也是明摆着的。这都与公司多年形成的组织架构和体制机制有着明显的因果关系。也就是说，国航现存的组织架构和体制机制已与公司新的发展不相适应了。如果不尽早解决公司内部这些深层次结构性的矛盾，不尽快建立起与现代企业和国际化经营相适应的组织管理体系和高效的内部管控机制，公司不但走不远，而且很容易在新的竞争中被淘汰。由此，公司适时成立了组织转型领导专班，并聘请这方面的国际知名咨询公司参与推进。

诸葛亮在《便宜十六策·治军》中有言：“夫用兵之道，先定其谋，然后乃施其事。”就是说，用兵之法，首先要制定目标策略，然后再实施行动。

公司明确指出，这次组织转型，以机构重组为核心，以管理流程和业务流程再造为重点，以建立适应公司法人治理要求的内部管控机制和以实现市场为导向，进一步整合重要资源为目标。从而实现公司从属地化管理转变为系统化、专业化管理。在确保安全运营的前提下，整体规划，分步实施，突出重点，循序渐进。这将涉及公司发展战略、组织架构、管理和业务流程、人岗匹配、绩效考核、薪酬业绩、企业文化等各个方面。是对公司现有运行管理模式、员工的观念行为和用人机制的重大转型，是公司一次全方位的深刻变革。

变革中紧紧围绕着由过去的市场管理型企业转变为市场导向型企业，突出市场的主体地位；公司的经营体制转型围绕原来的国有独资企业，转变为股份制上市公司，突出公众公司的性质。这样一来，国航的组织转型后要实现以下四个转变：

一是以实现公司战略目标为出发点的组织架构转变，转型后的组织架构要实现公司战略与重要资源整合，以市场和客户为导向，更突出市场界面、客户界面、枢纽和网络作用。同时通过组织架构的转变，实现扁平化管理，提升公司的市场反应速度。

二是以实现战略目标为出发点的管理模式的转变，转变机关、基层的职能，突出支持服务保障功能，实现从人治向依靠规章制度和流程治理公司的转变。

三是以实现战略目标为出发点的用人机制的转变，打破公司过去存在的“能上不能下、能进不能出、能高不能低”的用人机制，重新建立员工与企业的用工关系。通过用人机制的转变，实现从身份管理向以贡献为基础的管理模式的过渡。

四是以实现公司战略目标为出发点的员工观念和行为的转变，使企业战略目标与公司每个员工岗位工作目标贯通，建立以绩效论英雄的考核和薪酬机制，形成追求高效、健康向上的企业文化。

在试点的基础上逐步推进，是中国走上改革之路的一条成功经验。这一经验也是企业稳步实施变革的重要方法。我们选择了主要与市场打交道的国航市场营销部门作为公司组织转型的试点单位。

遵循“资源集中，链条缩短，指挥前移，充实一线，权力下放，激发活力”的原则，整合了公司原营销系统，将内外200多个销售机构统一隶属于公司新成立的公司商务委员会，实现营销一体、全球联动。

公司商务委员会下设市场部、销售部、网络收益部、结算部、对外合作部。同时，在国外将分散于世界各地的营销机构分别整合为各大洲经营总部，并建立了各大洲总部的联动机制。以欧洲为例，公司新成立的欧洲经营总部，统一领导指挥协调国航在欧洲24个营业机构的经营，有效整合了公司在全欧洲的营销资源。整体协同和销售联动效应立即显现，仅半年时间销售收入就增长了58%，一举扭转了公司在欧洲航线长期亏损的局面。

公司组织转型的试点工作取得了预期的效果。接着，我们整合公司的采购资源，成立了国航集中采购部，统一管理实施大项物资的招标采购业务，大幅降低了公司的采购成本。如此等等，逐项完成了公司的组织转型改革，并且在改革中进一步明晰了作为航空公司的三大核心职能和运行流程，即：市场营销，生产运行，客户服务。公司的全部组织都应该围绕这三大核心职能的运行流程进行运转，从而将原有的所有组织转型成了商务营销、飞行运转、客户服务、保障支持、机务工程五大业务系统。这五大系统就构成了公司以市场为导向、以客户为中心、以安全为基础、以效益为目的的公司全新的经营管理和运行体系。在此基础上，公司明确五大业务系统的职能如下：

商务营销系统：负责公司营销策划、网络收益、销售结算以及国际联盟业务等。

飞行运转系统：负责公司整体运行控制、飞行训练管理、航行情报、飞行技术标准、统一调配运力和机组等。

客户服务系统：负责公司服务产品的开发、服务标准的制定、服务质量的监控、地面及空中服务质量的管理等。

保障支持系统：负责公司其他系统的职能管理、后勤管理、财务管理、资产管理、网络设备管理、人力资源管理、战略规划、法律事务、集中采购、企业文化建设等。

机务工程系统：负责飞机维修等。

公司的组织转型牵动最大的是公司机关工作职能和工作作风的转变。由原来的主导型变为服务型，彻底打破了旧有的“机关”与“基层”的关系模式，使上下都围绕着公司三大核心职能和流程运转。特别是党群工作部门，一改过去浮在上面的状态，围绕公司三大核心职能和流程融入员工和生产一线，使思想政治工作直接参与管理，直接为企业创造财富。

二级机构分公司的职能也由原来的各个利润中心转变为成本中心，取消了分公司分别执管飞机的概念。由公司总部根据统一的市场布局统筹调配运力，实行分公司生产资源的优化配置，实现了公司效益的最大化，公司的盈利能力大幅提升。2006 年，公司的盈利额达到全中国民航盈利总额的 186%，公司行业回报率达到 1022%，被世界相关机构评为世界上盈利能力最强的航空公司。此后，上市公司市值一度达到 3660 多亿，公司成为全球市值最大的航空公司。我也先后被美国哈佛大学商业评论评为中国上市公司最佳董事长 50 人第一名和全球上市公司最佳 CEO（总经理）第 17 名，并入选世界生产力研究院院士。

与公司同步成长变化的还有公司的服务品牌。

微笑与年轻不是服务的内涵

有关方面把民航运输业归类为交通运输企业。其实，依据民航业的特点和内涵，把民航业归类为服务性行业更贴切些。企业作为社会生产活动的主体，有的不直接服务于大众，如采矿业、冶炼业、纺织业、制造业等；有的则直接服务于大众，如餐饮业、旅游业、销售业等。这些直接服务于大众的企业，一般都归类于服务行业，而民航业则是直接服务于大众的行业。进入国航之后，我一直思考着体现民航特点的服务理念问题。

我曾咨询国航主管服务工作的领导，国航的服务理念是什么？回答是：“微笑服务。”并说公司在微笑服务上还做了相应规范，规定乘务人员微笑要露出7颗牙齿，不能多，也不能少。多了，笑的口型太大不雅观；少了，笑得口型太小，不真切。为此，还组织新乘务人员口含筷子专门进行“微笑”训练。

辅之以“微笑”的是乘务员的年轻化。中国的航空公司大都以年轻和相貌姣好的女性乘务员为主体。一次，美国西北航空公司总经理蒂尤顿一本正经地问我：“李先生，我每次乘坐中国的航班都会产生一个问题：你们中国的中老年妇女都干什么去了？”在美国的航班上，女性乘务员多是中老年，他对中国航空公司的做法大惑不解。我担心如实向他说明原因，他作为资深的航空公司经理人一定会笑话中国航空公司的服务理念，于是我一本正经地答道：“你在飞机上所看到的正是中国的中老年妇女呀！”他怔怔地望着我，半晌冒了一句：“Oh，my God！”（天哪！）

笑，是练出来的吗？微笑与年轻能解决服务中的问题吗？

一次，我乘国航的班机赴日本考察国航通航日本北海道札幌事宜，航班因流量原因迟迟不能起飞。乘务员微笑着进行相关服务工作。突然，一名乘客对着年轻的服务员大声说：“飞机不按点起飞，我今天到达日本的活动全耽误了，真是急死人，你还笑！笑！笑什么笑！”

由此使我认识到，微笑与年轻只是乘务人员的外在形象，并不是旅客真正需要的航空公司服务的内涵。明白航空公司服务的内涵，首先要明白服务的本质。认识服务的本质要站在更高的层次，以更宽的视野，从历史纵深来认识服务的内涵与外延。

服务的起源与人类文明社会的进步相伴，特别是世界工业革命的兴起，科学技术的进步，新产业的不断涌现，进一步促进了人类劳动的专业化分工和社会合作机制的形成。现在，人类社会已发展到了世界经济一体化的时代。世界经济一体化标志着人类相互服务的全球化。就航空运输业而言，航空运输业得益于人类社会文明的发展，又日益成为人类走向更高文明的组成部分。人类经济社会文化活动范围日益扩大，促成了航空运输业的快速发展。同时航空运输的发展，又促进了人类经济社会文化活动范围的扩大。纵观各种交通方式的发展趋势，人类对航空交通方式的需求会越来越大。2020

年春天暴发的新冠肺炎所造成的国际航空交通的阻断，使得机票一票难求就是明证。

目前，航空运输业是市场化程度较高、竞争比较充分的行业。航空公司的生存和发展的根本在于提高服务质量，这需要航空公司员工树立起正确的服务理念，并对航空公司的服务特点、服务内涵有着充分的认识。

为激发起公司全体员工的服务热情，把握服务的关键，我多次深入基层一线，宣讲航空公司的服务问题，反复阐述以下观点：

第一，提高服务质量，既是公司生存发展的需要，也是每个员工自身生存的需要。世界经济一体化连动着服务全球化，造成人类社会单个人完全无法脱离社会保证自身需要。商品交易已经成为人类社会生存最基本的行为。商品交易的实质是商品生产者互相间交换的服务。同理，服务的本质也是商品，商品交易的实质是人们之间交换的服务。航空公司的服务本质是商品，旅客购买的航空公司的机票，实际上购买的是航空公司的服务。航空公司的员工对客户服务实质是为了公司和自己的生存和发展。航空公司为员工发的工资，实质上是客户为购买服务向航空公司支付的报酬。航空公司员工拿到工资再去购买自己所需要的商品，实质上是以自己的服务换取别人为自己的服务。因此，做好岗位本职工作，是航空公司员工在为自己的生存和发展尽责。这样认识服务问题，才能从根本上提高员工做好服务工作的责任感和自觉性，从而消除工作中的委屈感和各种牢骚。

第二，做好航空公司服务工作，要明白客户对航空运输服务内涵的需求。航空运输生产是对人（客运）和物（货运）通过飞机航行实现的位移。客货在实现位移的过程中，客户有哪些需求呢？

第一需求是安全。航空公司首先要做到使你的客户有安全感，即：安全有保证，旅途无担忧。这就要求航空公司在运行中要牢固树立“安全第一、生命至上”的理念。始终把安全放在首位，视安全为第一要旨。航空公司和飞机制造企业在这个问题上容易犯的错误是往往嘴上喊着安全第一，而实际上却以极大的侥幸心理把利润放在第一位，没有认识到安全才是航空运输业和飞机制造业最大的效益。结果导致安全不保，酿出生命事故，最终给自己带来更大的损益。波音公司前董事长米伦伯格在这个问题上可谓教训至深。在米伦伯格执掌波音公司期间，为了与空客公司争夺市场，在较短的时间内研发了新机型737MAX飞机。在明知这款机型在机身结构和自动驾驶系统存在着重大安全风险的情况下，不是果断下决心从根本上消除这款机型的安全风险问题，而是为了减少这款机型的研发成本，加快飞机投入市场的速度，采取了“打补丁”的方法，试图解决这款飞机的安全隐患问题。不但这款飞机的安全隐患问题没解决，反而增加了飞行员驾驶这款飞机的难度。结果仅半年多的时间内，相继导致印度尼西亚航空和埃塞俄比亚航空在使用这款飞机运行中发生了空难事故，共造成346人丧生。最后波音公司不得不将已售出的300多架737MAX飞机在全球停飞。直接造成波音公司付出事故赔偿等费用100多亿美元，连带着波音公司市值下降了1000亿美元，米伦伯格因此被解除了波音董事长的职务。这一事例再次说明，安全是旅客的最大需求，也是航空企业的最大效益。

第二需求是顺畅。在安全的基础上，航空旅客希望整个旅程能顺利流畅，按时到达。这就要求航空公司在保证航班正点上下功夫，为乘客营造出全程顺利通畅的场景效果。

第三需求是舒适。这主要体现在客舱座椅的舒适度、机上餐食的可口度、客舱布局的美观度、机上娱乐设施的赏心悦目度等方面。总之，上了飞机要给乘客一种舒适宜人轻松愉快的感觉，下了飞机要给乘客留下回味无穷、流连忘返的感受。

第四是能满足乘客个性化的特殊需求。俗话说，人上一百，形形色色。这反映在航空乘客往往有与众不同的个性化需求。能及时充分满足这些个性化的需求，才是令乘客最为感动的。比如，寒暑假期间小学生异地往返增多，而有的家长因种种原因不能陪同孩子出行。针对这一情况，国航率先开展了无人陪伴的小旅客业务，从把孩子交接上飞机到把孩子送达异地亲友的身边，实行全程跟踪服务，大受家长们的赞叹，这是公司收到感谢信最多的一项服务。

我把上述旅客四个方面的航空服务需求归纳为航空公司要为旅客提供“放心”“顺心”“舒心”“动心”的“四心服务”理念，并对这“四心服务”的具体内容进行了细化和规范。在此基础上对相关人员进行专题培训，在实践中对薄弱环节不断充实和改进。这样，就扭转了之前把航空服务简化为“微笑”的做法。因而纠正把服务单纯归结为仅仅是乘务员责任的偏向，使全公司认识到“四心服务”是公司的一项综合工程，不仅仅是客舱服务部门的事，也是飞行驾驶、机务维修、运行控制、市场营销、地面服务等各部门的事。不仅是生产服务一线员工的事，也是公司各级领导和机关必须思考关注、理应亲力亲为的事。从而促进了整个公司在服务工作中的一体联动，使之更加符合航空公司运行的内在规律，为公司不断提升服务品牌打下了坚实的基础。

在调研归纳乘客对航空服务的“四心”需求中，我发现航空运输业为乘客提供的服务产品中还有以下特点：

其一具有即时性的特点。航空公司的“产品”是服务，这种“产品”不能储存。航空公司运行的过程，也是即时服务、即刻获得收益回报的过程。如果航空公司服务能力水平不高，运行中客座率、载运率、飞机利用率、航班正点率等达不到期望值，而每个航班运行一结束，也就意味着航空公司生产的“产品”即刻消失。这也意味着公司前期的高投入没能获得预期的回报。

其二具有一次性的特点。航空公司生产具有资金密集、技术密集、人员密集、高风险的特点。航空公司生产的“产品”是公司全体员工共同协作完成的，每飞行一架次航班，都是一次性完成了这次的服务，无论服务质量的好与坏，这“一次”就结束了。如果出现了低质量的服务事件，是难以弥补的。特别是在安全服务上，如果出现了飞行事故，那就意味着这个架次的飞机和机上所载的一次性完结，根本无法挽回和弥补。因此，航空公司安全服务出了问题，往往是航空公司为此付出最沉重的代价。对于小航空公司来说，一次严重的飞行事故，往往意味着该公司的倒闭。

其三具有面对面的特点。航空公司的“产品”不像其他许多企业的产品是通过中介传递到消费者面前，而是由航空公司员工，特别是乘务人员直接与消费者面对面完成的。这一特点对航空公司从业人员的服务意识、服务能力和服务水平有着特殊的要求，这主要体现在以下四个方面：

第一，体现在对服务理念的思维能力上。做任何工作，事先想明白了才能干明白，落实好“四心服务”，首先要有服务的动力源。服务的动力源是责任感与爱心。员工在服务过程中没有责任感和爱心，就失去了做好工作的动力。为此，国航在实施“四心服务”过程中，对员工服务思维能力提升的基点是：安全第一，顾客至上；用爱心服务客户，用创新发展服务。

第二，体现在对服务标准的执行力上。围绕着“四心服务”，公司进一步完善了相关规章制度和保证服务质量的基本标准，并以此强化对员工服务理念和服务能力的培训，提高公司全员按标准服务的意识，克服工作粗放、服务随意的现象。使公司员工在实践中养成职业服务行为习惯，在服务上形成标准化、制度化、程序化，并建立起与之相应的配套监督、检查、反馈和改进的机制，在实践中不断创新发展服务。

第三，体现在实际服务工作中的应变能力上。面对面的服务工作，远比各种服务规章制度和服务标准、服务流程所规定的内容更丰富、更复杂、更鲜活。这就要求服务人员既要坚持服务工作的制度、标准和程序，又要防止僵硬、呆板、教条化的服务模式，会从实际出发，根据旅客的不同需求，在不同时间、地点、场景下灵活应变，提供的服务让人更加可心可意。

第四，体现在对服务过程中出现矛盾的化解能力上。服务与被服务本身就是一对矛盾，服务工作中时常发生一些矛盾是正常现象，关键在于航空公司员工能否对发生的矛盾及时化解。化解服务工作中矛盾的钥匙，是对旅客的理解与尊重。反之，往往非但不能化解矛盾，反而会使矛盾更加激化。在具体工作方法上，不但要使员工记住“条条大路通罗马”，还要使员工知道通往罗马的道路有远也有近。禁忌的是在发生服务矛盾时与旅客争我高你低。为此，我们要求员工把“上善若水”的古训注入服务工作之中，尤其在发生服务矛盾时要善于用“水性”化解矛盾。正如有人总结的那样，水的本性至纯至净，能滋养万物，能清污去垢。但它滋养万物却不占为己有，它能清污去垢却又能自清自洁。水是世界上最柔软、善变的物种，它可以根据温度而变化成液态、固态或气态；也可以根据容器而变成圆的、方的、长的、短的或扁的，它不执着于自己是什么样子，一切都依场景需要而变化。水的处事态度是不争，能上能下，能高能低。遇到上下之别时，它主动选择往下走，被阻拦时它就停下来静静等待，藏而不露地积蓄着能量，时机一到再一泻千里。事物的矛盾法则是相反相成。水是世间最柔软的东西，也是世间最有力量的东西。滴水可以穿石，急水可漂巨重之物；它可以改变大地山川的形态，可以用速度裹挟着一切滚滚向前。甚至人们可以通过增加它的压强变水为刀，切割钢铁和钻石。水是降解其他物质的利器，以“水性”化解服务中的矛盾，也往往能收到立竿见影之效。

一次，上海至北京的国航班机因天气原因而误点，当班乘务员向旅客说明误点原因时，一位旅客骂骂咧咧说：“你们国航什么时候正点过？除了有高层领导在飞机上你们才正点！你们公司的领导见了高层领导像狗一样。”恰巧我就在这架航班上与这位乘客邻座，我一边示意乘务员不要发作，一边拍拍那位乘客的胳膊说：“先生你不知道，其实国航的领导见了乘客特别能忍耐，有时当面听见无理的骂声也不作声。”那位乘客看了我一眼说了声：“还有这事。”他的情绪平静下来，我担心接下来乘务长暴露了我的身份使那位乘客难堪，便佯装上洗手间，告诉乘务长在服务中把我当成陌生人。

乘务长两眼泪流，说：“我们工作没做好，让您受委屈了。”

我说：“你们今天的工作没什么瑕疵，碰到无端的埋怨，我们做服务工作要能经得起委屈了。”

事后，这架航班的当班乘务长多次在公司介绍这次化解服务矛盾的案例，并体会到以“水性”化解服务工作中的矛盾，才是服务工作中的高境界。

做任何工作，理念的转变才是源头的转变。“四心服务”的理念，使国航服务品质大为提升。

民航飞机该往哪里飞

“中国民航要飞出去”是周恩来总理的嘱托。

“打造具有国际竞争力的世界一流航空运输产业集团”，是中国国际航空公司确定的战略目标。

国航在经历了一系列改革转型蜕变，公司盈利能力和竞争力有了明显提升之后，公司的目光又重点投向了国际，持续加大了国际航线的开拓与运力的投入。

中国民航在国际上的开拓具有多重意义，要围绕国家的发展战略、外交战略而布局。同时，又要注重公司在国际航线开拓上的效益。如果不顾公司的效益，长期进行亏损性开拓，最终这种开拓还是难以为继。

为此，公司在对全球做了全面综合分析之后，把国际航线开拓的主要方向放在北美、欧洲和亚太，同时兼顾南美和非洲。其中，以美国、德国、日本、韩国、新加坡、澳大利亚为重点，又以美国、德国、日本为重中之重。为何做这样的布局？就在于欧美是世界上经济最发达的地区，亚太是世界上经济最活跃的地区。这与国家以“经济建设为中心”的大战略和以“大国为关键，周边为首要”的外交战略相吻合。哪里发达往哪里飞，哪里富裕、钱多往哪里飞，哪里经济活跃往哪里飞，哪里客流、物流量最大往哪里飞，这是航空公司经营的常识。就是兼顾的南美和非洲，在重新加重国际航线时，国航也是率先开通巴西和南非等经济发展突出的国家。

2013 年，国家提出“一带一路”倡议部署，国航又在航线布局上围绕“一带一路”方向“加仓”，这是后话了。

为了对开辟国际航线有更直观和准确的把握，按照上述国际航线开拓布局的思路，我亲自带队遍飞五大洲四大洋，对国际航空枢纽和重点地区、重点城市进行考察。并在此基础上制订了依托北京、突出重点、着眼潜力、注重长远、层层递进、逐步发展的国际航线拓展规划。

在遍布全球的航线考察中，最令人感慨的是对日本管辖地冲绳的考察了。

冲绳地区位于日本九州岛和中国台湾省之间，其以琉球群岛为中心，由宫古岛、八重山诸岛等岛屿组成。众多的小岛屿沿中国大陆海岸围成一条弧线，土地面积 4600 多平方千米，相当于日本总面积的 0.6% 左右。

冲绳地区富有独特的自然环境，除具有中国、东南亚、日本的民俗风情建筑外，还兼有美式风情，有类似夏威夷之称；气候温暖宜人，是亚热带海洋性气候地区。经济以旅游业最为发达，由于处在太平洋的大陆架上，附近水域鱼类丰富，渔业为多数冲绳人的行业。

据史料记载，冲绳琉球岛民为波利尼西亚移民的后代，之后不断有中国人、日本人入驻，逐渐独立成为琉球王国。中国明朝时曾引用台湾的旧名，单方面封琉球岛统治者为琉球王。

琉球国因水陆之便，是邻近国家贸易的枢纽。琉球国在明清时代一直是中国的藩属国，冲绳是日本强占后的称呼，而琉球是明朝时期中国人为该岛取的名字。琉球自古以来与中国、日本、朝鲜及东南亚国家保持着紧密的文化往来和海外贸易，所以至今和日本本土的风俗文化、食物、建筑风格有着很大的差异。

15 世纪初，巴志王统一琉球，受明朝赐姓尚，开始筑守里城。琉球的历代国王都以朝贡的形式与中国保持着密切的联系。每次中国回赠的物品都大大超过进贡的物品，并单独给琉球使者一份丰厚的礼物，能出使中国是当时琉球国人最乐意的美差。琉球国在 15 世纪末最为强盛，作为冲绳象征至今仍存留的守里门，是尚清王时代建造的。

1609 年，日本藩属萨摩岛津氏出兵进攻并控制琉球王国，为了继续得到贸易利益，表面上仍然把琉球作为一个独立国家，和中国继续进行贸易。

1654 年，琉球王为摆脱日本控制，遣使到中国进一步密切与中国的联系。当时的大清顺治皇帝封琉球王为尚质王，定两年进贡一次。

1875 年，日本以武力占领琉球群岛，禁止琉球进贡中国接受大清册封，废除中国年号改为日本明治年号。

1879 年，日本强迫最后一位琉球国王尚泰流亡到东京，把琉球改为冲绳县，并开始实行残暴的同化、奴化和殖民政策。1895 年中日甲午战争后，日本割夺台湾，至此中国东海的第一岛链为日本侵略者全部夺走。

短视的蒋介石不敢要冲绳

甲午中日战争之后的50年，侵略成性的日本军国主义由疯狂的四面侵略，终于走到灭亡的尽头。1943年11月9日，在德、日、意侵略轴心国败象已露的情况下，美国总统罗斯福致电蒋介石，请蒋介石和英国首相丘吉尔与他在埃及开罗会晤，希望蒋介石11月22日抵达开罗。这次会晤本应邀请反法西斯重要国家苏联元首斯大林一并参加，罗斯福总统考虑到蒋介石与斯大林一向不友好，斯大林反对将中国列为四大强国，并看不起蒋介石。为避免尴尬，罗斯福总统特意安排开罗会议分两步走。先通知蒋介石，早到开罗会晤，签字走后，再邀请斯大林来会晤签字。

蒋介石接到电报后，认为这是一个废除不平等条约、恢复中国国家利益的好机会，于是要求手下官员拟订会谈方案。其中，涉及中国利益的方案包括：战后将中国东北、台湾及澎湖列岛交还中国，并无偿接收南满铁路与中东铁路等。蒋介石对这个方案甚为满意。

11月18日上午，蒋介石、宋美龄夫妇以及国防最高委员会秘书长王宠惠、美国在华军事将领史迪威和陈纳德等20余人，由重庆飞往埃及开罗。

开罗会议于1943年11月22日至26日召开，期间蒋介石与罗斯福会谈了4次。11月23日晚，蒋介石带王宠惠与罗斯福单独会谈，在谈到剥夺日本在太平洋侵占的岛屿时，罗斯福想到了琉球群岛。

罗斯福总统对蒋介石说："琉球系许多岛屿组成的弧形群岛，当年是日本用不正当的手段抢夺的，也应予以剥夺。我考虑琉球在地理位置上离贵国很近，历史上长期与贵国有很亲密的关系，贵国如想得到琉球群岛，可以交给贵国管理。"

罗斯福总统突然提出将琉球群岛交给中国，大大出乎蒋介石的意料。由于没有思想准备，他不知道如何回答。过了老半天，他才对罗斯福说："我觉得此群岛由中美两国共同占领，然后国际托管给中美两国共同管理为好。"蒋介石这么一说，罗斯福觉得蒋介石不想要琉球群岛，故未往下再谈。

罗斯福总统为什么想把琉球群岛交给中国？这一点史料中很少说及，我猜度，因为罗斯福总统知道日本对琉球群岛是强行侵占的，曾引起包括美国在内的许多国家的不满。琉球人民也曾用各种方式进行反抗，但都失败了。琉球群岛系中国的东大门，历史上长期与中国关系密切。罗斯福总统想把日本用武力侵占的琉球群岛交给中国，一是历来靠武力抢占的东西总是要还的，符合剥夺侵略者这一世间的基本道义；二来有利于战后中美两国从东西两厢夹住日本，防止日本军国主义死灰复燃；三是琉球群岛离美国较远，剥夺日本在太平洋中所占的其他诸岛将来将耗费美国大量兵力。将冲绳岛交给中国，有利于美国减少最后与日本决战的消耗。同时，根据王宠惠回忆，在罗斯福总统与蒋介石会谈中，罗斯福总统还希望战后中国能出10万兵力，与美国一起对日本进行军事占领。由于蒋介石在琉球群岛归属上的犹豫态度，罗斯福总统第一次提出将琉球群岛交给中国的这一建议没有成功。

11月25日，蒋介石与罗斯福再次会谈时，又谈到了琉球群岛，罗斯福说："我反复考虑，琉球群岛在台湾的东北面，面向太平洋，是中国的东部屏障，战略地位极其重要。你们得到了台湾，如果不得到琉球，台湾也不安全。更重要的是，此岛不能让侵略成性的日本长期占领，还是与台湾及澎湖列岛一并交给你们管辖吧。"

蒋介石见罗斯福总统又提到这个问题，仍不表态。罗斯福见蒋介石半天不作声，以为他没听清楚，又补了一句："贵国要不要琉球？如果要，战争结束了，就将琉球群岛交给贵国。"

蒋介石犹豫再三，最后答复道："琉球的问题比较复杂，我还是那个意见，中美共管为好。"

罗斯福总统明白了：蒋介石是真的不想要琉球群岛。蒋介石对琉球的态度，让罗斯福总统感到不可思议。自此以后，罗斯福及美方的其他人员在蒋介石面前再不提琉球的事了。

由于蒋介石坚持不要琉球群岛，因此《开罗宣言》在写到日本应归还中国的领土时，只提到日本所窃取中国领土，例如满洲、台湾、澎湖列岛等，只字未提琉球群岛。

1947 年 4 月，联合国通过《关于前日本委任统治岛屿的协定》，把北纬 29 度以南的琉球群岛和钓鱼岛交给美国“托管”。

1951 年，美国与苏联的对抗态势已成，美国为了拉拢扶持日本，在没有中国代表参与的情况下签订《旧金山合约》，确认日本拥有琉球群岛的主权，但是继续由美国执行施政权。

1971 年，美国尼克松总统访华后，为安抚日本，美日又签订《美日旧金山合约》，把琉球的“施政权”给了日本，但美国仍在冲绳保留驻军。

至此，由于蒋介石在 1943 年 11 月 22 日至 26 日的开罗会议上，对送到中国手中的琉球群岛没有接纳，使中国失去了收取琉球群岛的千载难逢的良机，给中华民族的利益造成了难以弥补的损害，以致美日至今时不时仍在冲绳问题，特别是钓鱼岛问题上要挟中国，向中国叫板。

冲绳和钓鱼岛已成了美国离间中日关系的一张王牌，既可圈住日本，又可打压威胁中国。至于此事给中国所造成的海洋权益和经济利益的损害更是无法计算。

蒋介石当时为何不要琉球群岛呢？后来据随行蒋介石到开罗的国民党官员分析，蒋介石去开罗，主要是争取东北、台湾及澎湖列岛，没有争取琉球的方案。蒋介石认为能将东北、台湾及澎湖争回来就足够了。另一个原因是蒋介石认为虽然日本即将战败，但仍是亚洲强国，害怕中国得到琉球后，日本日后会找中国的麻烦，两国再结新怨。

我认为，蒋介石当时不敢要琉球群岛，主要在于蒋介石目光短浅、有恐日情结、只会打小算盘的心态在作祟。面对新情况，善于知权达变，能随机应变，抓住机遇，正确应对没有预案的事情，才是一个政治家应有风范。罗斯福给了蒋介石一天多的时间，蒋都没有反应过来，可见蒋的愚钝，及其身边人的颟顸。蒋只会打小算盘，缺乏一个大国领袖应有的战略眼光与气魄由此可见一斑。

首先，蒋介石在 1943 年只看到日本在中国战场上仍然在进行攻势作战，如果接纳了琉球群岛，担心进一步激怒疯狂的日本帝国主义。

其次，蒋介石认为琉球群岛处于海洋中，即使接收了琉球群岛，国民党军也无力攻占琉球，很可能结果只是名义上的接收而实际得不到，反而暴露了国民党军队的无能，而使其大丢脸面。

再次，蒋介石只看到1943年日本在中国战场虽然仍在攻势作战，而没有看到此时的日本侵略者正随着德、意法西斯的失败开始走下坡路，更未能料到仅仅不到两年日本就宣布投降了。若是当年在开罗蒋介石接受了琉球群岛，那样，琉球群岛就与东北、台湾及澎湖列岛一起顺理成章地成为中国管辖地。蒋介石在开罗会议上的短视还不止于此。退一步说，即使因某种因由，琉球群岛一时没能收取，只要在《开罗宣言》中载明琉球群岛归于中国，还有后世子孙嘛。只要有依据，中华民族的后人终究会收回琉球群岛。当然还有一种可能是蒋介石预见到抗战结束后与中共还有一战，不想在琉球群岛上得罪日本，进而内战时借助日本力量与中共作战，依蒋介石的品行是能做出来的。旧中国的统治者历来在国家利益上都有宁赠友邦、不予家奴的心态，蒋介石也不例外。

开罗会议后，蒋介石对琉球问题有所悔意，嘱咐王宠惠等知情人不要把拒收琉球的事说出去。其实这不是真正的悔意，而是不想让人知道他在此问题上的无能。

2005年，当我带着诸多思绪登上冲绳岛考察航线时，看到冲绳的基础设施建设不但比日本本土差了一大截，也与中国诸多的县市级差了一截。街道两旁那些算不上高楼大厦的建筑，在夕阳的余晖下散发着些许陈旧的淡黄色，不太宽敞的街道缺乏现代感。陈旧的设施似乎在告诉人们，这里长期曾是几不管之地，无人为它精心梳妆打扮和倾心投入。首里城那座写有中文“守礼之邦”的具有唐代风格的类似中国两层牌坊的守礼门，以及陈列着明清皇帝赐给琉球王国9块御书匾额的老王宫和刻有道光皇帝年号的老井石碑，还有那随处可见的“石敢当”或“泰山石敢当”等中华文化的印记，仍然在向游人述说着历史上琉球王国与中国亲密交往的故事。冲绳的饮食特别是菜品与中国没什么差别，吃起来口感和中国菜没什么两样。

漫步在冲绳街头，偶尔还能遇到会讲几句中国话的老年人。有的谈起冲绳的过往，还能谈出中国以仁爱怀远的态度与琉球的交往史。有一名冲绳县的议员在与我交谈时毫不掩饰对中国的向往，他说起 1943 年蒋介石拒绝接收琉球的往事，说：如果当时中国接收了琉球群岛，现在的冲绳就不会有美国的军事基地，冲绳的发展也不会在几不管中造成目前这个样子。他对历史上日本侵略琉球群岛，并胁迫琉球群岛民众去侵占台湾以及在 1945 年美国进攻冲绳的战役后期，日军指挥官牛岛满执行日本政府下达的“玉碎令”大批屠杀琉球人，至今痛心疾首。据不完全统计，美军登上冲绳岛之前，日军共杀害或强迫当地居民自杀多达 26 万人。规模之大，仅次于 1937 年 12 月 3 日日本军队在南京的大屠杀。

他愤慨地说：“日本军国主义向外扩张，无论从琉球群岛进，还是战败经琉球群岛退，都给琉球群岛人造成了几近灭绝的伤害。”

说到此处，恰有一架美军驻冲绳基地的战机带着刺耳的轰鸣声从上空掠过。他仰望了一下，低下头，沉沉地说：“冲绳人几十年来就是在这种轰鸣中惊心地生活着，多次游行请愿让美军基地搬走，无人理睬啊！”当他知道我们不是游客，而是专程来考察中国通航冲绳事宜时，眉头舒展了，连连说：“太好了！太好了！越快越好！”

我们一行受到冲绳县知事的接待，接待客厅正墙上挂着巨幅仿制的宋代黄庭坚的书法。冲绳县知事也是急切地希望国航能够早日从中国开航冲绳。

冲绳之行之后，我组织相关人员对从北京开航做了论证。不少人认为开航冲绳肯定是赔钱的事，我总觉得从北京开航冲绳不单是经济效益的事。从长远看，这条航线的收益终究会上来的。怀着无以名状的情愫，我说服大家还是把从北京开航冲绳纳入国航的航线规划。几经周折，北京至冲绳的航班于 2012 年 1 月 11 日中国传统春节到来的前夕正式开通。

日本原本与中国一样也是过春节的，可是 1873 年起，日本明治政府宣布禁止过春节。但是在冲绳及整个琉球群岛的民众中，至今仍然保留着庆祝农历春节的传统。每年新春佳节一到，传统气息浓郁的冲绳，与中国人一样，将春节看作祭拜祖先、祈求新的一年健康长寿、风调雨顺的最重大的节日。从春节前的腊月初八至新年的正月十五，每天都有着与中国人习俗一样的安排。

选择春节前夕北京至冲绳开航，国航是有深意的。因为春节假日期间旅客流量丰裕，也是国航新春之际送给冲绳民众的一份厚礼。冲绳民众一听到北京至冲绳春节前通航的消息，有的提前放响了鞭炮，还有的提前在门上贴了“北京来开航，新春喜洋洋”的春联。

北京至冲绳开航后，前三年连续亏损，亏损额共达 519 万元。此后年年盈利，至 2019 年开航 7 年来，减去前三年的亏损，共盈利 8573 万元，与我当年的预判相符。

希腊以国礼迎接国航

一个国家航空公司国际航线的开辟，与这个国家的外交战略紧密相连。为了配合国家的外交战略，航空公司是不能单纯考虑经济效益的。国航北京至希腊首都雅典航线的开辟，就充分体现了这一点。

希腊共和国地处欧洲东南角的巴尔干半岛南端，全国由半岛南部的伯罗奔尼撒半岛和爱琴海中的 3000 余座岛屿组成，为连接欧亚非的战略要地。

希腊与中国一样是世界四大文明古国之一，被视为西方文明的发源地。西方的民主制度、哲学、文学、历史学、政治学、科学、数学原理及奥林匹克运动会和西方戏剧学，都能从这里找到源头。希腊文明对世界产生的重大影响，至今仍绵延不绝。

希腊虽然有着以往的辉煌，但是希腊属于老牌欧盟国家中经济稍靠后的国家。经济基础较为薄弱，工业制造业落后，较长一段时期是欧盟经济的主要受惠国，受欧盟援助资金大约占 GDP 的 3.3%。2009 年起，希腊一度深陷债务危机，标准普尔（国际上公认的最具有权威性的信用评级机构）将希腊的长期信用评级定为“选择性违约”。这表明希腊国家的经济及财政已进入破产的边缘。面对这种困境，以海运业、旅游业、侨汇并列为外汇收入三大支柱的希腊政府，为发展经济，解决债务问题，在国内大力推进私有化改革进程，加大打击偷税漏税力度。积极推行刺激消费等一系列举措的同时，又把目光投向国外，努力扩展对外经贸联系，鼓励和吸收外来投资，以图内外并举，摆脱困境。

自1978年实行改革开放政策以来，中国经济取得了世人瞩目的成就，快速发展的中国自然成了希腊希望加强经贸联系的重要国家。早在2006年1月，希腊就与中国宣布建立全面战略伙伴关系。为推动希腊与中国的关系实质性的发展，2006年5月22日，中国全国人大常委会委员长吴邦国应希腊议长贝纳基的邀请对希腊雅典进行正式友好访问。

访问期间，吴邦国委员长分别会见了希腊总统帕普利亚斯、总理卡拉曼利斯，广泛接触希腊各界人士，共同探讨扩大两国互利合作交流的途径与方式。中国也正想通过希腊连接欧、亚、非的地理战略优势，进一步扩大与地中海、黑海、北非等周边地区乃至欧盟国家的联系，为此后"一带一路"倡议提前布局。因此，吴邦国委员长访问希腊期间达成共识，取得了许多积极成果。

2006年5月30日，吴邦国委员长出访归来，我和有关方面人士到首都机场迎接。乘务长后来告诉我，专机落地后滑行时，吴邦国委员长便隔着舷窗向外观察，边看边说："你们看看李家祥总裁来了没有？"当乘务长告诉他，看见李总站在专机停机坪前时，他会心地笑了。

吴委员长一下飞机，便径直向我走来，我赶忙迎上去问候。他拉着我的手说："家祥同志，我这次出访希腊给你们带回了个任务。我在与希腊议长、总统、总理分别会谈时，他们都向我提出了一个请求，希望中国能开通北京至雅典的航班。通过这条航线扩大与中国的经贸联系，并向希腊输送更多的中国游客。考虑到下一步与希腊关系的发展，在与希腊领导人会谈、会见时我已经答应中国会考虑他们的请求。"

"希腊航空公司为什么不主动开通雅典至北京的航线呢？"我问站在一旁的全国人大副秘书长。

"我们也问了，他们说希腊航空公司比较小，没有这个力量。委员长说，那就由中国开通吧。委员长还说，国航总裁是他在中国国务院工作时谈话上任的，回来就让人按程序布置此项工作。"副秘书长说。

“这个任务你们可要完成好哟。”吴委员长交代说。

“请首长放心吧！”我回答。

第二天，我即召集相关人员研究国航开航雅典的事宜，并且对开通这条航线的收益情况初步做了论证。大约每飞一个航班，公司将直接亏损30万元人民币。关于变动成本及航线联动后所形成的边际效益，那只有开航后才能准确计算出来。

为显示中国的诚信和尽量减少这条航线开通后的亏损，我决定亲自带队去希腊与有关方面就相关事宜进行商谈。

接待我的除希腊航空界的人士，还有希腊交通部、旅游部的官员。在与他们商谈中，简要介绍了国航开航雅典的准备工作之后，我着重就减轻国航开航这条航线的经营压力，请希腊有关方面给予应有的支持进行了详谈。最后希腊方面决定：一、免除国航飞机在雅典机场的起降费；二、由希腊旅游机构免费协助国航在希腊组织客源；三、由希腊政府主导的媒体免费为国航发布相关广告；四、由希腊旅游机构在国航输送的客源收益中提取一定比例的资助国航以实现双赢。

经过中希两国民航部门的行政批准和国航在希腊设立相关机构等各项周详的筹备准备工作之后，2007年11月28日，国航正式开通了北京—雅典的航线，吴邦国委员长得知后给予了祝贺和鼓励。

为扩大北京通航雅典的影响，我亲自带队参加首航，并知会了希腊有关方面。飞机在雅典平稳降落后滑向停机坪，一打开舱门，中国新任驻希腊大使罗林泉先生便登上飞机，告知希腊对这条航线的开通高度重视，要在停机坪现场举行欢迎仪式。欢迎仪式有四名希腊内阁部长参加——希腊外交部部长、财政部部长、交通部部长、旅游部部长已经站在飞机舷梯下迎接。我说：“按照民航惯例和服务原则，一般应让乘客先下飞机呀！”罗大使说：“今天情况特殊，就别按惯例了，您就先下飞机吧。”在鲜花和掌声中，我只好先下了飞机。

欢迎仪式一结束，我在罗大使和希腊政府四名内阁成员的陪同下，直接被送到了希腊总统府。希腊时任总统帕普利亚斯亲自在门前迎接，热情接见后举行了总统宴会，庆祝北京—雅典通航。在接见和宴会上，帕普利亚斯总统对这条航线的开通给予了高度的评价，并一再称赞中国国家领导人言必信、行必果。

希腊对中国这次开航雅典的重视和礼遇是前所未有的。国与国之间的交往，任何表面上的友谊和热热闹闹的形式都在于背后的利益促动。民航运输作为最现代和最快捷的运输方式，能很快带来可观的人流。人在物先，物随人动。人员的交往与流动，进而往往带动着巨量的物流。物的流动又进一步促动着人流。这种人物相辅相成的互增互长流动效应，引动着新的投资，扩大着经贸交流。这意味着带动的是一国 GDP 的增长，拉动着社会消费，特别是高端消费，促进着社会生产方式的转变。特别是现代服务业的发展，会带来更多的社会就业岗位，不断形成新的经济增长点，这会进一步加深国家间的各种正能量关系。国航北京—雅典航线的开通，也充分证明了这一点。

自 2007 年北京至雅典的航线开通以来，中希之间的贸易额连年保持着两位数的增长。特别是在 2007 年至 2010 年，三年间两国贸易额增长了 205%。通航后的第二年，即 2008 年，中国远洋运输总公司等一批中国企业，决定扩大在希腊的投资。

2009 年中国远洋运输总公司决定，投资近 5 亿欧元收购世界著名港口希腊比雷埃夫斯港 2 号、3 号集装箱码头 35 年的经营权。比雷埃夫斯在希腊语中是“扼守通道之地”的意思。作为欧盟离远东最近的港口，处在联通大西洋、印度洋、黑海的中心位置，是希腊东部的海上门户，连接巴尔干半岛、南欧、黑海、中东、非洲等广大地区。随着欧盟经济中心逐渐向南欧地中海地区转移，以及欧盟与中国贸易量的增加，该港作为南欧和地中海海运货物主要中转枢纽港的地位日益突出。重要的地理位置以及欧盟经济中心南下的地利、天时，使得该港正发展为地中海东部最重要的集装箱转运中心。

中国远洋运输公司投资并管理该港口后，使该港吞吐量急剧增加。由原来世界排名第 93 位，狂进 60 多位，进到世界第 32 位，直接为该地创造就业岗位3000多个，间接创造就业岗位1万多个，每年为该地经济贡献了3亿多欧元。

目前，比雷埃夫斯港已经成为地中海地区最大的集装箱中转港口，是“一带一路”倡议的重要节点，充分发挥着海陆空联运的作用，不断提升着中国货物海陆空快运的能力。

由于中希空中航线的开通，华为、中兴、复兴等一大批中国企业，也都扩大了在希腊的业务。中希之间在航空先行牵动下的经贸联系迅速扩大，使得两国之间在人文、科技、教育、海洋及军事合作深入发展。两国的高层频频互访，使两国间的战略伙伴关系充实而牢固。2016年特朗普就任美国总统后，对中国实行遏制政策，以贸易战为先导，在科技、人文、金融、外交、军事等方面，全方位向中国发难。一些美国的盟友也相继随着美国的指挥棒转。希腊作为欧盟和北大西洋公约组织的成员国，从不跟着美国起哄，依然为着本国长远利益，明智地保持着与中国的友好交往。

尽管北京至雅典航线开通以来，多数年份国航都处于亏损状态——2007年至2019年累计直接亏损1.7亿多元，但边际贡献却达5亿多元。总体上配合了国家大局，并为公司扩大了收益。

从鸡肋中收割肥肉

国航持续推进国际航线战略，始终与打造北京首都国际机场枢纽布局同步进行。北京首都国际机场历来是国航运营的基地。但是，长期以来公司枢纽意识不强，没有把这个公司最重要的运营基地作为枢纽精心打造。航线布局过于分散，航班时刻衔接不紧，客流中转率长期低于30%，影响北京首都国际机场枢纽地位的形成。实践是最好的老师，使国航人对枢纽作用重要性认识的案例，是北京至朝鲜首都平壤航线的开通。

北京是朝鲜连接世界的唯一出口，此前，北京—平壤的航线一直由朝鲜高丽航空独家经营。由于高丽航空使用俄式飞机，航线经营时断时续，经营效益很不理想。经中朝双方协商，决定由中国的航空公司参与这条航线的经营，这对于朝方扩大旅游客源和对外交往是有好处的。中国民航总局为此专门发布了消息，并拟安排国航直飞这条航线。

有一家航空公司争着要飞这条航线。时任中国国际航空公司总裁的我，主张国航不要与这家航空公司争着飞，要让给对方，结果这家公司经营了一年，亏损近3000万元，最终停飞了这条航线。在此情况下，我主张国航接过这条航线的运营。

国航有人不理解，认为别人经营亏损不飞了，国航为何要主动去接？我让人算了一笔账：世界上有50多个国家和朝鲜建交，撇开进出朝鲜旅游等客人不算，单是这些与朝鲜建交国家的所有外交官，经过这条唯一的通道进出朝鲜，就可以从无竞争无折扣票价中取得一笔可观的收入。为什么别的航空公司经营一年亏损了3000多万元呢？因为别的航空公司在北京没有国航那样的国际航线网络，仅靠北京至平壤一个多小时的航程票价收益，是很难覆盖这么短的航线成本的。而从平壤到北京的旅客大都上了国航的国际航线，国航的国际航线平均要飞近10小时。也就是说，别的航空公司用每个客人一个多小时赔本的航线收益，为国航输送了每个客人近10小时远程的收益。其他公司这条航线的经营亏损，却为国航做了边际贡献。国航接手这条航线的经营之后，利用北京机场枢纽的优势，对这条航线与国航的其他国际航线进行优化连接配置，使得这条航线不但自身不亏损，而且还给国航带来近1亿元人民币的边际增值收益。这就是从貌似鸡肋中收割到了肥肉。

此后，国航持续推进北京首都国际机场枢纽的建设，为国际航线的拓展提供了强有力的支撑。目前，国航以北京国际机场为复合枢纽，拥有国内最为强大和均衡的全球航线网络，实现了两项亚洲第一，即枢纽覆盖广度亚洲第一，国航在北京直航166个城市，其中国际和地区65个；枢纽覆盖厚度亚洲第一，国航从北京至每个航点每日平均达到了4.2个航班次。相对成熟的枢纽平台为国际中转旅客增长创造了条件，中转旅客连年以两位数的综合指数增长，现在已占到北京国际航线旅客总量的近50%。通过与星空联盟成员合作，国航将服务拓展到了全球193个国家的1317个目的地。国航一家已经在国内飞往欧洲、北美等主流国际航线上具有领先优势，成为中欧市场第一大承运人、中美市场的第二大承运人。可以说，加上中国其他航空公司的共同开拓，今天的中国民航已经实现了周恩来总理“中国民航要飞出去”的殷切希望。

经营战略上的内外联动，使国航的实力大增，进一步将国航做大做强，国航开始奔向市场化的战略收购、联合重组之路。

第一个目标：收购山航

三个S形曲线，是山东航空公司的标志，代表着“山东”和擅长飞翔、纪律严明的飞燕，同时也是团结一致的象征。

山东航空公司成立于1994年，公司初始经营顺利，2000年成功向中国境外投资人发行境内上市的外资股票（证券简称“山航B”）。2002年“山东航空有限责任公司”变更为“山东航空集团公司”，山东省通过省属山东省经济开发投资公司，持有76.8770%的股权。

山航的危机

任何事物的发展都是潮起潮落的，山航的发展也不例外。

2002年中国民航业实行重组，重组的思路是“抓大放小”，为中国骨干航空公司增强国际竞争力创造更佳的环境。这意味着省属小型航空公司的空间将被重组后的大型航空公司挤压。

另外，从2001年4月起，国家为扶持国内民航飞机制造产业的发展，大幅上调了支线飞机进口的税率。按照新税规定，国内航空公司进口的载重量25吨以下的支线航空飞机整机时，要征收6%的进口关税及17%的增值税，而干线飞机整机的进口税率和增值税分别只有1%和5%。当时山航从加拿大庞巴迪飞机制造公司进口的10架支线飞机，要多支出约3300万美元（当时美元与人民币的比率是1∶8.23），而山航2001年的利润总额不过1.48亿元。

加之山航在初始发展顺利的情况下，扩张过快，投资过散，机队结构不优，使公司渐渐步入了经营亏损的困境。2002 年山航亏损 4558 万元，2003 年内外因素叠加，仅上半年亏损额即飙升至 1.2 亿元。

为摆脱这种局面，山东省政府及其他股东产生了引进战略投资者的构想。借力，似乎成了山航当时最佳的选择。在此背景下，弱者的处境，成了强者的机会。山东的航空市场，俨然成了兵家必争之地，多家航空公司不约而同地表达了并购山航的兴趣。2002 年，山航正式开始对外寻求合作伙伴，试图就转让股份事宜进行实质性谈判。

闻讯之后，中国东方航空公司和中国南方航空公司同时向山航伸出了橄榄枝。应该说，当时东航在收购山航上最具优势。东航在山东省会济南早就设有飞行运营基地，占据着山东航空市场的最大份额。从市场整合的角度说，东航并购山航顺理成章，且能很快直接显现效益。但是，从公司成立就与东航在同一市场竞争所形成的抵触情绪，使得山航又最不愿意选择东航。俗话说，远了香，近了殃，家住对门不搭腔，这与邻国之间最不容易搞好关系同理。而南航试探着开出的条件，山航又认为有点不够意思。

在 2002 年中国民航重组后所形成国航、东航、南航三大版图上，国航控制着华北市场，并利用旗下的西南分公司控制着西南部市场。同时利用持有深航 25% 的股权竞逐着南航所占据的华南市场。而东航所占据的腹地辽阔，潜力巨大的华东市场正是国航的空白点，如果国航当时能联手山航则可以弥补国航在华东航空市场的缺位。

在东航、南航与山航“试水”之时，国航立马决定与山航从北京至多个城市共飞的航线实行代码共享，并在销售上进行合作，这一下子赢得了山航的好感。

紧接着，国航向山东省政府表达了入股山航的诚意，并允诺，国航入股山航后，山航的名称不变，标志不变，注册地不变，国航将部分国际航线交给山航飞行，打通山东与国际的通道。同时，国航还将在其他航线上与山航进行整合，可以把山航带得更远。在机队上与山航整合，能很快扩充其运营效率比较高的波音 737 机队，帮助消化其已成为包袱的低效率支线机型和公务机。山航借助国航的销售网络和常旅客计划的优势，将大大提高其客票销售量和市场占有率；将国航在山东运行的地面代理业务全部转给山航；将国航部分山航旗下飞机维修公司能维修的机型让给其维修，山航在国航的所有运营基地都可以得到运营上的协助。这一系列可以很快解除山航经营困境的实际举措，打动了山航的所有股东。经股东大会表决，一致同意由国航持有山航 48% 的股权，使国航成为山航的第一大股东，成为山航的实际控制人。

时任山东省委书记的张高丽（后来任中共中央政治局常委、国务院常务副总理），是从深圳市委书记岗位上调任山东省的，依他开明的执政理念，在航空公司和机场上讲究只求所在，不求所有，他是同意把山东省政府所持有的全部股权都转给国航的。部分人员以创建山航有感情为由，坚持山东省还要保留部分股权，其实还是背后的利益使然。一来是可以从国航主导山航后能很快分得的经营利润；二来还有山航的某些领导岗位。

虽然山东省欢迎国航成为山航的实际控制人，但是在 48% 的股权转让价格上，双方几经谈判却陷入僵局。

当时山航 48% 的股权经评估溢价为 3 亿元左右，可是双方谈到 4.8 亿元时山航仍不松口，且不吐露最终的要价，只是不断说希望再加点。那加到多少是个头呢？在这种情况下，国航有人主张放弃收购。

2004 年 2 月 27 日晚上，时任中航集团党组书记、国航总裁的我，接到集团王总的电话，征询我的意见。我说，从长远看，国航收购山航出价偏高可能是失误，可是从眼下看国航放弃山航的收购明显是错误。

王总是个非常有见地的人。他说："长远看可能的失误，仅仅是可能；眼下放弃收购的错误却是现实的。我们宁担可能的失误，不要现实的错误。山东方面一直不吐最终的要价，你能否今晚乘山航的最后一个航班赶过来，利用你山东籍身份，摸清山东方面最终的要价底牌。"事前，我和王总商量的 48% 的股权最终收购价在 5 亿到 5.5 亿之间。我们都认为大行不拘细谨，大礼不辞小让，国航就是付出偏高一点，也是交给了山东省，只不过是国家利益转给了地方。

当我乘山航飞机当晚赶到济南时，已是夜间 10 点多了。时任山东省主管交通的副省长在机场接我。我们早已相识。上了汽车，副省长简要介绍了谈判情况，他讲，王总说请中航集团的书记一起来做最后的决定。

我悄声问道："山东省的要价到底是多少啊？"

他悄悄附在我耳边讲："是 5.5 亿以上。"

我依之前与王总达成的默契回答说："那就 5.6 亿，谈判别再拖延了。"

那位副省长立即报告了山东省主要领导。山东省主要领导回答说：那就明天正式签字。

我一入住山东宾馆，便将情况告诉了王总，王总非常大度地说："你摸到了山东底牌，在我们预想区间，加个 1000 万算是大礼不辞小让吧。"

事后国航有人说我对山东故乡有点偏爱了，我说："偏爱不偏爱，到时候你们就知道了。"

当时，国航已开始筹备境外上市的工作，我曾悄悄请人做了个估价模型，预估以国航在民航业的品牌影响力，发行价格比发行前每股净资产溢价 20% 至 50% 是可能的。即使按最低溢价 20% 计算，把国航购买山航所花的 5.6 亿元纳入国航一起上市，国航也可以赚 1.12 亿元。与此相比，这时在收购山航时多给个 1000 万元，也仅仅是个零头而已。

2004 年 2 月 28 日，国航与山航就山航股权转让事宜最终达成了协议。国航以 5.6 亿元的代价，收购了山航 B 股 22.8% 的股权，并受让、增资持有山航 48% 的股权，最终成为山航的第一大股东。

双方合作后，每年可直接从市场获益超过亿元以上。除了看得见的经济效益，收购山航之后，国航"连接南北，贯通东西"的国内战略布局基本形成。相比三大航的联合重组，入股山航或许只算一城一地的胜利，但它为国航突进山东、抢占环渤海平添了一个桥头堡，大幅伸展了国航航线网络，为日后国航的发展增添了助力。

成功收购山航之后的当年 5 月，王总因年龄原因卸任中航集团总经理的职务。至今我仍然很感念我俩三年多的真诚合作。上级宣布他卸任后，我俩做了一次长谈。他说，他从担任配搭档的职务起，在主官岗位与 10 多位人士搭过班子，最后这一任感觉是最心悦的一任：没有猜忌，没有争执，经常是不谋而合，互有依靠，互有担待，往往是无言而应。是啊，按公道走，为公事谋，人与人的关系简单而和谐。其实，作为从军队空降民航的我，在航空公司的经营管理上，许多要诀我都是从他身上汲取的。他是从基层一步一步干到高层岗位的，勤奋、敬业，扎实、稳健是他在工作上最鲜明的特色。他的八小时之外，多是在办公室或会议室里。没人要求他这样做，这是他多年的勤奋和敬业所形成的习惯自觉。他的许多民航经营管理的思想，也来自他勤奋的思考与不断总结。

庸人因惰而败

庸人因惰而败，才人因傲而毁。是啊，人，最怕因懒惰一事无成，还安慰着自己大器晚成。在人生的道路上永远没有等来的成功，如果当下不比别人付出更多，打好基础，何谈未来的不可限量？大器晚成或可能成为一个人最终的人生结局，但它绝不应该成为一个人蹉跎当下的理由，更不应该成为一个人浑浑噩噩、碌碌无为的借口。没有跬步，何以至千里？不积小流，何以成江海？每个晚成的大器都是由早期的一步步勤奋踏实的积累而来的；每一束思想的火炬，都是由平日一点一滴的火花汇集而成的。所谓行业领袖，大都是在此基础上能总结出一些信条的人。过度的安逸只会把人可能与生俱来的锋利棱角打磨光滑，于是，日子永远在追求舒适里度过，没有挑战，没有激情。虽然走出舒适不是必然的选择，但它可以带来更好的生命轨迹。勤奋可以把自己的人生圈划得更大，以后回头一看，里面有更丰富多彩的内容，而不是少壮不努力的悔叹！

收购山航未尽的故事

王总卸任后，我改任中航集团总经理，兼任新成立的国航股份公司的董事长，全面着手谋划国航的境外上市工作。在全球航空业持续低迷的大背景下，如何讲好国航的故事，吸引国际众多投资者对国航的青睐，是国航成功上市的关键。

为此，我在亲自带队路演中着重宣讲了国航的五大优势：一是国航是新中国成立以来有着最深厚根基的国家载旗航空公司；二是在中国改革开放经济飞速发展的大背景下，国航在重组后，是实力最强的航空公司；三是国航有着骄人的飞行安全记录，和规范的“四心”服务品牌，是众多中外旅客出行首选航空公司；四是国航有着较为完善的国内外市场布局和优化的机队结构，以及较为完善的销售网络，正在与星空联盟谈判，与国际众多优秀航空公司有着富有成效的实质合作；第五最为关键的是国航已经是中外盈利能力最强的航空公司、中国 36 条利润最高的航线，国航占据 28 条，客千米成本平均比国际航空客千米成本低 39 美分，公司已连续 4 年盈利，且盈利能力还在节节攀升。

国航这 5 个有理有力有数据的闪亮卖点，最终为众多的投资者所认可，使得机构投资者认购倍数达到了近 20 倍，这为国航上市的发行定价带来从容的选择空间。

2004 年 12 月 15 日，国航股份在香港和英国伦敦两地证券交易所成功挂牌上市，一下子创造了航空股票交易的“三个之最”：

一是世界航空公司近 20 年来公开上市募集资金最多。共融资 12.4 亿美元，折合人民币 102 亿元（当时汇率），使得国航股份资本金总额由 2003 年的 83 亿人民币，增加到 2004 年的 180 亿元人民币，公司资产负债率从 93.6% 降到 70% 左右。

二是成为机构投资者认购倍数最高的中国海外上市国有企业。国际机构配售部分的认购倍数近 20 倍，香港公开发行的认购倍数为 83 倍。国航股份开盘当天即上涨 8.2%，此后股票价格运行稳健，海外投资者及主流媒体反映良好。

三是一个时期以来航空股上市中溢价最高。上市前国航每股净资产 1.39 元人民币，上市时发行价格每股为 2.98 元港币，折合人民币为 3.17 元（当时港币汇率高于人民币），发行价格比发行前每股净资产溢出 129%。

国航上市资产的溢价出乎预料。国航收购山航花了5.6亿元人民币，经过上市溢价，国航不但白赚了山航，还多了一大笔利润。见到那位说我在收购山航时的出价是对山东偏爱的人士，我打趣道："是我偏爱山东，还是山东为国航做贡献呀？"

他笑着挠着头说："没想到！没想到！"

这时，山航有的人心里又不平衡了，认为山航被贱卖给国航了，为国航上市当了陪嫁衣裳。

我给他们说："这就是品牌效应，山航就算是个好苹果，若不贴上国航的标签，也是卖不出好价的。"

山航被国航收购之后，很快就扭转了亏损的局面。伴着国航，山航15年来发展稳健，连年盈利，成为国内运营正点率最高的航空公司。机队规模由2004年的22架，扩展到目前的127架，在国内设有6个分公司及运营基地，在国内外拥有30余处营业部，已经发展成为驻山东省的大型支柱企业之一。

在顺利收购山东航空之后，国航又利用国家法律、政策变动出现的机会，转向深圳航空的收购工作。不过与收购山航的皆大欢喜不同，收购深航却经历了一系列眼花缭乱的曲折，直至最终经由党中央、国务院最高领导批示，以及经党中央、国务院分管领导亲自出面协调组织，才最终解决了深航因股权变动而产生的危机和隐患，使深航回到了健康发展的轨道。

在这一过程中，正途与邪道，守法与犯罪，公义与私欲，表面与背后，各色人等的面目变幻，真是让人大开眼界。当然，这一切的一切，都是围绕着金钱利益而演绎的。

深圳航空公司成立于1992年10月，1993年9月正式开航，是由广东广控集团有限公司、中国国际航空公司、深圳全程物流服务有限公司等共同投资发起成立的。广控集团是大股东，持有深航65%的股权，国航持有25%的股权，其他方面持有10%的股权。按照2004年2月开始实施修订后的《商业银行法》规定，商业银行不得向非金融机构投资。而广控的母公司就是广东发展银行，因此，广控必须退出深圳航空公司，所持有的65%的深航股权必须转让。

改革开放以来，中国民航长期保持着很高的发展热度，安全和可靠性使航空公司的注册也一直保持着较高的门槛。许多人想利用航空公司的招牌圈地、圈钱大捞一把而不得门路。一个时期以来，在中国倒卖土地是赚快钱的营生，尤其看到某家航空公司调了几架飞机，往某省一摆，声言要在此建基地，一下子就获批数千亩土地。土地一到手，飞机一下又飞走到另一地，故技重施，更刺激了一些人利用航空公司圈地的欲望。

广控必须转让深航 65% 的股权的消息一出，各色人等便活跃起来。一段时间，不断有人找到我打听国航在深航的股权是不是要处置，能否联手国航也去圈地，都被我一一回绝了。

此后，在深航股权的演化中，S 便成了整个戏码的主角。

收购深航正路子没打过野路子

面对连续 11 年盈利，深航 65% 的股权竞购者众多，包括外资美国国际集团（AIG）、新桥资本；国内金融巨头中信集团、平安保险。当然也包括持股深航 25% 的大股东国航、持股 10% 的深圳市属企业全程物流等企业。

面对广发银行旗下广控集团持有的 65% 的深航股权，当代集团经过评估，报出了 15.73 亿元的出价。应该说，这一出价在当时还是较为公允的。

2005 年 1 月，广发银行向广东省做了汇报，广东省准备接受当代集团的报价。但是，国航和全程物流依据老股东有优先购买权的规定，决意出资优先购买。当然，国航决意购买深航的股权，不是单纯从投资角度来考虑的，更主要的是想以控股深航提升自己在华南市场的实力，依托深航实现国航在国内航空市场南北呼应的布局。

当得知广东方面拟以 15.73 亿元的报价，将深航股权转给当代集团时，国航立即成立了一个由我亲自牵头的专题工作小组，联合深圳全程物流公司一起赴广州与广东省具体负责此事的 y 副省长等人进行接洽。

经过两轮商谈，双方达成了国航联手全程物流出资 17 亿元，收购深航

65% 股权的协议，由我和 y 副省长代表双方在协议纪要上签了字。当代集团得知我们增加了 1 亿多元的报价后，没再跟进。

此协议纪要的签署并没有为国航铺平收购深航股权的道路，反而使得看得见和看不见的各种活动更加活跃起来。

为平衡各种矛盾，广东方面最终决定对广控集团持有的深航 65% 的股权进行挂牌拍卖。

按当时有关规定和机构要求，参加深航拍卖的门槛是单位或公司净资产不低于 15 亿元人民币、资产总额不低于 30 亿元人民币，并预先要交 1000 万元的保证金。

就在拍卖前夕，横空杀出一个名不见经传的深圳 H 投资有限公司。深圳市工商局的资料显示，H 公司于 2005 年 3 月 17 日成立，注册资金 1000 万元人民币，法定代表人正是 S。这个公司是由 S 联合另外 3 名自然人股东共同发起成立的。其中，S 持股 89%。据媒体报道，这个 H 公司是专门为竞拍深航而成立的。事后得知，为达到能参与拍卖深航股权活动所规定的公司必须有 15 亿元人民币的净资产且资产总额不低于 30 亿元人民币的要求，H 公司以拍得的股权为许诺，拉来具有资质的 yy 民营企业等机构，共同参与竞拍活动。

2005 年 5 月 23 日，深航股权拍卖活动在深圳市五洲宾馆正式开槌，引来众多的媒体。

正式参与竞拍的机构只有寥寥数家。志在必得者其实只有国航和 H 投资公司。拍卖活动之前，国航曾经做过论证，若在 20 亿元人民币范围内竞得，三年之内加边际效益，可以收回投资成本。若在 24 亿元范围内竞得，加边际效益收回成本需 5 年。再往上增加，收购则有较大的风险。事先商定，在 20 亿元范围内，深圳全程物流公司联手国航共同收购，20 亿元以上深圳方面不再参与。国航内部设定的独家上限收购价码是 24 亿元人民币。作为国航董事长和拍卖现场的指挥者，公司给予我 3 亿元的临机处置权。

众所瞩目的中国史上最大的航空公司股权拍卖开始了。起拍价是以国航与广东省曾协商过的 17 亿元人民币开槌，每举牌一次的阶梯价是 1000 万元人民币。几轮举牌，仅剩下国航和 H 投资公司在持续竞争。

在拍卖会上，代表 H 投资公司投资方的是广东某律师事务所的一名律师，代表国航方举牌的是中航集团时任资本运营部的总经理樊澄。我没进现场，而是在拍卖会所在深圳五洲宾馆酒店的另外房间里，用手机遥控着樊澄的举牌进程。

"17 亿！""18 亿！""20 亿！""22 亿！""24 亿！"手机中不断传来拍卖师的报价声。

"上限到了，跟不跟？"手机中传来樊澄的请示！

"继续跟进！到 27 亿 1000 万为止。"我使用了公司赋予我的临机处置权。

"27 亿！""27 亿 1000 万！""27 亿 2000 万！""放弃！"我下达了停止跟进的指令。

国航举牌 27.1 亿元之后，H 投资公司方很快追加了 1000 万元，最终经过 93 次的举牌之后，H 投资公司方以 27.2 亿元的天价拿下了深航 65% 的股权。

拍卖会一结束，樊澄非常沮丧地来到我的房间。

我说："没关系，走着瞧吧。以这样的天价，H 投资公司对这 65% 的股权是兜不起的。国航先持住现有 25% 深航的股权，可以预言，短则三年，慢则五年，国航还会等到新的在深航扩大股权的机会。"

当时，我做出这样的判断，主要基于这样几点：

第一，国航之所以敢以 27 亿元的天价竞拍深航，主要在于国航除了有资本金的实力，更在于国航作为中国民航的龙头企业，有着其他非航空企业所没有的较为雄厚的民航运营资源注入深航，带动深航，从而形成互动放大效应，大幅提升深航的盈利能力。收购山航及国航连带山航相关资产 H 股上市的实践，使我对三年后再组织深航成功上市充满信心。到时候，国航便可通过资产上市溢价收回在深航的投资。H 投资公司方则不具备这样的条件，他们以这样的天价盲目收购，只能使自己陷入泥淖。

第二，深航虽然成立以来连续 11 年盈利，但每年盈利的绝对量并不大。股权拍卖的上一年，深航的年盈利额仅 8000 万元。若以这样的利润额应对投资 27.2 亿元的天价，连向银行贷款的付息零头都不够。真不知道 H 投资公司方是怎么想的。

第三，航空公司是资金密集、技术密集、人员密集型企业。航空公司的经营有着严谨、规范、科学、扎实的规章和流程，其内含的规律不是业外人士在短时间所能摸清的。真正把航空公司经营好，那是要下一番苦功夫的。用业内人士的体会说，航空公司是弱人干不了，强人不愿意干。以S一个从未涉足过航空业的几进宫尚在假释的犯罪人员，用胆大招邪的办法主导，肯定是经营不好航空公司的。

第四，H投资公司是为参与深航股权拍卖活动仓促成立的，15亿元以上净资产和不低于30亿元的固定资产的资质，天上是掉不下来的。至于怎么来的，天也难知道。但是，可以肯定地说，其资质是没有根基的。没有根基的东西，最终是立不住的。事实验证了我当初的判断。

野路子走入死路子

H投资公司拍得深航65%的股权之后，继续在野路子上狂奔。按规定，收购方在收购资金没有到位、股权未完成过户前，收购方不得改组公司董事会。而广控集团却出人意料地同意了S对董事会的改组。S因属于服刑假释人员，不能担任董事长，便找了一个某市前市长X担任董事长，S则在幕后实际操纵。

拍卖活动之前，帮助H投资公司获得参与拍卖活动资质的某民营公司等机构，在H投资公司拍得深航股权之后，便很快退出并撤走资金。在收购资金远没达到应缴纳80%的情况下，广控方面令人匪夷所思地竟同意股权过户。尽管收购资金来源不清，交易程序违规，股权款没有到位，H投资公司在各方面的“帮助”下，也能完成“空手套白狼”的戏码，成为深航的主导者。身穿袈裟手提刀，动作反常必有妖。

这背后一切的一切，尽管一些媒体做了若干披露，那仅是就事论事而已。由此可见，中国推进国家治理体系和治理能力的现代化，真正实现全面依法治国，进一步完善社会主义市场秩序等，仍然任重道远啊！

也许H投资公司在完成了“空手套白狼”的动作之后才明白，“白狼”不是“羔羊”，没那么容易驾驭，没有东西供它，“白狼”张着大嘴是要吃人的。

这时S最大的难题是如何交付27.2亿元的股权收购款。怎么办？故技重施，以手中深航的股权为诱饵，牵着“白狼”再套“白狼”。S利用个别金融机构也想借助深航发大财的欲望，忽悠一干人等，开始了令人眼花缭乱的一系列违规担保、拆借和抵押。因篇幅所限，本文就不一一细述了。对此感兴趣者，网上至今能查到相关报道。

这种违规拆来押去的行为，最终可以用以下几句话归纳：

拆东墙，补西墙，没有墙拆抽房梁，无奈伸手掏深航，一抽房梁塌了墙，自己被砸进牢房。

为套深航更顺手，S曾两次派顶名的董事长X来国航想收购国航所持有的深航25%股权。国航不说不同意，而是要他们按拍得深航股权的那个天价比例来付款。这样一算，收购国航25%的股权，要付10多亿元。原本要付27.2亿元，已陷入焦头烂额境地的H投资公司，哪里还能再弄出10多亿元的钱款呢？只好无奈作罢了。

公正地说，S主导深航之后，也是想把深航弄好的。为此，S还把懂航空公司经营的某大航空公司的一位副总挖来当总经理。这位颇懂行的人士有着职业经理人的素养，但是这位人士在S的胆大招歪面前，是发挥不了真正的作用的。

S主导深航后，另一个致深航命悬一线的大动作是掏着深航的同时，实施大规模的盲目扩张，以开发航空基地的名义，大搞房地产开发，很快将深航的旗帜几乎插遍全国。将巨额资金转入由S控制的深航房地产公司，使深航多架按租赁或购买合同到期应交收的飞机不能交收，但相关款项已流出深航，涉及金额高达20多亿元，形成坏账，深航本身背负着100多亿元的银行债务。一张人际关系网，加上一张资金腾挪网，令深航沦为向H投资公司输血的工具。

深航2006年年报显示，公司总负债为125.11亿元，比一年多前增加了

88.16 亿元，增幅高达 238.6%，使公司的运营背上沉重的包袱。到 2008 年，当年仅至第三季度，深航就巨亏 5 亿多元。S 原本想利用深航圈钱，眼见着化为泡影。

天下熙熙皆为利来，天下攘攘皆为利往。为利而聚者，最终必因利而散。可谓为利而来双眼眯，搭肩挽背称兄弟；金钱面前现本相，白眼一翻撕脸皮。

据报道，彻底压垮 S 主导深航戏码的最后一根稻草，是 S 所笼络来的核心成员因利反目，对 S 违法行为的实名举报。这一举报，因案情重大引起高层的关注，批示有关部门彻查。公安部门依法迅速实施了对涉案人员的抓捕，司法机关依法进行了公开审理、宣判。至此，围绕着深航演出四年多的闹剧，才落下了帷幕。台上的主角被判刑 10 年，连同其假释未了刑期合并为 14 年，其他涉案人员也领受了相应的处罚。

当然，在每日海量信息涌来的今天，当年围绕深航拍卖的航迹，连同其中模糊的航段，很快都已经成为陈迹。但是，如同考古学一样，正是某些陈迹才能引起曾关注它的人无尽的思考。

为警示后人，还要再赘一句。那些因种种原因，在台前幕后帮助 S 实现空手套白狼的人，后来都被传上了法庭，包括某些曾风光一时的人物和不怎么知名的人，没有落下一个，天网恢恢呢！

俗语讲，为人处世讲求善始善终。善始善终是善字打头，若丢了善字，所行不善，既无善始，更不可能善终。

人啊，一生时间短暂，追求幸福没错。幸福有多种标准，但其基本内涵应该是身体无痛苦，精神无困扰，特别是心神的宁静与欢悦。这需要以老老实实做人为根本。

企业经营最终要靠正路子

深航案东窗事发之后，为不使公司发生连带恶性效应，在党中央、国务院领导直接及时指导下，中国民航局立即组织由深圳市政府分管领导任组长，中国国际航空公司以及中国民航中南管理局主要领导任副组长的工作组，进驻了深航，并立即改组了深航领导班子，任命了新的党委书记及关键岗位的领导骨干。根据中央领导的批示精神，明确了“四个确保”的工作任务及责任，即：

确保公司飞行安全，主体责任在公司，监管责任在民航中南局，直接责任在分管领导；确保公司正常运营，纠正个人说了算的现象，严格按相关规章程序办事，国航帮助协调组织好公司的运营工作；确保公司队伍稳定，公司党组织和公司各级领导对此直接负责，深圳市机关工委派出专门人员进驻公司指导帮助；确保公司资产和资金安全，召开临时股东会，对公司资产和资金做出了新的安全管理规定。深圳市政府协调金融机构，防止深航出现资金链断裂等问题。“四个确保”的落实，确保了深航的正常运行。但是，这种工作方式是带有临时性的。

证据表明，S 所把持的 H 投资公司，是 2005 年深航 65% 股权拍卖前仓促成立的壳公司。其注册资金、参与拍卖的资质、股权转让款来源的合法性以及长期违规拖欠股权转让款，违规获得深航股权，违法套取深航资产等行为，一直遭到法律界、金融界、媒体、公众的诟病。

据 2008 年深圳市鹏城会计事务所审计报告显示，自 2005 年 5 月 H 投资公司获得深航控制权之后，巧立名目从深航转移资金 19.2 亿元，挪用资金 7.12 亿元，通过操纵利润套取 2.15 亿元，累计达 28.47 亿元。其投资项目亏损严重，其中两家主要投资企业亏损达 10.94 亿元。截至 2008 年，深航经 S 主导签约的资本支出承诺款项高达 507 亿元。当时仅 6 个月内维持公司正常运营资金缺口就高达 35 亿元，加上 2008 年至第三季度深航亏损 5 亿元，2009 年又亏损 7.7 亿元，净资负 20.7 亿元，资产负债率达 109.2%，已经资不抵债了。

这些不是靠权宜之计、临时措施所能解决的。要从根本上解决深航的健康发展问题，就是理顺深航的股权关系。

鉴于深航上述资金链的状况，维持公司正常运营的当务之急是向公司进行新注资。大股东 H 投资公司已负债累累，且有巨额的资金被追偿，根本无力再对深航注资，只能依法破产，让出对深航所持有的 65% 的股权。

这时的深航已经处于高负债、高亏损之中，公司被掏走的巨额资金有踪无影，追偿茫茫。公司一些关键岗位人员在羁押和配合调查中被传来唤去，公司的前景令人忧心忡忡。

此时的深航与三年前被众多买家的追捧判若云泥，再也无人问津了。要解脱深航的困境，根本路径是使出资人尽快到位。在国务院等相关部门的协调下，经过评估，由老股东国航和深圳全程物流对深航进行注资，确立了国航持有 51%、深圳全程物流持有 49% 的股权关系，从根本上稳定了深航，深航才回到稳健发展的航道。

2010 年，国航正式全面主导深航后，深航净资产由 2009 年的负 20.7 亿元修复至负 3.1 亿元，2011 年实现净资产由负转正至 12.6 亿元。此后，其净资产以年均 31.1% 的速度增长，至 2019 年达到了 83.9 亿元，较 2009 年 10 年间增加了 104.6 亿元。除 2014 年亏损 3.2 亿元外，9 年间都处于盈利中。公司机队增加 130 架，达到了 217 架，公司资产总额达 664.9 亿元，较 2009 年增长了 3 倍，年增速达 12.90%。10 年间，累计上缴税费 181 亿元。公司员工人数由 2009 年的 7892 人，增长至 2019 年的 2.71 万人，年均增速为 14.8%，10 年间为社会提供了 1.95 万个就业岗位。目前，深圳航空已发展成为驻深圳市的一个举足轻重的大企业，在民航业界也很有影响力。

联手国泰控南北

在中国民航运输版图上，南北有两个重要的枢纽支点：北边是北京，这是中国政治、经济、文化、科技、国际交往的中心；南边是中国的特别行政区香港，这是中华人民共和国成立后连接世界的重要窗口，是中国 1978 年实施改革开放大战略的重要依托与通道，是中国在改革开放中形成华南重量经济圈并带动整个中国实现经济腾飞的重要助力点。若是能在这两个航空枢纽支点上，实现联手互为支撑的格局，那是令人梦寐以求的。

国航 2002 年确立了南北呼应的发展战略，一度想利用收购深航做文章，同时也有意加强了与国泰航空的合作联系。国航在收购深航遇阻后，便集中精力谋划与国泰航空联手。国泰航空是驻香港的在世界航空界具有影响力的著名航空公司，如果能实现与国泰的联手，在实现国航南北呼应的市场布局上，比当时收购深航有着更大的效果。为此，2004 年国航实施利用境外资金 H 股上市时，在引进战略投资者中，就有意选择了国泰航空。国泰航空也心有灵犀，欣然以 10% 的购买比例成为国航 H 股上市的最大战略投资者。这不仅提高了国航上市的卖点，更是为实现国航与国泰的联手暗结了珠胎。此后，双方又立即实行了航班代码共享，并在业务培训、地面航空代理等方面进一步深入合作。这些动作，虽然使双方联手进一步紧密，但是，要想实现在航空市场上南北呼应的掌控，还必须有更大的动作与举措。

利用港龙做文章

2020 年 10 月 21 日，国泰宣布："董事局现已通过由管理团队提呈的重组计划，公司的全资附属公司港龙航空有限公司将停止运营，由今天开始生效。"

看到这则消息，我正在搜索相关细节，便有朋友打来了电话："你当年执意以 100 多亿港元的价格将港龙出售给国泰航空，真是太有远见了，不但获得了巨资，还早早甩掉了个大包袱。"

说实话，看到这则消息和接到朋友的电话，我心中没有泛起一点庆幸和喜悦，而是五味杂陈。

企业间的联手合作，一定要出于互利双赢的动机。若是以坑害对方，以自己单方面获利为目标，那是找不到真正的合作伙伴的。当然，当年国航之所以力排众议，以 100 多亿港元整体转让给国泰航空，以此作为国航与国泰的联手，实现国航发展战略的筹码，也是出于对港龙潜在价值会日益下降的判断，这一点只是看破没说破。

国泰航空收购港龙，使港龙航空潜在价值下降之前，国航取得较高收益，同时使港龙航空有一个较好的归宿，又让国泰航空收购港龙之后降低竞争激烈度，获得更好的联动效应，产生更大的收益。虽然今天港龙航空停止运营了，若是估算起来，国泰自收购港龙10多年来，直接效益加整合后的联动效应，国泰航空也已经收回在港龙上的投资了。

港龙航空有限公司成立于1985年，是香港第二大航空公司。2005年拥有中大型飞机30架，主要经营由香港至中国内地和台湾的航线。其股权几经变化，中国航空（集团）有限公司旗下全资子公司中航兴业有限公司持有43.29%的股权，成为港龙航空最大的股东。中信泰富有限公司持股28%，国泰航空持股25%，其他为小股东。

2002年，港龙航空的营业额59亿港元，净利润达5.43亿港元。2002年中国民航业重组，组建中国航空集团公司，新国航成立不久就成为上市公司，中航兴业成为新国航旗下的公司。至此，国航与港龙联动，使国航连接南北的航空市场布局有了雏形。

按照香港1997年回归祖国之前港英政府既定的“一条航线一家航空公司执飞”的安排，2002年以前，国泰经营香港至世界各主要城市的航线，港龙经营香港至内地城市航线，两家公司并无大的竞争。2002年6月，为配合中央政府的对台工作，港龙开始经营香港至台北的原本由国泰一家经营的航线；国泰则针锋相对，提出了恢复其香港至北京现由港龙一家经营的航线要求，并获得批准。从此，香港两个主要航空公司就打破了原有的约定，开始不断轮番提出增飞对方其他航点的要求，这样在多条航线上两家的竞争愈演愈烈。

国泰虽掌握有港龙25%的股权，但是为了维护自己更大的利益，不惜以此为抓手，不断打压港龙的扩张与发展。港龙则依靠香港已经回归的其他资源优势，也不断对国泰予以反制。矛盾无解时，双方曾多次对簿公堂。

2005年1月29日，北京至台北两岸双方春节的包机正式启动。我利用带队飞往台北的机会，考察了港龙航空从香港转台湾的航线经营情况。应该说，当时两岸没有直航安排，港龙在经营大陆客货从香港转台湾的运输业务还是有不少优势的，但我也察觉到随着两岸往来交流的扩大，两岸之间在春节包机基础上发展到其他节假日包机，甚至是周日包机，直至两岸每日直航，那也是迟早的事。如果到了那一天，港龙最肥的一块航空市场将不复存在，港龙的经济价值将大大降低。

再者，港龙 1985 年成立之后，中国航空公司利用旗下在香港的全资子公司中航兴业几经周折持有了港龙 43.29% 的股权，以第一大股东的身份主导了港龙航空公司，也有着利用港龙这个平台，促进香港顺利回归的政治因素。

我调入国航之后，在处理国航与港龙的关系上，不少人曾提醒我要注意到这一因素。可是后来我发现，有关方面包括高层领导对港龙的过问越来越少。这说明，自 1997 年香港顺利回归之后，其政治因素的影响力日益降低了。而此时正是港龙携香港回归优势发展最好的时期，也是与国泰矛盾最激烈的时期。当时中航集团内部在对港龙的处置上有着不同的意见。有的认为港龙发展势头正盛，进一步扶植港龙也能形成国航在航空市场南北协同的战略。其实这些人士不清楚，虽然中航兴业是港龙第一大股东，理应有着对港龙的控制力和决策权。但是中航兴业没有对港龙绝对控股，而同时持有国泰和港龙股权的中信泰富的天平一直向国泰倾斜。在买飞机、开航线等重大决策上，总是联手国泰否决中航兴业的决定，使得港龙发展受限，更不可能同意港龙与国航在战略实现重大协同的举措，那对其更不利。

核心领导层的认识还是比较一致的，那就是在港龙目前最好的态势下转让给国泰，实现国航与国泰的联手才是最佳选择。我是力主赞同公司核心领导层意见的。有人悄悄问我为什么一定卖掉发展正盛的港龙呢？我也悄悄说，不能说，说了港龙就卖不了好价了。

卧榻之侧岂容他人鼾睡

这时的国泰朝思暮想的是如何消除港龙在香港与他的肘腋之争。若是能成功将港龙收归已有，那对国泰说来真是天赐良机了。

促成国航利用港龙与国泰联手的重要动力是香港回归后的特区政府。

1997 年亚洲金融危机风暴首卷泰国，受其影响，香港经济发展速度放缓，就业率下降，特区政府一度面临不少困难。2004 年，原香港特区行政长官董建华先生向中央提出了振兴香港经济、稳定香港社会的八条建议。其中一条就是希望国航、国泰和港龙联合起来，整合香港和内地的航空资源，使香港依托内地，连接全球，壮大香港机场航空枢纽运输基地，把香港建设成国际空运中心，拉动香港的经济和就业。为此，董建华特首还分别在香港和北京三次与我约谈、餐叙，希望国航能顾全大局，在其建议的落实上能给予积极的支持与配合。我的表态是责无旁贷。

这时，国泰航空及其控股股东太古公司和中信泰富也借机主动找上门来，就此事与国航接洽商谈，提出以购买港龙股权为路径，实现国泰与国航的深度合作，以响应董特首的建议。他们的这一设想恰与国航核心领导层的想法不谋而合。为防止媒体炒作，引起双方的股市异动，一致决定，此事秘而不宣，以“星辰项目”为代号，进入实质性商谈，得到了国务院有关部门的支持。

据理多争了 20 亿元

双方的谈判是围绕着三个方面进行的：

一是国泰收购港龙的方式；

二是双方业务合作的内容；

三是港龙的作价和双方股权的对价。

国航考虑到在航空市场南北发展、南北呼应的战略和国泰收购港龙之后的利好所带来的国泰股价的升值，提出把出售港龙后国泰的应付资金转为持有国泰的股权。这样不仅可以放大国航向国泰出售的战略资产收益效应，也使国航发展战略有长久可靠的基础。因为股权的持有才是企业间合作的根本利益基础。而国泰也考虑到双方合作后国航的发展提升及在市场上带来的股价提升，针锋相对地提出，也以国航出售港龙后所形成的国航持有国泰股权的比例，持有国航的股权。考虑到国泰在国航发行 H 股上市时作为战略投资者已经持有国航 10% 的股权，便欣然同意了国泰的要求。这样，国航就趁着出售港龙的交易，一次性实现了双方互持股权的平等。双方就此很快达成了协议。

同类企业间如果仅仅是股权合作，实际上仅是财务投资。要放大相互间的投资效应，还应该有实质性的业务合作。股权合作为双方实质性的业务合作奠定了坚实的基础。

航空公司具有规模经营和范围经营的特点。航空公司的优势在于航线网络广，销售渠道多，服务产品丰富，管理水平高，品牌影响力强等。以香港国际机场为运营基地的国泰航空，当时拥有 85 架大型飞机，经营着香港至全球各主要城市的航线。这家成立于 1946 年的航空公司，是世界三大航空联盟之一——寰宇一家的核心成员，可谓资格老，牌子硬，影响大。

2002 年国泰航空的营业额是 330 亿港元，净利润达 40 多亿港元。从航空业务来说，其拥有的资源和经验比当时的国航有着更多的优势。国航与其业务合作，等于搭上了国泰的便车，暗含着国泰业务利益对国航的让渡。不谈国航与其在航线上的全面代码共享和共飞航线的联营，为国航航线网络扩大和效益上所带来的正面效应与收益，仅就双方整合销售网络，由国航负责双方在大陆的销售来说，比国泰负责双方在港澳台销售所占据的市场量要多得多。这不仅意味着提升了合作中国航的话语权，国航也主导了双方在最具市场量和市场潜力上的利益格局。因而双方的谈判是艰难的。但是，由于国泰最大的目标是不能失去收购港龙的机会，以彻底消除在同一运营基地的竞争对手，经过数轮一年多的谈判，国泰还是同意了国航草拟的业务合作条款。

最艰难的谈判是在港龙的作价和双方股票的对价上，这直接涉及看得见的真金白银，国泰紧紧地护着自己的腰包。

港龙的估值经过中介评估，为 80 亿至 90 亿港元。国航以出售港龙给公司带来的联动损益和为国泰购入港龙后给国泰增加联动增益为由，经反复争论，以测算的数据说话，最后将港龙的售价提高到 100 多亿港元，比 2007 年资本市场分析员的平均股值溢价超过了 100%。2007 年两岸直航的态势已经明朗了，港龙因此将很快失去从香港中转两岸的业务，其市场价值发生了断崖式下降。

谈判中最激烈的纷争在于双方股票的对价。企业间股票对价的通常做法是取 3 至 6 个月双方股票市场价格的平均值进行对价。照此计算，当时国泰的 H 股价格是 15 港元，国航 H 股价格是 2.98 港元。国泰的立场是坚持按通常做法计算出的价格进行对价。

我在谈判中提出，按这种通常方法计算的价格进行对价，对国航来说是不公平的。

国泰方首席谈判者是国泰 CEO 英国人白纪图先生，他闻言抢过我的话头，反问道："通常的做法就是市场认可的公平做法，怎么到了你这里就不公平了？"

我刚要解释，他便把手一挥说："请你直说吧，你的双方对价方案是什么？"

我说："我的方案是在通常计算出的双方股价的基础上，国航的股价往上提，国泰的股价往下降。"

我的话音一落，会议室一阵哗然。白纪图先生脸色立刻涨得通红，腾地站起来，手臂往后一摆，说了句"no money"（没钱）便离席而去了。

我望着他的背影提高声调，说了一句："I know you most back."（我相信你一定会回来的）谈判就这样不欢而散了。

谈判中断之后，有人建议主动联系国泰方再谈，我的判断是国泰复谈的心情更急切。前边所有的条款是经过半年多你来我往的谈判才达成的，双方都不会就此半途而废。这次谈判中断是国泰先拂袖而去，国航不能主动去联系，不能显得比对方还急切，那样对坚持自己的立场不利。

内线传来信息，谈判中断后，白纪图先生几乎每天都要让人打听我在哪里，在干什么。我猜想他一定在为那天的冲动后悔。其实，谈判嘛，没有必要任性使气。俗话说，对方漫天要价，你可就地还钱。从白纪图先生不断打听我的行踪看，他肯定在寻找着复谈的时机。

我呢？虽说在等待，但是也不能干等，我就结合公务，不断向南活动，先是去济南，接着到南京，然后到杭州，终点是深圳。其实就是为国泰主动提出复谈提供理由。果不其然，还没等我到深圳，国泰方便提出白纪图先生也因公务去杭州，想顺便看望李总。什么看望呀，那分明就是复谈的措辞嘛。

我立即让人在国航浙江分公司布置了谈判场所，同时也预备了一个白纪图先生礼节性地看望我的会客室。

白纪图先生如期到达了杭州。我一看其随行人员，国泰谈判组人员一个不少，便径直将白纪图先生带进谈判场所。白纪图先生进屋扫了一眼桌上双方的名签，我俩相视大笑起来，会场跟着响起一阵笑声。

一落座，白纪图先生说道："对不起，那天我走得有点急了。"

我说："谢谢你没辜负我的期望，我相信你一定会回来的，你今天果然回来了。"

会场又响起一阵笑声，同时还夹着掌声。

在接下来的商谈中，我细述了双方股票对价，国航应该上调，国泰应该下调的观点。我的理由是：国泰用了60年时间，股票才涨到每股15港元，而且香港航空市场的增长空间已经不大，国航经过联合重组后仅用了不到一年的时间，就成功在国际市场上市。而且中国大陆航空市场的增长空间很大，这为国航未来的发展带来持续的光明前景。

"国泰的品牌影响力总比国航要大吧？依你的逻辑，国泰的股价是否也应该上调呢？"没等我讲完，白纪图先生反问道。

"是，我承认国泰的品牌目前比国航要靓一些，但那是半老徐娘，风韵犹存。国航品牌虽然暂时不如国泰那样靓，却是小荷才露尖尖角，含苞待放，风华正茂。请问大多数人在找恋人时，是找风韵犹存的半老徐娘呢，还是找含苞待放、风华正茂的少女？"

我话音一落，会议室再次响起了笑声。白纪图先生脸上也带着笑，那笑意分明有着对我观点的认可。

经过据理力争，最终国航向国泰定向增发股票价格由2.98港元提高到每股3.45港元，溢价16%，较2005年底每股净资产提高68%。而国航收购国泰股票价格则从 15 港元下调至 13.51 港元，比市场交易价折扣 1.6%。就“星辰项目”整体而言，不考虑双方的业务协同效应，仅股权交易及双方股票对价，就使国航获益 20 多亿港元。

合作双方皆欢喜

自 2006 年 6 月 8 日双方正式签署合作框架协议以来，“星辰项目”几经周折，终于落实了，从而实现了合作双赢、皆大欢喜的结局。

合作使国航受益匪浅：出售港龙的溢价使国有资产实现了保值增值，双方股票对价使国航获得了额外收益。2006 年，全中国民航利润是 22 亿元人民币，国航的利润是 40 亿元人民币，是中国民航全行业利润的 186%。

此后，在双方合作进程中，也使国航收益颇丰：

一是取得了较好的投资回报。2007 年，国航持有国泰股份的投资收益达 11 亿元人民币，这是国航投资收益的主要来源。“星辰项目”实施之后，国航的市值一路上扬，至 2007 年 11 月，比 2006 年增长了 4.6 倍。

二是双方顺利实现了销售机构的合署办公，双方销售资源共享，双方降低了销售成本，扩大了销售网络。

三是推动了京港航线的联营及价格的协调。2007 年仅在京港航线上的联营就使双方增利近 1 亿元人民币。

四是在人员培训、飞机维修、地面代理及联合采购等方面的合作，不仅使双方提高了公司运营的质量，扩大了各自的品牌影响力，而且也节省了可观的成本。

当然，国泰也从“星辰项目”的实施中，从总体上获得了相应的收益和回报。另外，此举也实现了香港特区政府董建华特首关于提升香港作为国际航空枢纽港地位的设想。中央人民政府有关部门也对此给予了赞赏和肯定。

“星辰项目”在国内外也引起了广泛的关注与反响。许多中外媒体和著名经济学家及投资家也纷纷予以报道和关注。

美国《华尔街日报》长篇报道国航与国泰的合作协议，指出这将给中国航运带来深远影响，并将对其他航空公司带来压力。

英国《金融时报》强调在“星辰项目”上国泰付出了“三倍于账面价值”的代价，国航则以“小得多的代价”得到了和国泰持有国航差不多的股份以及“额外1.6亿美元的特殊股息”。文章强调“业务合作的协议对国航更有利”。

香港《南华早报》讲述双方的股权关系，结论是国航与国泰的合作协议，将为国航的股东带来好处（当然，国泰也是国航的股东之一）。

香港《大公报》从历史和政治的角度解释港龙和国泰的发展、竞争过程，阐述这个重组方案不仅对双方有利，而且对香港经济和内地航空业及内地飞往国际的乘客都有利，简称“五方有利”。“高盛研究报告”认为，本次交易是一个双赢的交易，将国航的目标股价推向更高。

事实上如“高盛研究报告”所推断的那样，在不长的时间里，国航市值不断翻番上涨，总市值达3660多亿人民币，一度成为世界上市航空企业市值最大的航空公司，行业回报率高达1022%。

为此，诺贝尔经济学奖获得者、“欧元之父”、美国著名经济学家蒙代尔先生分别在北京、纽约三次约见我，探讨国航增长的奥秘。他称国航的增长是一个奇迹，他亲自向我颁发“蒙代尔世界经济管理人”金奖，并邀请我到美国哥伦比亚大学做了相关讲学。与巴菲特齐名的美国著名投资家罗杰斯专程从美国来到国航与我长谈，决定向国航进行巨额投资。

在改革开放中，为实现计划经济向市场经济的转变，把政企不分的国有企业推向市场。为体现市场经济竞争的原则，对大量的国有企业进行了分拆。有的国有航空公司，还是当年民航北京管理局所属飞行总队部分飞行部队分拆出去成立的。与中国共产党早期学习苏联革命的经验，不可避免地照搬苏联的教条主义一样，在改革开放初期，中国学习发达国家的市场经济经验时，也有照搬西方发达国家市场经济的教条做法，曾经一度片面强调竞争，把一些国有企业分拆得过细、过小、过散，形不成规模，造成资源浪费，无序竞争。一些行业甚至“外战外行，内战内行”，国内的同业在国际上自相残杀，让外企得利，因而又不得不再重组整合，以纠正上述弊端。真是应了《三国演义》的开卷语：话说天下大事，分久必合，合久必分。

中国的航空运输企业起步晚，在国际竞争中长期处于弱势地位。在中国飞往世界各地的航线上，外航一直占据着主导地位，因而中国的各家航空公司在国际航线上家家都处于亏损的状态。航空运输讲究规模经营和网络效应，就拿航空货运来说，单单一家美国的联邦快递公司，其机队就拥有 660 多架，而中国民航各公司全部货机加在一起才有 22 架。若以这样的态势与其竞争，不谈航线网络，单就机队规模来说，那就等于是小舢板与航空母舰的比赛，结局还用问吗？

为尽快改变这种状况，国航在实施“星辰项目”之前，除了与山航和想与深航联手外，还曾向东航伸出了橄榄枝，并提出双方联手的方案与设想。国航与东航长期以来有着密切合作的友好关系，双方在商务、地面服务、飞机维修、航空配餐、飞行员培训等方面一直保持着卓有成效的合作。2004 年，作为京沪航线上的两家主要航空公司，还联手另外三家航空公司成功开通了“京沪空中快线”业务。整合各方资源，统筹安排航班，使京沪航线上每 20 多分钟就有一架飞机起降，大大地方便了京沪航线上的旅客。

为实现国航与东航的联手，我亲自带领国航核心领导成员拜访东航高层。国航提出双方的联手方案是“一合、一联、一交换”。“一合”，就是把双方各自的货运公司整合为一个公司，双方各持股 50%，名称、注册地、运营基地遵从东航的意见，公司主官公开选拔竞争上岗。“一联”，就是在双方共飞的航线上，特别是共飞的国际航线上实行联营，如同国航已经实行的与德国汉莎和香港国泰联营的方法。国航的逻辑是与外航都能联营共益，与本是同根生的航空同业兄弟更好处呀！“一交换”，就是双方对等交换股权，一方面以实现双方的持久合作；另一方面这有利于帮助东航尽快摆脱经营亏损的局面。当时国航已是连续 6 年盈利，2006 年的盈利额占到全国航空运输业利润总额的 186%，而东航 2006 年则亏损20多亿元。双方对等交换股权，国航分担的是东航的亏损，东航从国航分得的则是利润。国航曾做过测算，如果这一合作成功，双方货运整合及航线联营带来的成本减少和协同效益的增加，可达30亿至70亿元。加上股权对等交换从国航分得的利润，一年就可使东航实现扭亏为盈。当然，国航也会从中受益。

国航的合作方案得到东航高层的积极回应。双方就货运公司合并很快就达成了协议，并引入中介对双方的货运公司资产进行了评估。航线联营事宜也开始进行深入商谈。就在双方合作紧锣密鼓进展之时，东航突然决定中止与国航的合作，包括即将完成的两家货运航空公司的整合。

东航的主要领导，我多次接触，是个诚实厚道、讲信义、在业内有着很好口碑的资深经营者。双方的合作商谈很是融洽和愉快，可以说在整个商谈过程中，双方从未红过脸，对双方合作带来的前景，东航也是认可的。为什么突然变了呢?

事后有人说，东航主要领导在与国航的合作上遇到了内外的压力。从内部来说，东航的个别人担心国航与东航都是国有企业，双方的联手说不定会演变成为国航与东航的合并。依当时国航经营发展的势头，两家若合并肯定会以国航为主导，那样许多人的位子就没了。对于某些人来说，位子就是地位，没“位”人生也就无味了。

从外部来说，政府主管机关部门有个别人担心，如果演变成那样的结果，国航就变得过大了，政府机关部门的权威和影响力会不会变弱呢?说到底，都是以计划经济的思维对待市场经济问题。

其实，作为企业，只要越做越大，大家的位子会越来越多；反之把企业做“黄”了，大家位子难保。再说，“位”与“为”紧密相连，有为，才有位。企业做好了，不但有位，自己的待遇也会水涨船高，那才是“位”“利”双收呢。在政府与企业的关系上，担心企业做大影响政府的权威地位更是多余的。政府与企业是两种不同性质、不同功能的社会机构和组织，政府再小，也是国家机器的行政机构，企业再大，也是政府管理之下的社会生产经营组织。在政府面前，企业再大也是小。

东航有了新“恋人”

不久，东航中止与国航合作的另外一个重要原因显现出来，那就是东航认为找到了更理想的“恋人”——新加坡淡马锡投资集团及新加坡航空公司。这一合作当时被媒体简称为“东新恋”。

“淡马锡”是新加坡土语旧称的音译，文字形式最早出现在郑和下西洋舰队绘制的地图上，叫“单马锡”。

淡马锡集团公司作为世界著名的投资经营管理公司，是在 1974 年由新加坡财政部负责组建的。这是一家新加坡政府的投资公司，新加坡财政部对其拥有 100% 的股权。成立以来，长期未公开过财务报表，因此被称为新加坡最神秘的企业，没有之一。经过 40 多年的经营，目前其投资组合价值约合 2500 亿美元，在世界投资机构百强榜上，淡马锡排名在第 23 位。

淡马锡成立 40 多年来，年均复合收益率达 15% 以上，几乎每 5 年翻一番，近乎赶上了巴菲特的投资收益神话。中国实行改革开放以来，新加坡与中国的经济合作，特别是新加坡对中国的投资，主要是以淡马锡的名义具体实施的。

“东新恋”的方案是东航向淡马锡及新航增发约 24% 的股权。其中，新航约占 20%，淡马锡约占 4%。应当说明的是，淡马锡是新航的绝对控股股东，持有新航 56% 的股权。入股东航，名义是两家，实际上为一家，说是谁都行。不过，以淡马锡的名义出面，可以减弱新加坡入股东航的敏感性。

这种敏感性在于，航空运输业是一个国家的战略性行业，其作用不单是一个国家经济发展的助推器，而且对一个国家的政治、文化、军事、外交等都有着不可替代的影响力。这对新加坡更是如此。新加坡作为一个城市型国家，金融、旅游、商贸、物流、科技是其支柱性产业，而这些支柱性产业都必须以航空运输为依托的。有经济机构做过测算，航空运输业对新加坡 GDP 直接和间接的贡献占比达 22% 以上。因此，新加坡高度重视民航的发展，不仅以举国之力打造了世界知名的新加坡航空公司，而且新加坡开国之父李光耀一手将其长子李显龙培养为新加坡总理，另一手就是让其次子李显扬长期担任新加坡民航局主席，直接掌控着新加坡民航业的发展。

世界各国在相互交往中，是既有合作也有竞争的关系。这种竞争关系优势的确立，又是具体通过对另一国某个行业的渗透乃至掌控来实现的。就拿亚洲的航空运输业的枢纽地位来说，日本的东京机场，韩国的仁川机场，新加坡的樟宜机场，阿联酋的迪拜机场，与中国的北京、上海、广东、香港机场都有着或明或暗的竞争关系。其中，尤以新加坡樟宜机场与中国的上海、香港机场竞争为甚。这关系到在这一区域谁最具有金融中心和航运中心影响力的地位问题。

业内人士认为，淡马锡如果实现入股东航，新加坡将在亚洲北部找到一个强有力的航线网络支撑点。利用第五航权开辟从上海至欧美的国际航线，以上海大量的高收益旅客，加上新航在业内的高服务品质，又有东航航线网络为其输送旅客，新航将很快占据上海的航空高端市场，抗衡中外公司。双方合作协议对新航整个航线网络产生的协同效应收益，将大过资本预期回报。

从当时东航、新航合资后将联合开通的上海—新加坡—纽约航线就能看出，未来新航能借助东航，从上海源源不断地输送国际旅客抵达纽约。作为基地位于上海的东航，在人口密集的长三角区域，拥有飞往国际市场的最佳航线。而中国的航空公司国际旅客的份额远低于外航，这条新航线的开通，等于是把中国腹地的航空市场资源拱手让给了新航。

从双方合作的利益得失看，东航得到的是发展资金，失去的却是国家航空运输市场资源。新加坡的投资不但很快会得到回报，而且得到了对中国航空市场资源一劳永逸的占有。在周边国际航空枢纽竞争压力下，为扩展其国际生存空间，进入中国市场成为新加坡的必然选择。这就是说，新加坡入股东航看中的是中国航空市场的发展前景。中国已是世界第二大航空市场，以中国的发展速度和人口规模，成为世界第一航空市场是早晚的事。

新加坡趁着东航一时财务上的困难，积极入股东航，不单是财务投资，其实暗含着通过东航助力新加坡，巩固和提升作为亚洲金融、航运中心地位的战略。当然，作为财务一时困难的企业，东航选择财务实力和管理经验丰富的淡马锡集团作为合作伙伴，单就尽快解脱自己的困境来说，也不失为一个有效的选择。然而这一合作潜在的影响过于深远，尽管有关方面想淡化双方合作的敏感性，还是引起了有关各方和媒体的高度关注。

“东新合作”引起了多方质疑

东航早在接纳国航伸出的橄榄枝之前，就已经悄悄与淡马锡及新航有了接触。当然，企业寻找合作伙伴是无可厚非的。企业间的合作就是做买卖，做买卖总是要货比三家的。自从 2005 年 3 月国航与东航的合作很快有了实质性的进展，淡马锡及新航也加快了与东航联系的节奏。东航中止了与国航的合作之后，为挽回国航与东航的合作，国航又联合国泰提出了比新加坡更优厚的条件，意图重新推动与东航的合作。国航为什么联手国泰呢？除了向东航送上更大的航空市场形成联动效应，更重要的是意在消除东航内部某些人所担心的国航与东航合作可能带来二者合并的后顾之忧。

2006 年 6 月 12 日，国资委主任李荣融召集中航（为便于叙述及理解，文中把“中航”写为“国航”）、东航、南航主要领导共同探讨三大航加强联合、扩大合作、对外形成联动的可能性。会上，我陈述了通过“一合、一联、一交换”的方式，形成三大航联动，对维护国家利益、促进行业健康发展、提升民族航空业国际竞争力及使东航尽快解困的积极意义及可行性。南航表示赞同。东航以与新加坡方面基本达成协议，担心影响企业诚信为由表示了异议。

为助力东航提高与新加坡方面谈判的筹码，同时也彰显与东航合作的真诚，2007 年 9 月 21 日和 24 日，国泰航空（代码 HK00293）、中国国航（代码 HK00753）分别在香港联合证券交易所发布临时停牌公告。当时，国航决定联合国泰取代淡马锡及新航的角色，成为东航的合作伙伴，并提出了以每 H 股 5 港元以上（请注意“以上”二字）的价格，接受东航向国航 / 国泰的定向派发。当时东航是以每股 3.8 港元的价格达成协议，向淡马锡及新加坡派发

18.84 亿股的，这就意味着国航 / 国泰的方案将使东航比与淡马锡及新航的交易立即多获得至少 20 亿港元以上。同时，国航 / 国泰也愿意与东航探讨“东新合作”方案中所有达成协议的内容，以及进一步扩展其协议中没有的合作内容。国航将这一方案报告了上级主管部门。上级领导明确指示，希望给予东航进一步完善“东新合作”协议的机会。国航 / 国泰的方案未付诸实施。

2007 年 11 月 9 日，东航和新加坡方面在没有修改“东新合作”方案的情况下，正式签署了协议。同日，东航董事会发布了“东新合作”公告，东航以每股 3.8 港元的价格向淡马锡及新航定向发行 18.84 亿 H 股。这立即在有关机构投资者、小股东和广大网民，特别是新闻媒体中引发了巨大反响。大陆及港澳众多媒体的评论、质疑接踵而来。有的媒体还在网上投票，网测民意，结果大陆 95% 以上的网民对此交易持反对态度。

综合各界反映，对“东新合作”的质疑有 8 个方面：

一是质疑东航以每股 3.8 港元向新加坡方面定向派发 18.48 亿股，是否贱卖了国有资产？

早在东航正式发布“东新合作”公告之前，东航的 H 股股价就多日稳定在每股 8 港元左右，这样就等于东航每股少卖了 4.2 港元。而新加坡方面仅费了吹灰之力（谈判中动动嘴）就获得超过 82 亿港元的收益，这不是东航从天上往新加坡嘴里送了个行星级的大馅饼？

二是质疑东航为什么不主动提出重新谈判，提升自己向新加坡方面定向发行的 H 股价格？

按照惯例，定向增发股票的定价，一般都采用近期 3 ~ 6 个月内该股票价格的平均值，而每股 3.8 港元的价格是东航几个月前的价格。一位基金经理称，前一两年民航业外部环境恶劣，航空股票普遍表现较差，加之东航去年亏损 27.79 亿元的利空消息，东航的股票被低估了。如今在民航业日益复苏、人民币持续升值的背景下，航空股票市价纷纷攀升，东航的股票已上升至 8.13 港元。虽然东航前两年严重亏损，但是公司的价值不是过去，而是未来现金流的折现。未来几年是中国航空市场强劲增长的黄金期，这是中国航空公司的巨大无形资产。东航在上海地区的枢纽地无可替代，这些潜在的价值应该在这次派发中反映出来。东航重新提出谈判，提升自己的股票价格是应有之义呀！即使不按目前 8 港元的价格，往上提几港元是应该的。

三是质疑新加坡方面能否给东航带来行业协同效应，以及提升东航的经营管理水平？

业内一直并不看好“东新合作”给东航带来的航线及网络协同效应，以及对东航经营管理水平的提升。依据是：新加坡仅是个城市型国家，没有航空腹地；人口仅是上海的一两个区，既没有民航发展的空间，也没有巨大的人流，有的仅是某些国际航线。而在国际航线上与欧美航空公司巨头比，新航仅是个小弟弟，能带给东航多少行业协同效应呢？依靠淡马锡及新航来提升东航的经营管理水平更是不靠谱。

一国之企业搬到另一国企业中是很难成功的，事实也正是如此。且不说淡马锡是个资本投资管理公司，根本没有经营管理航空公司的专长，就是拿有航空专长的新加坡航空来说，此前新航曾分别三次在英国、澳大利亚、新西兰并购经营过其他航空公司，结果均在不长的时间内以对方的破产而告终。不但投资打了水漂，也印证了其经营管理经验并非灵丹妙药。寄托于一个在国外并购经营管理三连败的航空公司来帮助自己取胜，是不是风险大了点？

四是质疑为什么新加坡方面盯住东航不放？

有关人士分析，这是新加坡政府的国家利益和国家战略。新加坡是个城市型国家，国家发展资源对外依赖度极高，而在与自己周边几个国际大都市的竞争中，新加坡壮大航空业，有利于保住和扩展自己的竞争优势。而新加坡本地航空运输市场总量资源缺少，想办法进入全球增长最快、有巨大发展潜力的中国航空运输市场，成为新加坡方面的必然选择。他们不会也不可能帮助东航提升国际竞争力，而只会借助东航壮大自己。从双方合作协议中所加入的多处对东航掌控的条款，包括东航与他们合作后，不得再与其他航空公司合作等就可见一斑。

其实，面对与新加坡方面合作产生的非议，东航有的领导也想打退堂鼓，但是在新加坡方面强力攻关面前，加之种种因素，木已成舟，东航很难脱身了。事实上新加坡方面对于能入股东航的机遇是十分珍惜的，为能实现与东航的合作，不惜调动各方面的力量，通过多种渠道做工作。新加坡方面知道我在“东新合作”中所持的阻拦立场，淡马锡集团派人代表其董事长向我陈述并购东航的迫切愿望。新加坡驻华大使馆也协助做工作。

我向他们讲：“新加坡淡马锡集团在中国有许多投资，为中新两国经贸合作做出了大贡献，同时淡马锡集团也取得了丰厚的收益。中国市场广大，可投资的项目众多，你们大可不必盯着中国众多网民反对的这个项目不放。”他们闻言相视笑了起来，那表情，你懂的。

五是质疑“东新合作”协议是否挑战了国家重点产业发展政策？

国家已把航空运输业列为重点发展的七大产业之一，新加坡方面仅以参股东航 24% 的股权，就获得了对东航发展的几乎所有重大事项的话语权。比如，新航对东航股份公司总经理，对分管规划、财务、运营、营销等方面的公司领导的聘任，拥有实际上的否决权。另外，新航还直接派驻 12 名高管进入东航 12 个关键岗位，基本上全面取得了对东航股份公司的实际控制权。这种安排，在世界各国航空运输业中是极其罕见的。试问，一个国家的重点发展行业，有这样轻易让别国派人控制的吗？

六是质疑“东新合作”会不会阻碍中国航空运输业的长远健康发展？

随着经济全球化进程的加速，欧美一些发达国家的航空运输业出现了新的合并趋势，以提高经济全球化中的竞争力。当时，美国达美航空公司和西北航空公司就拟订了合并计划，将成为世界上拥有近千架机队的超级航空承运人。在这种趋势下，为应对新的竞争，不排除航空运输业将出现新的整合风潮。据有关人士透露，“东新合作”协议中还规定排他性条款，即“东新合作”后，东航的股权不能再转让给中国的其他航空公司，新加坡方面的股权也不能被摊薄。这等于新加坡方面彻底锁定了东航，阻断了东航为实现新的发展与中国其他航空公司再重组的可能性，从而阻断了中国民航业进一步改革的路径，使中国的航空运输业“诸侯割据”的局面更加严重。如果中国的航空公司都像东航这样引进一家外航做股东并被锁定，最终中国的航空运输业及其市场的蛋糕将被竞争有力的世界级航空公司分而食之。

七是质疑东航为什么总是抬出“东新合作”是“政府批准”的这一点来说话?

面对社会及媒体对“东新合作”的种种质疑，东航相关发言人及有的高管不是以理以据来解答，而常用“这是政府批准的”“是 ×× 领导同意的”“×× 领导已经表态了”作答。一些网民认为，这除了将矛盾上推，还有背后的潜台词是将来追究贱卖国有资产的责任不在东航。

八是质疑曾经向东航伸出合作橄榄枝的国航，握有东航 H 股 10% 以上的股权，眼看着自己的权益受损，为什么在“东新合作”上一直保持沉默不语？还有谁能阻击东航向新加坡方面的定向增发？如果“政府已经批准了”，“东新合作”最后只剩下了两道关：一是遵循市场原则，在东航召开的 H 股股东大会上，小股东为避免因东航 H 股被贱卖，利益受损，联合起来占比达到东航 H 股 10% 以上的股权投反对票，对“东新合作”协议予以否决。二是从维护国家利益出发，防止国家利益受损，在东航相关股东大会通过“东新合作”方案后，报送中国证券监督管理委员会审批时，证监会不予以批准。不过，第二种方式把关的概率很小，因为国务院平行部门之间，一般是互不否定的，除了上级领导有明确的指示。

无意中设下了拦门闩

早在 2005 年初，国航动议向东航伸出橄榄枝之时，为配合实施国航提出的双方“一合、一联、一交换”的合作方案，趁着当时东航因两年亏损，其 H 股市价每股仅 2 港元左右的时期，国航指示自己在香港的全资公司中航有限悄悄购买东航 H 股市场上的股票。这一来是为了投资获益；二来为下一步国航与东航平等交换股权提前打好基础。没想到这一举措后来演变成国航对“东新合作”的拦门闩。

按照市场规则，某一企业对另一家企业的 H 股流通股买到占比达到 5% 以上，必须向市场公告。为防止引起非议，买到占比达 4.9% 之后，国航指示中航有限先蛰伏起来，静观其变。

东航中止了与国航的合作之后，“东新合作”近乎明朗了。国航指示中航有限在占比达到必须就购买东航 H 股发布公告之前，对当日东航 H 股市场上的股票进行应收尽收。公告一发布，国航一下子持有了东航 H 股近 7% 的股权，这在市场和媒体上引起了一片哗然。

东航的领导立即给我打来电话：“家祥，你想干什么？”问话中分明充满着国航是不是利用东航的 H 股市场，早已设下了阻拦“东新合作”的布局？

我朗声笑道：“配合东航提高与新加坡方面谈判的筹码呀！对外咱兄弟间相互呼应，形成联动不好吗？”

“好！好！好！”电话中也传来朗朗的笑声。

说实话，自从军队调入民航，我与民航各航空公司领导私人之间的交情是很融洽的。至于公司之间合作的进展与中止，那都是国有企业之间经营上的行为，个人之间是不必因此而心存芥蒂的。

此后，国航让中航有限视东航 H 股市场的行情，对东航的股票不停地收收抛抛，当然是以不断增持为主。至 2007 年 11 月 29 日，国航在二级市场上购买的东航 H 股股票持有总量已达 1.89 亿股，占东航 H 股流通总数的 12.07%，成为东航 H 股第一大流通股股东。虽然最后一笔每股是以 7.585 港元收购的，但是从东航 H 股较低价位算起，在收收抛抛中，国航在购买东航 H 股股票上，已净赚了近 3 亿元人民币，同时又握有了对“东新合作”的否决权。

鉴于国航在“东新合作”上的话语权，2007 年 12 月 19 日，东航主要领导亲自带队来国航就“东新合作”路演。因为关系熟络，我不失礼节地亲自接待了他们，向他们仅提出了三个问题：第一，新加坡方面每股 3.8 元的入股价是否太便宜了点？第二，新航拥有决定东航股份高管的实际否决权、派驻 12 名高管进入东航的关键岗位，是否取得了对东航的实际控制权？第三，协议中的排他性安排，是否会阻碍中国航空运输业的健康发展？

至于“东新合作”协议带来的对上海、香港枢纽建设及更大范围的国家利益及政治上的影响，碍于面子我没当场提及。只是笼统说，舆论上的质疑也请他们多关注。同时，借此机会我重申了国航与东航实行“一合、一联、一交换”的合作，也能完全实现“东新合作”中东航的诉求，同时还强调了国航/国泰联手与东航合作比新加坡方面更优越的条件。为进一步体现国航方面对合作的真诚，我当场主动提出，东航不是资金紧张吗？国航无息借给东航40亿元人民币先用。东航方面则强调了与新加坡合作的初衷，并说“东新合作”目前是开弓难有回头箭了，恳请国航予以理解和支持。听着他们近乎无奈的表述，恻隐之心使我没再多讲。不过临别时我还是一语双关地加了一句：“兄弟公司之间的理解与支持是双方的，其实我们都是为了国家利益，国航在‘东新合作’上的某些做法，也请你们理解。”

最后这句话，被东航随行的某位敏感人士听出国航在东航即将召开的H股股东大会上，会对“东新合作”行使否决权。

上级来了明文指令

“东新合作”的步伐越走越近，眼看着就要落地生根了，也没有出现上级所说的给“东新合作”一个机会完善的新方案。为了整体大局和国航在东航H股上的权益，国航准备在东航H股股东大会行使对“东新合作”协议的否决权。2007年12月12日，国航和上海航空在京举行共同加入星空联盟的仪式。有记者问：“现在市场上流传着国航正游说联手其他小股东，拟在相关股东大会上否决‘东新合作’的言论，请李总可否就此做出说明？”

我答道：“现在的小股东日趋成熟理性，都有各自的独立判断能力，用不着游说，他们会为维护自己的权益，按照自己的意志表决。”

这句话被媒体普遍解读为国航将否决即将诞生的“东新合作”。这些解读，一定会为东航和上级主管部门得知。

早在当年10月中下旬的一天，集团办公厅主任许德仓一脸严肃地拿着一份函件走进我的办公室，他将函件往我面前一放说：“李总，您看如何处理？”

这份上头机关来的函件仅有两页，两条指示可以归为一句话：国航不得否决“东新合作”协议。后面赫然盖着鲜红的印章。

对着函件我深思了片刻，提笔批了一句话："此件不外传。"

然后递给许德仓主任说："领导也别传阅了，后果我负责，直接归档吧。"

集团负责资本运作和财务工作的姚雅汀副总经理还是从别的途径知道了。他来到我的办公室，忧心忡忡地说："上头来明文指示啦？"

我说："是。"

他说："你怎么不告诉大家，或让公司领导传阅函件？"

我说："这个函件不能传阅，因为我们已研究过，是一致同意否决'东新合作'的。一传阅，集体的意志说不定就一下子散掉了，除非我们改变之前的决定。能这样白白看着外资方面将中国资产、资源轻易卷走吗？"

他说："坚决不能！不过咱们将函件讨论一下，有责集体担，压力不能由你一个人扛呀！"

我说："无论从党内和行政上来说，原则都是下级服从上级。只有下级讨论如何落实上级指令的，哪有下级集体讨论抵制上级指令的？那可是出洋相呢。不执行这个指令，有事最多处理我一个人，大不了我卷起铺盖返回军队，再当大兵去。不是总讲勇于担当吗？担当的就是不好的后果。我是个军人，军人应该有军魂。什么是军魂？军魂就是牺牲。在这件事上该我牺牲，我绝不退缩！人们常说向军人致敬！其实不是致敬军人，而是致敬军魂！"

"唉！"姚总长叹了一声，眼睛有些泛红了。

姚总是一位财务专家，他出道原武汉钢铁公司，在国家冶金部、化工部等国家多个机关任过职。2000年与我一同调入国航，他主管财务工作，为国航的扭亏为盈和集团的财务系统建设出过大力。他人品正，心地善，业务精，能力强，工作实，讲原则，形象好，在公司上下有着崇高的威望。他与我忒对心，是个能全方位讲知心话的铁朋友。公司的财务工作，我只关注预算的执行和决算的情况，具体的财权我一体委于他。我从未批过一张发票，皆由他协调经办或审批。数年间上级对公司多次进行财务审计，都是杠杠的，未出过任何差错。可惜天不假年，在任职期间他得了绝症。公司千方百计想延续他的寿命也没奏效，得病不久他便溘然长逝了。

他去世那天的夜晚，忆及工作上我对他的倚重和日常交往的情谊，我双泪长流，哀痛不已，彻夜难眠。

找到了“回天”的“方子”

从个人服从组织、下级服从上级的原则来说，我个人也是不能生硬地抵制上级明确的指示的。我思前想后，找来一张白纸，将网上对“东新合作”的质疑简明扼要地整理了可能产生的三条弊端。第一条便是新加坡方面仅用吹灰之力就立马从中国获益 82 亿港元。为了能打动人，在这条后边我还特意加了括号，括号内只写了一句话：“这能为贫困地区办多少希望小学啊！”每条弊端如第一条那样，仅有两三行字，都是干货。三条弊端写在一张白纸上，既无抬头，也无落款，三条之上仅写有一行标题：“东新合作”之弊。白纸后边又附了两页较为详细的说明。

电话联系好之后，我把这个仅是三张纸的材料呈送给了国务院领导。

第二天，国资委主任李荣融找我。到了他的办公室，他拿着两张纸让我看，只见在第一页的上方空白处横排写着批示：请荣融同志酌处。落款签着国务院主要领导的名字。

几乎是同时，另一位国务院领导在我通过另外渠道上送的“东新合作”的材料上批示：“荣融同志：需认真研究。”

李荣融主任严肃凝重地摊着那两张纸说：“这是你干的吧？”

“是我干的。”我答道。

“为什么不直接找我说呢？”他又问道。

“找您了，可是王秘书说您出国访问了，您不是出国刚回来嘛。”我说。

“为什么不把材料送我呢？”他扬了一下那两张纸又问道。

“我接到了明文指示，我觉得那是您同意之后发出的，送给您没有用。”我又答道。

“什么明文指示？”看来他对那个指示不清楚。

我将收到的指令内容叙述了一遍。

“噢。”李荣融主任默然了。

“你还有什么意见和建议？”李主任脸色缓和了些许又问道。

“这段时间您出国不在家，‘东新合作’一事已经成为网上议论的热点。95% 以上的网民对此持反对态度，贱卖东航的风险太大，还是到此为止吧。至于停止的办法，建议按照市场规则办事，由国航在相关股东大会上否掉。国资委不用出面，认为有必要国资委可发布一个简短说明。”我答道。

“好吧！下一步你们国航就按市场规则去办吧！”李主任给了明确意见。

“那个明文指令？”我问道。

“就当没有！”李主任决然地挥了一下手。

“是！”我向他敬了个军礼。

为了他对此事画了个句号，也为了他的果断干练及开明。我如释重负地走出了李荣融主任的办公室。

李荣融主任是国务院成立国资委的第一任主任，他为国资委的建设做出了开拓性的贡献，在中央企业中有着很高的威望。很不幸其退休不久于 2019 年就逝世了。得此消息，我和许多与他相熟的人都为他的过早离世深表惋惜和哀伤。

2008 年 1 月 4 日，在东航召开 H 股股东大会，对“东新合作”协议表决前夕，国资委发言人就东方航空引入新加坡淡马锡和新加坡航空作为战略投资者一事发表了两点声明：“第一，我们支持中央企业引入境外战略投资者；第二，企业经营行为由企业按市场原则自主操作。”这两点声明可以说是滴水不漏，中外媒体及网民大都给予了积极解读和评价。

2008 年 1 月 8 日，在东航召开的特别股东大会上，国航仅派律师出席，投票否决了“东新合作”的方案。

至此，“东新合作”的风波就烟消云散了。

事后，东航上下奋发图强，逐渐走出了一时的困难境地。特别是后来东航与上海航合并之后，东航的发展更是风生水起，展现了蓬蓬勃勃的发展势头。

风波后的余波

“东新合作”进行时，社会舆论的焦点在“东新合作”。“东新合作”被国航在东航股东大会上否决后，出于多种复杂心理，人们将指责的目光移向了国航。东航的某些人士也感到受了国航的“欺负”而委屈，认为国航有点仗势欺人，“只许州官放火，不许百姓点灯”，自己将股权卖给英资背景的国泰航空，却反对东航向新加坡航空出售股权。这真是消除了一个焦点，自己却成了焦点。

国航面对质疑之声，主要从四个方面做出回应，并向国资委写了专题报告。

第一，国航在国内航空公司之间提出的“一合、一联、一交换”的联手合作，并不是要吃掉谁，去追求自己的独大。

中国民航联合重组5年多来，国航不断总结实践经验，逐步提炼出了“八大经营方略”，其中重要的一条就是“以联合促发展，以整合聚能力”。国航从实践中认识到，一个企业谋求发展优势，取决于对内外资源的整合和运用能力。目前，中国民航业在国际竞争中处于弱势、国内竞争异常激烈、成本高昂的情况下，每一个航空公司都难以打一场全面的消耗战。最近，有的一听“联合”就认为是谁要吃掉谁，这是一种非常狭隘的思维。事实上，国航已与山航联手两年多了，国航并没有吞掉山航。山航的注册地、标志和独立运营的方式仍然保持不变。结果是山航与国航联手后，一年就扭转了亏损，国航也获得相应的收益，从而实现了双赢的结局。

第二，国航提出的“一合、一联、一交换”与东航合作的方式，不会产生行业垄断。

去年以来，有舆论认为，国内大航空公司之间的联合会造成行业垄断，这种声音在中国九大航重组为三大航的5年前就曾出现过。事实上中国的航空运输业不是垄断，而是竞争过度，甚至有时是恶性竞争。

就交通运输方式而言，近几年中国的高铁和高速公路快速发展，运行速度、效率、服务水平大幅提高。特别是高铁的发展，在1000至1500千米的高铁运行线，对民航客源的影响极其严重。以武汉至广州来说，两城市间高铁没开通时，民航班机的客座率经常保持在80%以上；两城市之间一开通高铁，民航的客座率降到40%以下。民航客座率的盈利平衡点在60%左右，这样一来，不少航空公司不得不停止了这两地之间的运营。

就国际航空客运市场而言，一提整合国际航空运输市场资源，一些人士就认为，本来国内两家航空公司运营一条国际航线，一联营实际上变成了一家，这不就是形成了垄断吗？但是，从国际市场来看，目前已有51个国家的93家航空公司飞往中国的31个城市。这31个城市通往世界的航线，都是中外航空公司共飞的，已经毫无垄断可言。应该指出的是，在中外共飞的国际航线上，为了利于竞争，外国基本上都是把航权给本国的一家航空公司运营。中国则在许多国际航线上安排了多家航空公司在同一条国际航线上运营，使得中国的航空公司在与外航竞争中先要自相残杀一番，然后再带着伤痕累累的躯体去与外航竞争，这就加剧了中国航空公司在国际竞争上的劣势。

就国内航空客运市场而言，如果国航能与东航联手，两家公司的市场份额加在一起仍不足全国的50%。这一份额仍低于欧洲主要国家骨干航空公司所占的国内市场份额。如果不在国内市场占据优势，建立起国际航线与国内市场客源与航线网络的衔接，想在国际市场上与外航抗衡是没有基础支撑的，从而也就难以建立自己的对外竞争的优势。另外，目前国内已有46家大大小小的航空公司，何有垄断可言？再说，即使在国内某个航线上一时产生了垄断现象，作为行业监管部门的民航局，完全可以通过削减航班、重新分配航线资源等手段，消除一家独大的局面，维护市场的公平竞争。

第三，国航有能力有办法联手东航使其脱困。

2002年中国民航联合重组之后的国航，通过5年的实践，已经初步摸出了一些经营航空公司的方略，因之已连续6年实现了盈利：2004年国航利润占到国内所有航空公司利润总额的57.6%，2005年占到125%，2006年提升到了186%。2007年国航的利润总额是51亿元，比上年增长27.5%，盈利总额连续两年排在全球航空公司的第9位。如果从利润率来说是全球第一，成为客千米成本最低的航空公司。国航与山航联手一年，就使山航扭亏为盈。

如果国航/国泰与东航成功联手，以东航数倍于山航的民航资源，产生的协同联动效应较之于国航与山航联手将是几何级的增长。加之把购买东航H股的股价由新加坡方面出价的3.8港元提高到5港元以上，使东航多获得20亿～30亿港元，必将使东航一年脱困。

第四，“东新合作”与国航和国泰的“星辰项目”根本不可相提并论。

首先二者目的不同。国航与国泰的合作，除直接从合作中获利外，国航是为了实现航空市场的南北呼应布局，同时也配合了香港特区政府振兴香港、发展香港的需要，还有把将失去经济和政治价值的港龙航空提前处置的动机。而“东新合作”，东航主要是出售股权获得资金脱困。

其次是方式不同。国航与国泰的合作方式是双方股权对等交换，而“东新合作”是东航单方面向新加坡方面出售股权。东航获得的是一次性资金，新加坡方面获得的是长久性的航空资源。

再次是获益不同。国航在与国泰的股权对价中，不但提升了自己的股价，同时还降低了国泰股价，从中直接获益20多亿港元。而东航向新加坡方面出售股权时，股价在市场上已稳定在8港元，却仍按5个月前3.8港元的价格出售，使新加坡方面直接获益80亿港元，这是难以说服国人的。

另外是后果不同。国航与国泰合作双方实现了双赢。从对香港发展乃至国家利益大局来说，都是正效应。而“东新合作”的后果却是国有资产的贱卖和国家航空资源的流失，以及对上海、香港、广州等航空枢纽建设的负面影响，这显然是得不偿失的。

上述有理有据的回应，很快就平息了“东新合作”被否决之后，一度出现的对国航的质疑与非议。

肥水不流外人田

国航自2002年中国民航重组后实施“以联合促发展，以整合聚能力”的战略。联合主要是对外部的力量与资源的借助和获取；整合是将内部资源与外部资源有机地结合在一起，放大其聚合效应，为公司的发展提供更多的能量。这种能量要尽量为国航所专有、专用、专享，即使为了巩固合作，实现共赢而向合作伙伴赋能，也要能使合作伙伴因国航赋能所产生的肥水，尽可能多地溢回国航的田地里。一般不会白白牺牲自己的资源，去选择那种使对方单方面受益的伙伴。国航在处置澳门航空所遇到的困境问题上，就碰到了自己的资源如何运用，以及肥水如何流的问题。

澳门航空成立于 1994 年，1995 年 11 月投入商务飞行。中国航空（澳门）有限公司持股 51%，葡萄牙方面持股 20%，澳门特区政府持股 5%，其他股权为澳门、台湾等地机构或私人所持有。

2002 年中国民航业重组之后，中国航空（澳门）有限公司所持有的澳门航空 51% 的股权，实质上为国航所持有。

澳门航空成立之后，一直在海峡两岸运送旅客中扮演了重要角色，一度运营还算好。自海峡两岸启动了包机业务，以及公司内部关系等方面的原因，自 2005 年起持续陷入亏损，净资产急剧萎缩。加之无法通过经营活动获取净现金流入，资金压力极重，亏损额逐年加大，资产负债率逐渐超过了 100%，公司陷入资不抵债的境地。

根据澳门商法典第 206 条规定，当公司净资产不足注册资本 50% 时，将面临三种选择：①解散；②减少注册资本金；③股东注资。

其实，以当时国航的资源实力，如果实行与山航的合作那样，国航是有能力帮助澳门航空脱困的。但是考虑到国航拿出资源与精力帮助澳门航空脱困，其中 20% 的成果将为葡萄牙方面所分享；葡萄牙方面分享了 20% 的成果，却几乎没有任何资源为澳门航空的发展提供国航所希望的支持。能让葡萄牙方面坐享其成吗？不能。

葡萄牙主动撤资了

葡萄牙地处南欧，国土面积约 9 万平方千米，人口仅 1000 余万。在欧盟经济圈中，南欧的发展不如北欧。21 世纪第一个 10 年中期，以希腊为代表的南欧国家陷入债务危机，拖累了整个欧盟经济的发展。与希腊同处南欧的葡萄牙，经济发展也深受影响。一国的航空运输业与本国的经济形势是正相关的关系，全资国有的葡萄牙航空公司，此时在经营上也出现了困难，与美国某航空公司的合作也被中断。一个公司的受困，说到底是资金上的受困。为解决葡萄牙航空公司的困境，葡萄牙政府开启了葡萄牙航空公司私有化进程。葡萄牙在澳门航空 20% 的股权是葡萄牙政府通过葡萄牙航空公司持有的，这时的葡萄牙航空公司国有的身份已难保了。对澳门航空公司，无论是葡萄牙政府还是葡萄牙航空公司都无精力及财力顾及了。

针对这种情况，国航提出拟向澳航注资人民币 5 亿元以上的方案。这就意味着葡萄牙方面要保住自己在澳门航空 20% 的股权，要么拿出至少 1 亿元以上的人民币与国航共同向澳门航空注资；要么自己在澳门航空的股权被摊薄。因此，这一注资方案遭到葡萄牙方面的极力反对。

针对这种情况，国航在与其交涉中，提出了两个方案供葡萄牙方面选择：一是葡萄牙方面让出其股权，从澳门航空退出；二是与全体股东一起对澳门航空进行破产清算。葡萄牙方面考虑到若选择破产，已接近资不抵债的澳门航空无油水可分，便开始以 2 亿元意向要价向国航转让其持有的澳门航空公司的股权。

时任澳门航空公司总经理的台籍人士 F 先生来国航汇报 2005 年澳门航空公司的亏损情况，希望国航对澳门航空能伸出救援之手，否则，他想辞去澳门航空总经理的职务。我们都知道，一个公司的经营业绩起起伏伏是正常现象，而当时的国航正在忙于与东航的合作事宜，同时还在为深航的事牵扯着精力，自然无暇顾及澳门航空的问题。

股东们当时都知道 F 先生在澳门航空的经营上已经尽力了，但是为了维护自己作为职业经理人的尊严，F 先生后来还是辞去了澳门航空总经理一职。

2006 年澳门航空继续亏损，到 2007 年公司负债已接近 120%。国航向葡萄牙方面提出让澳门航空公司破产的意向。这时候，葡萄牙方面一算，如果让澳门航空公司破产，不但分不到任何资产，反而要承担公司五分之一的负资产，于是正式提出降低让出澳门航空股权的叫价至不足 8000 万元。这时，国航力主让澳门航空实施破产，坚持让葡萄牙方面承担 20%

的相关费用。在国航按世界通行规则的不可置疑而又合理合法立场面前，葡萄牙方面同意转让出其在澳门航空的股权。考虑到中葡两国关系，以及今后国航与葡萄牙航空公司可能的合作，国航最终向葡萄牙方面支付了2000万澳门元（约合人民币1700万元），接收了葡萄牙方面在澳门航空公司20%的股权。

当国航向我报告这一安排时，我欣然表示赞同。葡萄牙方面也爽快地答应了这一安排。

澳门航空起死回生

葡萄牙方面退出之后，国航按照程序正式启动了向澳门航空公司5.08亿元人民币的注资，加之此举对其他小股东股权的摊薄，国航获得澳门航空公司81.6%的股权。

绝对掌控了澳门航空公司之后，国航大力启动了对澳门航空公司的全面救助工作：通过湿租分担了澳门航空公司因海峡两岸包机及直航而产生的过剩运力；向澳门航空公司让渡国航从内地飞往澳门的航线；全面与澳门航空公司实行代码共享；无偿代售向澳门航空组织客源货源等。加之澳门回归祖国之后，澳门特别行政区政府借助中央政府的支持，调整澳门经济结构，大力发展旅游和博彩业等带来的大量客流、物流，国航向澳门航空注资的第二年，便一举扭亏为盈，实现净利润2.57亿澳门元（约合人民币2.12亿元）。此后澳门航空盈利连年都在2亿元以上，5年内就盈利10多亿元。这样就使肥水没流入葡萄牙而流到中国的自家田。

给人让让路，自己脚下宽

后来葡萄牙航空公司实行了私有化，加入国航所在的星空联盟。由于在澳门航空分手时，国航顾及葡航的面子，双方在同一联盟内的合作很友好，且富有成效。

是啊！真是世界很大也很小，山不转水转，水不转人转，人不转地球转，谁能想到在地球同一个纬度，处在地球两面的两个国家的航空公司，刚刚解除了在同一个航空公司的股权合作，一方礼送另一方出户后，很快又在同一个联盟内碰了面，并且成为亲密合作的朋友。真是应了母亲早年教过我的家乡的一句俗语：给人让让路，自己脚下宽。

企业，作为社会财富的直接创造者，除了为整个社会的发展充实着物质基础，呵护着国家利益，还承担着许许多多具体的社会责任。国航作为一个国内外知名度甚高的大型企业，许多社会责任是责无旁贷的。在我任职国航期间，在履行社会责任上，许多事件都随着岁月流逝难以细述了，但是有几起特殊的事项，却仍然让我记忆犹新。

春暖，为了花儿与小草

下面是中央电视台经济频道《春暖 2007——我有一个梦想》慈善公益活动的纪实。

2007 年 2 月 7 日中国农历春节的前夕，北京丰台体育馆的演播大厅被精心布置成了一个特殊的课堂。破旧的长条桌椅，用粉笔写着课程表的黑板，“好好学习天天向上”的标语，还有盛开的向日葵的点缀，简朴的教室里散发着勃勃的生机与希望。

这一天的主角是一群孩子，他们是 2000 万农民工孩子的代表。他们随父母背井离乡来到城市，与城里的孩子一样天真烂漫，充满着求知的渴望与梦想。然而由于暂时一些体制机制上的原因，他们好好读书的梦想常常为一些具体的难题所打断。

在这个特殊的课堂里，著名演员濮存昕来了。濮存昕说：这里是他见过的最大的课堂，因为这里是爱的课堂，是心灵的课堂。他为孩子们讲述了小时候穷困要饭、长大发奋读书成才的台湾青年赖东进的经历，讲述了其人穷志不穷的故事，他的故事激励和影响了很多的孩子和青年。著名运动员邓亚萍来了，她与一位来自河北白洋淀的农民工孩子打起了乒乓球，在欢声笑语中让孩子们感受努力、坚持、坚守梦想的拼搏精神。英雄航天员聂海胜来了。聂海胜也是在农村长大，吃过很多的苦。在孩子们仰慕纯净的心田里，聂海胜以他切身的经历撒下了一时贫困的农家儿女，经过不懈的努力，也可以成为宇航员，登上九天揽月奋斗成才的种子。还有著名摄影家解海龙也来了，他拍摄的那张充满着求知渴望大眼睛的农村贫困女孩苏明娟的照片，打动了千千万万的人，成为希望工程的标志，所带来的社会效应又改变了千千万万贫困地区孩子的命运。

这四位特殊的老师，都是以社会志愿者的身份来的。他们的到来传递着对农民工子女读书的关爱。

这一天，在这个特殊的课堂里，大家以一场心灵的牵手，一片至真至善的爱心，伴随着春天的脚步，共同营造着一场社会的春暖。

刘翔捐出了他的跑鞋，著名羽毛球运动员李玲蔚和跳水运动员熊倪捐出了他们在国际奥林匹克运动会上赢得的金牌，国航捐出了飞往欧洲和美洲的头等舱机票……苏宁电器等一大批企业经营者也汇集到这里，借机展示他们的爱心，当然还有他们的公司。

在这个特殊的课堂里，四个农民工孩子的故事牵动着大家的心。尤其是一个名叫李祥的孩子，让主持人王小丫为之哽咽，让现场所有的观众为之流泪。

李祥是北京大兴农民工子弟知行学校的一名学生，他成绩优异，乐于助人。他的爸爸以收废品为生，李祥小小年纪就很懂事了，已经懂得为父母分忧，但是刻苦学习的他不知道的是他所就读的大兴知行学校因资金短缺正面临着关闭。当他听说了这一对他来说近乎天塌的消息，面临失学的他发出了稚嫩而又无助的呼喊："学校没了，我和小伙伴该怎么办啊！"

听完李祥的讲述，眼含热泪搂着李祥的王小丫哽咽了。李祥的"学校没了，我和小伙伴怎么办啊"的呼喊，震撼着现场每一位观众的心灵。在接下来的定向捐赠拍卖活动中，参与的竞拍者此起彼伏地举着牌子，每一次加价都意味着为这些农民工的孩子增加一份重新上学的机会。随着现场气氛高潮迭起，现场的观众和舞台上的孩子们全都站了起来。大家的情绪难以自控，一边鼓掌，一边欢呼，一边流泪。大家既被企业家的精神所感动，也为更多的孩子能够上学所激动。

在爱心企业的竞价声中，一块熊倪的金牌起拍价由 20 万元人民币一直被叫到了 128 万元。主持人王小丫情不自禁地又流泪了，她哽咽着说："这是我见过的最温暖动人的拍卖。"王小丫和在场所有人都被现场营造的春暖所深深打动。

这天的课堂是爱的课堂，也是励志的课堂。这一天是立春的前夕，更是营造春暖的课堂。

这场以慈善拍卖为农民工希望小学而举行的募捐活动，共募集到善款近千万元人民币，不但解决了大兴知行农民工希望小学续办的经费问题，也一举解决了北京其他几个农民工子弟小学冬季取暖费不足的问题，真是名副其实的一场送温暖活动。

"春暖"引起了广泛的反映

这场《春暖 2007——我有一个梦想》节目，中央电视台几次播出，在社会上引起广泛的反响。下面是媒体登出的部分观众的观后感。摘录如下。

第一篇：

昨晚有幸收看了央视二套《春暖 2007——我有一个梦想》节目的后半部分。首先对央视和中华少年发展基金会的善意之举感到高兴，同时也被现场的各位企业家的慷慨之举感动得热泪盈眶，我与大家的善意心息相通。节目前面的拍卖我没看到，我是从熊倪的金牌拍卖开始看的。主持人王小丫宣布，世界跳水冠军熊倪在奥运会获得的金牌开始拍卖，起价 20 万，每举牌一次加价 2 万中一路高升，当拍卖叫到 70 万、80 万时，主持人王小丫眼里含着泪水向大家致谢。我认为这是晚会的高潮，现场的气氛热烈而又紧张。这时场上只有两家企业在竞拍，一个是大型国有企业中国国际航空公司，一个是国内知名民营企业苏宁电器。这时看到国航董事长李家祥授意坐在他旁边的中年妇女不停地举牌，82 万、86

万、88 万、90 万……苏宁电器的老总也指挥着随国航不停地跟进。显然李家祥坐不住了，两次起立，亲自举牌，直接喊到 100 万！哇！会场沸腾了。120 万！哇！会场再掀高潮……会后采访时，苏宁电器老总说："今天我和员工也上了一堂教育课，人应该以善为本，只有善意才能使企业良好发展。"说得多好！

第二篇：

酒足饭饱回来，打开电视，正好是央视经济频道《春暖 2007——我有一个梦想》的现场。

大屏幕上，一群孩子只能在烛光里哈着手上早自习，他们所在的知行打工子弟学校因为没有经费，已经停水停电了，而且连暖气也断了。从小生活在南方，那个四季如春的城市，下雪只是一种点缀，会让儿童们兴奋雀跃。可是，当我随老公在北方连续过了两个春节后，对那种蚀人的寒冷刻骨铭心。我体验到，寒冷是一种可怕的事。我无法想象在零下十几度的天气里，孩子们在哈气成冰的空气中，还能大声朗读的情景……

"你想过学校停办了，你怎么办吗？"主持人问知行学校的孩子李祥。

"想过。"李祥的眼睛里含着泪水。这是一个清秀的男孩儿，带着点羞涩，让人怜惜。他的眼神让我心疼、心酸。其实，这不是一个孩子应该想的问题，也不是一个孩子应该有的忧虑。我的泪水不由自主地顺着脸颊落在胸前。

"怎么办呢？"记者追问。

"停办了，我还是要上这所学校。"李祥带着哭声的回答，再次敲打着我的心扉。显然，小孩子还不懂学校停办了，他是无法在这所学校上学了。

为了帮助李祥所在的学校不关闭，两位奥运精英捐献出了两块金牌。两家知名企业一同展现爱心……

"春暖"也受到了质疑和非议

下面是一篇质疑、非议"春暖"的文章：

刘翔一双跑鞋卖 20 万

前几天，在京参加了央视经济频道的节目《春暖 2007——我有一个梦想》，这是慈善活动，但是怎么看都像是一档广告节目，只是不那么外露罢了。

由著名主持人王小丫和一名男播搭配主持节目，准备在立春这天播出。

节目的目的是唤起人们对农民工子女的关怀，并现场拍卖了部分物品。拍卖所募资金作为善款捐献给急需的人，同时建立一个基金会，作为一种长期的活动搞下去。

第一件拍卖品是刘翔的跑鞋，起拍价是 6 万元。在小丫姐姐富有煽动性的语言中，最后以 20 万元的价格被国航收入囊中。

然后是国航提供的四张飞机票，分别是紫金头等舱两张、紫宸公务舱两张。第一张紫金头等舱起价为 13.365 万元，最后以 25 万元被某公司拍得；第二张紫金头等舱机票以 21 万元被某公司拍得。紫宸公务舱机票，每张 8.854 万元起价，分别以同样价格被两家公司拍得。

最后是两枚金牌。李玲蔚的一枚中国羽毛球金牌，起拍价 20 万元，最后苏宁以 44 万元拍得；熊倪的跳水金牌，起价也是 20 万元，但是竞拍过程中出现了激烈的竞争，现场观众不断起哄，苏宁和国航不断加价，观众呼声连高，场面几近失控。这是主办方没有想到的，几位工作人员急急地维持着秩序。最后熊倪的这枚金牌以 128 万元被苏宁拍得。整个场面可以用火爆来形容。

节目进行过程中，先后有濮存昕、邓亚萍、聂海胜、解海龙、羽泉、赖东进出场。最后，国航、苏宁、腾讯网的负责人上台。

如果单看这场节目，初衷和性质都是好的。但是形式呢？拍卖的东西呢？这些东西有多少价值？除了那两块金牌稍有“含金量”，刘翔跑得再快，那双鞋也是破鞋呀！机票也能拍，还有什么不能拍，只能说这让人心寒。如果不拍东西呢，单纯以捐款的形式呢？国航最后捐了 60 万元给玉泉路小学一所农民工子弟学校用以冬季取暖，而这所学校就是前不久温总理慰问过的。在节目中出现的知行农民工子弟学校已经被停电、停暖气，眼看着就办不下去了，怎么不能关心一下呢？

来的这些人哪个不是身价十几、几十亿？他们说要回报社会，回报社会就应该是无偿的。去年评选中国年度经济人物时，关键词首先是“责任”，获奖的有李嘉诚先生和这次来的国航总裁李家祥。

从近年来看，很多慈善活动总是有头无尾，开始时各方的人物为着某种目的来了，而事情总是不了了之。募集的善款也不知最终都去了哪里。

这篇质疑和非议的文章是有许多可取之处的。当然，就是作者的看法有些偏颇，也与信息的不透明、不对称有关。

“春暖”背后有大背景

观众们从中央电视台经济频道《春暖2007——我有一个梦想》节目中看到的是激动人心的感人场景，却不知道这场活动的背景，更难想象这场活动的背景是来自中央人民政府的总理。

2006年6月29日，全国人大常委会议审议通过了新义务教育法。这是现行义务教育法自1986年颁布以来的重大修改。新修订的《中华人民共和国义务教育法》于2006年9月1日实施。

这部新法的最重大的突破是针对城乡教育差距越拉越大的情况，将均衡教育思想作为新义务教育法的根本指导思想，明确普及教育、免费教育、公益性是整个教育事业的特征。并明确中央财政从2006年开始，用两年时间率先免除农村地区义务教育相关费用，实现人民教育人民办转到人民教育政府办的机制上来。特别是对流动人口的子女教育问题，从实现平等的角度做了明确规定要求。

新法颁布后的第一个春节前夕，国务院总理温家宝专门安排到大兴知行农民工子弟小学及玉泉路农民工子弟小学慰问。

由于新法的执行总有个滞后期和转换期，温家宝总理一行看到的是因经费问题断电、断水、断暖的大兴知行农民工小学孩子们忧伤期盼的眼神和冻得瑟瑟发抖的身影。温总理一行在玉泉路农民工小学也看到孩子们挥舞着冻得发红的小手，抖抖瑟瑟喊着“爷爷好”！

此情此景，温总理一行的心情肯定是难以平静的。这两个农民工子弟学校的问题，虽然是属于短暂的过渡性问题，但又是刻不容缓的实际问题。如果从国务院最高层向两个农民工子弟小学下拨经费解决问题，其程序和路径不但有许多不便，而且作为主政全国的国务院，具体解决两个农民工小学的问题，行得通，却说不过去。如果温总理当场指令随行的基层政府人员去解决，事能办，却也不是最佳方案。

温总理的办公室主任丘小雄给我打来电话，先详细向我介绍了温总理一行慰问两个农民工小学所遇到的问题，然后郑重地说，温家宝总理让我给你打电话，原话是："你将情况向国航家祥同志介绍一下，问问他有什么办法？"

高层领导的领导艺术就是高，这听似商量口气的电话，分明交代了一项义不容辞的任务。

无论是谁接到这样的电话，难道还能说："哎哟哟，对不起，你们都没办法，我还能有什么办法？"何况我还是一个服役37年的军人！

丘小雄主任的话音一落，我立马回答道："请你转告总理，谢谢首长的信任！此事我有办法解决。明天一早，我就让他们先给两个学校的孩子供暖，也绝不让大兴知行农民工子弟学校关了门。"

"谢谢李总！真是快人快事！"丘小雄主任放下了电话。

当天晚上，我立即让人请来两个学校的领导，向他们询问了所需相关费用的具体数目。垫支了两个学校的取暖费用，让他们明天一早先保证学校供上暖，无论如何不要让孩子再受冻。其他所需的经费，后续一定帮助他们解决。

解决这两个学校的问题共需经费约300万元。说实话，这点费用对于上市后达到3600多亿市值的国航来说，不过九牛一毛。但是，国有企业对社会的捐赠有着严格的规定，不像私企那样，老板大笔一挥就OK了。

按正常程序办，国航即使拿出经费，对两个学校面临的急迫窘境也是远水解决不了近渴。

第二天，我带着思考了半宿的方案，找到时任中央电视台台长赵化勇。我先向他介绍了丘小雄主任打来的电话，然后拟请中央电视台联手国航、中国青少年发展基金会等单位策划一场慈善募捐活动。一来可立即解决两个农民工子弟学校所面临的窘境；二来通过中央电视台的宣传，呼吁全社会进一步关注农民工子弟学校的问题。这场活动所募集的资金除解决这两个学校面临的问题外，其余部分全部捐赠给中国青少年发展基金会，专门用于农民工子女教育事项。

赵化勇台长是个非常懂大局、有社会责任感的人，他不但爽快地同意了我的方案，而且对方案进行了补充完善。我们相约，由中央电视台负责联系著名运动员和著名社会贤达共同参与，并对录制现场进行详细策划和布置；由国航负责组织企业界人士参与对捐赠品的拍卖。现场还设置了捐赠热线，吸引观众及社会团体捐赠。为保证不使拍卖品流拍，以及所需资金的募集金额，国航还安排参与的企业界人士对拍品进行分工负责，并明确了最低出价。为使现场保持应有的气氛和效果，对李玲蔚和熊倪的那两块金牌事先未做幕后安排，但是国航计划对熊倪那块奥运金牌的筹资是120万元，资金由不便现场暴露身份的国航合作伙伴提供。这也是为什么在100万元和120万元关键时点上我亲自举牌的原因，我是想让现场的气氛尽可能地热烈，以引起社会各界对农民工子弟学校教育的进一步关注并使捐赠热线热起来。最后在爆棚的氛围中，这块金牌以128万元为苏宁电器所拍得。

这场“春暖”活动，借助中央电视台传遍了大江南北和偏僻山乡。节目播出不久，我就收到了云南省昭通市盐津县柿子乡红领巾小学由80多名孩子联名寄来的一封信。信中以稚嫩的笔体讲述了他们天天提心吊胆在破旧的危房中上课的情形。信中还附着几张残破的校舍和操场上几乎歪倒在泥土里的篮球架照片。信的末尾向我发出请求，请求北京的“春暖”之风也能吹到云南的柿子乡红领巾小学。

收到这封来信，我眼前立刻闪现出早年在农村小学所常见的那种破院子、黑屋子、土台子、泥孩子偎在一起上学的情形。可是现今已进入 21 世纪了啊！我们国家太大了，发展太不平衡。

我立即以中德合资企业——北京飞机维修工程有限公司董事长的身份，派人奔赴云南，经过与昭通市协商，由北京飞机维修工程有限公司出资，将该小学修缮一新，并给孩子们送去一批学习用品。

当我再次看到孩子们的来信，以及所附修缮过的校舍和他们欢天喜地伸着 V 字形手势一脸欢笑的照片时，加上那包他们亲手采摘的野山茶，我的心头禁不住涌起了一层暖意。是啊，温暖的传递总是互相的！这种回流式的善能传递，动力源于善念，善念汇成的流量能产生更大的能量，最终这种善能会构成一个民族基因的重要组成部分。中华民族五千年生生不息，中华文化五千年煌煌不断，其中不正是善念所形成的因子在起着永恒的作用吗？

这种永恒的作用，进而使中华文化衍化得更加包容和博大。看看历史吧，中华民族和中华文化在繁衍过程中，中华主体曾多次遭到受其影响和辐射的强盛一时的少数民族的入侵。最终那些入侵中华的少数民族都成为大中华的组成部分，为大中华补充了新的血液和能量。

仁者无敌！

天下为公！

中和为用！

博大包容！

中华文化所独具的厚重、弹性、韧性与融合力，最终能吸纳一切美好，销毁一切邪恶！所有曾经图谋亡中华民族者，最终都被中华文化所融合，成为中华一体的新成员。

至今，我对云南昭通柿子乡红领巾小学孩子们的两次来信仍心存感念。我想，他们中的一些人已经走进新的校园里深造，还有一些人学有所成之后走上了工作岗位，正在为我们的祖国效力。

常思常想变为常来常往

2005年1月29日7时40分，中国国际航空公司CA1087号航班接到塔台起飞的指令，带着对台湾同胞的满满情谊，在巨大的轰鸣声中，飞机直冲蓝天。这是56年来首架飞往祖国宝岛台湾的大陆民航班机，它的起飞展示着两岸之间的交流，沿着更紧密的航向在飞翔。

这架印有“山东航空”标志的飞机，是国航为这次特殊的飞行，特意从山东航空租用的。为的是避免国航带有中华人民共和国五星红旗标志的客机降落到台湾台北机场可能产生的敏感。航班起飞前，在首都机场，北京市人民政府、国务院台湾办公室、中国民航总局为这次56年来北京至台北的首次航行举行了隆重的仪式。为这次首航专门搭建的大红背景台，把现场的气氛烘托得喜气洋洋。

我作为首航的领队人，在仪式上发表讲话说：“中华民族的新春佳节之际，亲情更浓，我作为半个多世纪来首架从北京飞往台北的班机领队人，为把大陆对台湾同胞的祝福送上祖国的宝岛深感荣幸！这样的包机，将有助于返乡台商及眷属缩短行程，减少疲劳和费用。希望这种包机能早日变成每天的直航，让两岸同胞都能享受这样的便捷，使两岸同胞的常思常想，变为常来常往。”

同时我代表国航宣布：把这次国航承担的8个航班的全部包机收入，都捐献给两岸交流的相关论坛，为扩大两岸交流办更多的实事。

国航把这次春节包机当作促进两岸交流的社会公益活动。当然，这样的公益活动不是某种救助、资助、赞助，而是为了促进两岸的和平统一。

在优美的音乐声中，国航飞机维修基地的大门缓缓打开。国务院相关部门领导、北京市领导和各界欢送的群众代表涌向停机坪的飞机舷梯旁，为踏上回乡之途的台湾同胞们送行。

尽管清晨寒风凛冽，所有的台商及眷属们仍然神情激奋。记者问一位女士：“搭乘北京至台北的首个航班有什么感觉？”她连声说：“高兴！激动！高兴！激动！”

高兴激动的不单是台胞们，还有执行这次航班任务的所有机组人员，他们都是第一次赴台湾。

在国航 CA1087 号航班起飞之后，还有国航 CA1085 号航班从北京飞往台湾南部城市高雄。

这次中华人民共和国成立以来的台商春节包机，从 1 月 29 日启动，将持续到 2 月 20 日，两岸各有 6 家航空公司参与了这次包机活动。另外两个 56 年来首飞台湾的城市分别是上海和广州。这次春节包机首次实现了两岸民航界“共同参与、多点开放、直接对飞、双向载客”的愿望，首次都以正常途径使大陆的民航飞机降落在台湾。

障碍不在空中在心中

为实现这次两岸民航飞机对飞的活动，从 2001 年起，两岸之间曾办过三次相关论坛。2002 年在北京办的论坛上，台湾国民党中常委蒋孝严先生曾呼吁，1987 年台湾就允许台湾老兵及眷属回大陆探亲，并允许台胞参加两岸间的经济及文化活动。这是阻隔 38 年后的一个重大突破，为什么两岸民航的飞机不能在两岸间直航？

蒋孝严先生是蒋介石的孙子，是两岸直航的积极推动者之一。

我在那次论坛上呼应他的发言说：“两岸直航的障碍不在空中，而是在台湾某些人的心中。”

事实上，在两岸直航上，大陆方面一直持开放的态度，大陆民航业界更是热盼两岸早日打开空中的壁垒。为体现大陆的大度和包容，两年前的 2003 年 1 月 26 日，台湾华航的一架编号为 B–18206 的波音 747–400 飞机降落在上海浦东国际机场。这是跨越半个多世纪的阻隔在两岸同胞和大陆有关方面的积极配合下，台湾民航班机为执行春节台商包机任务首次在祖国大陆降落。百余名来自世界各地的记者聚集在停机坪上，用现代化的通信工具向全世界报道发生在这里的海峡两岸关系史上的重要事件。

在浦东机场宽敞的候机楼内为台商春节包机首航举行庆祝仪式和酒会，

台湾“华航”等6家航空公司的代表、台商代表和大陆有关方面代表出席。我作为国航的总裁，在那个庆祝仪式和酒会上结识了台湾6家航空公司的负责人，并从此与台湾的6家航空公司都建立了良好的关系，为国航与台湾民航界的合作交流打下了基础。

在两岸的交流上，大陆方面历来都是礼让台湾的。在台湾的春节包机单方面飞往大陆两年之后，台湾方面才同意了这次两岸春节的包机同飞。

这次特殊的飞行是新航线、新机场、新的飞行情报区，在绝对保证安全的情况下还要顺畅，不能有任何的纰漏。

为此，国航专门成立了以我为组长的春节赴台保障领导组，针对任务特点，做了大量的准备工作。

国航运行控制部门在2004年12月下旬就开始了前期准备工作。确定了北京飞越香港到台北、高雄的机场航线后，与台湾民航有关部门进行了一系列技术联系，搜集整理了台北和高雄机场航线资料、情报区航行通告，制作了导航数据库，为机组的飞行准备打好基础。

由于大陆与台湾之间没有截弯取直双方确定的固定航路，必须绕飞香港至台湾的航线，国航提前取得香港至台湾的航行批复。在地面保障方面，国航还就航班在台北和高雄的地面服务保障事宜，分别与台湾的“华航”和长荣航空达成了代理协议。

首飞的机组人员，公司专门挑选执行过重大飞行任务、安全飞行在1万小时以上的飞行员执行这项任务。机组提前详细研究了航线资料、飞行计划和台北、高雄的飞行资料，研究了飞行程序、机组分工，并对航路中可能遇到的复杂天气和特殊情况做了预想，制定了应对措施。机组除了反复进行图上模拟演练外，还在国航的飞行训练中心专用模拟机上进行了针对香港到台北和高雄的模拟操作训练，设置复杂天气和特殊情况进行模拟飞行，使机组的配合达到了最佳状态，在技术上和心理上做了充分准备。

客舱服务工作也针对台胞的饮食习惯、生活习惯，从餐食到文化娱乐和客舱内布置都做了特殊安排。

CA1087航班准时从北京首都国际机场起飞，在飞机进入平稳飞行之后，我与客舱里的台胞们正在交流，这时，一位女士缓缓站了起来，泪流满面地向我深深鞠了一躬，说："谢谢李总搭救我！"

我一怔，随即立刻认出了她，还礼说："海若您好！"

不错，这位女士正是凤凰卫视著名主持人刘海若。

刘海若是台籍人士，2002 年 5 月 10 日 12 时 45 分，英国伦敦开往诺佛克郡的列车发生出轨事故，乘坐该列车的刘海若在事故中身受重创，被英国皇家医院诊断为"脑死亡"。一时间，刘海若的生死成了天南海北华人关注的焦点，社会各界关心她的人难以计数。凤凰卫视开辟专题网页"祈福海若"。

中国驻英国大使馆也联系各方迅速开展了营救行动，并转达了朱镕基总理和夫人对刘海若的关心和问候。中国为此专门派出了脑科专家赴伦敦进行会诊。凤凰卫视总裁刘长乐居中协调，把抢救刘海若做成了一条爱的链接。凤凰卫视一直对刘海若的伤情和治疗安排做着有分寸、有节奏、有时点的客观报道，展示着凤凰卫视良好的组织形象及应变力、沟通力、协调力和凝聚力。在征得刘海若家人同意后，向外界宣布刘海若没有毁容，并使用了国际 SOS 救护机构的服务，详细研究治疗方案，同时又保护刘海若的隐私。在各有关方面对刘海若的伤情研判后，决定接海若回中国北京宣武医院进行治疗。

可是，在刘海若如何回国上众人一时犯难了。用一般的公务机，因机上空间狭小，刘海若病情危重，满足不了对她的不可间断的医疗需要。刘长乐总裁在伦敦联系了两家民航，都因机上难以保障医疗条件而婉拒。

最后，刘长乐总裁为此专门来到北京，向我介绍了刘海若回国治疗遇到的难题。我立即让人与宣武医院一起做了研究，决定把国航最大的波音 747-400 型客机调整到北京飞往伦敦的航线，并按照治疗的需要，拆掉了飞机上最后四排座椅，布置了一个空中医疗专间，用以满足在飞机上对刘海若的治疗。为防止意外，沿途选择了四个紧急备降场。经过一系列精心设计，最终把刘海若平安顺畅地运抵北京。在宣武医院不到一年的治疗，被英国医院宣布为"脑死亡"的刘海若竟奇迹般地康复了。于是就有了这趟春节包机上的一幕。

从此，我与刘长乐先生结下了深厚的情谊，国航与凤凰卫视也成了紧密的合作伙伴。

包机飞越香港仅续航了40多分钟，就到了台湾海峡上空。从空中看，台湾离大陆近在咫尺，台湾宝岛尽收眼底。不到20分钟飞机就越过台湾海峡，降落在台北机场。

一出机场进入候机楼大厅，我即被记者团团包围。一名记者问我第一次抵达台北的感受，我对着话筒朗声答道："台湾美，同胞好，两岸亲，一家人！"

迎接我的时任"华航"董事长G先生是陈水扁上任后安排的绿营人士，他似乎不愿意我更多地回应记者们的提问，急急地催促我："还有其他安排，还有其他安排！"

"华航"是台湾民航的龙头老大，该公司成立于1959年，是由台湾当局及国民党的党产投资的。初始阶段主要为台湾军方服务，此后不断引进和扩大民航业务。1980年起，"华航"开始转型为客货运并行的航空公司。20世纪70年代起，由于"华航"标志问题，在国际业务的拓展受到影响，"华航"的身份也因之逐渐转型。1995年"华航"改以"红梅扬姿"之泼墨的红梅花作为公司象征，同时也代表"华航"已经由"国营"转变为"民营化"。

由于民航高端快捷的运输特性，任何一个国家或地区历来都把民航作为战略性资源进行掌控，台湾当局也不例外。尽管"华航"的身份几经变换，台湾当局旗下的"中华航空事业发展基金会"仍持有"华航"55.32%的股权。同时，无论谁上台都要想方设法牢牢掌握"华航"的控制权。要知道，台湾地区领导人出行的"专机"历来都是由"华航"承担的，这种事关生命的事是不能操之于外人之手的。

2000年，民进党陈水扁上台后，立即把国民党籍人士担任的"华航"董事长换成了绿营人士。2008年国民党主席马英九被选为台湾地区领导人之后，立即又把"华航"董事长换了回来。

绿营人士大都怕问祖籍在哪里?

因为是包机航班，机组人员是不能出机场的。等待飞机做完加油、上水、上餐、机务等地面工作，旅客登机后飞机就返回北京。这些相关地面工作按照事先安排，都是由“华航”代理的。我作为包机的领队人，也是由“华航”负责接待的。

简短的欢迎仪式结束之后，时任“华航”董事长G先生陪同我进了一间会客室休息，这时我们才有机会做个别交谈。

在与我交谈中，G先生一口一个你们中国如何如何，我们台湾如何如何，这明显带有陈水扁的“两国论”的色彩。于是我直言不讳地说:“咱们这次两岸春节包机既是民航的运输经营，更是两岸之间的交流。我到国航五年了，国航与‘华航’一直有着很好的业务合作关系，在航空维修、地面代理、货运业务等方面都有着诸多的合作。我与‘华航’的现任总经理魏幸雄是很好的朋友，我希望我们今天结识之后也能成为很好的朋友，这不单是我们之间的友谊，也为着国航与‘华航’更长远的合作。”

G先生回应道:“那好，那好，这也是我所希望的。”

我接着问道:“请问G先生的祖籍是何处?”

没想到他的脸色一下泛红了，但是仍礼貌地回答道:“中国闽南。”

“到台湾您是第几代了?”我又问道。

“第七代了。”G先生回答。

“根在中国，还是中国人啊!”我说。

G先生笑了笑，没了回话。

我接着说:“大陆与台湾是一体，现在的台湾居民大多数与G先生高祖一样，都是由大陆迁台的，有的是官方移民，有的是自谋生计。但是，从总体上来说是大陆人为主体，与台湾原住民共同开发了台湾。”

G先生点头称是。

我接着又说:“说实话，在你我交谈中，我对您把大陆称为中国的说法很是有点别扭呢，好像是有点生分了。我请您能将海峡对岸称为大陆，这才更符合两岸之间大多数人的心理情感。”

G先生是研究学者出身，在交通界有着很深的资历和企业管理的经验，同时也是一位思维敏捷开阔的人士。在接下来我们交谈中，G先生当即把涉及两岸之间的称谓改成了中国大陆。

接下来的交谈是融洽和愉快的。临别时，G先生说我这次来台不便到台湾参观访问了，待适当时机“华航”将正式邀请国航管理层访问台湾，到时候再做交流。

以我观察，其实所谓绿营人士也并不一定都是主张台独的。其中有的人只是认同了绿营的某个方面的理念，或这样或那样而加入绿营的民进党。对于大多数台湾普通民众说来，关心的不是台独不台独，而是能否平安幸福地生活。凡事不可一概而论，具体情况要做具体分析，才能更准确地把握事物的性质，从而采取正确的应对之策。

“华航”言而有信。2005年6月下旬，向国航正式发出邀请，意就两岸三通和民航常旅客及航空货运的深度合作事宜与国航进行商讨。于是，我带领国航相关人员一行5人赴台访问。访问期间，几乎走遍了台湾的22个县市，并专程到澎湖进行了考察。

澎湖岛因一首《外婆的澎湖湾》在大陆有着很高的知名度，那充满亲情的曲调和优美的歌词，很让人对澎湖岛充满着遐想。当然，我特别想登上澎湖，还因1683年康熙在收复台湾的举动中，曾派水师大将军施琅率军从这里攻台。

施琅把平台的首选目标定在澎湖，是有原因的。台湾本岛地域狭窄，缺乏战略纵深，澎湖就成了台湾外围防御的唯一屏障。只要攻下澎湖，台湾几乎成了囊中之物。实战证明施琅的平台方略是奏效的。施琅一战定澎湖，打开了台湾岛的门户。岛内立即人心大乱，康熙顺势以招抚之法，兵不血刃地收复了台湾。澎湖作为收复台湾的古战场，在国防大学学习时就一直是我心中的一个结，如今到了台湾岂有不去之理？

我们是从高雄乘飞机登上澎湖岛的。在高雄时还闹了个笑话，我看到高雄街道一处建筑门面上写着“左眼科”三个大字，好奇地问陪同人员：“台湾的眼科怎么分得这么细，怎么左右眼还分治，看左眼的医院就不看右眼吗？”陪同人员听了哈哈大笑说：“您真会说笑，那是姓左的医师开的眼科医院，不是单治左眼。”

我是一个见水就想游泳的人，两天前住在日月潭，因游泳闹了个小插曲。那天我们夜宿日月潭，第二天一早我便内穿泳裤外穿睡衣到了日月潭水边，刚想脱去睡衣下水，抬头一看岸边竖着一块牌子，上面赫然写着：禁止游泳。我裹上睡衣继续向前漫步，走了不过百米，看见水中有一中年人正在游泳。我边脱睡衣边问：“水温好吗？”那人答道：“还可以。”我二话没说，便下水游了起来。

我见日月潭对面有一座高塔，据说那是蒋介石为了纪念其母专门修的报恩塔，便产生了趁早上清静，横渡日月潭参观报恩塔的念头。于是我调整好方向，加速向千米外的对岸游去。

“先生请回来，远处水深危险！”刚才那位在水中的中年人已上了岸，边用毛巾擦身子边向我喊。

“没事。您看我游泳技术多好，别担心，谢谢您！”我在水中变换着泳姿回答。

“不是有事没事的问题，请您快上来吧，这里不让游泳的。您再不上来我该有事了。”中年人的声音近乎哀求了。

“马英九能在这里游泳，为什么不让别人游？”我指的是印有马英九在日月潭游泳的那张宣传张贴画。

“那是每年 9 月 9 日在这里举行的例行活动，平时是不准下水游泳的。快有人来了，您赶快上来吧。”岸上中年人催促道。

“您怎么能在这里游泳？”我只好遗憾地上了岸，边穿睡衣边问道。

“我就是这里看管禁止下水游泳的保安。一早没人，刚下水想游一会儿，没想到碰到了您。”中年人不好意思地说。

“咳！真是自己下了水，没法再纠人。不过我应该谢谢你，你可能使我打破了一项纪录，成了大陆访台游泳日月潭的第一人了。”我边打趣边离开了。

澎湖的水质清澈，只可惜我们到达澎湖的两天里，风浪一直很大，所有能下水游泳的地方都挂出了禁止下海的旗帜。我处事的信条是有机会绝不留下遗憾，我拒绝了所有人的劝说，还是执意来到一片开阔的水域。经与看护人员反复交涉，最后出具了后果自负的保证，看护人员才同意我下了海。大海的特点是海边近处浪滔滔，远处浪稳却不高。我独自畅游在澎湖的海域中，遥想当年施琅指挥着千帆竞进的情形，心想，台湾回归祖国的日子应有定数。

8 天的台湾行程不觉间就结束了，“华航”设宴为我饯行。酒酣耳热之际，“华航”的几位高管忽地齐刷刷站起来行着标准的举手礼说：“我们几位‘校’官共同敬将军一杯！”

我立即还礼说：“今日互敬一杯酒，来日把盏庆团圆！”

在其乐融融中，我们结束了台湾之行。

事物的发展总是循序渐进的。后来，由 2003 年台湾单方面台商春节包机开始，继而发展到 2005 年的两岸双方春节包机，接着又扩展到 2006 年的春节、清明、端午、中秋节四个传统节日的两岸包机。2007 年海峡两岸关系协会与台湾海峡交流基金会又达成了两岸自当年 7 月 4 日起实施周末包机的安排。说是周末包机，实为每周五至下周一共计 4 个全天。2008 年，在两岸的共同努力下，两岸实现了公众期盼已久的“三通”，即海峡两岸间通航、通邮、通商。

血总是浓于水

2008 年 12 月 15 日，台湾海峡北线空中双向直达航路正式开通启用。这改变了以往大陆航班飞往台湾必须绕飞香港航路的做法，由此大大节省了民航成本，便捷了乘客。当天，民航上海区域管制中心与台北区域管制中心首次建立了两岸空管部门的直接交接程序。两岸同胞期待已久的直接、双向、全面空中通航终于实现了。

为全面展示这一历史性时刻，上午 7 点 45 分，由中央电视台、中央人民广播电台全程直播的海峡两岸空中双向直达航路开通仪式，在民航上海区域管制中心隆重举行。我作为中国民用航空局局长与中国国民党副主席蒋孝严、国台办常务副主任郑立中、上海市副市长唐登杰、国家空管委副主任孟国平等有关方面负责人，专程赶到民航上海区域管制中心，出席隆重的开通仪式。

8时整，相关出席人员共同按动象征海峡两岸空中双向直达航路开通的按钮，全球瞩目的海峡两岸空中双向直达航路正式启用。两岸双相直达航路，西起浙江省的东山直飞东南方向，截弯取直，有效缩短了大陆至台湾的距离，比原绕飞香港的航程节省了近两个小时。

8点40分，我来到飞行管制大厅上海区域8号扇区，戴上管制员耳机，通过对空甚高频与两岸双向直达航路首个航班的大陆东航机长和台湾复兴航空的机长分别通话，祝贺他们承担了两岸直航首飞的历史性任务，并预祝他们直航顺利。

开通仪式结束后，我通过两岸飞行管制热线，连线台湾飞行服务总台台长沈启女士。我说："两岸直航拉近了大陆与台湾的距离，同胞一家亲更加具体深刻地体现出来了。"沈启总台长也由衷表达了对经过一个甲子之后两岸能够顺利通航并进行直接航管对话的喜悦之情。

是啊！血总是浓于水的，两岸人为阻隔的同胞之情，最终还会交融。

8天的台湾之行虽然短暂，却是收获颇丰，除了商定国航与"华航"的合作项目，也使我对有关台湾问题另有几点认识。

去了"中国化"，台湾难做人

2000年民进党陈水扁上台后，为推进台独，搞了一系列小动作。最放肆的除了制造台海两岸"两国论"，再就是大搞所谓的去"中国化"，把一些冠以中国的企业名称改为台湾，把其外出乘坐的飞机上"CHINA"的标志涂掉，还修改中学生的历史课本，淡化甚至割裂台湾与中国的历史联系。更有甚者，连小学生课本中华诗词歌赋的内容也进行删减，如此等等。自以为得计，却没想到受到多方抵制，本来想去"中国化"，在某些方面反而强化了"中国化"。

所谓去“中国化”，就是想去掉中国文化。文化是社会生活实践在历史的积淀中植入人心中的因子，那岂是搞点小动作所能去掉的？就拿陈水扁当局删减小学生中华诗词歌赋的动作来说，删减之后，在台湾的城乡间立即出现了大量的中华诗词歌赋补习班。工作学习之余，家长们纷纷带着孩子去这些补习班中去补习，从而使中华诗词歌赋更为普及。

再拿陈水扁当局大事削减篡改历史课程中的中华史来说。历史课本虽然被削减甚至是篡改了，但是台湾民众信敬的却是中国神，例如关公、妈祖等等。这些民众心中的神灵不是一笔所能勾销的。连陈水扁自己为了所谓的当选不是也头顶高香求请妈祖保佑吗？

从台湾访问归来，有人问我陈水扁去“中国化”的事，我笑笑答道：“台湾民众说的是中国话，写的是中国字，认的是中国祖，信的是中国神，去了‘中国化’，如何去做人？”

在台湾搞什么去中国化，真是滑天下之大稽。

地缘的罩门把台湾给罩住了

台湾 8 天之行，使我强烈地感到，在台湾搞所谓“台独”天理难容。

什么是天理？天理是地理、法理、情理的总和。

从地理上来说，大量的论著证明台湾与大陆是一个整体。从古生代时期的地缘关系来说，大陆和台湾发现同样的硅质岩和生物群属这一事实说明，古生代晚期台湾和华南的海是相互联通的。从中生代来说，台湾属于大陆东南部的盆地。从新生代来说，台湾海峡成为陆地，是由陆上河谷侵蚀而形成的。这足以证明，台湾曾是大陆的一部分。此外，从动物的化石看，更新世时期大陆与台湾同时存在相同的哺乳动物群。新生代第四纪时，大陆与台湾连成了一片，华南的剑齿象、犀牛、古鹿、野牛、野猪等动物不断迁徙到台湾。后来由于地震、海水的作用产生了台湾海峡。

上述地理仅是“台独”无理的一个方面，更重要的是客观上台湾地理上离大陆太近。新加坡前总理李光耀曾说过，台湾想“独”，除非将台湾搬走，远离中国大陆千里之外，这是可能的事吗？

地理的罩门，已经罩住了台湾。

人文情理之缘已经把台湾缠住了

从人文情理来说，台湾在左镇出土的“左镇人”的化石，与大陆山顶洞人属于同一时代，应该是山顶洞人从大陆经过台湾海峡的路桥进入台湾的。台湾大学宋文薰教授经过比较研究认为，台湾原始文化的祖籍，最大可能是源于中国大陆。新石器时代台湾海峡海平面上升，但两岸仍保持着文化联系。以绳纹粗陶为代表的台北八里乡大岔坑文化和以印文细陶为代表的凤鼻头文化、圆山文化均与大陆东南、华南地区的新石器时代文化有很大的一致性。

从人类学大陆与台湾的血缘关系看，古越族与台湾土族居民也有着密切的联系。在大陆和台湾都流传着蛇郎君的传说。从大陆古越族和台湾高山族都把蛇作为他们的祖先来说，台湾高山族的先民是从大陆东南沿海迁移的古越族。台湾另一部分土著民族，特别是南部和东部的鲁凯族、雅美族、排湾族、卑南族等，其体制、语言和风俗与南洋群岛的马来人有许多相同之处。中外学术界认为，南洋马来人与大陆古越族是同源。从体格上，马来人属于南亚蒙古人，与广东人相似；从语言上，马来人至今保留着古吴越的语音；从风俗上，马来人与古越族也多有类似。至于到了唐、宋、元、明、清，大陆人陆续大量迁台及其所形成的人文情理积淀，是人们早已熟知的常识，在此就不赘述了。不过要指出的是，这种人文情理所积淀的结果一言以蔽之，就是台湾历来与大陆是一个整体，绝不能也绝不允许把台湾从大陆分割出去。

大陆与台湾这种年深积久的人文血缘情理关系，已经把台湾牢牢地缠住了。

法理上已经把台湾摁住了

从法理上来说，台湾问题是中国内战所残留的一个问题，如同清朝统一中原之后，郑氏后人残存在台湾相类似。自从中华人民共和国成立并统一中国大陆之后，逃往台湾的国民党政权，包括后来民进党执政的台湾当局，从法理上来说都是非法政权。民进党为摆脱国民党逃台残留的非法政权的形象，几次蠢蠢欲动想修改“中华民国宪法”都不能得逞，主要原因是它那个残留的脐带难以割断。就是割断了，那个旧脐带的残留疤痕也是挖不掉的。如果硬挖掉那个残留，它的整个躯体也就难保了。

说到底，台湾问题是中国内战残留的内政，外人是不容置喙的，这也是国际社会的共识。现在，在联合国有186个国家与中国建立了外交关系，都承认台湾是中华人民共和国的一部分。就是美国也早就放弃了承认台湾那个所谓的“中华民国”。这在中美关于台湾问题的三个公报中，美方正式确认了的。至于国际社会中仅有的那十几个不知名的国家还承认着“中华民国”，大多是美国在幕后作祟，威逼利诱所致，为的是配合美国在亚洲的战略。

因此，无论是从因为中国内战所形成的台海问题法理来说，还是从国际社会公认的法理来说，台湾都是没有“独”的资格的。也就是说，从法理上也把“台独”给摁住了。

国航陪伴奥运行

2001年7月13日，北京时间22点，全球万众瞩目的2008年奥运会举办城市在莫斯科国际奥委会第112次全会中揭晓。国际奥林匹克运动委员会主席萨马兰奇浑厚的声音宣告一个名字：BEI JING（北京）！这一声音，立即在中国引起举国的欢腾。随后，国航也开启了陪伴北京奥运之旅。

奥运申办权难得

北京申奥成功意义非同凡响。要知道，奥运会历来都是在欧美等发达国家举办的。举办奥运会不仅要有雄厚的综合国力，而且要有完备的体育综合设施，还要有稳定的国家政局及良好的治安安全环境等。即使是这样，一个国家在众多的世界城市竞办中也未必能够成功。例如，英国从1948年举办之后，中间再次申办到2012年奥运会用了64年；法国巴黎从1924年举办之后，再次申办到2024年奥运会，整整用了100年。

其实，能否举办奥运会已经超越了纯体育运动的性质，成为提升一国国际地位、展示国家实力、影响力的平台。当然，一国若实力不够、影响力不够，也申办不到奥运会的举办权。

中国于1991年3月18日成立了北京2000年奥运会申办委员会。1993年9月23日，中国第一次派出代表团申请奥运会的举办权。在国际奥委会第100次全会中，通过三轮投票之后，申办2000年奥运会的城市只剩下北京与悉尼。前三轮的投票结果，北京为40票，悉尼是37票。但是在第四轮投票之后，北京以两票之差输给了悉尼，未能获得2000年奥运会的主办权。

国与国之间的斗争无所不在，看似“净土”的体育运动也不例外。国家的强大直接决定了一国的国际地位，也决定了在各种斗争中是否占据优势。国际性活动的投票，真的都那样公平吗？

这次申奥失利，令所有国人措手不及。在第三轮投票之后，中国北京已占据了优势。投票结果一宣布，全场哗然，中国代表团泪洒当场。对此结果，大家不由得心存疑窦，悉尼为何能在关键时刻超过中国呢？当时有一种说法是朝鲜代表团对于1992年中国与韩国建交不满，没有投票给中国。但后来的事实证明，朝鲜这一票还是投给了北京的。投票的信息公开之后，中国的两票之差是由于埃及和保加利亚代表没有参加投票。保加利亚和埃及都与中国早就建交且保持着友好关系。当时代表埃及参加投票的是位高龄老者，虽然他曾表示即使抱病也要参加投票，并把票投给中国，但是最终因病未能参加投票。保加利亚代表在投票前夕，由于国内突发暴乱，无奈只能匆匆回国，所以也未能参加投票。中国虽然第一次申奥失利，但并未放弃，继续为2008年的申奥而努力。

纸终究包不住火。1999年，美国爆出丑闻，其在申办盐湖城冬季奥运会时，曾经通过威逼利诱的方式，逼迫有的国家为盐湖城投票。此事一经爆出，举世哗然。此时的澳大利亚相关人士也爆料说出了1993年悉尼取得奥运会申办权的真实原因。

原来，彼时的澳大利亚代表曾在投票前秘密宴请非洲两个国家的代表，并给予两位代表各3.5万美金用以“资助”体育建设。这两个非洲国家原计划是将票投给中国北京的，但是因为接受了这3.5万美金的“资助”，所以在最终的投票中改投了澳大利亚的悉尼。中国第一次申奥梦就此破碎，公平就此遭到践踏，无数人付出的努力和汗水付诸东流。为之难过的不仅仅是中国，所有尊重公平、尊重体育精神的人们都受到了深深的伤害。

《易经》有言：“天行健，君子以自强不息。”1993年申奥失利，并没让中国体育人一蹶不振，全中国人民上下一心，对于申奥的热情更加高涨。7年之后，中国申奥代表团再次泪洒投票现场。不过这一次的眼泪，是因为高兴和激动——中国赢得了2008年的奥运会举办权。

同全世界炎黄子孙一体，每一个爱国者都怀着无比激动的心情，感受着巨大的鼓舞。北京的申报成功，向全世界证明了中国的实力，同时也表明了世界对中国的肯定。国际奥委会把奥运会的举办权第一次交给拥有5000年悠久历史与灿烂文化、占世界人口五分之一的中国，这必将极大地促进中国人民与世界人民的交流与友谊，为奥林匹克运动理想在全世界范围内的传播与弘扬起到巨大的推动作用。同时，这也使中华优秀传统文化更广泛地走上世界的巨大舞台。这将同中国加入WTO一样，为中国社会的全面发展，增强中国的综合国力，增强中华民族的自豪感与凝聚力，起到巨大的助推作用。曾经遭受百年屈辱的中国，曾经被帝国主义列强侮辱为“东亚病夫”的中国人，今天终于实现了多年夙愿。这和香港、澳门回归一起成为中国人洗雪百年国耻的一个重要标志，这在中华民族光辉灿烂的悠久历史上增添了亮丽的一笔。

有伙伴事情就会容易些

伙伴就是帮手，做任何事情，有伙伴就会容易些。申奥成功之后，北京奥组委随即成立。奥组委工作内容繁多，其中一项是启动奥运会合作伙伴关系的工作。所谓合作伙伴，就是能为奥运会顺利举办提供赞助和帮助的合作企业。赞助，主要是指能为奥运会的举办无偿提供资金支持。所谓帮助，就是能为奥运会的举办提供某些专项服务，这会使奥运会举办得更风光顺畅。

由于奥运会所带来的权益及商机，充当奥运伙伴也充满着激烈的竞争，同时如何利用与奥运会的伙伴关系也大有其妙。

奥运合作伙伴不好当

2008年北京奥运会合作伙伴及赞助商共分5个层次。

第一个层次是国际奥委会全球合作伙伴。所谓全球合作伙伴，就是不止赞助某一国一城市的奥运会，而是对奥运会的全球举办都要赞助。这是俗称TOP（顶级）的赞助商，是奥运会层次最高级别的赞助者，具有排他性。也就是说国际奥委会在同一行业中只选择一家企业，而且是分期别的。一般一届奥运会为一期，可连续签订。2008年北京奥运会在内的第六期TOP计划中共有12家企业，分别是联想、可口可乐、源讯、通用电器、宏利人寿、柯达、麦当劳、欧米茄、松下电器、三星、强生和VISA（无缝墙布）。

当然，TOP赞助商的门槛也是最高的，企业在全球也是最有影响力的。尽管国际奥委会从没正式公布过TOP计划的准入门槛和具体价位，但仍有传闻可循。包括2008年北京奥运会在内的第六期TOP赞助商的门槛，据传是6000万美元。而很多企业的具体赞助费用都要高过这个基础价位，到底是多少，奥委会和赞助商双方对此是签有保密协议的。

国际奥委会的TOP赞助费用也是届届提高的。1984年的洛杉矶奥运会，TOP赞助商的门槛是400万美元，此后不断飙升。到了1997—2000年，第四期 TOP 计划赞助费已是 4000 万美元。而 2001—2004 年的第五期雅典奥运会 TOP 计划价已涨到了 5500 万美元。即使屡创天价，成为奥运会 TOP 赞助商的门槛还是不断水涨船高。据传闻，第七期 TOP 计划，2010 年的温哥华冬奥会及 2012 年伦敦奥运会 TOP 赞助费用门槛已达 8000 万美元。2017 年阿里巴巴成为奥运会全球第 13 个合作伙伴，从 2018 年到 2028 年三个周期共支付了 8 亿美元。平均每期近 2.7 亿美元，折合人民币约 20 亿元。这也是迄今为止奥运会 TOP 计划支出最高的企业。可以预见到的是，今后的奥运会 TOP 计划费用会继续水涨船高。

第二个层次是 2008 年北京奥运合作伙伴。2004 年 6 月 10 日，大众汽车（中国）成为第一个 2008 年北京奥运会合作伙伴。此后，中国国航、中国银行、中国移动、中国网通、中石油、中石化、国家电网、强生（美国医疗卫生保健品公司）、阿迪达斯（德国运动品制造商）、中国人保财险等 10 家企业先后成为北京奥运合作伙伴。其中，中国本土企业有 8 家，而这个层次的竞争也相当“惨烈”。据传，这个层次的起步价是 3 亿元人民币。大众以 7000 万美元力挫现代，阿迪达斯以 8000 万美元把本土品牌李宁运动服挤出了门外。具体到各家企业到底出了多少钱，因为合作伙伴关系的商谈都是秘密进行且事后双方承诺保密并签有文书，那就不得而知了。

第三个层次是 2008 年北京奥运会赞助商，共有 10 家企业。这个层次的赞助商据传起步价是 1.5 亿元。

第四个层次是 2008 年北京奥运会独家供应商，共有 15 家企业。

第五个层次是 2008 年北京奥运会供应商，去掉了“独家”二字，同样有 15 家企业。

北京奥组委在其官方网站披露，2008 年北京奥运会独家供应商的准入门槛为赞助 4100 万元，普通供应商的赞助门槛是 1600 万元。这只是基准门槛，实际价位也要高于这一数字。

从上述可以看出，第一、第二、第三层次主要是提供资金的赞助，当然，第二、第三层次企业有的也兼有提供服务的帮助。第四、第五类赞助商，主要是提供商品服务的帮助。

作为回报，这些企业将不同程度地享有相应的权益，主要回报方式有：使用奥运会、奥组委的徽记和称谓进行广告和市场营销活动；享有特定产品和服务类别的排他权利；获得奥运会的接待权益，包括奥运会期间的住宿、证件、开闭幕式、门票、使用赞助商接待中心等；享有奥运会期间的电视广告及户外广告的优先购买权；享有赞助文化活动以及火炬接力等主题活动的优先选择权；等等。同时，奥组委还实施防范隐性计划以保护赞助商的权益。

北京奥运会伙伴国航必须当

北京奥组委市场开发伙伴关系工作一启动，便向国航发来伙伴关系征集书。按规定，如果国航有合作意向，则要向北京奥组委递交《兴趣函》和《保密承诺书》。《兴趣函》主要是表示有成为北京奥运会合作伙伴的兴趣；《保密承诺函》主要是对相关保密事项做出承诺。一般在正式提交函件之前，先做些非正式的接触，了解相关信息，包括准入门槛，有无竞争对手、权益与义务、合作内容、能否胜任、合作路径，等等。

国航从一些消息中得知，国内外不止一家航空公司还是有争当 2008 年北京奥运会合作伙伴意愿的，但出资赞助意向大都在 5 亿元人民币上下。作为奥运会的航空运输合作伙伴，承诺的内容主要是承担奥运会的航空运输保障任务，确保整个北京奥运会航空运输工作的安全、顺畅和高质量的服务，不能出现影响恶劣的服务事件。同时也了解到，北京奥组委向其他相关航空公司也发去了奥运会合作伙伴《征集书》。

在是否与北京奥运会建立合作伙伴关系上，国航多数人是持积极态度的。但是也有个别人认为担当北京奥运合作伙伴首先是加重了公司的经营负担，因为要拿出一笔不菲的赞助费用，对于刚刚扭亏仅两年的国航来说，是有一定经营风险的。其次，奥运会的航空运输服务要求高、时间长、影响大，对公司的品牌建设容易带来风险。最后，对奥运会航空运输保障的内容、流程、特点等不清楚，公司缺少相关保障工作的经验与人才。再说，反正国航的主运营基地在北京，当不当奥运会合作伙伴，业务市场都占有区位优势，没有必要再花冤枉钱，费冤枉劲。针对上述认识，国航在以下几个方面统一了思想：

一是国航是中国的载旗航空公司，对外代表着中国的形象。中国举办的2008年北京奥运会，作为当时最大的中国航空运输的承运人，主运营基地就在北京，如果不担当在北京举办的2008年奥运合作伙伴是说不过去的。如果让别的航空公司担当了北京奥运合作伙伴，那对国航品牌将是严重贬低。

二是担当北京奥运合作伙伴，当然要赞助一笔不菲的费用。这笔费用从中国第一次成功申办奥运来说，理应作为公益事业进行赞助，这是作为中国载旗航空公司应有的担当。

三是在北京举办奥运会，必然会给航空运输的人流和货运业务带来增长。作为北京主运营基地的国航，必然是最大的受益者，最大的受益者理应做出最大的贡献。

四是借助北京奥运合作伙伴的东风，可以进一步大幅提高国航的品牌知名度和影响力；同时，围绕奥运会高质量的航空运输保障，培训员工、改善公司运营流程，可以促进公司服务质量的提升，从而增强公司内生发展的动力。

五是借助奥运会给北京带来的客货流量的增长，公司改善营销策略，加大北京航空枢纽建设力度；同时利用星空联盟合作机制可以扩展公司国际航空业务。

国航虽然为北京奥运会提供了不菲的赞助费用，也完全有可能因北京奥运会而取得不菲的收益。总之，北京2008年奥运会合作伙伴国航必须当。

为当伙伴掏了七个亿

决心一下，立即行动。公司随即成立了以我为组长的国航北京奥运会合作伙伴领导小组，组织了专门团队应对这项工作，并聘请了有参与过奥运会经验的律师做国航的法律顾问。

2003 年 9 月 1 日，北京奥组委市场开发部奥运会伙伴关系工作一启动，第二天国航就立即跟进，并且很快形成了应征文件、谈判要点，确定了国航申当北京奥运会合作伙伴的步骤和策略，以及与北京奥组委的合作框架、机制、途径等。

2004 年 6 月 18 日，国航如期完成了《应征文件》的编制工作。当我亲手将构思新颖、制作精美、内容翔实的《应征文件》提交给北京奥组委时，受到了北京奥组委领导的高度称赞。

作为合作伙伴向北京奥运会提供的赞助费用，起步价是 3 亿元人民币，但是没有经过讨价还价的谈判，国航决定一出手就是以 7 亿元人民币赞助北京 2008 年奥运会，折合约 9000 万美元。据说这一数字在北京 2008 年奥运会所有的合作伙伴中最高。一名奥组委领导见到我只说了一个字："爽！" 事后得知，没有任何一家航空公司愿意出价 7 亿元人民币竞当北京 2008 年奥运会合作伙伴。

合作伙伴当好了

作为北京 2008 年奥运会航空运输的合作伙伴，意味着国航成为北京 2008 年奥运会、北京 2008 年残疾人奥运会航空运输的承运人，提供航空运输服务。

北京 2008 年奥运会将迎来 200 多个国家和地区的运动员、奥林匹克大家庭成员、政府官员、媒体记者和旅游者，这创造了历届奥运会参加国家和地区之最。为各国来宾提供安全、舒适的航空运输服务，是成功举办北京奥运会的一个重要因素。其中最核心的要点是安全。北京奥组委明确指出：没有奥运安全，就没有奥运成功；没有奥运安全，就没有奥运国家形象。"平安奥运"是北京 2008 年奥运会圆满成功的根本性标志。

为此，国航始终把安全第一贯彻于奥运航空运输保障工作的全流程，并以此为核心点，全面分析了国航奥运保障面临的 5 个巨大考验特性：

长期性：国航自与北京奥组委签订了奥运会合作伙伴关系起，就意味着开启了奥运航空运输的保障工作。到 2008 年北京奥运会结束，将经历 4 年多的时间。期间，与北京奥运会相关航空运输的保障工作都要由国航承担，这对国航优质服务工作的扎实性、持久性、全面性是巨大考验。

艰巨性：北京 2008 年奥运会在 8 月份举办，奥运会期间正值雷雨多发季节，高峰时段航班量将创历史最高。届时专机楼、公务机楼、二号、三号航站楼，国航将同时运行。另外，6 个分赛场，10 个备降场将同步运转，这对国航的高效组织与协同能力是巨大考验。

复杂性：北京奥运会期间，世界 200 多个国家的元首、体育人员、政府官员、媒体人、旅游者各色人等，同时汇集北京。航空服务规格高，服务对象杂，不同文化背景的人服务偏好不一，这对国航的服务水平和质量是巨大考验。

敏感性：世界奥林匹克委员会虽然明确让奥运会远离政治，其实奥运会不可能脱离政治。奥运航空服务上的任何问题都可能引起法律纠纷，或上升为外交事件，这对国航奥运服务工作的大局意识、政治意识是巨大考验。

应急性：智者千虑必有一失，愚者千虑必有一得。任何事情事先的设想都不可能做到百分之百的算无遗策，总会出现一些事先意想不到的情况。从心理、物力、业务上做好恰当应对各种复杂情况，这对国航的应变能力是巨大的考验。

针对上述特性，国航确立了奥运保障工作 5 个结合的工作思路，即：对外协调与对内组织相结合。以严密高效的内部组织，落实好对外协调的相关工作；将奥运航空服务产品与奥运传播相结合，以奥运航空服务产品促进奥运传播，以奥运传播拉动奥运航空服务产品；将奥运航空服务保障流程与现行生产运行机制相结合，用奥运航空服务保障流程，提升现行生产运行机制，用提升现行生产运行机制，保障奥运航空服务保障流程；将奥运航空服务保障与国航的全员培训相结合，以奥运航空服务保障促进国航的全员培训，以国航的全员培训，保证奥运航空服务工作的落实；将奥运航空服务保障标准与国航的长远服务质量提升相结合，以奥运航空保障服务标准，带动国航长远服务质量的提升，以国航长远服务质量的提升，服务奥运航空运输保障。

为在实际工作中贯彻落实好上述5个结合，让国航全体员工简洁明快地认识奥运航空服务保障工作，并自觉投身其中，国航列出了奥运保障工作是什么、不是什么、什么是奥运保障成功的样子，在公司广为宣传。

奥运保障是什么？

是国航每个部门、每位员工共同的荣誉、责任、使命。

是对国航全面工作的一次综合检测。

是国航向全球展示公司品牌的平台。

是促进国航整体组织能力、协同能力、服务水平提升的重大契机。

是国航获取经济效益和社会效益的难得机遇。

奥运保障不是什么？

不是短期的服务行为。

不是奥运服务产品的单纯推销。

不是单靠硬件设施投入能完成的工作。

不是仅凭热情和表决心就能打赢的硬仗。

奥运保障成功的样子：

为北京2008年奥运会成功举办提供安全可靠的全方位航空运输保障。

为奥运乘客提供安全、顺畅、舒适、感动的全流程服务体验。

不因航空运输服务影响任何运动员的训练和比赛。

整个奥运航空服务保障无差错、零投诉。

奥运应急航空运输保障万无一失。

围绕奥运保障成功的样子，国航确定了北京2008年奥运会筹备中、举办时、闭幕后的20个大项，100多个小项的重点工作，实行定人、定时、定量、定质逐阶段抓落实。标准是滴水不漏，万无一失。做到指挥体系清晰，工作流程严密，重点工作突出，服务标准规范，应急预案完善。

公司经过精心准备、精心组织、精心实施，圆满完成了奥运会、残奥会、奥运火炬国内外传递和“好运北京”测试航空服务保障任务。北京2008年奥运会赛时阶段，共保障涉奥航班6665班，运送奥运大家庭成员65909人次，行李91005件，货物3592件，共计182吨，航班正点率达到90%。奥运火炬境外传递包机历时 33 天，途经 19 个国家和地区的 21 个城市，总行程 9.7 万千米。境内火炬传递历时 3 个月，起降 45 个机场，总航程近 2 万千米，做到了准时到达，按时起飞，途中平稳。

历时 4 年多的奥运航空服务保障，加边际效益，国航实现利润 12.8 亿元。

国航的奥运会航空服务保障，创造了民航专项服务保障的诸多纪录。一是保障总规模、高峰时段的保障规模前所未有；二是保障持续时间前所未有；三是保障设施设备、人员投入规模之大前所未有；四是奥运火炬境外传递，单机运行时长、距离、经过的国家、机场之多前所未有；五是奥运专机、包机、公务机的保障数量前所未有；六是全部涉奥航空运输保障实现了零投诉前所未有。

北京 2008 年奥运会成功举办，事后在北京奥组委举行的表彰大会上，国航被党中央、国务院授予“北京奥运会、残奥会先进集体”的荣誉称号。

2008 年 8 月 24 日夜晚，北京 2008 年奥运会隆重闭幕，当世界奥林匹克运动委员会主席罗格宣布“这是一届真正无与伦比的奥运会”时，场内掌声雷动，场外烟花怒放。国航人都为国家的荣誉和自己所做出的贡献而无比激动和自豪。

在这里，我还想专门介绍民航在北京 2008 年奥运会期间一次成功的应急保障实践。

2008 年 8 月 8 日夜晚，北京奥运会在举世瞩目中隆重开幕。国家主席胡锦涛宣布北京 2008 年奥运会隆重开幕。开幕式的精彩节目正在表演中，相邻而坐的美国总统布什与俄罗斯总理普京在交头接耳交谈时，普京的随行人员在普京耳边低语了几声，普京的脸色马上阴沉下来，既而匆匆离席而去。

不好！趁着北京举办奥运会普京不在国内之际，格鲁吉亚总统萨卡什维利下达命令，格鲁吉亚军队攻入俄罗斯人口占多数的南奥塞梯地区，并向在此驻扎的俄罗斯军队发起了攻击。

格鲁吉亚曾是苏联的一个加盟共和国，苏联解体后独立，并申请加入美国主导的北大西洋公约组织。以美国为首的北约，也想利用格鲁吉亚从南面制约俄罗斯。南奥塞梯地区属于格鲁吉亚，但是该地区的居民大多数是俄罗斯人，且举行公投欲脱离格鲁吉亚归并俄罗斯，得到俄罗斯的支持，这对格鲁吉亚来说当然是不可接受的。于是趁着北京2008年奥运会开幕之际，格鲁吉亚认为有美国和欧盟背后的撑腰，鲁莽地对俄开战，并且一度迅速攻进南奥塞梯首府。国家突发战事，俄罗斯总理普京岂能有心思安坐在北京鸟巢观赏北京奥运会开幕式！

立即回国应对！这是普京的性格。

停放在北京首都国际机场的普京专机的地面代理工作，是由国航的地面服务部承担的。接到普京紧急离开鸟巢返国的信息，国航地面服务部立即按照预案开展相关工作，加油、上水、配餐、航前检查，协调飞机进入离港坪、客梯车就位等一连串地面保障步骤一气呵成。普京的车队从鸟巢驰入首都机场专机坪时，他的专机已昂首待发了。普京一下汽车便登机呼啸而去。他没直飞莫斯科，而是降落在离中国最近的俄国城市伊尔库茨克，在伊尔库茨克临时开设的作战指挥部里指挥着俄军对格鲁吉亚军队进行了快速反击。很快的时间，俄军就横扫了格军，格鲁吉亚总统萨卡什维利最终弄了个灰头土脸。

弃国而去的总统

格鲁吉亚在这场战争中不仅损耗了大量的人力、物力，而且彻底与俄罗斯撕破了脸皮，从此失去了来自俄罗斯的官方支援，大量基础设施被毁，国民士气受到极大挫伤，整个国家的经济倒退了数十年。从此格鲁吉亚成了黑海地区最贫困的国家，总统萨卡什维利下台后去了乌克兰谋生。

2013年3月26日，我与俄罗斯国防部长绍伊古同桌就餐，我说起普京从北京奥运会现场紧急到机场乘机返俄，指挥俄军对格鲁吉亚速战速决的反击时，绍伊古幽默地笑着说："中国民航对普京专机的保障工作也是速战速决的。"

圆满完成北京2008年奥运会的航空服务保障是国航一笔巨大的财富。奥运服务保障提升了国航大规模生产的组织能力，保障经历有效地转化了公司的生产组织运行机制，提升了国航北京基地枢纽的运转水平。枢纽功能和资源管理潜力得到了开发，公司的服务标准、流程进一步优化。员工的整体素质大幅提升，协作意识和大局意识明显增强，公司的凝聚力大大提高。总之，更高、更快、更强的奥林匹克运动精神，也促进着国航突破自我，走向更高、更快、更强。

一转眼，我还未来得及回味治理企业的感受，正在为国航新的发展布局谋篇之时，中央一纸任命，又将我推向新的工作岗位。还好，《解放军报》的两篇连续头版头条报道，以及后来 2012 年、2013 年的哈佛大学商业评论期刊，从不同角度帮我对七年治理企业的生涯做了总结，以下是相关报道。

不负党和人民重托

记沈空副政委、中航集团总经理兼国航董事长李家祥（上）（2007 年 5 月 30 日《解放军报》头版头条报道）

今年 4 月 8 日，一位中国企业家应邀走进美国哈佛大学讲堂。面对 500 多名经济学研究生，他用英语开场，言谈幽默，才思敏捷，做了题为“在经济全球化中不断发展的中国国际航空公司”的精彩演讲。在 50 多分钟时间里，他独到的见解不时引发阵阵热烈掌声。

他，就是沈阳军区空军副政委、中航集团总经理兼国航董事长李家祥。

5 月上旬，记者走进中国航空集团采访，透过李家祥多年来坚持用科学发展观指导实践，推动中航集团又好又快发展的理念和做法，深切感受到一位军人干部站在一个完全陌生的新舞台，以不辜负党中央、国务院和中央军委重托的信念，殚精竭虑，呕心沥血，带领企业勇敢起航的魅力与威力。他以军人特有的勇气、豪气、才气，向党和人民交出了一份漂亮的答卷。

“我考虑的是国家利益，不是个人的得失。兵都当了，仗都敢打，还有什么可怕的！”他以从严治军的作风迅速扭转局面，带领国航走出困境。

2000 年 11 月，党中央和国务院根据国航建设需要，决定从空军选调一名优秀军职干部到国航工作。10 日晚，李家祥被一个紧急电话调到国航担任领导职务。

李家祥在部队时就曾以从严治军而闻名。他到国航上任的时候，国航正值人心思变的当口。不仅发生了一系列问题，而且资产负债率一度达到 95% 以上。作为唯一可以悬挂中国国旗的航空公司，国航当时虽占据着中国航空运输 21% 的市场份额，但在经营业绩和资本市场作为方面却远远落后于其他航空公司。受命于危难之时的李家祥与其他新任领导班子成员一道，针对公司存在的问题，把“加强管理，增强凝聚力，惩处违法乱纪者，树立正气，提高效益，扭亏为盈”作为工作的突破口。仅一年的时间，清理案件 5 起，追回赃款、违纪款 4200 万元，弘扬了正气。

使命在肩。接着，李家祥又没日没夜到基层单位连续调研 20 多天。

“亏损企业就像打了败仗的军队，必须进行战略收缩，不能再四面出击。”面对重重困境，李家祥和新任班子成员大胆决断，马上中止所有可能造成亏损的投资，就像救治负伤的士兵，首先赶紧“止血”。

他重整国航架构，将与民航运输主业不相关的机构和企业统统砍掉。

牵一发而动全身。一名中层领导找到李家祥想保住养鱼场：“留着吧，我们过节还能分点鱼呢。”

李家祥回答：“为吃几条鱼，公司砸进去几千万，如果买鱼，几火车都拉不完！”

李家祥为国家算大账，有些人却为自己算小账。在清理分支机构的资金账户时，有的拒不上缴，有的一拖再拖，甚至扬言“企业不是部队，令行禁止那一套不好使”。

李家祥知难而上，统一了班子成员思想，随即使出“杀手锏”：“不交账户，交职务；交完职务，还得交账户。”

那段时间，说情的、求情的、“沟通感情”的，几乎踏破了李家祥办公室的门槛，都被他挡了回去。谁料，最后竟有人打来恐吓电话：“你要小心点，还是好好考虑考虑自己吧。”李家祥毫无惧色：“我考虑的是国家利益，不是个人的得失。兵都当了，仗都敢打，还有什么可怕的！”

一身正气的李家祥，丝毫不改军人敢打必胜的过人胆识，与新任党委班子一起，带领广大员工大刀阔斧地闯过一个又一个难关，撤销分支账户300多个，精简二级机构15个，砍掉下属企业20家。一连串的大手笔把“血”止住了，到2001年底，国航即实现扭亏为盈，盈利4000万，振奋了上下士气，为国航以后的发展开创了良好局面。一位中央领导同志了解到这一情况后高兴地说：“这下国航的风气一定好转了。”

“我没卖过股票，但我卖过黄瓜。部队带兵与管理企业‘大道相通’。”他以高度负责的政治责任感和大智慧谋求发展，指挥国航连战连捷，一跃成为国内行业翘楚。

记者在国航采访，员工们称赞说：李总坚持用科学发展观研究解决现实问题，一心一意谋发展，积极推进联合重组和新国航一体化整合，做强做优主业。他在国航的工作方法与军队管理工作相似，追求整齐划一。2002年10月11日，在原国航、中航总和西南航基础上成立了中国航空集团公司，同年10月28日新国航正式成立，李家祥担任集团党组书记兼新国航总裁。他和两级班子成员一道，带领广大员工，以机队和市场整合作为一体化的突破口，不间断地稳步推进新国航其他各项整合，率先成为民航企业联合重组后完成实质性一体化的航空公司。与此同时，集团主辅分离、各专业广告公司、进出口公司、中国国际货运航空有限公司、公务机分公司、工程技术分公司、上海基地和广州基地等单位先后成立。2003年1月，新国航率先统一使用“CA”航班运营，统一使用国航“999”代码的运输凭证；其次是航班编排、航线管理、市场营销的一体化等等。随着集团主辅分离、主业一体化整合工作的完成，集团和新国航各方面的优势已逐步显现。新国航成立9个月后，总资产由380多亿元增加到514.7亿元，航线由110多条增加到300多条。集团及国航确立了在国内民航业中的竞争优势，重新奠定了行业领先者的地位。

责任如山。中航集团成立以来，李家祥与班子成员一道，联系实际运用科学发展观，紧紧抓住经济建设中的重点难点问题，把研究成果转化为工作思路和具体举措。

2004年，国航筹划H股上市，有人经过理论数据分析，认为“国航卖不上大价钱”。上市计划书递到国航高层，被李家祥退回去3次，原因就一条：“没突出国航的卖点。”对方急了，当面质问李家祥：“你当过将军但没玩过股票，你懂上市吗？”

李家祥正色道：“我没卖过股票，但是我卖过黄瓜。部队带兵与管理企业‘大道相通’。黄瓜的卖点是两条，一个是鲜，一个是嫩，它的标志就是头顶黄花、身长绿刺。你知道国航的卖点在哪里吗？”对方一下子被问住了。李家祥接着又说：“好马不能卖个驴价钱。”随后，他3次组织有关人员修改方案，上调股价，突出国航“潜在价值”的主打卖点。果不其然，国航H股一上市就募集资金102亿元，比原来预计的多出32亿元。

没管理过一家公司，没受过一天企业培训，李家祥却以“大道相通”的理念在瞬息万变、竞争激烈的商界中应对自如、连施妙手，上演了一幕幕精彩的商战活剧：

——“集中优势兵力”做强做优主业。李家祥不和其他航空公司攀比“摊子”大小、飞机多少、航线疏密，而是把提高盈利能力作为国航的核心战略。他集中人力、物力、财力做强做优主业公司国航，并在香港、伦敦、上海成功挂牌上市，使国航净资产增长近18倍，由21亿元增加到360亿元，盈利能力在国际265家航空公司中位居第九。

——主辅策应，协同作战。中航下属8个业务公司，在李家祥眼里，国航是“主力军”，其他7个是“生力军”。要想在风险频仍的商场上立于不败之地，既不能孤军深入，也不能一业独大，各“军兵种”必须互相策应，协同作战。在李家祥的主持下，中航集团形成了以国航为主，以飞机维修、地面服务、媒体拓展、旅游酒店等为辅，主辅协调发展、相互支撑、和谐共赢的核心产业链，成为一支战斗力强大的“集团军”。

——立足国内“根据地”，开拓国际市场。李家祥至今对泛美航空倒闭的教训记忆犹新：20世纪90年代，泛美航空曾拥有飞机770架，是当时世界上最大的航空公司，但只飞国际航线。后来，随着美国天空的开放，其他飞国内航线的航空公司纷纷涌向国际航线。这样一来，没有国内市场支持的泛美很快就垮台了。李家祥总结道：“航空公司不能没有根据地。尽管国航是国际航空公司，但根据地必须在国内，用国内航线促动国际航线，用国际航线带动国内航线。”

在这一思想决策的指导下，国航及时调整市场战略，将主要精力放在机型调整、航线设置上，迅速形成了以北京为枢纽，以长江三角洲、珠江三角洲、成渝经济带为战略重点，连接国内干线支线并对国际航线形成全面支撑的全球航空运输网络。

不谋全局者不足以谋一域。喜读史书的李家祥，经常翻看办公室书架上的那套《资治通鉴》。他最欣赏中国古代智圣诸葛亮，但他所看重的并非诸葛亮一个个奇异诡谲的计谋，而是隆中对三分天下的宏图大略。

“没有强烈的忧患意识，就干不好党的事业。在世界民航版图上，国航应该占有一席之地。”他以强烈的使命感和世界眼光改革创新，推动中航不断走向世界。

李家祥掌舵国航以来，屡遇“多事之秋”：2001 年“9・11”、2003 年“非典”、2005 年世界原油价格飞涨……近几年来，在世界航空运输业低迷、许多航空公司亏损的情况下，李家祥和班子成员带领国航连续 6 年盈利，而且盈利规模大幅度攀升，最近 3 年分别占全国民航运输企业盈利总额的 57.6%、124.8% 和 186%，创造了被国内外誉为“一枝独秀”的发展奇迹。“国航现象”，成为世界一些发达国家和中国经济学者探索的课题。2005 年 12 月 13 日，李家祥应邀在北京大学做了题为“思维决定成败”的讲演。2006 年 4 月 12 日，李家祥应邀到美国哥伦比亚大学讲演，其治企理念、兴企之道受到包括诺贝尔经济学奖获得者“欧元之父”蒙代尔在内的国际知名学者的好评。2006 年 10 月 28 日，李家祥应邀到清华大学首届中国企业文化高峰会上发表讲演，其对企业文化的独到认识和实践，赢得了清华大学师生、与会知名学者和商界领袖人物的如潮掌声。

在别人眼里，李家祥已经创造了企业的辉煌，可他并不满足。

“没有强烈的忧患意识，就干不好党的事业。在世界民航版图上，国航应该占有一席之地。”在北京霄云路国航大厦 28 层的办公室里，李家祥指着墙上挂着的世界民航运输地图，说出了他的忧患：在中国航空市场外国航空公司瓜分了65%的国际客运业务、72%的国际货运业务。中国的航空公司处于弱势地位，“这与中国的国际地位严重不符”。而且，在他看来，未来中国有能力成为有世界影响力的航空枢纽的，只有北京、香港、上海3个城市。北京是国航的运营基地，国航已牢牢占据其44.6%的市场份额；上海则被称为国航的“门户”，机队规模相对较小；而至关重要的香港枢纽，由于基础问题，“国航自己是发展不起来的”。但更为紧迫的形势是，近几年来，北京周边的东京、首尔、香港、曼谷、新加坡，还有中东地区的迪拜，对国航到达欧美的长程航线分流很大，已经带来了实质的威胁。有数字表明，2005年东京和首尔的航空枢纽几乎分流了25%的中国出境旅客。

如何破局而出，在未来国际民航业竞争中争取主动？李家祥将自己的策略总结为两句话，即“以联合促发展，以整合聚能力”。

2006年初，李家祥与班子成员一起又带领国航广大员工展开了新一轮拼杀。按照他的计划，21世纪的前10年，中航集团公司将建成亚太地区著名的、具有先进管理水平和国际竞争力的大型航空运输企业集团。到2010年，国航运输总周转量达到200亿吨千米，跻身世界航空公司前10名。

然而，行路多艰。2006年8月，国航为了连通国内外资本市场，回到内地A股上市，首日开盘就跌破发行价。黑云压城，李家祥面不改色，始终保持着一位将军的镇定，只说了一句话：“走着瞧。”

很快，国航一系列利好决策出台，不到半年，股价飙升至5.2元，目前则达到11元多。

稳固了后方，李家祥开始积极寻求合作，集中打造国航北京、香港双枢纽。

很快，在李家祥与班子成员策划下，一个以国航控股的香港港龙航空为媒、涉及5家港股上市公司的“星辰计划”浮出水面。按照协议，国航与香港国泰航空公司交叉持股，互为销售代表，国航独家负责国泰航空在内地的客运销售，国泰航空独家负责国航在港澳台地区的客运销售。李家祥直言，这意味着“大陆市场的水龙头由国航控制”，“星辰计划”由此可进退自如。

在国泰航空的有力支撑下，国航在中转联程的国际航线业务上优势更加明显，旅客不出机场就可由双方航班直接转运，再分送至世界各地，国航由此形成全球运输网络。亚洲航空史上最大一笔交易，被李家祥“借鸡生蛋”，“四两拨千斤”地做成了。

喜读哲学，酷爱书法，思维行事惯于高屋建瓴，长于收放自如，再加上在军营里历练的紧盯世界军事变革的“职业敏感”，李家祥从不缺少国际视野。

事实上，在掌舵国航之后，李家祥一刻也没有停止“国际化”考量：比如，2004 年国航选择先在海外上市，接受日本全日空和新加坡淡马锡集团、香港国泰航空公司等投资者入股国航，这些都是围绕树立国际化的国航品牌形象而进行的深远谋划。

目前，国航又与世界上最大的航空联盟——星空联盟达成谅解备忘录，正在履行加入星空联盟程序。此举将对扩大国航在全球的影响、进一步增加收入、降低成本等产生重要作用。

几年来，李家祥以勇于开拓创新的精神，团结领导班子成员带领广大员工紧密联系企业实际，认真贯彻落实科学发展观，使集团经营步入良性发展的轨道：集团总资产由 574 亿元增至 976 亿元，4 年共实现净利润 104.75 亿元，上缴税费 104.31 亿元。中航集团在全球行业内的地位得到迅速提升，中国国际航空股份有限公司机队由 2002 年重组时的 118 架飞机增加到目前的 212 架；在世界航空公司的排名由 2002 年的第 32 位上升到第 18 位。李家祥也以执着的奉献精神和卓越的业绩，先后荣膺“中国改革十大杰出人物”“2006 中华十大才智人物”“2006 中华十大经济英才”等称号，还相继获得“亚洲管理创新十大杰出人物奖”“中央电视台 2006 年度经济人物”、蒙代尔《世界经理人成就奖》金奖等 20 余项世界级和国家级荣誉，并被推选为中国航空运输协会理事长。

“做主流旅客认可的航空公司，做中国最具价值的航空公司，做中国盈利能力最强的航空公司，做具有世界竞争力的航空公司！”雄心勃勃的李家祥用惯有的自信语气，和班子成员规划着国航美好的未来。

“让党的优良作风永远鲜亮”

记中航集团总经理兼国航董事长李家祥（下）（2007 年 5 月 31 日《解放军报》头版报道）

“李家祥所做的，我们大伙几天几夜也说不完。一名军队干部在国航一干就是 6 年多，他的生命已经融入了国航的事业，让我们从中看到了共产党员的优良作风。”记者在中航集团和国航采访时，一名员工这样评说他们的“老总”。

在国航采访时，记者发现，公司许多部门经理以上负责同志的案头都摆着两本当前流行的书:《世界是平的》和《长尾理论》。一位部门经理告诉记者，这两本书都是李家祥特别推荐给大家读的。

5 月 18 日，李家祥刚从国外回来，征尘未洗就接受了记者采访。他面容和善，可一开口讲话，睿智与干练就扑面而来:“面对国际国内严峻的市场竞争和内部改革攻坚的双重挑战，如何更好地发择党委的核心领导作用，全面提升国航核心竞争力? 紧跟时代，加强学习，促进领导班子和干部队伍建设，是上新台阶的关键！”

在李家祥积极倡议和领导下，从 2001 年开始，国航大兴学习之风，各级领导班子和党组织紧紧围绕提高能力素质，始终狠抓党的创新理论学习。

李家祥认为:“学习就是工作。对领导干部来说，树立和倡导良好学风，是必须承担的责任和使命。”为了使理论学习求深入、见实效，李家祥经常加班自拟讲稿，将自己学习邓小平理论和“三个代表”重要思想、科学发展观以及胡锦涛总书记一系列重要论述的切身体会，与企业的发展实际有机结合起来。他在国航和集团内部做了《确立科学的思想方法和思维方式》《用正确的理念指导集团经营管理实践》《思维决定成败》《服务质量是航空公司生存和发展的根本》《用科学发展观经营企业》《树立国际化的国航品牌形象》《在经济全球化中不断发展的中国国际航空公司》等 20 余次讲座，引导大家树立良好的学风，自觉运用党的创新理论不断解放思想，更新观念，与时俱进，提高素质，开拓创新。中航集团员工告诉记者，李家祥总是善于把大道理讲小，小中见大；把大道理讲浅，深入浅出；把虚道理讲实，以实见真，让人觉得可亲、可近、可信，所以听他讲课如饮甘霖，“一点也不觉得枯燥乏味”。

抓学习，理论灌输固然重要，但李家祥更看重学习成果的转化。在他看来，创新理论一旦与实践相结合，就会迸发无穷的力量。李家祥亲自为领导干部和机关人员“把脉”，帮他们搞清职能，理清思路，找准努力的方向和奋斗的目标。他把企业经营理念归纳为四句话——“把市场摸得透透的，把路子理得清清的，把成本降得小小的，把收益搞得大大的”；他把领导干部的职能归结为20个字——“日常会服务、思想会引路、矛盾能消解、关键能把住”；他把对机关干部的能力要求总结为三要点——“站起来能讲、坐下来能写、派出去能干”……原本高深复杂的经济理论和工作规律，经过李家祥消化过滤、总结提高，都成了耳熟能详的“大白话”，被干部和员工们评价为“拿来就能用，用了就好使”。

国航党委工作部部长高邦柱、党委工作部宣传部部长王永生告诉记者：“与李总共过事的人都说，李总的作风有股‘魔力’，他到什么地方，很快就能把人凝聚起来；他接触到谁，谁就被激起干事业的欲望。跟他干事很累，要求也严，可不知为什么就是愿意跟他干！总觉得有一股冲劲，能成就一番事业！”

去年6月有一位兄弟民航公司的领导来国航参观，旁听了李家祥讲课，当场把他的讲稿要去，准备拿回自己公司宣讲。临行前，他问李家祥：“同样是领导，为什么你讲的别人就愿意听？有什么秘诀？”

“勤奋好学，学以致用。”李家祥说，学习不能单方面学理论，还必须深入基层调研，“从实践中来，到实践中去”。

李家祥对记者坦言：“我学习也有犯难的时候，但此时，我不是选择睡大觉，而是深入基层抓‘活鱼’解难题。”

李家祥在国航工作6年多来，无论是担任党委书记、党组书记还是在总裁、总经理、董事长岗位，每年下基层的时间都不少于3个月。他说：“这经验那经验，关键在于下一线；真正下到第一线，你就知道怎么干。”

为此，李家祥主动建立了集团和国航内部的学习教育和作风建设长效机制，组织制定了《合资企业党委工作要则》，完善了基层领导干部考核、选拔、任用制度和激励机制，通过狠抓各级班子和领导干部的理论武装和作风建设，重点解决了各级领导干部的示范作用、理想信念、党性原则、纪律观念、精神状态、工作标准问题。在集团开展先进性教育活动群众满意度测评中，集团各直属公司班子满意率平均达到了81.24%，集团党组满意率达到了84%。2006年，中国航空集团公司党组被中组部和国资委授予“四好班子”奖牌并通报表彰。

“一个没有艰苦奋斗、勤俭节约精神做支撑的企业，难以兴旺发达。”

记者看到一份权威杂志记载：“国航每客千米运输成本比国泰航空低0.072元，比新加坡航空低0.08元，比德国汉航空低50%。”“国航是如何将成本降到如此之低的？”与国外那些著名的航空公司不同的，国航没有依赖于频繁买进大型飞机，也不是依靠降低机群飞行年限来降低维护成本和燃油成本，而是在李家祥和班子成员带领下，在艰苦奋斗，勤俭节约方面做足了文章。

“让党的优良作风永远鲜亮”，是李家祥的一句口头禅。几年来，李家祥反复告诫各级领导干部：“发扬艰苦奋斗、勤俭节约精神，领导干部要以身作则。一个没有艰苦奋斗、勤俭节约精神做支撑的企业，难以兴旺发达。”为此，李家祥在各项工作中贯彻勤俭节约原则，坚持把有限的资金花在刀刃上。近两年来在中航集团和国航一些重大采购中，李家祥总是亲临现场，与供应商据理力争，为国航节约采购资金近30亿元。

李家祥与党委班子成员始终强化“成本效益”原则，做到先算账、再决策、后实施。他坚信：“多想一个好点子，就会为国家多省一笔钱。”

2002年以来，国际油价一路飙升，燃油成本占总成本的比例从18%飙升到40%，但国航受到的影响并不大。原来，早在几年前，针对国际航油价格可能上涨的态势，李家祥就与领导班子开展油价套期保值业务，锁定了当时的油价。后来，国航用“2003年的油”开“2005年、2006年的飞机”，轻松渡过国际油荒，仅2005年就节约油料成本2.21亿元。去年9月至10月，国际油价一路走低。10月31日，在干部大会上李家祥主动发问：“大家知道为什么世界油价走低吗？”他接着自答：“是因为美国中期选举。11月7日美国中期选举结束后，油价会上涨的——现在是套期建仓的好时机！”事后证明又被他言中了，国航套期数百万桶，每桶收益8.6美元，此项又收益数亿元。在李家祥看来：发扬艰苦奋斗精神，抓成本控制，不能放过任何一个“节约点”。在他的办公室，挂着一张完整的全国航线配置图。这是国航控制成本的“军事地图”，李家祥利用它，悄无声息地进行着一场又一场“成本控制战”：提高上座率。上座率每提高1%，就会给国航带来4.4亿元的收入。

改进飞机采购策略。采取批量采购、四处询价、层层压价等方法压低成本，仅2004年采购20架空客330飞机就节省20亿元。

匹配机型与航线。将中国—澳大利亚航线的飞机由波音777机型换成波音767，一举大幅减亏。

减少飞机载重。根据计算，飞机每减少1公斤重量，就节约0.033加仑用油。李家祥调查发现，许多旅客，特别是国内短途飞行旅客至少有5%是不吃饭的，遂将原来125%航食配给量降至95%，每年光是节省餐费就高达3亿多元。

掌舵国航6年多来，李家祥就是这样以强烈的节约意识和科学举措，为国航摸索出了一条减耗增效的方法路子。2005年，国航可用吨千米运营成本2.78元，是国内同行中单位成本最低的航空公司，而单位客千米收益0.622元排名国内第一，在全球范围内，能达到这一指标的航空公司也是凤毛麟角。

“不求员工记住我，只愿大家坚信一个真理：共产党好！”

无论官位多高、权力多大，李家祥与广大员工总有着一种割舍不断的深情。

李家祥到国航工作不久，机关花80多万元专门为他配备了辆高级轿车。然而，当他得知国航离休的4名老红军没车坐时，当即让机关把车卖掉，解决了4名老干部的用车问题。此举在国航上下反应强烈，大家称赞：“军队干部好样的，老八路的作风又回来了。”

对国航的各级班子成员，李家祥经常提醒：“要建立和谐国航，领导干部就要带头落实科学发展观，转变作风，深入基层，密切联系群众，做构建和谐社会的组织者、带头人。”对此，他每年拿出三分之一的时间下到基层一线调查研究，做了许多顺应民意、化解民忧、为民谋利的实事。

在被翻阅得起了毛的厚厚的电话本上，记者看到密密麻麻记录着 300 多名国航机长的联系方式，李家祥还在他们的电话、家庭住址上画着一道道的线和相关的注释。来国航不久，李家祥即深入飞行一线，与普通飞行员吃住在一起，跟每一名飞行干部谈心。他说：飞行员是航空公司生产力的主力军。还主动把自己的电话号码公之于众，请大家有问题就直接找他反映。

有飞行人员打电话给李家祥，对飞行领导干部拿平均飞行小时费提出了一些意见和看法。对这一群众呼声李家祥非常重视，亲自调研。2004 年，国航重新对飞行领导干部拿平均飞行小时费和参加飞行时间做了规定。新的规定鼓励飞行领导干部多参加飞行。国航现有 200 多名飞行领导干部，都是飞行技术骨干。正在准备飞国际航线的国航副总工程师邢彦修高兴地告诉记者：“参与一线飞行后，不仅提高了飞行安全质量，还使公司每年增加了近 5 万小时飞行量，等于多出了近 60 名机长，缓解了机长紧张的压力，增加了 3 亿多元利润。”

李家祥充分利用每一次乘坐飞机的时间与飞行员交朋友，深入了解他们的思想现状和实际困难。在一次与飞行员聊天中，李家祥了解到，有百余飞行员的家属工作问题难以解决，使这群看似风光无限的“空中骄子”不得不长期忍受两地分居之苦，影响安心飞行。他专门就此问题进行调研，并与相关部门研究拿出解决方案，并在每一个环节督促执行。在他和班子成员不懈努力下，100 多名飞行员家属顺利进京得到妥善安置。

飞行员吃住等具体问题也是李家祥始终惦记的大事。在与飞行员朝夕相处中，李家祥发现，国航的驻外航班多，但飞国际航线的飞行员吃饭有时没有着落。有的机组自己开火做饭，牵扯了飞行精力，也对国航形象造成了不利影响。李家祥经过调查论证，与党委班子成员商量，最后拿出一大笔经费，彻底解决了多年未能解决的飞国际航班机组在国外吃饭难的问题。

“不求员工记住我，只愿大家坚信个真理：共产党好！”李家祥对记者说这话时，语气自然而坚定。为改善飞行总队1200多名飞行员的居住条件，在2003年遭遇“非典”、上半年国航巨额亏损的情况下，李家祥与党委班子一起果断停掉了所有基建项目，唯有留下飞行员公寓楼继续建设。记者日前在国航采访时，特意到这个投入2.6亿元、相当于四星级标准的国航飞行员公寓参观，只见10层的高楼装饰一新，近500套房间，窗明几净、各种配套设施一应俱全。自助餐厅里，马上要飞行的飞行员们正在免费就餐，脸上洋溢着自豪的笑容。一名机长对记者说：“李总心系群众，让我们分享了改革发展成果，居住和生活环境有了非常大的改善，我们的干劲越来越足了。”

作为国航老总，李家祥经常要在钱和情的天平上做出选择。每一次，他总是毫不犹豫地选择“情”。他经常告诫国航的各级领导干部：“要坚持把员工的利益放在第一位，花更多的心思办好涉及员工切身利益的事，为维护党的形象当‘得分手’。”

国航一个下属公司由于历史遗留问题面临破产，在负债累累的情况下，李家祥坚持让有关负责同志即使借钱也要先把员工的利益保障好。该公司一名员工因工伤致残，某些权益多年得不到保障，在李家祥和党委班子成员的直接关怀下，一次性获得20万元赔偿金。员工们自发地送来锦旗：“国航情暖人间。”

在集团及国航取得的显著成绩面前，李家祥始终保持清醒的头脑，坚持在经营管理层中全面加强思想作风、学风、工作作风、领导作风和生活作风建设，弘扬新风正气，抵制歪风邪气，着力解决突出问题，不断激发集团及国航的整体活力。2005年以来，李家祥和两级班子还重点推进“三项”制度改革，努力创新用人机制，明确“为岗位价值付薪、为个人能力付薪、为绩效贡献付薪”的收入分配价值取向，受到广大干部和员工的欢迎。

在《解放军报》连续两天头版报道的编后社评写道：

李家祥感人的事迹，集中体现了一位领导干部忠诚实践科学发展观、为党和人民的事业尽职尽责的理想追求和精神风貌。李家祥到国航工作6年多来，为国航的改革和国家经济建设做出了突出贡献，也为军队增了光。他的责任意识、优良作风和艰苦奋斗、开拓创新、求真务实的精神，特别是他对科学发展观的深刻理解和贯彻落实的能力，值得学习。他的事迹对军队转业干部乃至所有干部，具有借鉴和启示作用。军队各级干部都要以李家祥同志为榜样，全心全意为人民服务，为党和国家分忧解难，为民造福一方。

中国上市公司最佳董事长

50人（2012年《哈佛大学商业评论》第一期）
第一名：李家祥
中国国航 国有企业
国别调整后股东回报率：731%
行业调整后股东回报率：1022%
公司市值增长：¥237B

第二名：王东明
中信证券 国有企业
国别调整后股东回报率：591%
行业调整后股东回报率：946%
公司市值增长：¥93B

第三名：董明珠
格力电器 国有企业
国别调整后股东回报率：933%
行业调整后股东回报率：1317%
公司市值增长：¥52B
（后面排名略）

中国经济的蓬勃发展，使得这个国家的企业领袖正受到越来越多的关注——不仅来自国内，亦来自国际。

因此，“中国最具影响力商界领袖”“最具魅力领袖”等各种榜单层出不穷。整个世界都在思考：独特的“中国模式”背后，到底是什么样的企业领袖在发挥作用?

但遗憾的是，中国国内的诸多评选，常受到公司名声以及各种媒体报道的影响。有些国外的评选虽然看重公司的财务绩效，可往往仅以短期股价作为衡量标准。而众所周知的是，中国股市的波动性要远远大于国际上成熟的资本市场，股价与公司业绩相背离的情形多有发生；此外，企业领袖若过于追求短期利益，未必能给投资者带来长期的回报。

我们此次在国内推出的中国上市公司最佳卓越 50 人榜单，则首度聚焦于企业在股票市场上的长期表现。我们希望通过这种方式尽量客观地衡量中国上市公司，然后在此基础上找到那些表现出色的企业及其领袖，去探索他们成功的原因。

这也是自 2010 年以来，继全球、拉美以及印度榜单之后，我们推出的第四个榜单。

在最终的榜单上，既有不少我们耳熟能详的名字，比如位列前三的李家祥、王东明和董明珠，也有类似张桂平这样一直相对低调的企业家。同时，也有不少各大榜单上的常客未能上榜。

我们的分析验证了外界此前的一些共识，比如女性掌门人仍然相对稀缺，东部地区是产生优秀企业领袖的主要阵地，以及接手表现不佳的企业更容易做出成绩等。但研究结果也修正了人们之前的一些看法，例如企业的国有属性和所在行业的具体差异并非影响企业领袖表现的决定性因素。

无论经济周期如何变化、行业兴衰与否，又或股权结构如何变革，我们都希望这种基于长期回报的客观评价方式，能够推动中国企业领袖阶层的不断成长，并逐步走向成熟。这也是中国经济得以持续增长的源泉之一。

谁有资格入围榜单？

我们的评选方法是基于莫滕·汉森（Morten T.Hansen）、埃米尼亚·伊巴拉（Herminia Ibarra）和乌尔斯·派尔（Urs Peyer）在《哈佛商业评论》2010年1月刊上刊登的一篇具有开创性的文章。这篇文章根据企业领袖任期内公司股票的表现，为来自全球1205家企业的1999位企业家进行了排名。

我们首先选择了1998—2010年间在上海和深圳证券交易所上市连续四年以上的企业。为了涵盖表现突出的国有企业和非国有企业，我们又在此基础上选出了至少连续3年位列前100位的上市公司（我们以资产规模为计算标准，按照国有和非国有两个类别分别做出了排名前100位的企业榜单）。

经过筛选，我们最终得到了来自244家企业（含155家国有和89家非国有）的509名企业领袖（315名国有和194名非国有）。截至2012年3月31日，其中的169名依然在职。

我们收集了这些领袖的个人信息，包括姓名、年龄、教育背景以及上任途径（是从公司内部晋升还是外部招聘）。在整个领袖群体中，成为公司领袖的中值年龄为50岁。最终榜单排除了违反法律或是所在公司主要靠非主营业务盈利的企业家。

最终我们依据三项企业在股票市场的评估指标（计算方法见边栏“如何评估企业领袖的表现”），选出了中国上市公司卓越50人（因为存在并列的情况，实为51位）。

此次研究中所指的企业领袖，是那些拥有企业最高执行权的人，他们对企业盈亏负有最终责任。国外一般由CEO扮演这样的角色，但在国内则多是董事会主席来承担类似职责。但也有例外情况，例如在一些政府为最大股东的公司，总经理是最重要的决策者。鉴于此，我们咨询了多位行业专家并进行采访，来确认谁才是我们定义的企业领袖。

中国的顶尖企业领袖有多优秀？

我们榜单上前50位领袖在任期内（平均为6.8年）所创造的股东回报极为出众，已然达到了472%（按人民币计算，若按美元计算则为585%），而任期内的复合收益率更是达到了惊人的33%（按美元计算为36%）；平均市值增幅为300亿（47亿美元）。

能形成鲜明对比的是，名单排名靠后的50位企业领袖的股东回报为–46%（若按美元计算为–37%），年复合收益率为–15%（按美元计算为–14%），这些CEO任期内的市值缩水中值为79亿（12亿美元）。

谁是中国顶尖企业领袖？

中国国航前董事长李家祥在我们的排名中位列第一。在他的领导下，中国国航经行业调整后的股东总回报率达到了1022%，对应的年复合收益率达到129%，市值增长达2370亿（约367亿美元）。

李家祥出生于1949年，1969年加入中国空军，获少将军衔。他于2004—2008年间任中国国航董事长，后被任命为中国民用航空局局长。在2007年出版的《大道相通》中，他提出企业管理和部队管理的领导艺术是相通的。作为一个昔日的将军，他无畏挑战，以同样的勇气面对企业经营困境，带领中国国航扭亏为盈。他乐于和公众分享他的管理理念和战略思考，这也有助于提升中国国航的品牌形象。“给人以惊喜，不如给人以踏实”，这是李家祥广为人知的理念。

哪些因素影响排名？

我们采用统计学方法来分析企业和领袖的特征对排名的影响。有趣的是，一些在其他国家影响领袖名次的因素却对中国领袖几乎无效。例如尽管排名前50的企业领袖大都来自国有控股公司，但这并不影响企业领袖的排名，两种不同所有制结构的公司都会产生优秀的企业领袖。

而领袖的年龄、性别以及在成为最高决策者前的任职年限也没有显著影响，甚至是否有工商管理教育背景看起来也无关紧要。实际上，在排名前50的榜单中，只有4位拥有MBA学位，这和全球榜以及单独的印度榜形成了鲜明的对比。在这两个榜单中，MBA教育会显著提高企业领袖的名次。

在中国企业领袖的榜单中，能产生显著影响的因素是这些企业家所运营企业的规模（以他们任期开始时的公司市值衡量）。入选企业家如果最初接手的是那些规模较小的公司最后在排名中往往位置比较靠前，而那些接手大公司的领袖排名则普遍偏低。相比之下，我们在全球和印度的排名中并没有发现这一现象。看来在中国，在那些规模相对较小的企业里，领袖有更大的空间来挖掘增长潜力，提升公司业绩。

我们还考察了不同环境对企业领袖表现的影响，分析接管表现乏力的企业是否会影响他们的排名。结果发现，在公司发生高管更迭前的两年，如果这家企业的股票收益（行业调整后）越高，新掌门人在榜单中排名靠后的可能性就越高。

就像在全球榜中一样，表现乏力的公司在掌门人更迭后，业绩得到改善的可能性更高。

互为佐证的是，我们也发现企业领袖排名越高，他们继任者的排名就越低。事实表明，一些领袖确实表现出众，为公司业绩带来实质性的改善。对于新上任的领袖而言，接任一家成功企业并不一定意味着万事大吉。这种公司领导人更迭带来的业绩变化证明了领袖的重要性。这个发现也表明中国市场的竞争越来越激烈，那些顶级的企业要一直保持领先的难度愈来愈高。

我们还发现，国有企业更倾向于内部提拔领袖。同等条件下，国有企业从内部提拔高管的可能性比非国有企业要高出 45%，且内部提拔的领袖比外部选拔的领导有更高的概率进入我们榜单的前 50 名。这证明在中国，尤其在国有企业，存在一个强大的内部人力资源市场。我们猜测，这种内部晋升的普遍性和优势，也和国内相对不成熟的职业经理人市场有关系。

如何评估企业领袖的表现？

我们的同事娜娜冯·博努斯（Nana von Bernuth）与我们一起建立并分析了排名。我们共分析了 509 名企业领袖，考察哪些人领导的公司在股票回报上超过了同一国家或同一产业的其他公司。我们的排名根据 3 项指标：国别调整后的股票回报、行业调整后的股票回报以及其在任期间的公司市值变化。

当然，股东回报并非衡量企业领袖的唯一标准——它忽略了公司对其他利益相关方的贡献，但它却是衡量上市公司领袖们的基本评分标准，也是我们衡量所有领袖的统一标准。

评估方法：我们从 Datastram 和 Worldscope 里面提取数据，计算企业领袖任期内截至最后一天（如果仍在职，截止日为 2012 年 3 月 31 日）的日回报率。我们以企业领袖上任次日相比首日的股价变化作为收益率计算的起点，以避免其他因素导致的股价异常波动（比如资产重组）的干扰。我们使用 3 个指标：

国别调整后的公司回报：我们计算了每个公司在企业领袖任期内总的股东回报（包括再投资的红利），然后减去同期其他中国大型公司的平均回报，因此这个指标排除了由于整体大盘波动所导致的股票回报的变化。

行业调整的公司回报：从企业领袖任期内每个公司总的股东回报中，减去其所在行业的全球平均回报，因此这个指标排除了行业本身对股东回报的影响。

公司市值增长：我们测算了领袖任期内市值的变化并排除了通胀的影响，同时加回通胀调整后的分红和股票回购，减去了新发行股票市值的影响，得出领袖任期内公司的市值增长。

最终我们对 509 名企业领袖按照以上 3 项指标来排名，并在此基础上进行简单平均，从而得到了最终结果。3 项指标中，前两个指标倾向于小公司（小公司的回报通常较高），最后一个指标则向大公司倾斜，因此这是一个较为平衡和扎实的做法。

分析：本次研究对 509 名企业领袖的资料进行了回溯分析，这使我们可以“控制”某些因素，单独分析其中某一项对整个排名的影响（例如任职途径是外部聘任还是内部晋升）。研究的正文呈现了这样的分析结果。

没有行业一枝独秀

前 50 位企业领袖分布在各个行业。与 509 人的总样本相比，只有工业、医疗保健和能源行业在前 50 名的占比超过了在它们整个样本中的比重，而原材料和可选消费品行业则不太具有代表性。

上榜的国有企业很多来自工业和金融行业，其中工业领域有9家，金融行业则有7家。这两个行业的显著特点是，政府对资源配置起主导作用，这种行业分布表明，部分顶尖企业领袖确实从政府给予的资源优势中获益。但上榜的非国有企业中却并无明显的主导性行业。从这种广泛的行业分布来看，任何行业都可能产生优秀的企业领袖，这和我们在全球榜单中得到的研究结果是一致的。

国际化策略

在卓越50人中，有19位企业领袖积极地采取了国际化的策略。正如研究新兴市场的学者所说，新兴市场中的企业在国际扩张中，一方面可以打破本土市场的制约，另一方面由于本土市场缺乏成熟的市场规范，它们已经发展出善于处理不确定性的竞争优势，因此有望从国际扩张中获取巨大收益。

不少入选的企业已决意走出国门销售产品、在国外设立制造基地或收购自然资源。如李家祥带领国航在2007年加入“星空联盟”来扩展其航线业务范围；王东明带领中信证券在新兴市场和成熟市场拓展业务以分散风险；董明珠带领格力电器在巴西、巴基斯坦和越南建立了3个生产基地；张星（排名第8）带领特变电工与石油巨头英国石油公司（BP）合作，两家公司在新疆建立了合资企业；福耀玻璃董事长曹德旺（排名第15）因其在北美市场的积极扩张而声名鹊起。还有一些企业建立了国际技术联盟，如上汽集团董事长胡茂元（排名第6位）在上汽集团与通用汽车（General Motors，GM）合作的过程中发挥了重要作用。

总结

排名前50位的中国企业领袖在资本市场上表现不俗。本次研究从他们在任期内创造的资本市场回报的角度评估其表现，这需要对企业股价进行客观、系统、严格的长期分析，而不仅仅针对某一年或某个季度。我们的榜单以这种评估方式，开创性地引领了对中国企业领袖的表现评估。

全球上市公司最佳 CEO

100 人（2013 年《哈佛大学商业评论》第一期）

第 1 名：斯蒂夫 · 乔布斯（Steve Jobs）

公司：苹果 Apple　美国

行业：信息科技

股东整体回报率 行业调整后

国别调整后

6682%　6621%

市值增量（亿美元）

+3590

第 2 名：杰夫 · 贝索斯（Jeffrey Bezos）

公司：亚马逊　美国

行业：网络零售

股东整体回报率 行业调整后

国别调整后

12431%　12266%

市值增量（亿美元）

+1110

第 3 名：尹钟龙（Yun Jong-Yong ）

公司：三星电子　韩国

行业：信息科技

股东整体回报率 行业调整后

国别调整后

1559%　1437%

市值增量（亿美元）

+1280

……

第 17 名：李家祥（Li Jiaxiang）
公司：国航 Air China　中国
行业：交通运输
股东整体回报率 行业调整后
国别调整后
731%　1022%
市值增量（亿美元）
+370

（后面排名略）

很多 CEO 以牺牲公司长期业绩为代价，追逐短期财务指标。这并不出人意料，因为他们有充分的理由——如果不能达到年度和季度目标，CEO 就可能面临降薪甚至离职的风险。股票分析师、股东和董事会也会对其表现口诛笔伐。如果公司不能在长期表现上（超过 90 或 180 天）对他们施以同等的压力，CEO 的这种行为模式将很难得到彻底改观。因此，我们认为，开发出一个简明但严格的长期表现衡量标准是至关重要的，因为公司领导者天生倾向于对那些能够测量的指标进行管理。

为应对这一挑战，我们在 5 年前启动了一个全球性的项目，来设计恰当的长期表现衡量标准。我们并未就此止步，在该项目的基础上，我们又有了一个新的目标——设计出一个 CEO 计分卡。它不但能让长期表现成为公司的中心议题，而且能够改变董事会、高管、顾问和管理学界看待和评估 CEO 的方式。

三年前，我们在《哈佛商业评论》英文版 2010 年 1、2 月合刊中，发布了一张 CEO 计分卡。我们用它来评估 CEO 在整个任期内的表现，并根据评估结果对全球近 2000 位 CEO 进行排名。现在我们要更新该排名背后的分析方法，为此我们引入两个全新的标准：其一，我们研究的 CEO 样本更加全球化；其二，我们不再单单衡量公司的财务业绩，还要评估他们在企业社会责任（CSR）方面的表现。

评断 CEO

对于新计分卡的主体部分，我们采用了和三年前一致的评估方法（见边栏“计分卡的制作原理”）。新计分卡要做到以下三点：

评估每位 CEO 的长期表现，评估期为任期的第一天到最后一天（如果 CEO 依旧在任期内，我们的研究则以 2012 年 8 月 31 日为数据收集的截止日期）。为了做到这一点，我们要考察 CEO 任期内公司的股东整体回报率（国别调整值和行业调整值），以及公司的市值增长。

全球化程度更高。2000 年，我们从标准普尔全球 1200 指数（S&P Global 1200）和标准普尔金砖四国 40 指数（S&P BRIC 40）中挑选样本公司，今年我们添加了另外三个新兴市场指数。这使我们的样本数量从 1999 家公司提高到 3143 家，增长了约三分之一。

更客观。有很多榜单用声望和问卷调查等方式对 CEO 进行评估，但这种评估方法常常会受到知名度和名人效应等因素的影响。而我们的榜单只用数据说话，特别是在股东回报的表现上。其他指标如销售额、利润能力和创新能力等也十分重要，但它们很难进行跨行业的比较。

排名浮沉

名列榜单前 50 位的 CEO 都有杰出的表现。他们的任期内平均股东回报率为 1661%，平均市值增量为 527 亿美元（经过通货膨胀、分红、股票回购和增发调整后）。而样本中排名垫底的 50 位 CEO 与他们形成了鲜明的对比：平均股东回报率为 –65%，平均市值增量为 –166 亿美元。

继 2010 年后，斯蒂夫 · 乔布斯再次位居榜首，成为过去 17 年间最成功的 CEO。这个结果应该不会让人们感到意外。苹果的市值在他的任期内提高了 3590 亿美元，股东回报年复合增长率为 35%。我们预计这一纪录将在未来保持相当长的时间。

亚马逊 CEO 杰夫·贝索斯（Jeff Bezos）从 2010 年的第 7 位升至第 2 位。在他的领导下，亚马逊行业调整后股东回报率达到了 12266%，市值增量为 1110 亿美元。近年来，这家网络零售企业正积极向新的细分市场扩张，如云计算服务等。同时，亚马逊还努力巩固现有市场地位。其营收增长丝毫未现放缓的趋势，去年公司的销售额提高了 40%。

即便那些近况不佳的行业也会涌现杰出的公司领导人。航空业近年来整体表现低迷，但李家祥带领中国国航逆势而上，取得了出色的业绩表现，其本人位列排行榜第 17 位。在 2004—2008 年任职期间，中国国航的股东回报比行业平均值高 1022%，市值增量达到 370 亿美元。在李家祥的领导下，国航取得北京主要机场 50% 的市场份额，并加入世界上最大的航空公司联盟。

CEO 的世界不是平的

由于本次研究样本的国际化程度更高，我们终于能在国家和地区之间进行更加全面的对比了。鉴于几十年来，CEO 表现的评估一直以美国公司为中心，这更凸显本次研究的意义。我们现在能分析单个国家的数据，以找出各国公司 CEO 之间真正的差异。

过去 10 年，世界见证了中国经济发展的奇迹，我们本以为中国 CEO（仅限 A 股上市公司，H 股和海外上市公司不在范围内，下同——译者）将会有相对应的出色表现，但分析结果却让我们颇感意外。在我们研究的 3143 位 CEO 中，中国公司 CEO 的排名比美国 CEO 平均低 176 位。其中只有两名中国公司 CEO 进入排名前 50 位，而样本中有 17% 的 CEO 来自中国。对于这样的落差，一位中国公司的领导者对我们表示，随着中国公司创新意识的不断提高，他们的表现会越来越好。

2013 年《哈佛大学商业评论》第一期记者采访

“管理要结合市场、结合政策”

HBRC：你进入国航可谓“临危受命”，当时国航面临什么样的不利情况？你制定了哪些应对策略？

李家祥：当时调我到国航来，主要是因为国航的发展碰到了一些问题。首要问题就是企业连续三年亏损，每年亏损 6 亿到 7 亿元。其次是贪污及其他犯罪问题。第三个是思想不稳定，对国航的发展、特别是对飞行安全造成了潜在影响。

要说我一到国航，立刻就拿出一套战略来对付这些问题，这是不可能的。只有逐步了解情况、解决矛盾，在这个过程当中形成一个企业发展的路子。

一个领导者进入企业之后有三项首要任务：第一创造财富；第二承载就业；第三科技与管理创新。我认为企业主要是这三点。在这三点当中，企业的盈利能力是第一位的。一个企业没有盈利能力，就相当于一个军队没有战斗力。有了盈利能力才能谈创造财富，才能谈承载就业，才能谈科技与管理创新。这就是我要告诉大家的：你到一个单位或承担某一项工作，首先要理清自己的根本职责，这样才能确定应该做什么。

HBRC：你任职后，国航在航空业非常艰难的情况下连续七年保持盈利，并且同时在境内和海外上市。你的管理秘诀是什么？

李家祥：每一个企业都有其独特性，所以要让企业盈利首先要摸透自身情况。管理一个企业却不清楚企业的核心业绩、核心成员、核心部门，就像管理军队却不知道我情和敌情，就没有方向。对于国航来说，飞行员是核心，所以首先要管理好飞行员。比如，我了解到有些机长飞行期间还要自己从中国带饭菜。他们出行前想的不是怎么完成任务，而是想着吃什么，这些对飞行都是会有影响的。

另外，当时国航亏损严重，好多人执行任务时吃饭还得自己掏钱，导致整个队伍思想不稳定。我去以后就跟他们讲，这种情况我们知道，我们会解决这个问题，这就是管理。我们做企业，首先还是要把企业的内涵做实在，内涵听起来很虚，其实最根本的就是员工，所以管理好员工才能管理好企业，才能让企业盈利。

HBRC：最近国资委要求央企有所提升，那么企业如何才能不断向前走？作为国航前董事长和CEO，你能否和今天的中国民航企业分享你的经验？

李家祥：作为管理者，管理要结合市场、结合政策，对企业发展要有明确的整体布局。我进入国航的第二年，国际航空联盟邀请，希望国航加盟，但我们经过研究，决定暂时不加盟。为什么？因为我们当时还不够强大，和国际上的一些航空公司比还很不足，没办法编队。加盟是为什么？加盟是为了互利，互利就要做贡献，你得有那个力量才能做贡献。加盟之前，先得做好各方面的准备。所以一直到2003年、2004年以后，国航运营能力提高了，我们才正式加盟。国航是中国航空公司中最早加入国际联盟的。

我们经常讲要有思路，其实思路有三个方面：第一知道眼前干什么；第二知道长远干什么；第三知道重点干什么。这三点知道了，思路就出来了。

HBRC：中国民航业要做大做强，必须走开放竞争的道路。到2030年，中国的航空公司要进入世界的前五名。目前中国民用航空公司要达到这一目标，需要解决哪些问题？

李家祥：中国民用航空公司的发展潜力很大，目前的问题是有的竞争的愿望不强。现在我们的一些企业为什么不愿意往外走？主要是国内市场太好，比国外市场好得多。有句话说“兔子不吃窝边草”，既然窝边就有草，何必再往远处跑？但我们要有长远的眼光，要敢于竞争、敢于走出去。

要走出去，就要做好一系列准备，比如建立综合性国际化的枢纽、开辟新航线，在全球形成高覆盖航线网络。另外，还要优化运营服务流程。

现在我们的布局航空运输还没有形成聚合效应。民航局2009年提出建设民航强国，现在我们的民航总量在世界排第二，但是应该看到，我们和第一的差距很大。这需要我们民航界更加努力，也需要国家在基础设施、人才、政策方面提供支持。

HBRC：航空业的风险非常大，你能否从民航总局的角度出发，指导各大航空公司如何在发展中尽可能规避风险?

李家祥：民航企业放在第一位的永远是安全，无论多大的航空公司，一旦安全出了问题，往往都会给公司的发展带来灾难性打击，所以安全一定要保证。中国民航局已经不提安全周、安全月、安全年这种运动式、突击式的口号了，我们现在强调持续安全。民航局这几年取消了内部的安全评比，为什么?因为这是企业的本分，应该做到的。不仅要强化安全意识，还要建设专业的安全体系，包括设备体系、规章体系，这都是很重要的。

第二项风险就是财务。航空业和其他行业不一样，航空公司每天都有收入，即使亏损了也还能活，因为血液还在流。所以航空公司要坚持自己的主业核心。现在有些航空公司忙着投资房地产等其他行业，那就走偏了，把公司的核心业务做空了，这很危险。

另外要建设企业文化。我们讲长远发展，最基础的就是文化。发展健康的企业文化，才能发展健康的企业。

稻盛和夫先生重建日航的秘诀

国航由衰转盛的发展实践，不但引起国际商业机构和大学研究机构的关注，同时引起国际航空运输业界的兴趣。墨西哥航空公司、巴西航空公司、美国西北航空公司等众多国际知名航空公司的总经理们都曾先后来北京和在其他场合向国航了解公司转变的举措。2009 年年底，我在中国民航局长任上还接待了世界著名企业家日本的稻盛和夫先生。

稻盛和夫先生 1932 年 1 月 21 日出生于日本鹿儿岛市。鹿儿岛大学工学部毕业，27 岁创办了京都陶瓷株式会社（现名京瓷 Kyocera），52 岁创办第二电信（现名 KDDI），目前是日本仅次于 NTT 的第二大通信公司，这两家公司都进入世界 500 强。一个人在有生之年创办了跨界的两个世界 500 强企业，这在世界上是仅有的。稻盛和夫的经营业绩、经营理念、人生哲学随着他的一些专著已风靡世界。这样一个世界级的企业界成功人士，专门到访中国民航局，并提出要与我相见，绝不是单纯礼节性的。

果然，稻盛和夫先生一落座，便以企业家的直率说："李先生，我今天到访中国民航局，是专程向你请教来了。"

我赶忙说："您是世界级的企业经营前辈，我拜读过您的经营哲学，与中国的儒、释、道相通，加之您的经营实践体验，在世界很有影响力。请您千万不要把我们的相见称为请教，用中国话说，那真是折煞我也。"

稻盛和夫先生听了微微一笑，非常诚恳地说："李先生，我今天真的请教来了。鸠山由纪夫首相亲自登门请我出山，接管破产重组的日本航空公司，我已答应下来。可是我从没经营过航空运输企业，但是我知道你经营中国国际航空公司的成功经历。我今天专程来中国，就是想向你在航空公司的经营上请教一番。"

听罢稻盛和夫先生这番话，使我对他更加肃然起敬。要知道，当时他已近 80 岁高龄，而在日本政府需要之时，仍然临危不避，迎难而上，这是需要有很深厚的情怀修养的。

我曾对日本航空公司做过访问考察，对于日本航空公司及其一个时期的经营窘境还是略知一二的。日航成立于 1953 年，是日本的国家航空公司。总部设在东京品川区，以东京成田国际机场及东京羽田国际机场为基地，服务全球 229 个航点，是日本规模最大的航空公司，当然也具有日本国家最佳的航空资源，公司规模一度达到了世界前三名，经营业绩也曾跨入世界前列，曾被视为“二战”之后日本经济繁荣的象征。虽然几经组合，日本政府一直是日航的最大股东。

正如花无百日红，人无千日好，日航的发展经历也是波波折折的。进入新千年之后，在国航节节向上发展中，日航一度却走上了步步下滑的路。2010 年日航进入破产保护之前，几年内日航数度更换总经理，但是公司依然难有起色。依我当时对日航的观察，日航的病根在于作为一个老牌知名航空公司，长期背负了知名的包袱，企业缺乏与时俱进的变革；并购重组过于频繁，规模膨胀过快过大，核心业务不集中，且人浮于事；某些议员为获选票要求日航配合选举，开通的一些航线过杂且低效；公司的成本控制没有抓住航空公司的重点及要害等等，致使日航 2009 年公司负债高达 1.5235 万亿日元（约合人民币 1220 亿元），不得不宣告破产。

日航不仅是位列世界第一方阵的大航空企业，也是日本的“翅膀”，“必须拯救这家航空公司”。时任首相鸠山由纪夫亲自登门邀请稻盛和夫出山担任这家破产公司的董事长。几乎所有的人都认为，正在潜心佛学年近 80 岁安度晚年的稻盛和夫为保住企业经营的神话及其“晚节”，会谢绝邀请。但是，没有想到稻盛和夫竟欣然应允了。为有针对性地借鉴，确保马到成功，于是稻盛和夫先生上任之前就有了这次中国之行。

望着稻盛和夫先生诚恳柔和的目光，我毫无保留地向他介绍了我对日航的观察和研究，以及我任职国航曾经面临的问题和采取的举措。稻盛和夫先生静静地听着，其间没插一句话。从他温和明亮的眼神中看得出，他对我的介绍很满意。是啊，与企业高手交谈，你用不着矫揉造作、故弄玄虚。他对你的话哪句是真，哪句是假，哪句是搪塞，包括肢体语言洞若观火。在这等人物面前，以真诚对真诚是最佳的态度。

在结束情况介绍时，我恭敬地说：“稻盛和夫先生，您是长者，又是企业经营大家，我对日航的了解仅是一孔之见，可能有不确之处；我任职国航的举措也仅适用于国航的情况，这些都仅供您参考。我相信，您既然不辞高龄，欣然奉命，依您叱咤商海半个多世纪的功力，应对日航破产重建的计划，您一定会拿出高超的破立功夫，让日航起死回生！”

“谢谢李先生的吉言，实现了您的吉言，我一定会再来中国向您奉告。不过其间日航在经营日中航空业务上，可能有不少航务工作需要中国政府帮助，也请中国民航局多多关照。”

稻盛和夫先生慈眉善目的眼神充盈着炯炯之光，在与我握手告别时，他那柔软的手掌分明比刚进会客室与我见面时平添了些许劲力。

2010 年 2 月 1 日，稻盛和夫先生正式出任破产重建的日航董事长。正如他出人意料地出山任职日航一样，入职日航他又提出两个出人意料的条件：一是零薪水出任日航 CEO；二是他不带团队去日航，因为他的公司没有人懂得航空运输。稻盛和夫先生重新出山的决定，在日本受到广泛的欢迎。鸠山由纪夫首相因为此事显示出果断的领导力，还提升了在民调中的满意度。

稻盛和夫先生从 2010 年 2 月 1 日出任破产重组的日航董事长，到 2011 年 3 月底共 424 天的时间，日航就扭亏为盈，创造了日航历史空前的 1884 亿日元（约合人民币 113 亿元）的利润。前一年同期日航的亏损额为 1800 亿日元，这样日航实际盈收 3600 亿日元，超过了日本政府拯救日航的 3000 亿日元注资。仅用了一年多的时间，日航就实现了三个第一：一是利润率世界第一；二是准点率世界第一；三是服务水平世界第一。2012 年 9 月，日本航空公司在东京证券交易所再次上市，宣告公司破产重整取得了圆满成功。

从 1962 年以来，日本政府企业再生支援机构支持破产企业重整 138 家，其中近半数的企业重建失败而消亡；重建获得重新上市的公司仅 9 家，其间最短的时间也用了 7 年多。稻盛和夫先生仅用一年多的时间就实现了日本航空的复活，这是稻盛和夫先生创造的又一个奇迹。

稻盛和夫先生在重整日航成功之后，践诺又来到中国见我。他向我表示感谢的同时告知，他将彻底退休潜心著书。我向他表示祝贺，并在他的谦礼周致中分享了他重整日航的秘诀：

一是用自己的经营哲学和人生观对日航进行了大举改革，尤其是对日航的“官僚体制”进行了彻底破除，并在改革中向员工注入新的服务理念；制定了 40 多项服务内容，实现了物心一致。使日航树立起全新的企业理念，并以新的体制机制保证理念的落实。

二是对企业内部的经营结构进行了重新整合，消“肿”减“肥”。公司规模缩小了三分之一，销售额减少了四分之一；冗员也做了相应裁减，不求量，重求质，公司的利润大幅提升。

三是实施综合控制成本，航线实行单独核算制，并确定了各航线的经营责任人。统计工作及航线经营实施速报制，各部门数据做到即有即报；经营决策机构围绕效益效率及时调整决策，减少了无效投入和费时经营。

四是明确公司的经营目标并分解到人，让员工人人明白公司要实现什么，自己要做什么。像他当年创建京瓷公司那样，把自己与员工融为一体，把员工的幸福放在第一位。他到日航零工资的奉献给了员工很大的精神鼓励，让员工明白，他近 80 岁的人了，已经很成功，现在为了啥？让经营者的行为与企业员工形成了共鸣，实现了上下同欲。

五是日本政府的企业再生资源机构给予日航 3500 亿日元的资金援助，各交易银行也同意放弃对日航 5215 亿日元的债权，这有力地支援了日航财务状况的改善。当然，关键还在于日航企业内功做得好，否则，支持资金也会打了水漂。

日航在实施了一系列“重建计划”之后，最终在稻盛和夫先生手中实现了涅槃重生。

稻盛和夫先生退休之后致力于著述，他的《活法》《心》等著作，回首其近 90 年的人生，复盘了其半个多世纪的经营经验，要把自己构建的人生基石之智慧传达出来。他心存见真，透彻理解人性最核心的能量，这既是人生幸福的钥匙，也是通往成功之路最根本的秘诀。

第四章

主政民航

中南海又来了紧急电话

2007 年 12 月 26 日晚上，北京东三环三元桥附近的国航万丽酒店灯火通明。二楼会议大厅人头攒动，国航大学正式成立挂牌仪式和大学建校规划发布会正在这里举行。

在我心中，一直有一个挥之不去的“国航大学”梦，这是提升国航全员素质、为国航长远发展培养人才的重大工程。建立国航大学的思考，源于对国航 2000 年以来发展历程的反思。中国民航联合重组以来，国航为什么能坚持改革创新？为什么能快速对市场变化做出正确反应？为什么盈利规模能一度占到全中国民航的 186%，成为世界盈利能力最强、市值最大的航空公司？关键在于国航持续不断地对公司的全体员工，特别是经营管理层抓紧了学习培训与教育。公司上下认识统一，形成了正确的工作思路，并齐心协力真抓实干，才有了国航建设的新局面。

实践证明，只有建立起强有力的学习培训机制，不断提升员工的素质和归属感，并且持续不断地为企业培养后备人才，企业才能拥有更加光明的未来。这正是一所企业大学的价值所在，这也是国航领导层的共识。

2006 年 4 月，国航通过了国航大学筹建领导小组提交的国航大学建设方案，确立了国航大学的定位、近期、远期建设目标和具体步骤。

国航大学是一所集企业内部培训和学历教育为一体的企业大学，主要功能有两个方面：

一是对公司的飞行人员、机务人员、市场商务营销人员、乘务人员、运行控制人员、地面服务人员及其他相关管理人员进行理论和基础素质的提升培训。

二是开展民航专业学历教育，为国航乃至全国民航业培养专业人才。

国航大学的建设分三步走：

第一步，整合国航现有中专学校资质和培训资源，建立完善的公司全员培训体系，设立飞行、工程机务、商务、乘务、运行、运控地服及运营管理培训业务，全面提升公司的教学和培训工作。

第二步，开展学历教育，先取得大专学历教育资质，筹建“国航职业技术学院”。设立飞行系、工程机务系、商务系、乘务系、运控地面服务系、经营管理系。引进先进的教育理念和培养模式，培养高素质的国际化航空运输专业人才。

第三步，将国航大学办成一所具有大学本科，进而具有研究生培养能力的综合大学。大学设飞行学院、工程学院、商务学院、乘务学院、运行管理学院、培训学院等学科，为公司和民航发展培养更高层次的人才。

国航大学将是民航人才培养的基地。虽然民航局直属的已有两所普通院校、两所职业技术学院、一所管理干部学院，但是民航系统院校毕业人员远远赶不上民航发展的需要。国航大学将成为民航专业人才培养的一支新力量。

当然，国航大学还会成为深化国航企业文化内涵、展示国航形象魅力的平台。尖子学员大部分将留在国航，这会进一步提升国航的核心竞争力，实现国航教育兴企、教育强企战略目标。

国航大学2007年已完成了与美国北达科他大学UND飞行学院合作办学的框架协议。

“国航职业技术学院”经北京市教委批准筹建。

国航大学在北京市后沙峪购地489亩，规划建校面积22万平方米。

国航大学建校的设计由清华大学建筑学院完成了初步效果设计图，并在发布会现场展出。

国航大学第一期建设主要包括飞行训练楼、乘务训练楼、综合教学楼、备勤楼、动力能源中心等配套设施，共约8万平方米。项目建成后可安装飞行训练模拟机20台、固定模拟机7台、客舱安全训练模拟机20台。一期建设完成后，国航教学培训资源将得到充分整合，形成资源统一配置、教员统一管理、教学培训标准统一监控、教学培训统一管理的局面。全面提升上岗教学培训、机型执照、转机型训练、定期复训等科目，承担国航飞行员、乘务员、签派员、机型训练、职工教育训练和学历教育职能，改变国航长期大部分依赖外部资源教育培训的情况。继而向更高层次发展，实现将国航大学办成一所综合大学的目标。

正当发布会大厅中的人群静静听我介绍关于筹建国航大学的相关情况时，秘书刘晓东急急地跑了上来报告说：“李总，中南海红机请您快去接电话！”我将发布会的材料转交给国航其他领导，匆匆离开了会场。

打来电话的是时任中组部常务副部长，告诉我近几天不要离京，有相关活动需要我参加。

放下电话，我猜想年底了，可能中组部要组织什么座谈会一类的活动，需要我参加，暂时不要离京就是了。

红机电话又响了

第二天下午，红机电话又响了，打来电话的是中组部四局。中组部主管中央大型企业领导班子的单位是五局，四局的电话我从来未接过。电话中要了我的车号，告知我立即赶到中组部，并说门前有人引导我去相关会议室。我报了车号，立即赶往中组部。

走进一间小会议室，室内空无一人，看来不是参加会议。我正诧异间，中组部部长李源潮微笑着走了进来，他示意我坐下，一脸正容地介绍了相关情况，然后说：“党中央决定由你出任中国民用航空总局党委书记、代局长。这是党中央对你的高度信任，希望你不负这一任命。”这完全出乎我的意料。中央已经做出了决定，在这种情况下是无须多言的。我简要表示了态度，最后只郑重说了一句：“中央对我高度信任，我要让中央高度放心！”

2007 年 12 月 28 日，中组部副部长来到中国民用航空总局，在民航系统干部大会上，正式宣布了中央对我的任命。从即日起，我便开始了主政中国民航的历程。

周总理曾亲自管民航

中国民航总局机关大楼坐北朝南，坐落在北京东四西大街。西邻中国美术馆，东连隆福寺遗址，南对华侨大厦。1949 年 11 月 2 日中共中央政治局决定，在人民革命军事委员会下设民用航空局。军委民航局成立之初，在东四什锦花园办公。1954 年周总理亲自批准修建了目前在用的中国民航局办公大楼。军委民航局自成立以来，一直由周总理所管。

1957 年 10 月 5 日，周恩来总理在民航局《关于中缅通航一周年的总结报告》上批示："保证安全第一，改善服务工作，争取飞行正常。"这份批示，高度概括了民航工作的主要内容，深刻阐明了民航工作的基本要求，闪耀着对民航工作规律认识的智慧光芒，一直以来始终是指导中国民航工作的总方针。

邓小平也亲自管过民航

1980 年年初，分管中国民航工作的是邓小平。他在听取民航工作汇报时指示：民航一定要企业化。1980 年 3 月 15 日，国务院、中央军委发出通知，中国民航总局脱离军队建制，改由国务院直接领导。从此，中国民航就完全融入以经济为中心的轨道。之后，经过政企分离、机场移交地方等一系列改革，形成了目前的中国民航局彻底脱离对行业的企业经营职能，下设华北、东北、华东、中南、西南、西北、新疆 7 个地区管理局，作为中国民航局的派出管理机构，并管辖各省市（自治区）民航安全监管局。

此外，由于行业的特殊性，中国民航局还直接管理着中国民航大学、中国民航飞行学院等 4 所民航高校，在校生有近 7 万人。另外，中国民航局还直辖民航空管局、民航科研院等 11 个事业单位。首都机场集团公司仍由中国民航局管理。中国民用航空总局有 16 个内设司局。

中国民用航空总局是中国民航事务的最高管理机构。2008 年以前，中国民用航空总局是国务院民用航空主管部门，对全国民用航空活动实施统一的监督管理。根据法律和国务院的决定，在本部门的权限内，发布有关民用航空活动的规定、决定。2008 年，国务院机构改革，部分职能与交通运输部整合，组建中国民用航空局。国务院明确中国民用航空局的职能是：

（一）研究并提出民航事业发展的方针、政策和战略；拟定民航法律、法规草案，经批准后监督执行；推进和指导民航行业体制改革和企业改革工作。

（二）编制民航行业中长期发展规划；对行业实施宏观管理；负责全行业综合和信息化工作。

（三）制定保障民用航空安全的方针政策和规章制度，监督管理民航行业的飞行安全和地面安全；制定航空器飞行事故和事故征候标准，按规定调查处理航空器飞行事故。

（四）制定民用航空飞行标准及管理规章制度，对民用航空器运营人实施运行合格审定和持续监督检查，负责民用航空人员、飞行签派人员的资格管理；审批机场飞行程序和运行最低标准；管理民用航空卫生工作。

（五）制定民用航空器适航管理标准和规章制度，负责民用航空器型号合格审定、生产许可审定、适航审查、国籍登记、维修许可审定和维修人员资格管理并持续监督检查。

（六）制定民用航空空中交通管理标准和规章制度，编制民用航空空域规划；负责民航航路的建设和管理，对民用航空器实施空中交通管理；负责空中交通管制人员的资格管理；管理民航导航通信、航行情报和航空气象工作。

（七）制定民用机场建设和安全运行标准及规章制度，监督管理机场建设和安全运行；审批机场总体规划，对民用机场实行许可管理；实施对民用机场飞行区适用性、环境保护和土地使用的行业管理。

（八）制定民航安全保卫管理标准和规章，管理民航空防安全；监督检查防范处置劫机、炸机预案，指导处理非法干扰民航安全的重大事件；管理和指导机场安检、治安及消防救援工作。

（九）制定航空运输、通用航空政策和规章制度，管理航空运输和通用航空市场；对民航企业实行经营许可管理；组织协调重要运输任务。

（十）研究并提出民航行业价格政策及经济调节办法，监测民航行业效益，管理有关预算资金；审核、报批企业购买和租赁民用飞机的申请；研究并提出民航行业劳动工资政策，管理和指导直属单位劳动工资工作。

（十一）领导地区、自治区、直辖市管理局和管理民航直属院校等事业单位；按规定范围管理干部；组织和指导培训教育工作。

（十二）代表国家处理涉外民航事务，负责对外航空谈判、签约并监督实施，维护国家航空权益；参加国际民航组织活动及涉民航事务的政府间国际组织和多边活动；处理涉香港特别行政区及澳门、台湾地区民航事务。

（十三）负民航党群工作和思想政治工作。

（十四）承办国务院交办的其他事项。

调到一个新单位开展工作，首先要明确该单位的性质和职能，这是开展工作的依据。还要明白新单位与原单位的不同特点，摒弃原有不适合新单位特点的思想方法和工作方法，进行调查研究，针对新的特点和实际确立工作思路。明确眼前抓什么，重点抓什么，中长远抓什么。同时，开展工作要循序渐进，一些有效的做法继续坚持，不要随意改弦更张。防止急转弯、例行性工作，保持连续性。针对新的情况，逐渐调整内容。有些事只做不说，不评判以前的工作，防止给人以后任否定前任的印象。有些事上级和群众自有公论，不必自显高明。对明显不符合新的情况要改进的工作，依据上级指示要求，坚持原则，旗帜鲜明。一般只对事不对人，重在提高认识，统一思想，在此基础上建立新的规矩。

政府部门和企业的一个鲜明特点是职能不同。政府的主要职能是行政，就是行使国家赋予的政治权利，依法依规对行业进行管理和服务。企业的职能是创造国民财富，承载国民就业，进行科技和管理创新。政府的工作是以行政为中心，企业的工作是以利润为中心。政府的工作边界比较清晰，管理范围和编制十分明确，最忌的是手伸得太长，突破了边界，超越了权限，弄得不好被视为有政治野心。企业为了创造利润，除了依法合规，工作范围没有明确的边界，人员没有编制，为了开拓市场可以四处伸手；为了公司发展可以随时增减人员；为了企业做大做强，可以眼观六路，耳听八方，伺机而动，顺手牵羊；为了适应市场需求，可以充分发挥想象，不断产生创意；最忌的是忽视主业，盲目扩张，乱投资，乱拆借，导致企业资金链断裂。

上任伊始，我与总局领导班子成员深入交流，听取工作意见和建议，逐个与机关各司局主要领导交流了解情况，听取见解。对民航总局的工作有了基本的底数之后，我带人进驻了首都机场集团公司。

首都国际机场位于首都北京市区的东北方向，是亚洲最繁忙的机场。由于独特的地理位置和重要的门户作用，被人们称为“国门”。

2007年年初，国家审计署在对首都机场审计中发现，首都机场不仅存在重大的资金违规问题，还有巨大的资金亏空。有关部门迅速介入调查，由此，首都机场集团公司原董事长L违法违纪的问题浮出了水面。2007年6月，L被中纪委带走“双规”。同年底，因涉嫌违法犯罪被移送司法机关审理。最终因涉案资金多、贪污数额大被判死刑，立即执行。L案件在社会上引起高度关注。在民航业内引起不小的震动，对首都机场集团公司的影响是不言而喻的。

首都机场集团公司虽然驻地在北京，但是由于当年机场属地化管理工作不彻底，有9个省市的近50个机场移交不出去。主要原因是这些省市的机场大都处在亏损状态，省市不想背这个包袱。正如一个省委书记与我交谈时所说：“机场亏损欠着钱，接下管理缺人员，安全风险还要担，反正你也不能搬，你管我用为上算。”当年在一些省市领导中，这种对民航包括机场作用的认识是很有代表性的。交不出去怎么办？民航总局的职能已转换，不能直接管理机场的运营。趁此机会，首都机场集团公司主动与其他机场集团争着联系不愿接收机场的省市自治区接管业务。这样，首都机场集团公司的管理范围，就涉及全国大江南北的9个省市地区。到一个新单位工作，要抓好眼前，谋划长远，盯住重点。显而易见，如何吸取L案件的教训，把首都机场集团公司的建设把握好，对中国民航总局来说是一个既事关眼前又事关长远的重点问题。

通过在首都机场集团公司10多天的调研，针对L过去在首都机场集团公司独断专行、恣意妄为及工作指导上的偏差，我把首都机场集团公司的建设问题归结为位如何定、人如何用、资如何投、钱如何花、管如何控等5个方面的问题，并有针对性地以中国民航局的名义先后向首都机场集团公司下发了7个方面的专题文件规定，并要求首都机场集团公司在重大事项上必须向中国民航局进行一事一报，中国民航总局批复后方可实施。

在对首都机场集团公司建设上，让我花费精力最多的是关于首都机场集团公司建设发展的战略定位问题。当时首都机场集团公司提出的发展战略是“突出主业，实现多元”。而在实际工作中，首都机场集团公司不但托管了全国9个省市的近50座机场的建设与管理，而且还在南美收购了厄瓜多尔机场，并计划斥资百亿投资非洲尼日利亚机场；同时，还与北京市签订了协议，由首都机场集团公司投资62亿元，负责建设并管理运营从首都机场至东直门的轻轨项目，并且投资了数个证券公司。如此等等，真是一个一个大手笔不断迭出，而公司个别领导忙着国内国外整天跑，哪还有更多的精力沉下心来思考首都机场集团公司的全面建设呢？针对这种情况，结合工作调研，我多次与首都机场集团公司领导谈话，引导他们进一步明确定位，收拢摊子，突出抓好首都机场的功能建设，明确指出，收回在南美厄瓜多尔机场的投资，停止对非洲等地区一些机场的投资意向，撤回与北京市签订的斥资60多亿元建设首都机场至东直门的轻轨建设协议。时任首都机场集团公司的主要领导以有关协议是L任职首都机场集团公司时签的，且得到上级认可，撤回就是违约等理由，还是想维持之前的协议。为此，2008年2月21日我主持召开总局局务会议，专题讨论加强首都机场集团公司管理事宜，指示首都机场集团公司要明确着眼完善和提高首都机场功能，突出机场主业，围绕主业精干相关业务，不再提“实现多元”的目标。一个企业追求多元，常常意味着多中心，弄不好就会冲淡主业，迷失了自己。会议责成民航总局机关根据各自的业务职能，对首都机场集团公司围绕“管住人、管住钱、管住重大投资”，加强业务指导和监管。

即使是这样，首都机场集团的少数关键人员，对公司原来发展的定位仍然转变迟缓，对应砍掉的项目下不了决心；反而一再找我申诉早先的理由，坚持保留脱离主业的项目，特别是机场至东直门轻轨的建设项目，并说这是机场集团公司不少中层管理人员的呼声。

一个企业实行多元扩张，首先当然是源于主要经营者的创业冲动。其实不少中层管理者也往往鼓动企业主要领导实行多元扩张，成立这公司、那公司。这样不单显示本企业很有实力，公司发展很快速、很热闹，更主要的是不少中层管理者追求的是自己的快速升迁。因为公司这种扩张很快会把他们推上某董事长、某总经理的岗位，很快成为一方诸侯。至于后果嘛，那最终是由母公司承担的。某些母公司的主要管理者不明此理，听到底下一忽悠，扩张的冲动更大，甚至认为自己在听取“群众”的呼声，走“群众路线”，不计后果，被“呼声”牵着鼻子走，最终把企业带进了沟里。

鉴于这种情势，为从思想上解决首都机场集团公司的正确定位问题，我决定亲自到该公司给中层以上管理者讲一堂关于企业发展的定位课。以下是我那次讲课的主要内容。

最近，在座的对首都机场集团发展定位的问题很关注，议论得比较多，说法也比较多。这是一个好现象，说明大家对公司的发展很上心，体现了大家上下一致求发展的愿望。

今天我想专题就一个企业的定位问题与大家做一次交流。为什么选择这个题目呢？因为对这个问题你们议论得比较多，议论得多，说明大家对这个问题的认识还不够一致。认识不一致，说明公司还没有上下同欲。孙子兵法云，上下同欲者胜。要想取得公司发展的胜利，在重大问题上必须统一思想、统一认识。

正确的定位是企业发展的先导。这不但是对企业而言，对一个人、一个单位，乃至一个国家都是如此。对于这个问题，我想我们学习一下老一代革命家领导中国革命和改革开放的实践，也许会理解得更深刻一些。

毛泽东主席是中国革命的开拓者，也是引领中国革命的胜利者。他领导中国革命胜利的前提，首先是对中国革命的正确定位。大家都知道，

《毛泽东选集》四卷本的第一篇文章就是《中国社会各阶级的分析》。他通过分析当时中国的各阶级，然后得出中国当时是一个半封建半殖民地的社会。这就是对当时中国的定位。有了这个定位，接着他就提出了中国的目标任务是推翻三座大山，打倒帝国主义，打倒封建主义，打倒官僚资本主义。有了这个目标任务，接着他又提出了"依靠谁、团结谁、打倒谁"的问题，进而又为此提出了一系列的政策和策略。也就是说，毛泽东主席领导中国革命的逻辑是先对中国正确定位，然后提出目标任务，进而分清阶级阵线，制定了政策策略，为此又创建了革命政党，缔造了人民军队，组织动员全中国人民取得了中国革命的胜利。

1978年中国共产党做出改革开放的重大决定，至今已整整30年了。作为改革开放的总设计师邓小平，也是先对当时的中国进行正确定位。许多老一点的人士都知道，"文化大革命"中把中国定位为世界革命的中心，结果是自称中心，最后力不从心，玩不转了。"文化大革命"终结之后，邓小平坚持实事求是，依据中国的现状，把当时的中国定位为社会主义初级阶段。社会主义初级阶段的特征是社会欠发达，经济落后。这样，全党和全国人民以经济建设为中心的任务就提出来了。怎么坚持以经济建设为中心呢？搞改革开放，坚持四项基本原则。这样，"一个中心，两个基本点"党的新时期基本路线就十分明确了。继而就有了中国经济数十年的高速发展。大家看，这是正确定位的重大作用。

正确定位就是明确你是谁，你应该干什么，你能干什么，你应该怎么干。其实，干事情正确定位是思考和处理事情的一个逻辑。思维逻辑是思维方式和思想方法问题。大道相通，对国家来说是这样，对一个企业来说也是这样，差别的只是层次和具体内容。

2000年我从军队调入中国国际航空公司工作。工作单位换了，工作内容变了，我首先思考的是军队工作和航空公司工作的区别。军队的工作是一切围绕打胜仗，企业的工作是围绕创造国民财富，直白说就是赚钱。这就是定位，然后再思考航空公司是以航空运输为主业进行赚钱的企业。那就要突出航空运输主业，把与航空运输主业无关联，或关联不大的企业剥离出去，卖掉或砍掉。那些恰恰是当年给中国国际航空公司造成亏损的“出血点”。消除了“出血点”，才能消除一个企业经营上的隐患和风险。为此，当时中国航空集团公司专门成立了一个机构叫“资产管理公司”。这个“资产管理公司”做的工作就是资产清理，我们给这个公司下达的任务主要是对中航集团的非主业公司进行清理。这个公司历时四年多的时间，清理掉非主业公司40多家。包括民航徐州设备修造厂。这是民航总局直属企业中国民航实业开发公司管的，中航集团成立后也就一并划入。这个工厂交给了中航集团资产管理公司，有1000多名员工。这个工厂属于制造业，民航公司是运输业，运输业没有精力和技术管好制造业。工厂长期亏损，工人长期上访，最终还是依法清理掉了。当然，对员工做了妥善安置。

被清理掉的还有毛巾厂、地毯厂等。过去飞机上用什么，国航就几乎投资建什么厂，把航空公司快办成杂货店了，公司能不亏损吗？现在的国航突出了主业，下属公司基本上都是盈利的，所以公司整体盈利就强了，其中就有那个资产管理公司的贡献。中航集团对这个公司的工作进行了表彰和奖励。有人不服气，说这个公司几年时间就是砍非主业公司，没创造一点利润，为什么给予表彰奖励？赏罚的原则是奖励重在众人服，处罚要重在个人服。有人不服，我们就特别讲明清掉一个亏损的企业，比投资建一个新企业的难度不可同日而语。这个资产管理公司虽然几年没创造利润，但是消除的是国航的“出血点”，带来的是国航的整体盈利能力。大家最终对这个公司的表彰和奖励还是心服口服了。

正确定位，突出主业，才符合社会经济发展的趋势和规律。现在，社会经济的发展已进入专业化和全球化。这种专业化和全球化是社会发展的规律所致。社会生产的趋势是专业化分工，而且是随着科技进步、经济增长、社会发展，这种分工会越来越细。过去一台机器在一个工厂制造，现在是一台机器在全球制造，分别制造零部件，然后组装集成，形成了全球化产业链。先有专业化，然后产生了全球化。专业化、全球化的结果是资源得到充分运用，特长得到充分发挥，从而催动了全球的联系与进步。也就是说，不走专业化的道路是违背社会经济发展规律的，违背了规律肯定要犯错误。因此，作为企业，千万不要追求多元化。看看那些盲目追求多元化的企业吧，大都是开始热热闹闹，最后一地鸡毛。

正确定位，突出主业才能发挥自己的所长。社会实践告诉人们，熟悉的事情才能干得得心应手。得心应手才能精于专业，心中有底。北京有名的老字号，一个叫全聚德，一个叫东来顺。全聚德专门做烤鸭，东来顺专门做涮羊肉。从创业到现在100多年，只做自己的专业，才有了今天响当当的名号。

专心做主业，要能经得起诱惑。中航集团公司成立后的2004年，有个下属公司给集团公司打报告，说在上海有个地产项目，投资15亿元人民币，很快就能收回投资。在集团办公会讨论时，我说上海那样一个全国市场化最高的精明城市，有这样的好事等着你去捡漏，详细调查之后再说。一深入调查，其实那就是某人吹的泡泡。最后这个投资申请被上报者自己主动撤回了。

明确了正确定位，突出主业，还要明白与主业相吻合的项目你有没有实力去做。企业经营者工作上常犯的错误有两个方面：一个是定位错了，干了非特长之事；二是对自己估价错了，干了力不胜任之事。也就是说，与公司的主业有一致性的项目，你也要准确估价自己的实力，能否担得起。

2005年意大利航空公司陷入困境，意大利驻中国大使馆两次派人来国航，希望国航能收购意大利航空公司。咱们中国有的人也劝国航抓住这个机会进军意大利，国航内部人员也认为收购了意大利航空，无论从名声上、影响力上对国航都是利好。为此，我带人考察意大利航空市场，进行调研。意大利航空公司是欧洲具有影响力的老牌航空公司，当时拥有飞机179架，员工8万多人，亏损的窟窿近70亿欧元，当时折合人民币600多亿元。调研回来我在集团内部讲，不讲跨国管理链条的长度及语言、法律、企业文化上的障碍，单就投资600多亿元来讲，国航能否背得动？那时国航一年的盈利才50多亿元，大家都说背不动。我当即拍板决定：背不动就不能去收购。于是正式回复意大利方面，国航对意航没有收购意愿。

最近民航局召开局务会议，明确首都机场集团公司应着眼于首都机场功能，突出机场主业，围绕主业精干相关业务，不再提多元化发展。并要求首都机场集团收拢海外投资，放弃机场至北京城里的轻轨项目。这是从企业经营发展的规律和首都机场集团公司实现长远健康发展，审慎做出的决定，希望你们要贯彻执行好。

有人可能会问，在海外投资的是机场项目，这不也是主业吗？中国早年还在非洲投资坦赞铁路建设呢，为什么首都机场集团公司不能在非洲投资机场？机场至北京城里的轻轨，有辐射机场的功能，为什么要放弃呢？其实，这还是如何定位首都机场集团公司的问题。大家要明白，我们的机场集团公司名字叫首都机场集团公司。首都机场就是北京机场，不要忘了你姓北京。北京机场不集中精力管好建好北京机场，你跑到南美和非洲去干什么？这么干，首先带来的是对首都机场建设的财力、物力、人力、精力的分散，这不明摆着会影响首都机场功能的建设吗？至于国家过去在非洲投资坦赞铁路，那是国家大政外交的行为，你一个机场集团公司能与此相类比吗？你一个机场公司有国家的那种举国的实力吗？国家那样做收获的是国际外交影响力，你一个机场公司那样做能收回什么？利润吗？那肯定会压垮首都机场集团公司的。

至于机场至北京城里的轻轨建设，那是属于市政公共交通建设，已经出了首都机场的业务范围。不说这个项目要投资60多亿元，就是从轻轨建设的技术和管理运营来说，首都机场集团公司根本没有这个业务能力和管理人才。从机场至城区的轻轨运营效益，经了解，全球各大城市所建的机场至城区的轻轨交通设施，没有几个是盈利的。因为那是公共交通设施，多数都是靠政府补贴在维持运营。这种设施的亏损风险将是首都机场所不能承受的。

听了上述讲话，许多人的反应是顿开茅塞，最终首都机场集团公司对投资业务做了收拢，决定放弃海外和机场至北京城里的轻轨投资项目。

但是，在放弃机场至北京城里的轻轨建设项目上却遇到阻力。阻力来自北京市政府机关交通部门，理由是首都机场集团公司已与北京市政府达成了协议，且已安排了部分资金，现在要放弃，这在商务合同上是说不过去的。应该说，他们的说辞不是没有道理。可是，首都机场集团公司真的是没有力量和能力担负机场至城里的轻轨建设。

恰巧，时任北京市市长我与他多年前相熟，他是一个处事稳健、讲究实际的领导者。我向他特别说明了首都机场集团公司不宜承担轻轨建设的理由，并向他声明这是一项事关北京市 2008 年奥运会的项目，办得不好会影响北京 2008 年奥运会。而当年北京市的一项重要任务是做好北京 2008 年奥运会的相关工作，最终他与北京市委书记商议后，由北京市政府收回轻轨建设项目，使首都机场集团公司解了套。

事后这条轻轨运营的结果证明，这条市政建设性质的交通设施，与世界上大多数类似项目一样，自运营起一直处于亏损状态，亏损额每年达数亿元。现在提起这个轻轨项目，首都机场集团公司的人员仍心有余悸地说，多亏当年首都机场集团公司推掉了这个项目，否则公司将长期处在经营被动的状态。

民航工作的重中之重

中国民航总局作为国家行业管理的行政机关，重中之重的任务是指导行业树立科学的安全理念，研究民航安全规律。通过颁布行业行政安全法规，抓好全行业人员安全资质能力建设，加强安全工作监管，不断完善安全基础设施，利用先进科技手段，借鉴国际先进经验，组织协调全行业各系统确保行业的安全，特别是飞行安全。这也是党中央和国务院领导最为关注和经常批示叮嘱最多的内容。

研究民航安全工作的规律

上任伊始，为深刻认识民航安全工作的规律，提高民航安全工作指导的科学性，我在组织机关调研的基础上，撰写了《关于民航安全工作的回顾与思考》一文，意在使全行业加深对民航安全工作规律的认识。

回顾中国民航安全管理工作历程，大致经历了三个阶段：探索管理阶段、经验管理阶段和规章管理阶段。

探索管理——飞飞整整中的学问

伴随新中国起步的新中国民航，基本上是与新中国的空军同步发展的，基础差，底子薄，各项工作都是在创业探索中进行，在安全工作管理上也是如此。1957 年，周恩来总理就民航工作做出了“保证安全第一，改善服务工作，争取飞行正常”的重要批示。突出了民航安全工作的极端重要性，将安全、服务和飞行正常有机联系起来，科学概括了民航工作的特点，成为中国民航工作的指导思想。

在保证安全第一上，全行业摸索出一套行之有效的管理方法，叫作“飞飞整整，整整飞飞”。即飞行中出了安全问题，立即全体停止飞行，进行安全整顿。通过安全整顿总结教训之后，再开展飞行。这种强调“人盯人，手把手”的管理模式，要求管理者具有不怕“跑断腿，磨破嘴”的精神，并且实行一个单位出了事故，其他单位都要开展整顿，也就是大家所诟病的“一人感冒，全体吃药”。应该说，这种“飞飞整整，整整飞飞”的安全管理方式，是新中国民航行业规模小、飞机少、实行“干中学，学中干”的必经之途。

当然，在这个阶段，中国民航也注重安全管理经验的总结，并相继颁发了《中国民用航空飞行条例》等不少规章制度。在当时的环境条件下，这些工作方法和规章制度，为保证民航安全起到了重要作用。

经验管理——模糊中的学问

1978 年，中国进入改革开放的新时代，中国民航业也随之进入新的发展阶段。这一阶段，中国民航的安全管理是以经验为主，全行业特别强调飞行安全经验的总结和推广。全国民航陆续总结出一批颇具影响力的安全工作经验。有些经验的基本精神、基本原则至今仍具有生命力。譬如 1992 年提出的“八该一反对”，即：在飞行过程中要坚持该复飞的复飞、该穿云的穿云、该返航的返航、该备降的备降、该绕飞的绕飞、该等待的等待、该提醒的提醒、该动手的动手（指正副驾驶的配合纠错），反对盲目蛮干。这些提法虽然没有量化指标，但便于记忆。经过多年的锤炼、检验，具有较好的警示和指导作用。

再如，1994 年民航提出的“四不放过”，即在处理事故和事故征候时，必须坚持未查明原因不放过、未分清责任不放过、未采取措施不放过、未严肃处理不放过。这个提法被广泛认同，并且成为国家处理安全生产事故时的一项重要原则。

但是，经验管理的许多提法，没有量化，不便准确操作。你光说该怎么着怎么着，什么情况下该怎么着不该怎么着，没有明确的界限与标准，在实际飞行中很难把握。正像中国烹饪书上讲到炒菜放调料时写的放什么少许，放什么少许，少许是多少很难拿捏。至于还有什么急火快炒、温火慢炖，怎么急，怎么慢，最终只能靠厨师的体悟了。总之，经验管理是一个模糊的学问，师傅领进门，修行在个人，最终只能局限在个人主观领悟上。

规章管理——标准硬约束中的学问

1995 年，第八届全国人民代表大会第 16 次会议通过《中华人民共和国民用航空法》，标志着民航安全工作进入规章管理阶段。这一阶段，中国民航的安全水平提高很快。据统计，1978—1987 年我国民航运输飞行每百万小时重大事故率是 4.37，1988—1997 年这一数据下降至 2.11，1998—2007 年这一数据又降低至 0.23，而同期世界平均水平为 0.33。

近些年行业安全形势的进步主要得益于民航安全规章标准不断完善。目前，民航有 140 部法规规章，其中有关安全生产的法规规章 91 部，占到民航全部法规规章的 65%。有些规章标准已与航空发达国家接轨，企业依法依规生产，政府依法依规监管，行业运行日趋规范。

有了规章标准，行业人员规章标准意识不断提高。近年来，民航企业履行安全生产主体责任抓根本，员工的法规教育和岗位资质能力标准培训工作成效显著，飞行、机务、空管、签派等专业技术人员和安全管理人员按章办事的综合素质有了长足的进步。尤其关键岗位人员的外语标准的硬性要求，促使相关人员的综合素质有很大提高，大大提升了应急处置能力。

1993 年 11 月 26 日，一架 MD–82 在乌鲁木齐机场着陆时飞机在跑道外坠地，机毁人亡。事故原因是飞行员调错高度表，事后从飞机黑匣子中查出，飞机警告系统发出语音：“pull up！ pull up！（英语：拉起来！拉起来！）”可是机长和副驾驶谁也听不懂。副驾驶问机长这是什么意思，机长回答说：“反正不是好事情。”依旧错误飞行，结果失去了挽救飞机的机会。现在，民航许多飞行员的英语水平普遍达到四级水平，有的还达到了五级。

适航标准的提升促使飞机的性能不断改进。自 20 世纪末，中国民航逐步淘汰老旧苏式机型，先进的欧美飞机如今已成为中国民航的主流机型。这些机型采用大量的新技术，提升了飞机的自动化程度和可靠性。许多新机型不但具有自动驾驶功能，而且具有智能化的防错纠错功能。比如 1994 年 6 月 6 日，一架苏制 TU–154 在西安起飞后空中解体，机上 160 人全部遇难。原因是机务维护人员接反了两个功能不同的插头。现在，这样的错误完全可以避免。因为在设计上不同的插头采用不同的插孔，这就从源头上杜绝了此类错误的发生。

安全保障标准的硬约束促使民航基础设施不断改善。这些年，民航基础设施按标准建设的步伐加快，机场、空管设备等得到明显改善。机场普遍安装了盲降系统，地形复杂的机场可以采用 RNP 技术（基于飞行性能的精密导航系统）导航，行业总体保障能力大幅提升。

有了规章标准的尺度，民航安全管理和安全监管的力度明显加大。政企分开以来，企业单位作为安全生产和安全管理的主体责任清晰。企业的领导依法规集中精力关注安全工作，完善内部安全制度，加大安全投入，加强安全培训，严明安全奖惩。安全管理工作依法依规进一步到位，安全品质不断提升。行政部门依规章标准，创新安全管理手段，开展安全审计和安保审计，推进安全管理体系建设，加大依法监管力度，严格安全违规处罚，促进了企业安全管理工作的进步。2008 年，行业行政部门相继对违反安全规章的航空公司、飞行人员等实施了暂停航线经营权、削减飞行总量、罚款、停业整顿以及停飞、取消资质认证等行政处罚，维护安全规章标准的权威，在规范安全生产秩序上取得了良好的效果。

以上民航安全的探索管理、经验管理、规章管理所展示的新中国民航安全管理的历史轨迹，反映了民航人在民航安全管理上，从艰难跋涉中不断走向更高阶段的历史性进步。

安全管理方式还有更高的层次

在肯定前人探索和实干精神的同时，也不能不指出，由于历史的局限和不同时期技术水平和物质条件的限制，民航的安全管理工作还带有不少人治的色彩和粗放型的烙印。即便目前的规章管理阶段，较之探索管理、经验管理已是巨大的历史性进步，但其中硬约束所带来的弊端也是显而易见的。更高层次的安全管理应当是高度智能化管理，即伴随着社会科技的进步，网络化、智能化将进入人类社会生活的各个角落。航空安全管理方式将转变到高度智能化的方式。能全面防范并纠正人错，使民航更加安全。

安中见危——头脑清醒的学问

尽管中国民航的安全水平不断提升，但制约行业安全发展的不利因素依然很多，行业安全运行的风险依然很大，发生事故的危险依然存在。其隐患可以用五句话来概括：运输航空险情不断，飞行员资质造假令人惊心，通用航空安全更为薄弱，空防安全依然严峻，违章操作问题突出。

运输航空险情不断令人揪心

2008年年初以来航空运输事故征候接连发生。2月29日，某航空公司的飞机在银川落错跑道，险些撞上前方的金属围栏；4月30日，某航空公司的飞机在大连机场误入跑道，仅差16米与南航大连分公司的飞机相撞；6月12日，某航空公司的飞机在武夷山机场落地偏出跑道；8月11日，某航空公司的飞机在南宁机场冲出跑道；10月5日，某航空公司的机组看错跑道，复飞高度仅1.5米；10月18日，某航空公司的飞机在长沙机场冲出跑道。这些接二连三的严重事故征候，多数是违章操作所致，没有酿成更严重的后果实属侥幸。

飞行员资质造假令人惊心

针对飞行事故征候暴露出来的问题，我提出对各航空公司的飞行员通过资质考试、技术检查等方法进行逐个排查。不查不知道，一查吓一跳，结果在全民航查出了203名飞行员资质造假。有的是学历造假，有的是经历造假，有的是飞行科目造假等等。最严重的是深圳航空公司，占了103名。当时我算了一笔账，每个飞行员每天飞行3~4航班或航段，那就是每天全国有600架次以上的民航飞行班次被不合格的“假飞行员”执飞着，这是多么令人惊心的景况啊！这样的每一个航班，可以说就是一颗“定时炸弹”，随时都有可能对行业的整体安全带来爆炸性的影响。对这样的飞行员查出一个处理一个，有的停飞，有的回炉复训，有的改做其他工作。

2010年8月24日，深圳河南分公司一架客机在黑龙江伊春失事。调查结果是当飞机长Q从军队转业进入民航，在机型改装等环节把关不严、真实水平欠缺所致，事后对相关监察员及管理者均给予了处理。由此追根溯源还查出北京泛美国际航空学校成批对飞行学员学历造假的问题，因此果断地对这个学校予以取缔。

通用航空事故频发令人痛心

2008年，全行业发生过6起通用航空事故，造成4人死亡、28人受伤、6架飞机报废。高压线路成了通用航空的“杀手”，6起通用航空事故中有4起是与高压输电线路刮碰所导致。

空防态势严峻令人忧心

2008年，为确保奥运会的安全，民航的空防安全下了大功夫。但空防忧患并没减轻，境内外恐怖势力伺机肇事，恐吓骚扰电话仍不断。民航安检上错检、漏检的现象时有发生，危险品运输管理还存在不少薄弱环节，这些都给民航的正常运行带来了妨碍。

上述问题存在的主要原因在于行业内存在着4个跟不上：

一是管理理念跟不上。具体表现为安全管理理念陈旧，仍然停留在经验管理阶段，习惯于搞一些口号式运动式的活动，热衷于什么“安全年”“安全月”甚至“安全周”阶段式的活动。动辄搞“大呼隆式”的安全大检，上自国家安全大检查，下至单位安全大检查，常常是接连不断。所谓安全大检查无非是来人级别高、随行人数多，过程往往是见面握握手，讲话拍拍手，告别挥挥手，走后事故有，然后再搞安全大检查。各级的安全大检查搞得各级疲惫不堪，还有层出不穷的各项奖旗奖杯评比表彰活动，花样百出，热闹非凡。非常态的工作方式，必然无长性。凡事一哄而起，事后必然一哄而散。上头忽上忽下，底下必然忽紧忽松，这种做法与安全的内涵和规律是不相吻合的。

二是人才队伍的数量和资质跟不上。民航的快速发展，使得民航各方面的人才持续紧张，特别是飞行人员缺乏成了制约民航发展的关键瓶颈。新成立的航空公司甚至不择手段挖别的航空公司的飞行员。一段时间，围绕飞行人员的跳槽、罢飞官司、资质造假成了影响飞行安全的重点因素。机务、空管、签派等行业关键岗位人员数量质量也严重不足。2007 年国航一架 767 飞机在首都机场航后维修中，误收前起落架，造成机头触地。参加维修的四名工程人员，三人是参加工作不足两年的年轻人，都还没有拿到基础工作执照，可以说是“无证驾驶”。中小机场专业人员和政府飞行安全监管队伍数量也严重不足。拿飞行标准监察员来说，全国仅有 468 人；相比之下，美国有 4758 人，是中国的 10 多倍。民航其他类别人员虽然数量上相对缓和些，但资质能力却是良莠不齐，整体素质有待提高。

三是政府安全监管手段跟不上。虽然政府在安全监管上启动了安全审计等方式方法的创新，但在具体执行环节“文实相符”还存在着差距。一些单位在安全审计上得了高分，但安全问题却不断发生。安全监管体系建设还存在短板，应有的效果还没有发挥出来。监管手段比较单一，类似美国那样先进的航空运输安全监管网络平台尚未建立，行业安全监管信息的整合和有效利用尚且不足。

四是基础设施建设跟不上。东部地区飞行繁忙空域紧张，部分机场保障容量饱和，基础设施建设亟须上台阶；中西部地区机场和空域空管建设投资滞后，设施设备相对落后；航空公司的运行控制能力还不强，飞行员上天后缺乏地面系统及时有效的保障支持而“单打独斗”的现象依然存在；通用航空飞机老旧状况严重，而且通用航空机场和航务保障条件甚为落后。

针对上述情况，自 2008 年起民航局决定从安全管理理念上、安全工作组织领导方式上和民航安全体系建设举措上转变思维，改进创新，主要实行了以下几个方面的举措。

废止阶段安全的口号，提出持续安全的理念

不再提“安全年”“安全月”“安全周”等以安全时间阶段为目标的口号。因为这一口号没有体现出民航安全规律的内涵和本质要求。

所谓安全，其实是一种状态，即通过持续危险识别和风险管控过程，将对人员的伤害或对财产损失的风险降至并保持在可接受的水平。这种对危险的识别和风险的管控从内容上来说应该有明确的标准，从时间上来说应该是持续的。这一定义告诉人们：

其一，安全是相对的，不是绝对的。航空安全是个复杂的系统，专家们称之为“人、机、环（安全保障环节与环境）”。人，主要是指飞行人员，智者千虑必有一失，人不可能绝对不犯一点错误。事故调查表明，近80%以上的飞行事故都是由人误造成的。机，指飞机，一架中型飞机的数十个结构系统由36.7万个零部件构成，而每架大型飞机的零部件都在百万以上，要每个系统、每个零部件都绝对可靠目前还难以做到。至于安全保障的环节与环境也不可能毫无瑕疵。

其二，安全是可控的。通过人的主观努力，掌握规律，加强管理，增强风险识别与管控能力，事故是可以预防的。

其三，在事故与人的主观努力的评价上要实事求是，客观的鉴定和处理，不要把不可抗拒的客观外力当成人的主观努力。

以上述为基调来审视持续安全的理念可以得出3点解读：

第一，持续安全更符合安全一词的内涵。持续安全是指行业的运行风险是可以通过人的努力持续可控的。民航的安全状态要以持续平稳运行为目标，而不能以时间阶段为目标；民航的安全状态应以持续为特征，而不应该是阶段性或周期性的。

第二，持续安全的理念更符合民航安全工作的科学要求。既然民航安全是持续对风险的识别和管控的状态，那么抓安全工作的方式就不应该是“运动式”“整顿式”“阶段式”的行为。局限于“安全年”“安全月”甚至提出“奋战某某天”实现什么什么的那种“刮风式”“起伏式”、忽冷忽热、忽紧忽松的提法和抓法，结果往往使安全的状态忽上忽下。再者，民航安全工作的本质要求也不是这月讲安全，下月不讲安全，今年讲安全，明年不讲安全。持续安全的理念则反映了对行业安全运行风险识别与管控的持续性，使安全工作不再是短期行为，从而使人们对安全危险的识别与风险的管控致力于常态化，而事物只有常态化才是可持续的。提出“持续安全”的理念，意在从指导思想、思维方式和工作方法上予以转变，与时俱进，走出一条抓安全工作的新路子，使安全工作不再是短期行为，而是把安全风险的识别与管控致力于持续性上，建立起民航安全工作的长效机制，使民航安全的管理和安全监管工作常态化，实现安全工作的常效益。

第三，持续安全的理念体现了一种进取精神。这种进取精神就是不畏困难，勇于挑战，发挥主动性、创造性，在安全工作上下狠功夫、硬功夫、长功夫、韧功夫，以安全工作的持久性，保证安全状态的持续性。有人担心持续安全的理念是要求极致，不给自己留后路。民航安全人命关天，一旦出事，群亡群伤，全球关注，社会震动，在民航安全工作上就是不能留后路。提倡极致与承认极限并不矛盾，就像“更快、更高、更强”的奥林匹克体育精神。人们不是不知道竞技体育存在着极限，但是仍然这样提倡，这正是人类的伟大，连体育竞技都提倡这种精神，保证人命关天的民航安全更应该如此。

取消各类安全奖旗奖杯、表彰评比活动

长期以来，与“运动式”“突击式”抓安全工作方法相配套的是各类安全检查、评比、表彰、奖励活动，并为此设立了名目繁多的这奖旗、那奖杯及奖金，随之各种评比会、座谈会、表彰会、现场会层出不穷。这类现象不单在民航，全社会各行各业的安全工作方式也普遍如此。当然，在计划经济条件下，这种荣誉激励式的工作方法，对促进安全工作起到了某些作用。但是，由于其根基是建立在“突击式”“运动式”之上，没有持续性、持久性，因而是不牢固的。

当时一个突出现象是许多单位怕在表彰会上介绍安全经验，因为往往谁介绍经验，谁先出问题，甚至这边正介绍经验，那边出了问题。为何如此？因为“突击式”“运动式”使安全工作无根基。

这种以荣誉激励乃至奖金刺激为手段抓安全的工作方式，是引导企业和员工保证安全看成一种荣誉，而不是应有的职责。这种导向性的误差，会使

企业和员工对安全工作态度走向偏颇。

其实，安全工作是民航企业经营的品牌内涵，是员工应尽的本分之责。在市场经济条件下，企业品牌经营不好会导致企业破产，员工不尽本分之责会导致自己失业，显然这无须用奖旗、奖杯、奖金激励的方式、手段抓安全，否则，是落后于时代了。再者，荣誉奖励应该是对超越职能和本分之外贡献的一种褒赏。褒赏应属于高点，而保证安全是民航企业和员工工作中最基本的底线，底线也是低线；高点可以不达到，而底线是不能突破的。这种用高点去对应底线的做法，显然也不符合工作逻辑。实际上基层对奖旗、奖杯这种形式的态度也发生了变化，这奖旗、那奖杯多数都进了垃圾堆。

有鉴于此，自 2008 年起，中国民航局取消了各类奖旗、奖杯表彰一类的评比活动。同时，也不再搞全行业范围的“大呼隆式”的安全大检查活动实行将政府安全监管监察融入企业一线日常经营的运行之中，从而对企业的安全工作进行依规章标准进行监察和审计，及时发现问题、整改问题，盯住问题抓落实，以常态保经常，以经常保持续，以求安全工作的实效与长效。

确保安全最根本的是两条

实践中表明，安全工作要确保两条根本不能少。一条是健全的规章标准，一条是执行规章标准的一线工作人员要有符合规章标准的资质能力。从这两者来说，一线工作人员的资质能力是最大的短板。事故调查证明，各行各业事故发生的直接原因大都与一线岗位人员犯规违章、资质缺失有关。为此，民航以清查飞行人员资质能力为开端，在全行业促使各单位大力开展了以落实规章标准为内容的各类专业人员的岗位资质能力的培训工作，并将其作为政府安全监管和监察的重点内容。特别在飞行员的资质能力建设上，以局长令的形式下发了《中国民用航空机长职责》，通过 12 条内容对机长的资质和职责做了明确规范。并以此为牵引，对全行业在飞行员的引进、培训、使用、淘汰等建立了一整套严密的体制机制，这样从根本上进一步持续打牢保证行业安全的基础。

保证安全靠的是责任体系

虽说实现安全的根本在以上两条，但是，保证安全靠的却是责任体系。

事业心责任感是做好一切工作的核心要素，也是实现安全发展的关键所在。任何规章乃至法律条文都是死的，事业心、责任感却是有生命的。在世间一切活动中，人是最积极、最活跃、最能动的因素，再科学的法规都要靠人去履行、去兑现、去落实。讲落实责任制，包括了两个方面的含义：其一，明确权力（利）、义务，即该干什么，能干什么，如何干什么；其二，检查行动效果，即干了没有，怎么干的，成果如何。

安全工作是一个系统工程，完善责任体系并落实责任才能胜券在握。

如何落实企业的安全主体责任

企业是生产经营的载体，企业的性质、功能、地位决定了它对安全生产负有直接的主体责任。这不单是国家《安全生产法》所规定的，从企业自身发展的角度来说，民航安全不仅事关消费者的身家性命，也事关企业自身的兴衰存亡。安全第一是民航发展的前提和原则，保证安全远比发展速度重要，安全质量远比发展数量宝贵。对航空企业来说，安全品牌是最重要的企业品质。飞行事故会对企业带来持久的负面影响，甚至由此一蹶不振乃至破产者也不乏其例。企业落实主体责任有 5 个要点：

一是坚持“安全第一”的方针不动摇，正确处理安全与效益的关系，把“安全第一”纳入企业日常运行的链条之中，防止以牺牲安全求效益。

二是建立有效的安全运行系统，注意维护安全链条的完整性和稳固性，对安全上的漏洞和薄弱环节能够及时发现，并能及时予以弥补和加固，防止安全之堤毁于蚁穴。

三是依照相关安全规章标准，细化公司各类岗位安全工作手册，并建立保证落实到位的相关制度机制。

四是持续抓好员工队伍的岗位资质培训，使之制度化、经常化、动态化、全员化。

五是致力于安全设施的不断完善和新科技在安全工作中的应用，舍得安全投入。

如何落实政府的安全监管责任

政府是社会各项活动的管理者，是靠纳税人的税支撑运转的。执政意味着对人民负责，为人民服务，其中最重要最根本的是维护人民的生命财产安全和生活安全。一丝不苟地履行对企业安全生产的监管职能，是政府义不容辞的责任。

政府履行安全监管责任主要把握好以下几点：

一是要建立和不断完善安全法规和规章标准，使上下有章可循，发布行政法规标准，是政府的职能和权力，政府要科学履行这一职能。

二是安全监管要坚持公平、公正、公开的原则，自觉接受公众的监督，让监管权力在阳光下运行，严防权力滥用，严防以权谋私腐败行为的发生。

三是执法必严。法规的严肃性来源于执法的严格性。严格严格，要严在格上。格就是安全法规、规章标准。监管是严肃的事，来不得半点的温情主义、好人主义。安全监管上的“温情”“慈悲”，往往是酿成渎职的温床。作为国家工作人员对此要有清醒的头脑。渎职是专用于国家工作人员玩忽职守给国家造成损失的行为；失职是由于一般工作人员不负责任，给单位造成损失的行为。

如何落实第一责任人的安全领导责任

任何工作好不好，决定的因素在领导。主要领导者、管理者是本行业、本部门、本单位的当家人，当家人自然是安全上的第一责任人。作为第一责任人履行好安全领导责任要把握好以下几点：

一是要高度关注安全工作。高度关注应表现为经常亲自研究、思谋安全工作，特别要加强新情况、新特点、新问题的动态研究。对本行业、本单位的安全工作做到心中有数，形成明确的工作思路，用以统一思想，达成共识。

二是致力于建立起长效、务实的工作机制。所谓机制，就是机构加制度，有得力的工作机构，并配之以严密的工作制度。用有计划、有部署、有检查、有反馈的运用机制功能，取得领导安全工作的主动权。

三是搞好组织协调。安全工作是系统工程，第一责任人要会抓纲带目，调动整体的智慧，形成主要领导亲自抓，分管领导具体抓，其他领导配合抓，上下联动共同抓的局面。在组织协调上既要突出重点，防止主次不分，又要防止单打一，顾此失彼，尤其要防止结合部上出现薄弱的环节而导致问题发生。

四是严格管理，严格要求，严明纪律，严明奖惩。第一责任人要带头坚持原则，敢于碰硬。严，从内容上要严在格上，从形式上体现在奖罚严明上；赏，要让众人服；罚，要让个人服。

五是在安全上舍得投入。观察领导者重视某项工作，主要有两条：一条是否亲自研究；另一条是否舍得花钱。第一责任人要亲自配置重要安全资源，舍得在基础设施建设、新技术使用、设备的更新、人员培训等安全软硬件事项上投入人力、财力、物力，厚实安全工作的保障。

《周易》有言："君子安而不忘危，存而不忘亡，治而不忘乱，是以身安而国可保也。"历史的教训是大意失荆州。第一责任人对安全工作要常存如履薄冰、如临深渊之感，常怀高度警觉之心。安全工作的特点是只有起点，没有终点，盲目乐观，麻痹松懈，居功自傲等，往往是事故的源头诱因。《周易》言："终日乾乾，夕惕若厉，无咎。"朝乾夕惕，应该成为领导者的安全工作意识。

如何落实员工的安全工作岗位责任

企业管理者的安全工作领导责任与员工的安全工作岗位责任都是企业主体责任的内容，一个处于上端，一个处于末端。实践表明，安全成绩最终来源于第一线，事故也出在第一线。员工身处第一线，是安全责任落实的最后一道把关者、守望者。军队打胜仗最基本的两点：一是上层指挥的正确；二是一线士兵的素质过硬。安全工作也是如此，安全的最终实现掌握在一线员工手中，其根本在于员工素质的过硬。

员工履行安全岗位责任，实质是员工胜任本职、爱岗敬业、恪守职业道德，其内涵有5点：一是责任意识强，主动当安全的主人。要根除“拿钱干活”的雇用思想，把确保安全作为自己的本分。二是熟知安全规章标准，做到外化于行，内化于心，时时遵章守纪，事事依规操作。三是刻苦钻研业务，熟练掌握技术，干一行，爱一行，钻一行，通一行。在岗有实力有底气，能及时发现一线安全隐患，化解安全风险。四是胸有全局，善于协作，勇于把关。每个员工都是安全信息的传递者、安全上下环节的沟通者。彼此面对面，互相知根知底，安全上互相之间的提醒、监督、把关、补位常常能起到一言定乾坤的效果，这也体现了相互间最大的友谊和关爱。五是善于安全思考，积极建言建议。高素质的员工不但善于动手，也善于动脑，能及时发现安全隐患和薄弱环节，善于总结安全经验乃至安全规律，能主动向上级提出建言建议。来自生产一线的安全建言建议，往往更有价值，对此领导者理应高度重视。

总之，以上四个方面安全责任的落实，构筑了确保安全的四道“防火墙”。这四道墙层层相连，环环相扣，落实安全主体责任是根本，落实安全监管责任是保证，落实领导责任是关键，落实员工安全岗位责任是基础。只要把四道“防火墙”不断筑牢打实，确保安全就有了可靠的根基。

在任中国民用航空局长八年多的时间里，民航的安全一直在我心头占有最重的分量，也一直是我工作中不断调研、思考、总结、把握的重头戏。民航每年全国工作会议的工作报告，通常应是由主要领导来做的，而我都委托副局长去做，我则每次做关于确保民航安全的专题讲话，意在引领全行业把民航安全作为工作的重中之重来抓，同时也体现中国民航局对全行业安全工作持续不断跟踪与指导。8年中，我先后做了“中国民航安全工作的回顾与思考”“安全监管是民航行业管理的重中之重”“安全发展是实践科学发展观的必然要求”“实现安全发展的关键在于落实责任”“确保飞行安全必须严把飞行员等人员资质能力关”“精心谋划安全发展系统工程”“落实预防为主要从九个方面前移安全防范关口”“实现民航发展要把握好八个关系”“共同营造良好的民航安全发展环境”“用科学的思维方式思想方法指导民航安全工作”10次关于民航安全的专题报告和讲话。这些报告和讲话都是由我亲手整理写成的，体现了中国民航局对行业安全工作指导的整体思路、系统举措和持续发力。

2015年12月24日，在中国民航局全国工作会议的讲话结束时，我即兴诵道：“8年10次讲安全，唯愿行业持久安，他年说起民航事，与君莞尔一笑谈。”这8年中一系列关于民航安全工作的报告和讲话，加上在其他场合关于民航安全工作的言论，在我卸任中国民航局长后，整理成《论民航持续安全》一书，不少读者反映，其中的基本之理、根本之道，不单对抓好安全工作，对抓好其他工作也具有一定的普遍意义。借鉴行之，能经常起作用和长期起作用，许多篇章足以作为安全工作的教材。

作为国家民航的行政机关，确保民航安全，在持续致力于抓好软硬系统建设中，也要对可能危及民航安全的因素采取断然行政手段，或建立起可直接掌控的措施。

暂停某国航空公司通航中国资格

某国家航空公司虽然是一家老牌航空公司，但是，一个时期以来，某国的民航百万架次事故率一直高于世界平均水平。一个时期甚至年年事故不断，且在中国境内事故征候迭出。其原因主要在于该国民航安全管理整体系统有所缺失，飞行员的资质能力令人担忧。我想用2018年10月29日印度尼西亚狮子航空波音737MAX造成181人死亡的空难事故来说明这一问题。

虽说最终依据2019年3月10日埃塞俄比亚航空同类机型事故查明，主要原因是美国波音公司所设计制造的这款机型存在着重大结构性安全隐患所致，但也与对飞行员驾驶这架飞机的针对性培训有关。应该强调的是，737MAX设计上的隐患是不能靠飞行员的训练所能弥补的。在737MAX接连出现事故之后、波音公司公布事故原因之前，为确保民航安全，中国民航局在全球率先停止了737MAX的运营，这一果断的决定无疑是正确的。

要知道中国民航从2017年起，全行业共购买了96架737MAX飞机。每天每架飞机按三个航段计算，至少每天的飞行也在250架次以上，一年那就是近10万架次。印度尼西亚和埃塞俄比亚此类机型要比中国少得多，为什么事故没发生在中国，却发生在印度尼西亚和埃塞俄比亚呢？这是一位中央领导在波音737MAX两次事故发生后专门约我交谈时提出的问题。这要从737MAX新机型的使用与飞行的相应培训关系说起。

波音737MAX是美国波音公司为加快和空客竞争所装配新发动机衍生的737新机型。波音公司称其"重新定义了未来的高效能和友善环境的航空器，有着最高效率、最高可靠性和乘客的最佳体验"。该机型2015年12月8日生产下线亮相，2016年1月29日完成了首飞。2017年5月16日波音公司就将首架波音737MAX飞机投放了市场。通常一款新机型从生产下线首飞到完成全部飞行验证投放市场至少需3年左右的时间，有的甚至时间更长。而波音仅一年多就将该机型投放了市场，显然，这主要是波音为与空客争抢商用飞机市场而仓促加速该机型的运营。截至2017年，波音公司737MAX飞机已获得来自全球87家客户的3700多架订单，成为波音最畅销的机型。2019年埃塞俄比亚航空737MAX事故后，波音该机型的新订单为零，而且之前的订单被客户全部取消，并被追偿。

事后查明，波音737MAX两次事故直接原因，出在该机型所谓的自动防失速系统上。

这款737MAX机型使用了新型发动机，而飞机发动机本身的成熟度和飞机与发动机的适配非常重要。实际上这款新型发动机是与737MAX机身不适配的。这种不适配使得737MAX起飞后机头抬升过快，行话称飞行仰角过大，其后果很容易造成飞机失速而坠毁。这应是新机型的一个结构性问题。正确的处置态度和方法，应该是修改设计，使飞机发动机和飞机相适配，而这是要花费时间和成本的。波音为抢时间、节成本没有这样做，而是采取"打补丁"的方法，在飞机上安装了一个所谓自动防失速增强系统，使飞机在起飞过程中自动降低机头，从而解决飞机起飞后机头抬升过快的问题，并将这一切的因由隐瞒了。这就为737MAX的安全性留下了重大隐患。

中国民航2017年至2019年购买引进了96架波音737MAX，是世界上购买这款机型并投入运营最多的国家。为什么中国民航避免了使用这款飞机的劫难呢？重要原因在于中国民航在多年飞行安全工作的管理上形成了一套严谨的态度和方法。首先，每引进一种新机型，中国民航都坚持对飞行员进行有针对性的严格培训，包括在模拟机上的反复练习、操作。其次，让每个飞行员都熟知新机型的性能特点，特别是与其他机型的不同点和应对办法。再次，中国民航安全管理部门及时跟踪了解新机型在运行中出现的问题，并及时发出警报，提出防范办法及其要害点，让飞行员及相关人员人人皆知。这样，就使得中国民航的飞行人员了解了波音737MAX起飞后机头抬升过快，其所谓自动防失速增强系统会接着使上仰过快的机头自动降低的情况；飞行员只要顺势操作，飞机就会自动恢复安全的爬升率。由于中国民航的飞行员人人都对737MAX这一特点做到了熟知和恰当应对，从而避免了737MAX飞行事故的发生。

一般说来，飞机在起飞过程中机头都是上仰的，而印尼及埃塞俄比亚航空公司的当值飞行员在737MAX起飞过程中不明白自动防失速增强系统致使机头降低的因由，下意识的反应就是尽快把机头拉起来。这样机上所谓自动防失速增强系统会使飞机更降低机头。在这种情况下，当值飞行员会下意识地使劲将机头往上拉，这就形成了“人机互斗”。事故报告称，这两起事故在10多分钟的飞行中，飞机机头下垂了20多次。飞行员一直不断用拉升的办法与问题飞机缠斗，企图将机头拉高。这种“人机互斗”，使人的主观能动性和飞机设计上的功能性相悖而进入了“死”循环，最终以空难为结局。

上述事例并不是为波音公司在737MAX问题上的责任开脱，这已有定论，而是说明飞行安全系统管理的完整性多么重要。这种安全系统管理工作的缺失，也是当年在某国航空公司事故多发的根本原因。虽说别国的飞行安全中国无责，但是这种事故多发的外国航空公司的飞机飞入中国，很难想象会给中国的生命财产安全带来什么样的严重后果。

世界上的发达国家由于其民航安全记录好，对民航安全记录不好的国家也多是禁航的。因此，中国民航局也因飞行安全记录原因，对某国采取了暂时停航措施，并派专人前去该国做了说明。

取缔造假的北京泛美国际航空学校

北京泛美国际航空学校是经中国民航局 2003 年 11 月批准成立的首家民营航空学校，以飞行驾驶技术培训为主营业务。在校学员有 310 多人，60 多架教练飞机，注册资本 7770 万元。成立之初，该校的飞行教学工作大体上遵守了中国民航的相关规定，为中国民航飞行人员的短缺做了补充。但是，随着飞行员在民航发展中的日益走俏，该校为追求利润，在教学中采取简化飞行教学内容、缩短必要的飞行时间，甚至对飞行科目和飞行经历造假，致使假经历、假学历的飞行人员成批混入相关航空公司。中国民航局在对全行业飞行人员资质排查中，对许多假经历、假学历的飞行人员追根溯源，由此追查到了泛美航校。

泛美航校最大投资者是美国国际集团（AIG），其余股东均为中国相关民营机构或个体。被追查到该校造假原因时，其辩称：一是对飞行学员收费过低（50 万元人民币左右）；二是航校训练空域过小，跨区飞行增加了训练成本。以此为说辞推托飞行教学造假行为既不成立，也是极不诚实严肃的。为此，中国民航局当即取缔了该校的办学资格，将在校学员转入其他航校，并向全行业包括相关院校发出了通报，引以为戒。

清理整顿飞机维修上的造假行为

在全面清查飞行人员资质的同时，针对飞机维修和航材管理上反映出的问题，中国民航局统一组织了对飞机维修和航材管理工作的专题清理整顿活动。重点对个别航空公司、飞机维修公司在航材采购、送修、零部件使用和航材管理方面伪造航空器零部件适航维修标签、非法侵占偷换航空公司航材及不按标准规范维修等行为进行调查整治。调查整治中发现四川朗克飞机维修公司弄虚作假，伪造航材合格证，使用假航材维修飞机；成都航空测控公司与某航空集团江西分公司航材部门人员内外勾结，非法套取航空公司的航材，仿造自制件违规使用并伪造维修记录档案；成都安立盛公司在维修过程中违反规章标准进行串件，伪造维修记录，更换不具备有效合格证件等问题。对上市公司造假和违规违章行为，中国民航局予以严惩。有的被取缔维修资格，有的被停业整顿，有的受到了严厉处罚。进一步规范了航空维修秩序，保证了维修过程中航材使用的合格合法性和维修档案记录的真实规范性，堵住了“黑航材”流入我国民航维修业的漏洞，从源头为保证民航安全又上了一把“保险锁”。

其实，适航审定才是民航安全的最初源头。

适航审定是政府以自己的公信力对公共安全的担保

民用航空器要实现商业成功，必须达到安全、经济、舒适三个重要目标。判断飞机的经济性和舒适度有待于民用飞机投入市场后的检验。然而，对飞机安全性的判断事关人民群众生命财产的安全，绝不能待飞机投入市场后再由市场去检验。因此，世界各国都将判断飞机安全性的工作放在飞机投入市场之前，与飞机的设计研发同步进行。同时考虑到受专业知识和信息不对称的影响，公众自身不可能判断某种飞机的安全性。加之民航客机的安全性带有公共安全的属性，所以判断飞机安全性的工作只能由政府部门组织专业人员进行，这也是政府民航主管部门的一项职能。

适航是用于查证航空器及其相关产品安全性的最重要品质。适航审定是政府相关部门在民航航空产品投放市场前对其安全性进行评估的监督检查工作的总称。适航是航空器安全的体现，如果没有适航，那么航空器安全性就没有保障，整个民航就不能运行。因此，适航是民航长效安全运行的前提，中国民航局履行这项职能也是以政府公信力向社会公众做出的公共安全担保。

适航审定国家间的争斗

民航客机生产是人类工业文明的集成，是高端装备制造的制高点，是一国经济实力、科技实力的重要标志。美国早在 20 世纪初就建立了航空制造适航审定体系。100 多年来，其审定的飞行器型号最多、经验最丰富、相关规章标准也最完备，这同时也成为美国世界霸权的组成部分。

美国为了维护自己民航飞机制造大国的地位和市场利益，从不轻易承认别国的适航审定能力，而签订双边或多边适航协议。一旦签订了这种协议，即认可了别国飞机制造的安全性，使得协议国制造的飞机可以出售到美国。俄罗斯从苏联时期起就是飞机制造大国，但美国联合欧盟就是不承认俄罗斯包括苏联的适航审定能力，因而苏联及俄罗斯制造的飞机不但不能出售到美国和欧盟，苏制及俄制民航客机飞往美国及欧盟商业运营也被禁止。因此，逼得俄罗斯航空公司不得不购买波音和空客制造的飞机从事俄美、俄欧诸国间的民航商业运营。

在适航审定双边关系上，美国对中国与俄罗斯同样，一直不同意两国间适航审定的对等关系，特别中国自 2003 年起相继开展喷气客机 ARJ21 和 C919 大飞机项目之后，美国对此更为警觉。

2003 年，中国 ARJ21 喷气式客机开始上马。中国为使自己制造的客机走向世界，一直和美国在适航审定上进行双边谈判。中美之间只要能够达成适航审定互认的双边协议，中国制造的飞机就有了进入全球市场的通行证，而此举一直为美国提出的种种理由所拒绝。为此，中国只得另辟蹊径，先与能认可中国适航审定能力的国家签订适航协议。这样，中国先后与世界上近 30 个国家签订了协议，包括加拿大等发达国家。中国民航的适航审定规章标准是与世界接轨并以美国适航审定规章标准为蓝本的。为体现中国适航审定能力的透明度，2008 年在跟踪 ARJ21–700 型适航审定中，中国同意吸收美国相关人员共同参与。当时我方有人担心同意美国人参加中方的适航审定工作，不利于 ARJ21–700 制造的保密工作。我认为以美国在飞机制造上的先进性来说，中国在民航商业飞机制造适航审定上对美国保密，只会为美国打压中国的适航审定工作提供借口而无实际意义，从而打消了我方有些人员的顾虑。

美方在实际工作参与中发现，中方的适航审定工作依美国的相关标准为蓝本，无可挑剔，最后竟以中国企业中有共产党的组织不利于飞机制造安全的荒谬理由，仍不同意与中国签订双边民航适航协议。美方虽然被中方据理驳斥得哑口无言，但仍拒绝签订双边协议。美方的行为再次证明了一个真理：你无法叫醒一个心怀恶意的装睡者。

大国家要能造大飞机

制造大飞机是一个国家装备制造能力的综合体现。能否独立完成适航审定是一个国家民航安全监管综合能力的体现。中国国产 ARJ21 飞机是中国 2003 年确立的第一款涡扇喷气式客机生产项目，经过 12 年的研发打造，2014 年终于一飞冲天。从这款飞机立项开始，中国民航的喷气式客机适航审定事业就与这款飞机相伴而行。在适航审定工作中，中国民航始终以“坚持标准，严格审查，条款衡量，数据说话”为原则，标准是红线，严格是态度，条款是尺子，数据是依据，以此全程跟踪完成了对 ARJ21 的适航审定工作。虽然美国当时拒不与中国签订双边适航审定协议，但是美方在共同参与对 ARJ21 适航审定中，最终没能从技术规章标准上挑剔出中国适航审定的纰漏，这也验证了中国适航审定的可靠性。为此，中国民航局决定为国产 ARJ21 飞机发放适航合格证。

为扩大中国国产喷气式商业飞机的影响，决定相关颁证工作在北京举行。2014 年 12 月 29 日，我亲赴上海与中国商飞时任董事长金壮龙、总经理贺东风等共同乘坐 ARJ21 飞机从上海飞往北京。国务院马凯副总理出席了相关活动，多家媒体进行了实况报道。

某款新型飞机的安全性是这款飞机的生命。有的飞机投巨资研发数年甚至数十年，投入商业运营后若短时间发生事故，将会导致此前的一切都将前功尽弃。协和飞机就是一例。协和飞机是 20 世纪 70 年代英法联合生产的新型客机，历经近 20 年的研制，1976 年投入商业运营后因接连发生安全问题，仅两年多时间就被市场彻底淘汰。有鉴于此，我向中国商飞公司及相关航空公司提出许多建议。2016 年 6 月 28 日，ARJ21–700 正式全面投入商业运营，至今其安全性、经济性、舒适性均有着良好的表现。后来在事实面前及其他各种因素的促使下，包括中国民航客机巨大的潜在市场，美国及欧盟最终还是与中国签订了全面适航双边协议。这意味着他们对中国民航适航当局适航审定能力的认可，承认了中国民航民机制造适航审定的安全可靠性。

织密民航法规网，以局长令明确机长职权

中国民航局作为国家民航业的最高行政机关，一项重要职能是起草行业的法律文本，颁布行业行政法规规章。在原有相关法律行政法规规章的基础上，民航局八年中修订法律四部，颁布行业行政法规、规章 42 部，80% 以上涉及的是民航安全事宜。其中，影响最广泛的是以中国民航局长令名义下达的《民用航空机长职责》12 条。

其实，乘客上了飞机，不但接受民航的服务，也使自己处于机长的管理之中。为使机长系统明了自己的责任、权力、权利、义务并被乘客所理解，且便于执行和监管，在颁布这一行政法规时，民航局对机长 12 条职责逐一做了解读，利用报刊等媒体广泛宣传。民航保证飞行安全最关键的责任人是机长，每个民航乘客为了自己的安全利益，对机长职责也有知悉的必要。因条文简明扼要，在这里我介绍给大家。

《民用航空机长职责》

第一条，民用航空运输机长（以下简称机长）是依据中国民用航空规章取得航线运输驾驶员执照，并被航空运输企业聘为机长的飞行员。机长应当具有良好的职业道德品质，高度的负责精神，强烈的安全意识，牢固的章法观念，熟练的操作技能，精细的工作作风，严谨的组织纪律以及健康的体魄。

解读：该条包含两层含义：一、明确了民用航空运输机长的定义；二、提出了机长应具备的八个方面的素质要求，既包括了职业道德品质、负责精神、安全意识、章法观念、工作作风、组织纪律等软要求，也包括了操作技能、身体体魄等硬指标。可以说，这八项要求，既为机长们提出了保持和提高资质能力的全面标准，也为想成为机长的飞行员指明了成长的方向。

第二条，机长是当班飞机的负责人，对当班飞行活动负责。

解读：该条阐明了机长岗位责任。作为当班飞行任务的负责人，机长对当班飞行活动负总责。作为当班飞行任务安全的第一责任人，机长对民用航空器及其所载人员和财产的安全负责。机长应当履行岗位责任，在确保安全的前提下，把民用航空器所载人员及货物送达目的地。

第三条，机长对当班机组负有管理责任，在其职权范围内发布的命令，民用航空器所载人员都应当执行。

解读：该条阐明了机长的领导责任和指挥、管理权限。机长是当班飞行任务的最高领导者，在执行任务期间，应当在职权范围内正确、及时、准确地发布命令。民用航空器所载人员，包括机组成员和乘客，都应接受机长的指挥管理，严格执行机长发布的命令。

第四条，民用航空器的操作由机长负责，机长应当严格履行职责。

解读：该条阐明了机长的岗位操作责任和技术权威。在执行航班任务过程中，机长是飞机的操纵者，应该严格按照局方认可的运行手册和操作规程操纵民用航空器，并组织监督机组成员按照分工规范操作。不得将飞机的操作权随意交给他人，他人也不能随意代替、剥夺机长对飞机的操作权。

第五条，机长应当模范遵守并督促机组人员执行法律、法规、规章和标准，以及被批准或加入的国际公约。

解读：机长应严格依照相关法律、法规、规章标准履行岗位责任和管理责任，并领导机组在国家批准的国际法和公约范围内活动。

第六条，飞行前，机长应当对民用航空器实施必要的检查；未经检查，不得起飞。飞行中，遇特殊情况时，为保证民用航空器及其所载人员和财产的安全，机长有权对民用航空器做出处置。在各个运行阶段和紧急情况中，机长应当严格遵守检查单，并确保遵守运行手册中的操作程序。

解读：该条规定了机长在飞行前的检查义务，避免飞机带隐患上天，以及飞行中特殊情况下为确保安全机长对航空器的处置权，强调了在飞行各个阶段机长都必须按章操作。

第七条，机长发现机组人员不适宜执行飞行任务的，为保证飞行安全，有权提出调整。机长发现民用航空器、机场气象条件等不符合规定，不能保证飞行安全的，有权拒绝起飞。

解读：该条明确了机长对机组成员的决定权和拒绝起飞的决定权。其前提是为了确保飞行安全，机长应该正确行使这些权力。

第八条，飞行中，对于任何破坏民用航空器、扰乱民用航空器内秩序、危害民用航空器所载人员或者财产安全以及其他危及飞行安全的行为，在保证安全的前提下，机长有权采取必要的适当措施。

解读：该条阐述了机长的治安管理权限。针对在民用航空器内发生的犯罪及其他危及飞行安全的行为，为了保证民用航空器所载人员、财产的安全，维持飞机上应有的秩序、纪律，有关国际公约、法律法规都赋予了机长管束违法或犯罪嫌疑人的权力，包括采取对违法犯罪嫌疑人进行控制或实施驱离等。

第九条，在飞行结束后，机长应当负责将所有已知或怀疑的航空器故障向经营人报告。

解读：该条规定了机长的报告义务。由于机长是民用航空器的直接操纵者，处在飞行安全的最前线，最有可能及时发现民用航空器的安全隐患或其他不安全因素。因此，有必要从法规和行业规章层面，规定机长对此类内容的报告义务，以便使经营人及时掌握相关信息，并采取针对性措施。

第十条，机长应当对飞行机组成员名单、机组成员的职责分配、离场和到达地点、时间、飞行小时、飞行性质、负责人签名等各项内容的飞行记录负责。

解读：该条阐明了准确记录飞行活动的岗位职责。执行航班飞行任务是一项科学、严谨、责任重大的活动。作为机长，应该按照规定真实的填写相关记录，并对记录的内容负责，经得起问，经得起查，经得起历史检验。

第十一条，机长在民用航空器遇险时，有权采取一切必要措施，并指挥机组人员和航空器上其他人员采取应急措施。在必须撤离遇险民用航空器的紧急情况下，首先组织旅客安全离开民用航空器；未经机长允许或旅客未完全撤离航空器的情况下，机组成员不得擅自离开民用航空器；机长应当最后离开民用航空器。

解读：该条明确了机长在飞机上的最高指挥权及在紧急情况下应采取果断措施和应有的职业道德品质。其一，机长是整个飞机的灵魂，要正确行使权力，积极组织救助；其二，救助要坚持乘客优先，严格撤离秩序；其三，机长要恪守职业道德，把生存的机会让给别人，把危险留给自己，尽到应尽的全部责任。

第十二条，机长在民用航空器发生事故或严重不安全事件后，应当以现有和最迅速的方法，如实将情况及时报告有关部门。

解读：该条与第九条都规定了机长的报告义务。不同的是该条文规定的是机长在航空器发生事故或严重的不安全事件后的强制报告义务，以及报告的方式方法。目的是使有关方面及时掌握情况，尽快开展救援等相关工作。

早于国际四年多的安全措施

2015 年 3 月 24 日，一架德国注册号为 D-AIPX 的空客 A320 客机飞至法国南部普罗旺斯阿尔卑斯省上空失事，在法国境内阿尔卑斯山海拔 2700 米山区坠毁，机上 150 人遇难。事故原因的调查结果震惊了世界：副驾驶飞行员故意驾驶客机撞山导致事故。副驾驶飞行员为什么要故意驾驶飞机撞山？正驾驶飞行员为什么不管？

当事航空公司德国之翼有限公司创办于 1997 年，是汉莎航空公司全资子公司，总部位于德国科隆。德国之翼航空 9525 号航班是从西班牙巴塞罗那机场飞往德国杜塞尔多夫国际机场的定期航班。3 月 24 日的巴塞罗那阳光明媚，如无意外，对于 9525 号航班的 144 名乘客而言，这是一趟愉快的旅行。执飞机长为34岁的海默，拥有6763小时的飞行经验。副驾驶是27岁的卢比茨，刚入职德国之翼航空公司一年多，拥有919小时的飞行经验。客机为空中客车A320–211型，机龄14年，累计58313飞行小时和46748次起降周期。

上午10时01分，9525号航班经塔台允许起飞，起飞程序由卢比茨控制。根据航线规划，客机将飞过法国境内的阿尔卑斯山区，最终抵达德国杜塞尔多夫。现代客机都拥有非常高的自动驾驶功能，客机起飞后不久便进入自动巡航模式。

客机进入法国境内后，导航工作交由马赛空管负责。几分钟后，马赛空管员便发现9525号航班异常，客机未经允许便开始下降，他呼叫飞行员也没有得到回应。9525号航班在一分钟内便下降了约3000米高度。马赛空管员宣布进入紧急状态，客机仍在加速下滑，他们只能眼睁睁地看着客机在雷达屏幕上消失。

9525号航班空难给德国之翼母公司汉莎航空带来巨大的压力，整个德国笼罩了一片阴影。就在3个月前，法国首都巴黎刚刚经历了恐怖袭击的重创。总部位于巴黎的法国讽刺杂志《查理周刊》，因刊登丑化穆斯林先知的图片，遭到激进的穆斯林教徒的血洗。法国南部和东部相继发生连环暴恐活动，共造成17人遇难，这都让法国人心惶惶。

阿尔卑斯山区小镇塞恩短时间内汇集了大量的搜救和调查人员，事故调查由法国负责。调查员先调取了当地天气资料，记录显示当时气象条件良好，他们很快排除了天气因素。调查员调出雷达数据后，发现客机是在受控制的情况下撞上山体的。搜救队员在小范围区域内就找到了上千块碎片，这也和飞机空中爆炸后发生的情况不符。

调查员开始寻求马赛空管员的协助。据空管员提示的信息，他们尝试联系9525号航班多达11次，均没有回复。机械故障是导致空难发生的一大原因，机舱失压也会导致类似事故的发生。2005年8月14日，希腊太阳神航空522号航班从雅典国际机场起飞，不久便坠毁在雅典东北方的一个山区。调查发现该航班波音737客机因空调系统维护，机舱未启动自动加压功能，致使飞行员失能，最终导致飞机撞地，造成 121 人遇难。

客机维修记录显示，9525 号航班在事故前一天，曾经维修起落架舱门，但是这个部件和加压系统并无关联。事故调查随着“黑匣子”的数据解析真相大白，并让世人大为震惊。

语音记录显示，9525 号航班起飞程序一切正常。客机坠机前 10 分钟，机长海默离开驾驶舱去洗手间，驾驶舱中只有副驾驶卢比茨一个人。就在此时，客机开始下降。随后的时间里，驾驶舱内静如止水，只记录下卢比茨的呼吸声音。这也排除了突然舱内失压，飞行员失能的情况。机长海默尝试返回驾驶舱，却一直被锁在门外。

马赛空管员一直在呼叫 9525 号航班，客机一直处于持续下降状态。麦克风中传来越来越大的撞击驾驶舱门的声音，那是机长在拼命砸门。随之而来的是客机近地警告系统的声音（GPWS），所有这一切都停止在飞机撞山的那一刻。

飞机上的近地警告系统是防止飞机因离地面过近而发生事故的警报系统，和飞机上防相撞系统组成保护飞行安全的两大辅助系统。近地警告系统从飞机起飞至降落一直持续监视飞机的离地高度，此系统在危险环境中以声音和视觉方式提醒飞行员采取正确措施。事故调查至此，飞机没有任何故障的迹象，也排除恐袭的因素，所有的证据都指向副驾驶卢比茨撞击自杀的选项。

调查资料显示，卢比茨曾患上严重的抑郁症而中断飞行训练，入院治疗后便依赖抗抑郁药物。美国曾将他列入不适合飞行的名单。心理学家表示，某些人通过一些征兆，来表达自己真实的内心，失去人生方向感会让他们产生自杀的倾向。

进一步调查发现，2015 年 3 月 10 日卢比茨又开始接受抑郁症治疗，他当时的状态根本不适合执飞航班。3 月 27 日，德国检方通报称，卢比茨在空难发生前当天曾撕毁请假条，他向航空公司隐瞒了患病事实。事故发生 10 天后，调查员从飞行记录仪中查出，当机长海默离开驾驶舱后，卢比茨就将飞行高度设定在最低。随后调整飞机速度，并加速到最大值。机长海默试图用消防斧砸开机舱门未果。最终，9525 号航班在绝望的气氛中，加速撞上阿尔卑斯山……

事故调查结论一公布，当即有数家欧洲航空公司立刻执行新的运营措施，要求飞行航班驾驶舱内时刻要保留两名机组成员。随后国际民航组织也向全球航空公司发布新的运营政策，飞行的民航航班驾驶舱内，必须有两人以上的机组人员值守。

两年前出过同样的事

2013 年 11 月 29 日，莫桑比克航空公司 470 号航班从首都马普托国际机场起飞后失踪。次日被确认在纳米比亚东北部地区坠毁，包括一名中国公民在内，27 名乘客和 6 名机组人员全部遇难。

莫桑比克民航部门于同年 12 月 21 日公布的空难调查报告，将主要责任归咎于失事客机的机长费尔南德斯。

黑匣子记录显示，费尔南德斯在客机失事前将自己反锁在驾驶舱内，拒绝副驾驶返回，甚至无视客机遇到危机情况下发出的自动报警，三次动手操控将这架 E-190 客机的高度由 1.15 万降至 180 米，并加速让飞机撞向地面。

早在 1999 年 10 月 31 日，埃及也曾发生过民航飞行员贾迈勒因受处分实施报复，在飞行中故意关闭发动机，飞机坠入大西洋，导致机上 217 人丧生的悲剧。

再早两年前的 1997 年，新加坡胜安航空一名飞行员因赌博欠下 300 万新元债务，投保 500 万新元后，在执飞航班飞行中坠机自杀，致 104 人遇难。美国联邦航空局曾发布资料显示，1976 年至 2012 年的 36 年中，美国运输航空及私人飞行共发生了 8 起由飞行员自杀所致的事故。其中四人体内检测有酒精，二人检测服用过抗抑郁药物。8 人中有 7 人独自驾机自杀。

鉴于上述情况，早在 2011 年我便指示民航局机关对此进行专题研究，并制定具有可操作性的预防措施。当年除重申各航空运营单位对飞行人员情况要了如指掌外，中国民航局还发出正式规定，民航运输航班飞行中，驾驶舱内必须时刻保持两人以上值守。各航空公司在对飞行员定期体检中要增加抗抑郁药物残留及毒品、兴奋剂等违禁药品的检测内容。一经发现，停止涉药人员的飞行。此规定早于国际民航组织相关规定近四年的时间，同时防范措施更加前卫。2015 年，通过检测药物残留，查出有 13 名飞行员有吸毒行为，对相关人员均做了停飞处理。

民航局“手”“眼”通天

民航运输是由航空公司、机场、空管、气象等诸多单位构成的一个不可分割的整体系统，但是每一次运输活动是由单架次飞机完成的，整个行业的安全又体现在单架次飞机上。全中国民航当时每天在国内外空中飞行的飞机在两万多架次以上。只要每个架次的飞行是安全的，全行业就是安全的。如果中国民航局能“手”“眼”通天，对每个飞行的航班随时都能掌控，那么中国民航局对全行业安全的管控就有了主动权。

为此，我们借鉴发达国家对民航安全管控的经验，中国民航局组建了运行监控中心。经过一年多的努力，监控中心在中国民航局办公楼内建成。民航局机关足不出户，随时可以对每一架在国内外正在飞行的飞机做到了叫得到、指挥得到、帮助得上，实现了实时监控。

监控中心实行 24 小时值班，值班的都是相关专业技术人员，对全国民航安全生产运行进行实时监控。每天至少召开两次全国民航运行协调视频会，对民航各运行单位进行讲评，并针对第二天的天气、重大航空运输任务保障等提出相关要求。

监控中心的建立，使中国民航局对全行业安全运行控制做到了如指掌。

三任美国驻中国大使的同一个问题

民航具有国际化的特点，是现代社会各国交往的空中桥梁。因此，也是外交事务的重要内容。要航班、争航线、谋航权、买飞机、卖飞机、造飞机等，如今已成为国家领导人互访之间重要的话题。中国民航在这个方面市场巨大，因此，中国民航局也成了世界各国驻中国大使馆的香饽饽，时不时有外国驻中国的大使到访中国民航局，或邀请中国民航局领导到外国大使馆餐叙。中国改革开放以来，中美间的贸易一直以中国的顺差与美国的逆差逐年提高，形成了鲜明的对比。这也是美国对中美关系渐渐产生心理不平衡的重要因素。但是，在民航领域，中美贸易美方长期占据着绝对的顺差，且每年顺差都是扩大趋势。美国波音生产的飞机及相关航材等设备，近 1/3 卖给了中国。自 1971 年随着美国尼克松访华波音飞机进入中国，美国向中国出售了万亿元的飞机和相关民航设备。就拿波音 737MAX 飞机来说，波音向全球售出的 300 架飞机中，中国就买了 96 架。因此，历任美国驻中国大使都特别青睐中国民航。

我任中国国际航空公司总裁时，美国驻中国大使雷德曾邀请我到访美国驻华大使馆。我任中国民航局长后，雷德的三任继任者——洪博培、骆家辉、鲍盖斯又相继邀请我到美国驻华大使馆餐叙。他们都向我问过同一个问题：中国民航的安全水平为什么很快超越了美国？

据世界民航组织统计，2007 年中国民航运输百万小时重大事故万时率以 0.23 超过了世界平均水平的 0.26，但是高于美国的 0.10。此后，世界民航运输百万小时重大事故万时率平均水平逐年上升，2009 年这一数据上升到 0.33。与此相反，中国民航的安全水平，在此前向好基础上加速向好。

到 2009 年，中国民航运输百万小时重大事故率即从 2007 年的 0.23 近乎追平了美国的 0.10，到 2011 年，中国民航的安全水平开始超越了美国，到 2015 年，美国民航运输百万小时重大事故率是 0.05，中国却进一步下降到了 0.02，即好于美国一倍以上。

由于中国民航安全水平进步耀眼，国际相关机构 2009 年将民航安全“杰出贡献”奖授予了中国民用航空局，这在世界上是唯一的。

中国民航的安全水平，也受到国务院领导的充分肯定。2011 年 7 月 23 日 20 时 30 分由北京南站开往福州的 D301 次列车与杭州站开往福州的 D3115 次列车发生动车组追尾事故，造成 40 人死亡、172 人受伤，中断行车 32 小时

35分。事后，在国务院常务会议讨论这一事故的会议上，国务院领导在部长们发言中插话说："这些年我们民航的安全还是不错的，他们通过抓人员资质能力，严格落实规章制度成效好。"

中国民航人共同努力创造的这一业绩，相继为三任美国驻华大使所知，并引起他们的关注。美国驻华大使馆对中国全面信息情报能力由此可见一斑。

对于三任美国驻华大使提出的同一个问题，我都以一句"Together to do"（齐抓共管）作答。其中，洪博培大使曾追问怎么齐抓共管？我又以"To do together"（共管齐抓）作答，结果引起哄堂大笑。

"小金库"清理出17.11亿元

在计划经济年代，政企不分，国家行政机关特别是产业、行业主管部门除了行政职能，大都还直接管理着大量的企业事业单位。由于长时期的积淀及管理工作不规范，许多单位的资产、资金处于模糊状态，甚至形成了不少账外账的"小金库"，带来了不少负面问题。民航是资金密集、技术密集性行业，当然也不例外。

早在2009年党中央、国务院部署在全国清理"小金库"专项清理工作之前的2008年下半年，民航局就要求结合经营性资产和非经营性资产的清查，开展了"小金库"的清查工作。为实现民航局党组在财务管理上提出的"依法理财，集中管控，保障发展"和"一切资金归大账，一切账户上系统"的要求，民航局组织340人的队伍，对590个直属行政事业单位及"三产"企业单位资产、资金全面进行清理整顿。摸清全部"家底"，整顿、建立严格规范的管理机制。

经营性资产是事业单位经费的有益补充，但是如果管理不善，则会成为滋生违反财经纪律的土壤，甚至成为侵蚀预算管理秩序的毒瘤。

为进一步完善部门预算管理制度，提高预算管理在整个财务工作中的科学性、权威性，斩断"小金库"的来源，民航局开展行政、事业单位经营性资产清查中的总体思路是：以国有资产安全为前提，按照"政企（事企）分开、主辅分离、分类管理、集中管控”的原则，减少行政事业单位所属企业的数量，创新经营性资产管理模式，清理整合后纳入新的投资管理平台。严格控制行政、事业单位开办企业；规范企业收支核算，使其成为正常经费的补充和事业发展的积极力量。

摸清350家三产企业的主营业务、管理方式、人员构成、财务状况之后，对主业和辅业划分不清、投资链过长、亏损严重、同类业务多户经营的企业进行清理整合。采用无偿划转、改制、出售、转让、解散或实施破产等方式退出、清理三产企业199家，保留下来的企业纳入全新的管理模式和管理平台，加强监管和考核，引导其规范发展。

全部清理整顿工作完成后，共清理出违规银行账户345个，内有资金17.11亿元。这一数字占到全国清理出“小金库”资金总额103亿元的17%。按照“自查从宽，被查从严”的原则，依规、依纪、依程序处理有关领导干部和直接责任人20名，其中撤职11人，移送司法2人，涉及司局级干部9人、处级干部6人。对清查出的17.11亿元资金全部按相关规定应退回的退回，应上交的上交。

2010年5月21日，在党中央、国务院召开的全国治理“小金库”大会上，大会安排中国民航局做了专题经验介绍，受到与会者的一致好评。中央一位常委领导在一份反映中国民航局相关材料上批示：“中国民航局治理小金库动真格的，值得其他单位借鉴。”

赶在审计署的前头

借鉴互联网技术在民航安全领域的运用取得的明显成效，中国民航局决定本着“一切资金归大账，所有账户上系统”的原则，运用互联网技术改进财务管理工作。财务管理以资金管理为核心，以此为着眼点开发了民航财务信息系统，所属单位财务管理全面实现了联网运行。这一举措将预算编制执行和监督有机结合，实现了信息资源共享和会计数据实时处理，从而使民航局机关对各单位预算的执行及资金往来过程实现了全天候的监控；通过与业务银行和审计机构的联网，实时掌控着所属单位资金的流向，盯住了系统中所有资金发生额及余额。互联网技术在民航财务管理系统的运用，不但统一实现了民航行政、事业、企业单位会计核算科目、预算结算管理、国库集中支付、财政拨款结余、资产管理动态等相关工作的线上办公，也改变了以往靠人工对账检查的监督方法。通过设定资金流动自动报告等监控点和预警点，实现了由事后检查转变为过程实时监控的事前管控。若有违纪违规行为，系统有自动报警装置，能及时纠正违规行为，大大提高了监管的准确性和工作效率。

2010 年年底，一个下属单位违反规定擅自发放奖金 1000 万元，财务管控系统立即发出了报警信号，被机关即时发现，即时追回。第二天，国家审计署刘家义审计长用红机给我打来电话称：国家审计署刚刚收到民航这个单位违规发放奖金 1000 万元的举报，问我是否知道？

我回答已经即时发现即时收回了。

刘家义审计长说："你们发现得好快呀！既然资金已经收回了，后续事宜你们视情自行处理吧。"

中国民航局门前的叫骂声

不知从何年开始，几乎每天下午 3 时左右，民航局大门旁的马路边会准时出现一对老夫妇，手持简易喇叭筒，对着民航办公大楼高声叫骂，有时边骂边哭。民航局处在王府井大街北口、中国美术馆西侧，东邻隆福寺，南对华侨大厦，是人来车往的繁忙之地。每次的高声叫骂哭号总会引来许多路人的围观和议论，这对民航局的办公秩序带来了严重干扰。

我责成机关妥善处理此事，不能任由在中国民航局的办公大楼前叫骂。机关人员告诉我，这是个近 30 年的上访老户，国家信访局已经有明文，他的上访事宜归国家气象局负责，与中国民航局没关系。民航局早就向他们讲明，他们应去找气象局反映问题，可是他们不听。公安派出所也曾来过问过，说是属于上访行为，不够采取治安措施的标准。

这类已久不属于民航局的事，民航局可以不管。属于气象局的事不去找气象局，气象局不会主动来管。够不上治安案件的事，公安局也不好管。路人不明就里，肯定认为事涉民航局。对这种长期在民航局门前的叫骂，只闻不问，对于作为国家行政机关的中国民航局的负面影响是显而易见的。我决定亲自过问此事。

半个世纪前的陈谷子烂芝麻

经查，在中国民航局门前的上访叫骂者 K 某已逾古稀之年，20 世纪 50 年代在隶属于中国气象局的北京机场气象台工作。1961 年 1 月，按照中央决定，当时的中国气象局和中国民用航空局印发的《关于交接民航气象工作的联合通知》规定，服务于民航的气象机构划归民航建制，对民航局不接受的人员作为编余人员由气象局负责安置。据能查到的材料记载，K 某未被民航接收，作为编余人员被气象局调往内蒙古锡林郭勒盟气象部门。K 某到内蒙古看了一下便返回了原籍。此后在原籍某公司重新就业，其夫人也在某镇卫生院找到了工作。从此 K 某便和北京机场气象台及中国气象局脱离了一切关系。

K 某虽然在原籍有了着落，但其夫妇的工资微薄，因家庭生活困难，长子服毒自杀，次子长期失业，成了无业游民……K 某把家庭的一切不幸，归结为当年北京机场气象台趁着单位转隶中国民航局之机，背着他把他踢出了原单位所致，并为此在近 30 年前就开始到北京上访。

他的诉求是：对他 1961 年被踢出北京机场气象台要讨个说法，归还当年的档案和涉及的材料，恢复其在北京的公职并连续计算工龄，享受国家干部待遇，补偿经济损失，解决其养老保险、医疗保险等事宜。

据现有资料中能查证出，K 某当年的关系未被移交到中国民航系统，此后他自行从中国气象局系统返回原籍属个人行为。但从整个过程来看，他所在的原工作单位北京机场气象台及当时承办此事的上级机关不能说工作没有瑕疵。他所讨要的档案等相关资料，近半个世纪几经周转，早已失去了踪影，该由谁负责成了一笔糊涂账。

这是一起典型的“三跨三分离”（上访人跨地区、跨部门、跨行业；人事分离、人户分离、人事户分离）的上访事项。对这样的上访事项如果“踢皮球”，那球永远也进不了“门”。

踢了近30年的“皮球”终于进了门

了解了K某上访的因由之后，我立即安排一名副局长组织专班，在国家信访局的支持下，协同中国气象局及相关省市跟踪处理此事。

K某的上访诉求尽管内容很多，其实对于古稀之年的老人来说，就是一个字：钱。最终，各方在政策允许的范围内，从不同角度，以不同方式，最大限度满足了K某某些上访诉求，并有理有据地指出了他个人应负的责任，使K某结束了近30年的上访之旅，息诉罢访，平静地返回了故乡。民航局办公楼前的骂声也自此消失。

民航局机关应有的作风特色

高层领导机关的作风，影响着全行业的风气。中国民航局机关是从人民军队脱胎而来的，一直有着较好的口碑。但在市场经济大潮中，滋生了一些不尽如人意的东西。按照上级指示精神和现实工作要求，民航局党组决定下大力加强机关作风建设，提出了局机关“正、勤、严、细、实”的“五字”作风要求，我亲自做了讲解。

一是树立“正”的风气，公道正派，清正廉洁。孔子有言：“政者，正也。”所谓行政，行政者首先要正，要行得端，做得正。孔子是基于“上行下效”提出这一伦理的。孔子还说：“其身正，不令而行；其身不正，虽令不行。”高层领导机关也是领率机关，如何领率？当然要以正率下。“正”的具体内容在不同历史朝代、不同历史时期尽管有所不同，但其内涵都是民之所望、民之所盼。当前就是增强宗旨观念，切实做到立党为公，执政为民；就是要带头践行社会主义核心价值观、荣辱观；老老实实做人，干干净净做事；就是要树立正确的权力观，公平执法，公道处事，恪尽职守，廉洁奉公，绝不能以党和人民赋予的权力谋私利。

“正”的对立面是“歪”。何为歪？就是不正，而且“歪”字的不正是从上头开始的。歪门邪道是歪，歪风邪气是歪，曲解上级政策是歪，搞上有政策下有对策也是歪，明面当人暗地做鬼更是歪。一歪肯定会滑入邪道，使高层机关失去了公信力。正从某种意义上讲是一种格局，格局决定了结局；歪的结果既损害事业，往往又葬送了自己。高层机关一定要树起一个“正”字，除去一个“歪”字。

二是树立“勤”的作风，勤于任事、雷厉风行。勤意味着诚恳用力，尽力而为，能吃苦，肯干事，对待事情、本职工作，兢兢业业，办事麻利讲效率。勤，源于强烈的事业心、责任感，在其位，谋其政，用其心，尽其力。日常体现在勤于学习，勤于思考，勤于深入实际，勤于调查研究，勤于解决问题，主动作为，始终保持着昂扬向上的进取姿态，表现着《诗经》上所说的“夙夜在公”的精神境界。

“勤”的对立面是“懒”。“懒”字左“心”右“赖”，就是心里要赖，懒惰懒散图享受，追求安乐精神靡；工作能推则推，能拖则拖，不诚恳出力，哪来的工作效率？懒人历来被人看不起，家中养不起懒人，那样会坐吃山空；单位难容懒者，因为编制有限，一个萝卜一个坑，一懒百事误，很容易把小事拖大，把大事拖炸，影响了整个单位。高层机关一定要倡导“勤”字消除“懒”字。

三是树立“严”的作风，严格要求、严格管理。民航的行业特点是严字当头，即严守纪律，严遵规章，严肃执法，严明奖惩。严人先严己，严下先严上。严的风气要先从领率机关做起。严的繁体是“嚴”，两眼有方圆，明察秋毫，是非分明，把握分寸，坚持原则，不是睁只眼闭只眼；腹内存敢字，敢唱黑脸，勇于担当，出以公心，无欲则刚，不胆怯，不畏缩。

“严”字的对立面是“松”字。所谓“松”，一木一公，“公”字喻人是个翁，翁是失去火力的老者。人老拄木，往往老气横秋，麻木不仁，不思进取，得过且过。从作风上讲，“松”是松散，松懈，松松垮垮，懈懈怠怠，奉行好人主义，在原则面前失去了棱角。“松”再往下发展，往往是放任自流，放弃责任，尸位素餐，这显然和民航行业的管理要求与特点是相悖的，应该在纠正之列。

四是树立“细”的作风，精细周密，一丝不苟。“细”字就是绳子扎得紧密，四周都顾得到。就是细心、细致，关注细节，思虑周全，不麻痹大意，除却侥幸。《老子》讲：“天下大事，必作于细。”管理学的理念是细节决定成败。细心源于认真，只有对工作极端负责，才能细致入微，一丝不苟地把工作做深做细做到家。高层机关一纸一字影响广泛，任何疏漏都会带来放大效应，或影响机关的形象威信，或埋下隐患带来意想不到的恶果，这是需要十分警惕的。

“细”的对立面是个“粗”字，粗是米且结构，“且”古代是男性生殖器竖起的象形字，含意粗、大。“且”穿上衣服就成了“祖”宗，“姐”就是大女理应获得男爱。男性与女性相比，往往简单粗疏，粗枝大叶，马马虎虎，凑凑合合。但是，从工作作风上讲，这种作风在民航是要不得的。在民航行业是一丝不苟成全人，粗枝大叶害死人。因此，民航机关要带头提倡“细”，坚决反对粗。

五是树立“实”的作风，求真务实，真抓实干。实的繁体字是“實”，“宀”是房屋，贯是货物宝贝，室内货物宝贝充盈，意味着殷实富有。因此，脚踏实地，实心实意，老老实实做人，扎扎实实做事，求真务实，真抓实干，察实情，讲实话，鼓实劲，出实招，办实事，求实效，才能创出真实的财富业绩。

“实”的对立面是“虚”字。虚的古字形是“墟”，意为大土丘。大则空旷，丘为泥土，不如石质山致密。“虚”字从字形上看，内中虚架子，不密实。虚，反映在作风上，是虚假，虚夸，虚荣，虚张声势，虚应故事。在工作上往往表现为热衷于纸上谈兵，夸夸其谈，爱出花花点子，花拳绣腿，追求的是急功近利，表面文章。虚与官僚主义是近亲，上头实下边才能真，上头虚，下边就会假。上层机关作风一虚，官僚主义往往相伴而生。上头的官僚主义，会带出下边的形式主义，官僚主义助长形式主义，形式主义对付官僚主义。这种歪风一旦成了气候，工作没有不受损失的。因此，必须下力气对其抑制，防止其滋生蔓延。

机关好作风是怎么来的

总结机关作风建设的规律，探求机关作风建设的路数，可从主观与客观、个人与组织两个方面入手。

从个人主观努力方面来说，主要途径有三：

其一，好作风是修出来的。

所谓修，是指修养，内省，自悟，自觉找差距，求进步。

修，要有境界，感悟高境界，向高境界提升。人生在世，要力争留下鸿印。中国古代哲人提出人生境界有三不朽，最早载于《左传襄公二十四年》："太上立德，其次有立功，其次有立言，虽久不废，此之为不朽。"后来孔子将此演化为"立德、立言、立功"三不朽，成为后人推崇的人生目标。也就是说，人生世间，光阴似箭，生命有限，能为世人所传颂的有三项内容：完美的道德品行；传承千古的言论；建立伟大的功业。这三项内容可以是系统宏大的，也可以是细碎闪光的。甚至一句名言、一行之德、一件之功为后人所称道。譬如，唐代狄仁杰被武则天任命为宰相。武则天问狄仁杰，想不想知道是谁推荐了他。

狄仁杰回答说不想知道。

武则天问为什么？

狄仁杰说，知道了今后处事会感恩推荐者，宰相是公职，任公职不可谢私门。

由此可见，狄仁杰成为一代名相，也是从一言一行中修炼而成的。

修，重在践行。在实践中自省、自警、自励。做到慎初，慎微，慎欲，慎独，慎终。慎初，就是警惕坏东西第一次对自己的侵蚀，守身如玉初始起，防止一发不能收拾。慎微，要防微杜渐，莫以恶小而为之。慎欲，管住自己的欲望，经得起“围猎”和诱惑。慎独，人前人后一个样，独处独居不苟妄。慎终，永不懈怠，初始如一，善始善终。

修，要心存高远，守住底线。清代名臣纪晓岚讲：良吏分三等，知法度者为下，守名节者为中，身家性命皆不顾者为上。意思是好官有三个层次，守法度是底线，守名节是中等，为国家社稷勇于献身者为上等。可见，修首先要守住遵法守纪的底线，并在此基点上不断提高自己的思想境界。

其二，好作风是学出来的。

学，有两个方面：一是学习理论知识；二是效仿榜样。理论是行为的先导，知识是境界的阶梯。要通过理论和知识的学习提高认知能力和思想水平，不断净化灵魂，升华思想，完善人品，进而形成正确的思维方式、思想方法。热爱学习，本身就是一种优良的风气，凡是怀着追求知识、对学习有浓厚性趣的人，其不良习好往往也会少一些；沾染不良喜好较多的人，往往也是日常疏于学习的人。民航局机关理工科出身的人多一些，除了加强政治理论学习，文史哲、诗书画也要多读一些，这样可以使自己的品格更完美；文科出身的人要多学习民航业务知识，以修为自己的文武双全。

效仿榜样，就是《论语·里仁》上讲的：“见贤思齐焉，见不贤而内省也。”过去开展革命竞赛有个提法叫“比、学、赶、帮、超”，其中的“学”字就是效仿的意思，就是以先进人物为榜样，效仿修正自己。效仿远可学先哲、大贤、伟人之楷模，感受其精神风范、人格魅力，以其为镜不断洗涤自己，熏陶自己，完善自己；近可学身边的模范人物、先进分子，跟上时代的脚步。即使是身边一般的人物，也各有所长，也要以“三人行必有我师焉”的态度与之相处。这不但有利于更好地提升自己，也有利于营造和谐的人际关系及融洽的工作氛围。

其三，好作风是炼出来的。

所谓炼，是指通过锤炼、磨炼，在工作实践中不断提高。俗话说，烈火炼真金。好作风具有实践的品格，是在千辛万苦的实践中，在挫折与失败的磨炼中，甚至在血与火的生死考验中千锤百炼出来的。比如，中国共产党理论联系实际、密切联系群众、批评与自我批评三大作风，就是在同“左”“右”倾机会主义路线的斗争中，在遭受重大损失、付出沉重教训之后确立形成的。新时期中国共产党提出加强作风建设的八个坚持、八个反对，即坚持解放思想、实事求是，反对因循守旧、不思进取；坚持理论联系实际，反对照搬照抄、本本主义；坚持密切联系群众，反对形式主义、官僚主义；坚持民主集中制，反对独断专行、软弱涣散；坚持党的纪律，反对自由主义；坚持艰苦奋斗，反对享乐主义；坚持清正廉洁，反对以权谋私；坚持任人唯贤，反对用人上的不正之风。这些都是在改革开放的伟大实践中，在同各种错误思潮和行为的斗争中提炼形成的。

好作风拒绝天桥的把式——只说不练。好作风的养成不能脱离社会实践，闭门养性，坐而论道，离开社会实践培养不出好作风。好作风通常都要通过急难险重任务的锻炼和复杂环境的考验才能培育出来。就拿“正”的作风来说吧，公道正派，清正廉洁，在市场经济大潮的冲刷中才能见本色。做到不为物所惑，不为利所驱，不为钱所诱，不为名所累，做一个纯粹的人，一个高尚的人，一个有道德的人，一个脱离了低级趣味的人，一个有益于人民的人；不做碌碌无为的庸人，争名夺利的俗人，搬弄是非的小人，损人利己的恶人，贪赃枉法的罪人。

从组织上来说，培育机关好作风也有三条途径：

其一，好作风是带出来的。

所谓带，就是传帮带，关键是领导做表率。

两军对垒，喊“给我上”的指挥官，永远打不过喊“跟我上”的指挥官。作风建设也是如此，带就是领导干部要率先垂范，身先士卒。要求下级做到的，自己首先要做到，否则就会出现“台上你说，台下说你”的尴尬局面。

领导干部为职一任，建树一方，有三条标志：一是完成任务单位出成绩，二是培养干部单位出人才，三是严于律己带出单位好风气。

俗话说，什么娘，什么女，刮那风，下那雨。这话虽然有点一概而论的偏颇，却反映了带领者的影响力。领导，领导，其基本含义就是带领引导。

在机关作风建设上，领导者的导向作用是毋容置疑的。

其二，好作风是抓出来的。

所谓抓，就是对机关作风建设要提上议事日程，要严格管理，严格要求，严明奖惩，形成制度。

既然是抓，那就要敢唱“黑脸”，不怕得罪人。古人讲，十年树木，百年树人。树是要修剪的，人是要纠错的。纠错难免一时招惹意见和非议，对此要有定力。抓某件事情，不要追求人人都说好，大多数人认可就能立得住。说什么不说什么、怎么说，是别人的事。做什么不做什么、该做什么，是自己的事。推动单位作风进步最终不在说什么、不说什么，而在做什么、不做什么。一个有定力、正能量的领导者，做事的出发点是这事值不值得做、该不该去做。值得和应该去做就不要在意别人说什么、不说什么，包括对自己的无端诽谤和诋毁。事实成效会替你说话，用不着你去为此劳心费心。只要你行得直，立得正，有定力，那种鸡零狗碎的小绊子，绊不倒你。

抓机关作风建设，既然是建设就要有所设计。可建立学习教育、考评讲评、奖励处罚等机制，使之贯穿于机关日常工作之中，体现常态化，常抓不懈。

其三，好作风是树出来的。

所谓树，就是树立标杆，弘扬倡导，营造氛围。

第一要弘扬正气。提倡什么、反对什么要旗帜鲜明，这样才能引领风尚。

第二要树立典型。典型具有示范、感染效用。树一个典型，就立起了个标杆，让人们心中有榜样，眼中有尺度，行为有仿效。

第三要营造氛围。优良的氛围是无形的课堂，是化育人的气氛场景，可以起到“润物细无声”的功效。

针对国家机关在接待地方或下级人员来京办事时容易摆谱的问题，民航局在加强机关作风建设中对此做出了简明扼要的四条规定：

一、起立。地方或下级人员来民航局，局机关人员首先要起立，不能安坐不动。

二、引座。要给来人搬椅引凳。

三、看茶。要给来人倒水递茶。

四、送出门。办完事对来人要送行。

这九字待客之规，受到了普遍好评。

中央书记处书记来考察

民航局清理“小金库”、以技术手段管控资金、机关作风建设等一系列活动，引起中纪委的关注。2011 年 10 月 9 日，中央书记处书记、中纪委常务副书记何勇带人亲临中国民用航空局考察党风廉政建设。其中，他对民航局反腐倡廉关口前移调研得很仔细。

纵观古今中外反腐历史，大体有四种模式：一是清官反腐；二是重典反腐；三是运动反腐；四是制度反腐。

清官反腐，就是寄希望于清正廉洁的官员来净化官场的腐败行为。中国 2000 多年封建社会的历史表明，在人治的体制下，清官反腐虽然有一定成效，有些典型人物为历史所传颂，例如汉代的杨政、唐代的李勉、宋代的包拯、明代的海瑞、清代的于成龙等，至今为人称颂。但是，由于人性的弱点和个人能力的局限，仅靠少数几个清官来治理官场的腐败是杯水车薪。清官反腐往往只能收一时、一地之效，不可能从全局上解决问题。正因为如此，清官就成了几千年来吏治中的凤毛麟角，包括他们所处的朝代，腐败现象依然比比皆是。他们所处的朝代的覆亡，从根子上来说，还是亡在腐败上。

重典反腐，就是依靠严刑峻法来惩治腐败。对贪官污吏施以重刑进行反腐，在明代可以说达到了顶峰。《大明律》规定，官吏贪污白银 60 两以上的处以枭首示众、剥皮实草之酷刑。明代法律对官员所涉贪污受贿刑罚之重为历代所罕见，且皇亲国戚亦不得免。皇帝朱元璋的女婿贪污 60 斤茶叶，结果被判了死刑。尽管如此，仍然阻止不了官场的贪污腐败蔓延之势，以致铁腕反腐的皇帝朱元璋也无可奈何地感叹：“我欲除贪官脏吏，却奈何朝杀而暮犯？”

运动反腐，就是以大规模的群众运动来惩治、清除腐败。这种办法从实践来看，容易导致无政府主义，使运动扩大化，甚至使局势失去控制。且运动似刮风，风后一场空，运动过后往往腐败更加猖獗。

制度反腐，就是以健全的制度、体制、机制、法制扎牢反腐败的篱笆。制度反腐，包括惩治、预防两个方面。目前实行的“标本兼治、综合治理、惩防并举、注重预防”的方针，就体现了制度反腐的内在要求。

国家设立的专职反腐机构，主要是在政策的制定、法律的健全、体制机制的完善、依法实施惩治腐败行为上发力。其他国家行政机关除执行和配合国家专职反腐机关制定的相关政策法规及相关活动，主要精力应放在对腐败行为的预防上。反腐败要把预防作为出发点和立足点，对腐败行为严惩是必须的，惩治能起到有效的震慑作用。但是，惩治带有滞后性和被动性，无论对腐败行为惩治得多么严厉，毕竟是亡羊补牢，是以前期亡羊的损失为代价的。有效的预防，可以避免“亡羊”之失。

2009 年，民航局专门召开反腐倡廉规律研讨会，借鉴民航在抓飞行安全预防飞行事故上实行防范关口前移的做法，提出了民航系统反腐倡廉预防在前要把住的六道关口。

一是将关口前移到思想道德的培育上。

思想是行为的先导，政治素质、道德水准、精神境界是廉洁从政的思想基础。因此，反腐倡廉关口前移，首先要教育引导人们从思想上筑起抵制腐败的屏障，树立起廉洁从政的操守，以家国情怀为荣，以危害祖国为耻，以服务人民为荣，以背离人民为耻，把人生的追求建立在造福人民上，而不是为谋一己之私蝇营狗苟上。这样才能心底坦荡荡，行为气昂昂，白天有说有笑，晚上睡个好觉。

一个人有了高尚的信念操守，才能权为民所用，利为民所谋，挡住腐败毒素的侵蚀。譬如，在商品经济大潮中，许多人没有筑牢思想操守的堤坝，被绊倒在金钱上。

外国的回扣是个套

某些外国商家给中国个别官员的商业回扣往往是个套。为了不露痕迹，他们往往会主动提出相关回扣存在国外账户，等到中国个别官员拿了回扣为外国人办完事，外国司法部门就将中国官员的受贿行为函告中国的司法部门。这边中国司法部门抓贪官，那边外国将回扣资金收归该国所有，天下都是肥水不流外人田的。

民航局机关为筑牢思想道德反腐的堤坝，建立了每周半天的学习教育制度。运用学习会、报告会、讲座会、交流会、警示会和外出参观学习、定期推荐自学书目等形式，从政治意识坚定、思想追求先进、人格品德高尚、思想作风端正、廉洁自律过硬、牢牢守住底线6个方面，不断加强机关的思想道德建设，在思想道德源头上筑牢预防腐败的堤坝。

二是将关口前移到选人用人上。

权力岗位是干部职位的载体，把好入口、打通出口是选人用人的要诀。选人用人入口不严，危害连连；出口不畅，易把祸酿。一些单位腐败案件的发生，虽然主要是当事人的咎由自取，但是从组织上来说，没有把好选人用人关，也是有责任的。

2010年春节过后，廊坊市反贪局局长来民航局沟通情况。他拿着一份名单，民航的人仅在廊坊就有18人等待审判。我问这18人都在廊坊法院审理吗？他说："你们民航的人廊坊法院审不过来，要往下分，司局级的留在廊坊法院，处以下的分到县里去审理。民航还有11人我们廊坊接不了，在另外地市审理。"听了这话，我的心情非常沉重。

据统计，2007年至2011年，民航系统因涉嫌职务犯罪被查处的违法犯罪人员有33人，各个层级的"一把手"就达26人之多，占79%；其中"带病上岗"者不乏其人。群众反映，个别人就是因为送往迎来手脚勤，处事伶俐嘴巴巧，关键时刻会显好，把机关迷惑了，多次"带病提拔"，直至"大病"不治。26个"一把手"中，在"一把手"岗位上任职超过8年的有16人，占62%。可见，领导干部尤其是"一把手"在一个单位工作时间过长，腐败风险会不断累积。

干部不流动，也会“内卷化”

现在，网络上有一个时髦的词叫“内卷化”。虽然对“内卷化”有不少解释，但其本意是固化停滞于困顿之中，不寻出路且自相倾轧，甘于沉沦，进入螺旋式下降的正能量递减状态。一个干部久居一个岗位，也容易产生“内卷化”。因此，前移预防腐败的关口，除了严把权力岗位的入口，还要打开干部流动的出口，让人力资源活起来，以实现流水不腐、户枢不蠹的效应。

为此，民航局本着把政治上靠得住、工作上有本事、作风上过得硬、业绩上有成效、群众信得过的干部选拔上来，在选人用人上进行了改革。为充分体现选人用人公开透明、群众参与的原则，民航局对出缺的岗位，提出选拔的具体条件，不确定具体人选，将岗位和条件公布，实行公开报名、统一考试、组队考核、集体面试，党组决定的办法。这样一来，那种“跑”“找”“要”“靠”“告”的路子就不灵了。不但如此，还有效阻止了某些方面向民航一些“肥缺”岗位照顾性安排人员的企图。

公开选拔是道“墙”

2010 年，首都机场集团公司出缺两名副总经理，高层某单位送来两份档案，点名都要安排在首都机场任副总经理。民航局不便公开拒绝，但是向有关方面报告了这两个岗位人选的选拔办法，并表示欢迎他们来民航系统参加公开选拔活动。相关人员询问了这两个岗位的选拔条件和整个选拔流程之后，主动把档案撤回了。

在加大干部交流力度上，明确规定党政主要领导在一地任职 5 年以上者，人事、财务、纪检部门任职 4 年者，实行交流制度，其他在一个岗位上任职 5 年以上也视情实行轮岗制度，防止久居一岗“内卷化”。

三是将关口前移到权力的科学配置和有效制约上。

早在 100 多年前，英国历史学家阿克顿勋爵说：“权力导致腐败，绝对的权力导致绝对的腐败。”也就是说，腐败是与权力联系在一起的，没有权力就没有腐败。理论和实践都表明，腐败是权力滥用的结果。科学地配置权力，有效地约束权力，避免权力滥用，是从源头上防治腐败的有效途径。

为什么“一把手”出问题的比例大，就是因为“一把手”权力过于集中。为分散“一把手”过于集中的权力，民航局报请上级批准，增加了 7 个地区管理局书记的编制，改变了原来地区管理局书记、局长一肩挑的情况，并对书记管什么，局长管什么下发专文进行了规范。同时还规定“三重一大”即重大事项决策，重要干部任免，重要项目安排，大额资金使用，必须经过集体讨论的制度。书记和局长一般不直接分管人事、财务、工程建设、物资设备采购、招投标等具体事务，具体分管的副职实行向党委和书记、局长双重报告的制度，书记、局长主责在协调、把关。在贯彻民主集中制上，实行“集体领导，民主集中，充分酝酿，会议决定”的办法。其中，集体领导是体制，民主集中是途径，充分酝酿（包括会上、会下的酝酿）是方法，会议决定是程序。在集体讨论重大事项上，引入“一把手”最后表态机制，防止“一把手”的意见先入为主，“一把手”成了“一手把”。使“一把手”当明白人，正确看待个人说了算的问题，作为一个单位的主要领导人，想实现说了“算”无可厚非。但是，要想真正实现说了“算”，必须符合三条：第一，必须符合法律、政策、规章、规定，否则法律、政策、规章、规定会否定你；第二，必须符合大多数人的意愿，否则最终是众怒难犯，专欲难成，大多数人的意愿会否定你；第三，必须符合客观实际，否则客观事实会否定你。

当好“一把手”的真谛

当好“一把手”的真谛是会分权，不失控。使“一把手”明白，当好“一把手”的真谛是会分解权力，把一肩挑变为众人抬；会化解权力过于集中于一人的风险，把一人扛变为众人挡；会从根本上调动副职的工作积极性，能把一马独跳变为群马奔腾。从而使权力在本单位的运行上有效建立起集体领导，正职把控，副职分管，各司其职，合作共事，决策执行分离，有效制约紧随的生动局面。

四是将关口前移到政务公开和阳光审批上。注重预防，离不开监督，这里所说的监督是全面的监督，包括党内监督，党外监督，上级监督，下级监督，同级监督，群众监督，业内监督，社会监督，舆论监督等。有效监督的前提是政务公开和阳光审批，否则，“暗箱”操作，“隐蔽”审批是无法实现有效监督的。行政权的实质是公权力而非私权力，既然是公权力，公众就有知情权和监督权。政务公开和阳光审批就是让公众知晓国家行政机关是如何运用公权力的，让权力在阳光下运行，才能实现以公开求公正，以阳光去驱暗腐。

政务公开、阳光审批，主要是将公共经营性资源公布于众，将审批的标准条件公告于众。堵塞私下交易空间，把审批的结果公示于众。航线时刻资源申请批准与经营，是民航业界高度关注的内容，也是最容易发生权力寻租问题之处。对此，民航局首先改变以往由机关底下定期协调分配的办法，将相关单位的申请进行公示，将审批的原则标准予以公告，以听证会的方式公开论证，以委员会投票的方式公开决定，并实行网上办理，堵塞私下交易空间。

像卖地一样“卖天”

公共经营性资源都是可以带来利润的资源。借鉴国家土地交易实行“招牌挂”拍卖的办法，民航决定将“热点”航线的经营权试行公开挂牌拍卖，以市场交易机制彻底改变政府的行政审批机制，改变了国有资源无偿使用的做法，实现了国有资源的资产化。

在广州试行的 9 组航班时刻拍卖，吸引了全国 34 家航空公司参与竞买，分别以 3001.01 万元、2615 万元、8100 万元、9099 万元、9030 万元、9000 万元、9009 万元、3001.1 万元、3000.01 万元全部成交。拍卖总出价超过了 5.5 亿元，其中乌鲁木齐至广州的航线时刻拍出了 9099 万元，拍卖收入全部上缴国库。

此举既体现了市场的公平原则，彻底消除了权力寻租行为，又增加了国家的财政收入，受到了普遍的好评。

有人感慨地说："没想到天也是可以卖的，这真是海阔天空式的思维啊！"

在对"热点"航线时刻实行公开拍卖的同时，对"冷点"航线时刻，则实行三年独家经营等政策优惠，以吸引和鼓励航空公司不断扩大对新航线开辟。

无须跑步（部）前（钱）进

跑步（部）前（钱）进，一度是地方向中央国家申请项目政策性款项补贴或国家转移支付的调侃说法。民航局会同相关部委在机场等基本建设项目专项资金的补助发放上，改变以往地方申请，上头发放的办法，按东部、中部、西部、边远等不同省份的经济发达程度，由低到高划分不同的投资比例补贴标准，并向社会公布。这样各省、市、自治区依所处的区域位置，在做民航基建投资预算时就知道了自己所得到的中国民航局应拨付的补贴数量，避免了到北京搞公关，跑步（部）前（钱）进了。这既有利于国家机关党风廉政建设，又节约了上下的行政费用，实现了为政以简。

无标的竞标

工程建设的招投标，不但事关工程建设的质量，也是廉政建设上易发生问题的关节点，是围绕着标的保密与泄密以及评标选标而进行的。

2014 年 12 月 15 日，北京大兴国际机场立项获得了国家发改委的正式批复。

2014 年 12 月 26 日，我主持了该机场的奠基开工建设仪式。

这一举世瞩目的世纪性基建工程，民航业整体投资 1167 亿元。其中，机场建设投资 799.8 亿元，带动交通市政配套投资 3000 亿元，加上其他连带建设项目，总投资达 4500 亿元。

北京大兴国际机场分两期建设，一期建成 4 条跑道，占地 27 平方千米，年货邮量 200 万吨，年旅客量 7200 万人次。远期到 2040 年，共建成 7 条跑道，占地 68 平方千米，年货邮量为 400 万吨，年旅客量达到 1 亿人次以上，届时该机场将成为世界上最大的枢纽机场。

这样一个中国乃至世界民航机场建设史上的巨型工程，最引人关注的是机场航站楼的设计与建设。

机场航站楼是整座机场运营的心脏，它不单是旅客抵离机场的必经通道和办理所有乘机手续及相关活动的中心，也是飞机抵离机场的依托和集散枢纽，同时它还是该机场所在城市的窗口和门面。旅客对一座城市的感知是从该城市的机场航站楼开始的，机场航站楼往往能使旅客对一座城市的感知起到先入为主的效应。

机场航站楼的设计与建设不但能展示出一座城市的风貌，更重要的是能使整座机场的功能叠加在一起，满足两个最重要的需求：提高整个机场的运行效率和方便旅客进出，为旅客节省时间。

因此，机场航站楼设计建设的招投标是整座机场建设的重中之重。为保证工程设计建设的质量，避免在这一重大关节点出现廉政风险，我明确提出，在新机场的航站楼设计建设上，改变以往的招投标办法，实行无标的招标，最后也不确定中标者。具体方法是将新航站楼设计建设的费用做出科学评估，使费用控制在预算范围内；对新航站楼的设计建设提出宏观设想与原则性要求；对参与竞标的单位设定应具备的资质与门槛；民航局专门组织一个专家评审组，对所有参与竞标者的资质及其设计建设方案进行统一评审，确定数家入围竞标者，并对选中入围者的设计建设方案统一综合，取其各长，最终形成一个博采众长的设计建设方案。依入围各家方案在最终确定的设计建设方案中所占比例，分别付给不同的费用。

这一招标办法一出，吸引了中外十数家单位参与竞标，最终确定了中外 5 家入围单位，包括世界知名的英国扎哈建筑设计工作室、法国 ADP 建筑事务所。英、法这两家单位的设计建设方案内容在综合方案中占的比例最大，因而他们的获酬也最高。

新机场建设上其他方面的招投标工作，也依不同情况对这种招投标办法予以了借鉴。

2019 年 9 月 25 日，经过建设者和相关方面 5 年的共同努力，北京大兴国际机场胜利竣工并投入运营。这座宏伟的机场被誉为“世界第七大奇迹”，创造了全球建设规模最大、首个“双进双出”（国际国内分别进出）、首个实现高铁地下共运、首个自动化程度最高、首个便捷性世界领先、首个最绿色节能环保和现代信息技术含量最高的现代化机场。这座投资巨大的现代化机场，在建设过程中的廉政建设也受到了普遍好评。

从高空俯瞰，北京大兴机场航站楼恰如一只浴火的凤凰，与北京首都机场因迎接当年北京举办奥运会而设计建设的“东方巨龙”型 T3 航站楼交相辉映，象征着正在崛起的伟大祖国的首都，正在洋溢着龙凤呈祥的瑞气。

五是将关口前移到以科技手段把控上。

科技防控六亲不认

民航是个科技密集、资金密集的行业，相关工作岗位大都科技含量高，专业化程度强，而且资金密集，款项大进大出。技术领域的工作实行专业化，岗位领导人实行专家化，这种技术权威与领导权力的结合，就形成了“专业屏障”。俗话说，隔行如隔山，这种“专业屏障”往往不易被击穿。“专业屏障”内一旦发生腐败行为，一般很难发现，即使发现了，查处的难度也很大。某些行业内所发生的涉及飞行、工程机务、空管、机场、技术院校等腐败案件长期没能发现，或发现了查办不彻底就属于这种情况。其实，科学技术也是有两重性，它既能形成“专业屏障”，也能成为预防腐败行为的可靠工具。电子信息科技由于具有准确识别、实时跟踪、及时预警、准确把控、远程传输、数据共享等特性，完全可以将其融合到防治腐败机制的建设过程中。民航局利用行业科技密集的优势，主动加大科技反腐的投入，以科技手段把控技术密集岗位权力运行，在权力运行的全过程实现与科技手段的有效对接，建立起了相关信息数据平台。将审批、查询、监控、反馈等实现了网络化，把证照管理、资金审批、航线分配、资金拨付、监管查处等能上平台的都上平台，能线上办的都线上办。实践证明，电子锁往往比人工锁更保险，科技手段把关往往比人工手段把关更有效。科技手段忠于职守，六亲不认，全天候值守，不留空白，是腐败分子和不正之风很难逾越的一道屏障。既能提高权力运行的效率，又有效地减少了权力运行中人为裁量的空间，从而促进了权力的清廉运行。

六是将关口前移到廉政文化的建设上。

反腐倡廉也是一种文化。一个国家政治清明、文明程度的一个重要标志是廉政文化的建设。像新加坡、瑞典、芬兰、丹麦等国家，多少年来很少听到官员贪腐的大案要案。一次在丹麦访问，我问该国司法系统中的一位专职反贪官员，一年办了多少案件。他双手一摊说，他已从事专职反腐工作快 20 年了，所管辖的区域没有办过一件腐败案子。在交谈中我了解到这与北欧一些国家整个社会的荣辱观、财富观有着很大的关系。美国《福布斯》杂志每年公布的世界富豪排行榜上，很少看到有北欧人，我曾就此不止一次问过北欧国家的相关人士，他们普遍的回答是，一个国家的财富是有限的，个人贪得无厌，过多去追求占有是可耻的。在个人交税上也是如此，这些国家公民普遍认为交税是应尽的义务，多交是对国家的贡献，偷税是可耻的。不视富豪为高贵，不把偷税当能耐。其实，这种区别在一定程度上反映的是廉政文化背后的分野。凡是文化，都是根植于心灵中的东西，其力量是强大的。它影响世道人心，影响人格塑造。文化的力量又是潜移默化的，它“随风潜入夜，润物细无声”。中国作为发展中的国家，正处于市场经济条件下廉政文化建设和廉政文化的碰撞期，以人民为中心，执政为民的廉政文化理应成为主流。但是，一个时期官场上流行的“有权不用，过期作废”“撑死胆大的，饿死胆小的”“不捞白不捞”等腐败文化，却堂而皇之侵蚀着人们的灵魂。这种腐败文化的负能量侵染着社会，使得一些人只要不直接侵害自己的利益，对腐败现象听之任之，习以为常。也有的人虽然没掌权时对腐败现象恨之入骨，一旦掌权却又很快腐败透顶，根子都是腐败文化在背后的作用。

腐败文化像毒品一样麻痹人们的神经，同时又催化着腐败。因此，反腐败不仅是一场政治斗争，也是文化的深刻较量。反腐倡廉需要廉政文化的有力支撑，把预防腐败的关口前移到廉政文化建设上，创造廉政建设的文化氛围能起到事半功倍的作用。正如英国一位人类学家所说："我们创造文化，文化塑造我们。"

通过廉政文化建设前移防范关口是一项慢功夫、长功夫、细功夫。为此，民航局注重总结民航成立以来的优秀文化传统，发扬老一代民航人艰苦奋斗、廉洁奉公、严守纪律、扎实细致、求实认真的精神，结合新形势下反腐倡廉工作的新特点、新要求，不断再学习、再实践、再认识，持续深化完善新时期民航廉政文化建设体系，力求在加强行业廉政文化建设上有所作为。民航局专门下发了《民航行业文化建设指导意见》，成立了行业文化建设与传播理事会，以报纸、杂志、网站、图书、影视等为载体，让反腐关口前移的理念伴随着廉政文化建设的成果一起进机关、进企业、进院校、进单位、进家庭，让廉政文化入眼、入耳、入脑、入心，落地生根、开花结果。

干什么就要潜心研究什么

主政国家一个部门的工作，首先要严格管理，精心谋划，确保本部门不能接连出现重大事故；管住人，管住钱，不能出现重大案件；见微知著，未雨绸缪，不能发生影响恶劣的重大事件。战争年代需要有棱角的人，主要看谁带兵打的胜仗多；和平时期喜欢平和的人，比的是看谁出的问题少。当然，防住这"三个不能"仅仅是履行主政职责的底线，还不是履行主政职责的结果。发展是第一要务，主政职责的结果应是促进行业的健康发展。任职民航局局长一年之后，我便集中部分精力着手对世界民航与中国民航的发展进行研究。研究是从现代民用航空在国家发展中的地位和作用开始的。

现代民用航空的地位和作用

民用航空在综合交通运输体系中的作用日益突出，是增长速度最快、发展潜力最大的交通运输方式。工业化以前，人与货的移动主要依靠人力、畜力和自然动力，人类扩展空间活动的范围十分有限。工业化产生后，科技进步导致新的运输方式相继诞生，1807 年在美国出现轮船运输，1825 年在英国出现铁路运输，1865 年在美国出现管道运输，1887 年在德国出现汽车运输，这大大拓展了人类水路和陆路交通运输能力。1903 年，美国莱特兄弟发明的第一架飞机成功上天，标志着人类进入航空时代。1919 年，法国与比利时之间开通了世界上第一条国际民航客运航线，标志着交通运输有了划时代的新方式、新体系。

各种运输方式的作用会伴随着工业化进程和经济社会发展水平的提高而发生重大变化。当前，在世界范围内产业结构调整和全球性经济竞争的新形势下，民用航空的作用日益突出。在货物运输方面，科技含量高的新兴产业，其产品一般都具有体积小、附加值大、运输时效性要求高等特点，对航空运输具有很强的依赖性。传统制造业的高级化过程，也使得其产品对航空运输提出了越来越多的需求。2000—2009 年，航空货运以每年 24.5% 的速度增长，而世界经济的增长率为 3.2%。在旅客运输方面，随着人们收入水平的提高、生活节奏的加快和消费结构的升级，航空运输以其快速、便捷、舒适、安全、机动等特点，日益成为长距离客运最重要的方式。比如，美国航空客运周转量在 1957 年就超过了铁路，2006 年国内航空客运周转量为铁路的 105 倍，美国的铁路主要承担国内货物运输，而飞机主要承担中长距离客运功能。

民航在中国是朝阳产业

我国自改革开放以来，民航的增长速度远远高于其他运输方式。1978—2010 年，从旅客周转量年均增长率看，铁路为 6.72%，公路为 11.05%，水运为 -1.06%，而民航为 16.81%；从货物周转量年均增长率看，铁路为 5.27%，公路为 17.11%，水运为 9.26%，管道为 5.1%，而民航为 17.66%。在国内中长距离旅客运输尤其是城际客运业务中，航空运输的作用逐年大幅提升；在国际间尤其是洲际旅客运输中，航空运输完全占据主体地位；在国际国内高附加值、鲜活易腐货物运输以及快递业中，航空运输具有绝对优势。我国人口大约是美国的 4.3 倍，国土面积比美国略多，而年人均乘机次数仅约为美国的 1/17，年航空客、货周转量分别约为美国的 26.9% 和 32.6%。这样的差距反过来说明，民用航空在中国是朝阳产业，发展潜力十分巨大。

民用航空具有巨大的经济价值，是促进经济繁荣的强劲动力

民用航空是各国国民经济的重要组成部分，也是保持经济增长的有力工具。民用航空投入产出的比例为 1 ∶ 8。2006 年，全球民用航空产生的经济效益相当于世界 GDP 的 8%。在一些航空发达国家，民用航空产生的直接和关联经济效益占本国 GDP 的比例还要高得多，如新加坡占到 20% 以上。民用航空促进经济繁荣，可以从以下几个方面来看：

第一，民用航空本身是一个链条庞大的产业。民用航空直接涉及投资、生产、流通和消费各个环节，涉及制造、维修、营销、服务等多个领域。在公共航空运输方面，2009 年全球大约有 2000 家航空公司，经营着 24110 架飞机；有几万个机场；有 160 多家空中交通管理服务提供者。在通用航空方面，全球有 30 多万架飞机提供专业性的工业航空、农业航空、应急救援、空中巡逻、空中游览、飞行培训和公务飞行等活动。从 2007 年开始，民用航空对全球 GDP 的直接贡献，超过全球整个医药部门的产值。与此同时，民用航空为各国财政贡献了数额巨大的税款。

第二，民用航空刺激现代服务业发展。航空运输是现代服务业的重要组成部分，同时，它又为其他服务业提供强有力的支撑，甚至能决定某些服务业的发展命运。现代服务业的迅速发展，产生了巨大的人流、物流和信息流，公务商务人员的旅行、公务商务文件的快递和科技含量高、体积小、价值大的产品运输，一般都依赖航空运输。据世界权威组织的一份调查，有 52% 的公司在欧洲选址时考虑国际航空运输链是否完备。航空运输对旅游业的刺激更是显而易见。在我国，现代服务业正在兴起，这既为民航业自身发展注入了新的活力，也为民航业刺激现代服务业发展提供了用武之地。

第三，民用航空推动现代国际贸易。航空运输促进了经济全球化，据统计，2006 年全球国际贸易货物价值中的 35％是通过航空运输方式实现的。1965 年美国只有 7% 的对外贸易货物价值通过航空运输实现，这一比例到 2001 年已经上升为 40%。航空运输还支持了庞大的财务和商业服务贸易。随着全球高附加值、高时效货物市场的增长，航空货运承担的国际贸易运输量按照价值计算，所占比重会越来越大。从世界各国的经验看，航空运输越是发达地区，往往也是经济外向型越高的地区，发达的航空运输已成为各国迈向国际化的重要衡量指标。

世界经济发展的第五冲击波

第四，民用航空促进区域经济发展。20 世纪 90 年代末，美国北卡罗来纳大学教授卡萨达提出了“第五波理论”，他认为世界经济发展的第一个冲击波是由海运引起的。主要表现为一些海港周围出现了世界级的大型商业中心城市：美国的纽约，西班牙的巴塞罗那，葡萄牙的里斯本，荷兰的鹿特丹等；第二个冲击波是由天然运河引起的，水运成为欧美工业革命的推动力量，形成了世界级都市大都伴随着一条大运河，如伦敦与泰晤士河、巴黎与塞纳河、汉堡与易北河、罗马与台伯河、纽约与哈德逊河、圣彼得堡与涅瓦河等；第三个冲击波是由铁路引起的，铁路使得一些内陆城市成为内地商品生产、交易、配送中心，如美国的亚特兰大、芝加哥等；第四个冲击波是由公路引起的，公路造就出了一些发达国家大型购物商城、商业中心、工业园区，如美国的达拉斯等；航空运输是继海运、天然运河、铁路和公路运输之后对区域经济发展的第五冲击波。最突出的表现是，与现代经济快速发展相适应的世界大都市都有大机场，有的甚至有数座大机场，这些大型机场突破了单一运输功能，通过与多种产业有机结合，形成颇具带动力和辐射力的“临空经济区”，成为地区经济增长的“发动机”。比如，我国首都机场 2005 年临空经济区已占北京市 GDP 总量的 5%，今后会逐步加大。

在我国，发展民用航空对促进区域经济、缩小地区差距、保持社会稳定意义更为重大。以云南迪庆藏族自治州为例，首府香格里拉距昆明 659 千米，山高路深，交通不便，经济十分落后。投资 2.56 亿元的香格里拉机场 1999 年建成通航后，举世瞩目的“香格里拉”旅游胜地吸引了世界的目光。旅游业的迅猛发展极大地带动了地区经济发展，该州的国民生产总值近几年一直以 21.5%的速度增长。

第五，民用航空催生科技创新。民用航空的强大有赖于航空工业的强大，反过来民用航空的需求拉动航空工业的创新发展。现代航空器和空中交通管理系统高度密集了大量先进技术。自动化、电子、微电子、计算机等现代高科技在机载设备和空管设备中被大量采用，使控制、管理系统具有越来越高的自控性。轻质合金、复合材料等新型材料被广泛应用于航空器制造，使飞行动力越来越强大。航空工业是高新技术发展的策源地和市场。

民用航空具有显著的社会价值，是实现社会进步的有效途径

民用航空的作用不仅仅在于它创造或促进的经济活动，还在于它对整个社会发展和人们生活方式的积极影响。

第一，民用航空促进社会融合、地区稳定和民族团结。民用航空由于投资少、机动性强，飞行不受高山、河流、沙漠的阻隔，成为连接偏远地区的最佳交通运输途径。许多偏远地区通过航空运输，使食品运送、医疗、教育和邮递等基本公共服务得到保障。美国、澳大利亚、欧盟等国家和地区，都通过设立“基本航空服务计划”等措施以保证航空运输的普遍服务，改善偏远地区与外界联系的条件，促进偏远地区社会的发展与进步。

三千米可以通世界

在我国新疆、西藏、内蒙古、云南、黑龙江等地，自古以来交通运输就是民族密切交往的桥梁。在发展地面交通受到诸多限制的情况下，加快这些地区的民航建设，对于加强边疆与内地的联系，促进各民族社会、文化交流，增进民族团结，确保地区稳定等方面具有极其重要的意义。在这些地区，投资一座机场仅需3亿元，3亿元若修高速公路或高铁仅能修3千米，3千米的高速公路或高铁解决不了大问题，而3千米的飞机跑道能把这些地方与世界连起来。

第二，民用航空是社会公共服务体系和应急救援体系的重要组成部分。具备健全的、先进的公共服务体系和应急救援体系，是衡量社会发展进步的重要标志。在许多国家，航空运输为邮政、医疗救护提供运输服务，通用航空广泛应用于治安监控、环境监测、边海防巡查、城市消防和通勤运输等社会管理和保障领域。在应急救援方面，航空运输和通用航空通过货物运送、难民转移，向面临自然灾害、饥饿和战争的人们提供必要的人道主义救援。在地面交通被阻塞的情况下，空中交通就显得异常重要。

2008年5月12日汶川发生特大地震，对人民生命财产安全造成了严重危害。汶川抗震救灾，民用航空发挥了重大作用。这种作用表现为一是及时，二是有效，三是减少代价。地震后仅7小时，成都双流机场就重新开放。在铁路和公路受阻的情况下，5月13日凌晨民航局接到中央领导火速运送解放军和消防人员的命令后，立即安排55架飞机，在8小时内把8000多名消防特警从全国29个省会、首府运送至灾区。在地形特别复杂的灾区，直升机发挥了无可取代的作用。特别是在唐家山堰塞湖的紧急排险中，直升机在运送大型装备等物资和人员行动中起到了重大作用。

民航在抗击冰雪灾害中，也发挥了突出作用。一般来说雪灾突袭之后，所有运输方式中最先恢复正常运转的是民航，因为清扫一条两三千米的跑道比开通一条高速公路容易和快捷得多。在恢复电力和通信设施中，通用航空的优越性也凸现出来。

第三，民用航空改变了人们的时空观念和生活方式。从飞机发明至今，100年过去了。由于飞机变大变快，使地球越变越小，变成了真正意义上的“地球村”。正是因为航空运输，彻底改变了人们的时空观念和传统的经济地理概念，使得人们的视野拓宽了，工作的机会增加了，消费的选择范围扩大了。航空运输还使得相距遥远的人们和不同的民族能够更容易地交流思想、文化、情感、艺术等，加深彼此的了解与沟通，共同推进社会文明。

第四，民用航空有利于节约资源、保护环境。航空运输是一种可持续发展的绿色交通运输方式。航空运输是点到点的空中运输，与沿线需要占用大量土地的铁路、公路相比，土地资源占用较少。以 2006 年为例，我国民航每亿人千米的运量仅占用土地 16.9 公顷，而铁路是 75.9 公顷，公路是 493.3 公顷。公路、铁路、民航的单位客运量占地面积的比例大致为 29 ： 5 ： 1。在“节能减排”方面，民航也有优势。新型飞机每 100 客千米消耗航油不足 3 升，耗油量比汽车还低，但速度却是汽车的 8 倍。

民用航空具有潜在的军事价值，是维护国家安全的重要保障。

民航也有军事能力

民用航空具有准军事性质，可随时服从国家军事部门的调遣或完全转为战时军事运输体系。以美国为例，联邦航空局（FAA）战时隶属于国防部。联邦航空局局长由国会而不是总统任命，任命层次的提升表明国家对民用航空的看重。此外，美国制定了一系列法律明确规定了战争期间，军方经国会授权可对民航实施军事管理和征用。截至 2007 年 1 月，美国 38 家航空公司的 1382 架飞机列入国防预备计划，随时保证国防需要。该计划最高限度可以满足 90% 的部队运输、40% 的军用物资运输和全部伤病员运输。在第一次海湾战争中，美国政府征用的民用飞机向海湾地区运送了大量人员和物资，分别占总数的 2/3 和 1/4。美国发达的通用航空也为可能的战争储备了大量准军事飞行人员。

民用航空具有重大的政治外交价值，是实施国家全球战略的有力工具

在政治外交中，民用航空已不仅是一种产业，而成为外交谈判的筹码和发展双边或多边关系的纽带。各国政府有时利用飞机的采购、航线的开

辟、机场的开放等，加强彼此间的政治互信和经贸联系。世界上各大国在与我国的双边关系方面，如美国、日本、德国、法国、俄罗斯、韩国等，民航事务始终是这些国家非常关注并不断提及的议题。在区域合作方面，如中国 / 欧盟、中国 / 东盟、亚太经合组织、上海合作组织等，航空运输都是其中的重要内容。近年，中国领导人在出访时，民用航空是双方会谈的重要议题之一。

民航传播软实力

在国家软实力的全球传播中，民用航空建立起了一种新的高效率的文化交流通道。各国各地区的民航运输本身代表着一种文化，通过航空运输，增进人们对各国各地区的文化了解，促进对不同文化的认同，实现更高的国际融合。同时，航空运输的发展水平也关系到一个国家在国际上的声望和软实力。回顾世界历史，从丝绸之路到航海、航空，文化的交流及其影响都伴随着交通运输工具的发展而不断扩大。航空器绝不仅仅是运送客货的交通工具，机场也不仅是简单的人员中转场所，而是在促进对外交流的同时，也促进着对外文化的交流与传播。从世界范围来看，民航已经成为不同文明沟通交流的便捷桥梁。截至 2010 年，中国民航已有国际航线 302 条，连接世界五大洲 60 多个国家和地区的 112 个重要城市，我国的航空公司在国外设有 500 个营业部、代表处，每周飞往国外的客货航班达 2500 多个。日益扩大的中国民航国际航线网络，也在编织着一个中华文化全球传播的网络。中国民航已经成为中华文化传播的先遣使者、展示的窗口阵地、辐射的快速通道，中国民航人把中华文化的精华变为民航服务的亮点送到世人面前。2008 年我国成功举办第 29 届奥运会和残奥会，其中中国民航在火炬传递和航空运输保障上的作用受到各方高度评价和充分肯定。

民用航空除了具有以上 5 个方面的共性价值，对我国来说还有特殊价值，这就是作为桥梁和渠道，在缓和两岸关系、促进祖国和平统一中做出了积极贡献。在促使台湾回归祖国，实现两岸和平统一的进程中，从春节包机、周末包机，到开放旅游、两岸三通，再到台湾国民党领导人来大陆访问做破冰之旅，双方缓和紧张局势，加深相互了解和政治互信，民用航空从中发挥了十分重要的作用。今后，民用航空必将在两岸沟通中继续起到更加积极的作用。

石油采光了靠民航

海湾各国近年来为应对将来石油的枯竭，纷纷将目光投向民航业，使得该地区成为全球民航业发展最快的地区之一。海湾各国政府采取了开放天空、加大机场建设投资、发展旅游业和金融业、建立自由贸易区及物流城等政策措施，支持和刺激民航业发展；反过来，又通过民航业的快速发展促进旅游、金融和贸易的增长。以迪拜为例，它现在一定程度上可以说是一个正在走向“民航立国”的酋长国。迪拜机场是阿联酋航空公司的主要运营基地，该公司于 1985 年开始运营，迅速成长为拥有飞机近 120 架、年旅客运输量 2750 万人、净利润排世界前 5 位、全球服务一流的航空公司 。迪拜政府投资 80 亿美元开工建设另一座新机场，并一次性订购 A380 飞机 48 架。迪拜政府把迪拜定位为“东西方的连接者”，把发展民航业作为国家的重要战略成为必然的选择。正如迪拜民航局局长所言，要通过航空运输“把世界载进来，把迪拜秀出去”。

20 世纪被称为“亚洲四小龙”的韩国、新加坡、中国台湾及中国香港先后推行出口导向型战略，在短时间内实现经济腾飞，与其把发展民航业作为国家或地区的发展战略密不可分。尤其是新加坡作为一个城市国家，能够成为世界金融和旅游重地，并在全球国家竞争力排名中名列前茅，没有发达的民航业的支撑是不可能实现的。从一定意义上说，新加坡也是一个“民航立国”的典型。民用航空在香港的繁荣发展中功不可没，据测算，每载入一名旅客平均为香港带来 8000 港元的收入。2007 年，香港空运旅客进港约 2300 万人，带来的收入约为 1840 亿港元，占香港 GDP 的 11%。

航空运输自由化持续发展

航空运输自由化主要是指改革航空运输的管理体制和方法，从政府对企业经营活动的详尽管理过渡到更多地依靠市场力量予以调节，给予企业更多的经营权利和灵活性。它有紧密联系的两方面内涵：一是国内航空运输的自由化，即“放松管制”；二是国际航空运输的自由化，即“天空开放”。

20世纪70年代中期以前，各国政府对航空运输业实行严格管制的政策。70年代后期，美国率先改变严格管制的政策，在市场进入与退出、价格制定、航线资源分配等方面按市场化原则进行管理，企业经营活动基本不受限制。美国的做法，后来被其他国家纷纷仿效。世界上绝大多数国家都已实行放松对航空运输经济性管制的政策。与此同时，世界各国在航空运输所涉及的安全、环境保护、应急救援等领域加大了政府管制的力度，从而使社会公共利益得到切实维护。

美国政府在推行国内放松管制的同时，致力于将自由化做法推向国际。1992年，美国提出了“天空开放”的概念，即在双边航空运输协定中，允许双方充分的市场准入。在美国、欧洲以及其他一些国家的大力推行下，国际航空运输自由化逐渐成为世界性潮流。截至2009年，全球缔结了167份“天空开放”协定，涉及101个国家。

值得注意的是，积极推行“天空开放”的国家大致包括三类：第一类是相对具有很强民航业的国家，如美国和欧盟国家。他们凭借自己的实力把国内的一套推向国际，力促其他国家向其开放航空市场，进而实现对外扩张，取得并保持航空运输霸主地位；第二类是本国航空资源短缺或航空市场很小，但空运企业有一定实力的小国，比如新加坡、荷兰，开放天空不但于其无损，反而可以借助航空资源重新配置、获取航空市场重新分割的良机，走出去谋求更大的发展空间；第三类是出于本国经济发展的需要，以旅游业为经济支柱的国家，如泰国、墨西哥、智利、阿联酋等均属此类。

美国和欧盟已将“天空开放”确立为一项基本的对外经济贸易政策，在国际经济政治交往中将其纳入国与国之间、地区与国家之间、地区与地区之间的战略对话，其实质目的是更多地获取经济全球化过程中航空运输上下游产业利益。

全球性航空战略联盟占据市场主体地位

航空联盟由来已久，最早由美国国内市场的干线航空公司与支线航空公司之间合作提供联合中转服务而产生。自20世纪八九十年代以来，航空联盟蓬勃发展。1997年，加拿大航空、汉莎航空、北欧航空、泰国国际航空以及美联航共同创立全球第一家战略性联盟——星空联盟（Star Alliance），标志着世界航空运输正式进入全球联盟时代。1999年，由英航、美国航空、加拿大国际航空、中国香港国泰航空和澳大利亚快达航空共同创建寰宇一家联盟（Oneworld）。2000年，美国达美航、法航、大韩航、墨西哥航共同组建了天合联盟（SkyTeam）。如今，全球航空客运市场70%以上的份额被星空、寰宇一家和天合三大联盟所瓜分。

全球性航空战略联盟的产生和发展主要有两个因素：一是经济全球化的进程加速了全世界范围对于国际中转、无缝隙航空旅行及货物运输的需求，单个航空公司或单纯的双边合作，不可能从技术上独立提供一致性的服务；二是航空公司的跨国投资与兼并受到各国政策的严格限制，迫使航空公司将直接投资和持有股权的“资产联盟”转为商业联盟。联盟成员通过共享航空资源，扩大市场势力，降低成本，提高竞争力和经济效益。世界按销售收入排名前20位的航空公司，都是三大航空联盟的成员。

枢纽辐射式航线结构成为运营的主导模式

早在20世纪60年代，美国的一些骨干航空公司为了控制成本和占领市场的需要，就尝试把航线的运营模式从“点对点”飞行，改变为先向一点集中再进行中转的模式，即枢纽辐射式航线结构模式。从20世纪80年代开始，枢纽辐射式航线结构在世界范围内得到广泛重视，迅速发展和完善起来，航空枢纽随之形成，成为航空客运快速中转、集散中心和综合物流结点。2009年10月至2010年10月，全球航空旅客吞吐量超过4000万人次的大型枢纽机场有20个，其中旅客吞吐量排名第一的是美国亚特兰大机场，我国首都机场排名第二；全球航空货运吞吐量在100万吨以上的货运枢纽机场有21个，其中我国香港机场排名第一，美国孟菲斯机场排名第二，上海浦东机场排名第三。

大型枢纽机场能够吸引并且聚集经济社会发展中的优势资源，形成巨大的人流、物流、资金流、技术流、信息流，对区域经济发挥积极而强大的集聚、辐射和带动效应。各国、各地区纷纷把构筑国际航空枢纽作为提升其国家或区域竞争力的战略措施。在欧洲、北美和亚太地区三个主要航空市场中，只有亚太地区的国际枢纽航空港分布格局尚未完全定型，除香港和新加坡机场外，最有潜力和竞争力成为该地区国际枢纽航空港的还有韩国仁川机场、日本成田机场、泰国曼谷机场和我国北京首都、上海浦东、广州白云机场。21世纪以来，以上机场都进行了大规模的基础设施建设，以扩充机场容量，争夺亚太地区国际航空枢纽地位。

通用航空蓬勃发展

国际民航组织将通用航空定义为：除公共运输航班客、货运输活动外的所有使用民用航空飞行器的活动。通用航空在飞播造林种草、航空拍摄、探矿采油、抢险救灾、电力、环保等领域都有着广泛的用途。利用通用航空飞机对飞行员进行培训是通用航空的另一个重要应用领域。随着经济发展水平的提高，私人飞机、公务专机、空中旅游等已成为通用航空发展最为迅速的领域。在世界通用航空三大类飞行中，航空作业飞行约占飞行总量的20%，教学训练约占22%，公务飞行占50%以上。

高新科技引领民用航空发展

近10多年来，高新科技的研发和应用正在并将进一步提升民用航空的安全水平，促进民用航空持续快速发展。一是发展了超大型飞机制造技术。2008年已投入运营的载客量最大的空中客车A380飞机，合理采用了碳纤维等新材料和新型发动机等高新技术，飞机的安全性和舒适度得到大幅提高。

波音公司正在制造的7E7将第一次实现中型飞机尺寸与大型飞机航程的结合，具有较高燃油效率，出色的环保性能。二是在空中交通管理领域广泛应用现代通信、卫星、自动化和计算机技术，展开了以星基导航为主导的空管技术革命。三是兴起了绿色化的航空运输革命。从改善飞机空气动力、提高发动机燃油性能、研制新一代聚合物和复合材料等方面降低航空运输对环境的污染。引入了“绿色机场”理念，把机场建成“节约、环保、科技、人性化”的机场。

航空安全越发受到世界各国的高度重视

自20世纪70年代以来，航空运输成为最安全的交通运输方式。无论从交通工具本身、交通工具维护、运营保障、驾驶员素质、政府安全标准和事故率、死亡人数等来看，航空运输的安全性远远高于铁路、水路运输，更高于公路运输，是人类最安全的交通运输方式。2007年，全球每百万次飞行发生有人员死亡的空难事故为0.4次，按这个概率算，250万次飞行才发生一次死亡性空难，假使有人每天坐一次飞机，要6850年才遇上一次空难。但是，由于航空运输具有特殊性，飞机一旦发生事故常常会造成较大规模的人员伤亡和巨大的财产损失，并造成很大的社会影响甚至政治影响，因此航空安全是各国保障运输安全的重中之重。由于世界范围内恐怖主义抬头，尤其是“9·11”事件的发生，更使得航空安全被提到国家安全的高度。

对中国民用航空发展的战略思考

民用航空业为国家改革开放和社会主义现代化建设做出了重要贡献。今后，我国面临着工业化、信息化、城镇化、市场化、国际化深入发展的新形势新任务，对民航业的发展提出了新的更高的要求。这个时期，对我国民航业的发展来说，既是重要战略机遇期，也是夯实基础、承上启下，解决发展中的各类矛盾和进一步消除体制机制障碍的关键时期。形势和任务要求我们正确把握民用航空发展趋势和规律，继续深化改革开放，切实转变发展方式，着力提高发展质量，实现我国由民航大国向民航强国的历史性跨越。

我国民航业的发展现状

改革开放以来，我国民航经历了三次大的体制改革：一是 1980 年改变军队建制，走上企业化道路；二是 1987 年至 1992 年，进行以民航管理局与航空公司、机场分立的管理体制改革，在行业内引入了竞争机制；三是 2002 年至 2004 年进行了以“航空运输企业联合重组、机场属地化管理”为主要内容的体制改革。通过这三次改革，使原来军民合一、政企不分的民航管理体制，逐渐转变为政企分离、机场属地化管理、多种所有制企业平等竞争的民航管理体制。与此同时，我国民航形成了全方位、多层次的对外开放格局。改革开放极大地解放了生产力，使我国民航逐步发展成为全球第二大航空运输系统。

第一，市场规模持续扩张，运输能力逐渐提高，航线网络不断完善。

改革开放以来，我国民航运输总周转量、旅客运输量和货邮运输量分别以 17.6%、16% 和 15% 的平均速度增长。我国定期航班运输总周转量在国际民航组织缔约国中的排名，由 1978 年的第 37 位上升至 2005 年的第二位。民航旅客周转量在国家综合交通运输体系中的比重由 1978 年的 1.6% 上升到 2010 年的 14.5%。今后还会逐年提高。

第二，引入市场机制，多元化、集团化和充满活力的竞争格局业已呈现。

经过 2002 年以来的联合重组以及放松市场准入管制，在公共航空运输领域，形成了由中航、南航和东航三大国有控股航空集团，众多地方性航空公司、中外合资航空公司、民营航空公司等多元化市场主体共同参与的竞争格局。既有从事综合运输业务的大中型航空公司，也有专门从事全货运、支线运输的航空公司，竞争方式呈现出多样化与专业化并存的态势。

第三，基础设施建设步伐加快，运输保障能力大幅提高。

截至 2010 年年底，全国有民用颁证运输机场（含军民共用机场）175 个。2010 年，旅客吞吐量超过 1000 万人次的有北京首都、广州白云、上海浦东、上海虹桥等16个机场。近年来，我国民用机场进入一个新的建设高峰期。广州新白云国际机场、北京首都国际机场、上海浦东国际机场先后投巨资完成了新建和扩建。

空中交通管理、通信、导航和气象等航行保障系统的技术升级改造正在加快，初步形成了区域管制——终端管制——塔台管制三级空中交通管制服务系统，建立了民航专用卫星通信网、空管数据通信网等信息服务网络。民航还建立了旅客订座系统、代理人分销系统等大型计算机数据实时处理系统。

第四，积极有序地开放国际航权，向外发展的空间不断拓宽。

从2000年开始，我国在厦门、海南、南京等地试点开放第五航权，允许外国航空公司的航班在抵达中国前，经停第三国机场，也可经中国转飞第三国城市。2004年，中美两国签署了新的《中美航空运输协定》，增加了国际航权安排。2007年中美第二次经济战略对话期间，中美双方就扩大两国航空运输市场准入达成新协议。2006年，中国先后与韩国、日本签署协议，大幅度扩大双边间的航权。在扩大双边航权安排的同时，我国积极探索发展区域航空运输合作关系，与上合组织、东盟、欧盟等7个区域组织开展民航领域的各项活动，与东盟启动了区域航空运输自由化安排的磋商。与外国对等逐步扩大航权开放，给我国民航开辟了新的发展空间，使我国国际航线市场形成了新的竞争格局。

第五，航空安全管理不断创新，航空安全水平显著提升。

我国民航始终坚持“安全第一、预防为主、综合治理”的方针，不断强化安全生产责任制，创新安全管理理念，加强安全规章标准建设，完善飞行标准和航空器适航管理，开展专业技术人员培训，加大安全投入，积极采用飞行品质监控等现代化的科技手段。在生产规模扩大、发展速度加快、行业不断改革的情况下，航空安全状况不断改善。

第六，不断改革探索，我国民航独特的政府管理体系已基本形成。

经过历次改革，我国民航已建立起三级政府监管体制。中国民用航空局下设华北、华东、中南、西南、西北、东北和新疆7个民航地区管理局，负责对所辖地区的民用航空事务实施行业管理和监督。7 个地区管理局下辖 34 个省（区、市）航空安全监督管理局。民航局空中交通管理局下辖 7 个地区空管局，地区空管局下辖 37 个空管分局和空管站，空管系统共有员工约 3 万人。民航局直属单位还有中国民航大学、中国民航飞行学院、中国民航管理干部学院、广州民航职业技术学院和民航上海中等专业学校 5 所院校，有中国民航局航空安全技术中心和中国民航第二研究所两个科研单位，另外还有民航报社、出版社和民航总医院。我国民航政府管理体系，基本适应了我国民航发展的需要。

我国民航业面临着新的发展机遇

当前，我国民航正站在一个新的历史起点上，发展机遇前所未有。主要表现在以下几个方面：

第一，全面建设小康社会和经济全球化，为我国民航跨越式发展带来千载难逢的好机会。

全面建设小康社会使我国工业化基本实现、综合国力显著增强、国内市场总体规模居世界前列。随着经济全球化的深入发展，全球范围内的产业结构调整加速，各国力争在国际分工中占据有利地位。我国高技术、高附加值产业和现代服务业的加快发展，带来的物流、人流必然会前所未有地增加对航空运输的需求。我国全面建设小康社会和不断融入经济全球化的洪流当中，已经并且必将继续为航空运输带来巨大的发展和机遇。

我国经济、社会建设的持续发展，现代化应急救援体系、农业建设、林业建设、电力建设、石油产业、文化产业、城市消防、空中巡查等社会公共服务事业和经济部门，对通用航空服务也提出了更多、更高的需求。

第二，消费结构升级和休闲消费时代的到来，为我国民航发展壮大开辟广阔的市场空间。

改革开放促进我国经济持续快速增长，使人民生活水平得到了极大提高，城乡居民的消费结构有了很大变化，正由生存型消费向服务型消费升级转变，其中旅游、交通、通信类消费上升最快。以旅游为例，我国是世界上第四大入境旅游接待国，亚洲最大的出境旅游客源国，形成了世界上最大的国内旅游市场。这将为我国民航业发展提供庞大的消费群体和广阔的市场空间。

第三，国家财政体制由经济建设型财政向公共财政转变，为发展我国民航、促进社会和谐赢得强大的物质支持。

近年来，我国财政收入高速增长，综合国力明显提高。随着财政收入的持续增加和市场经济的逐步完善，国家财政体制正从经济建设型财政向公共财政转变。为推动公共服务均等化，促进社会和谐，国家对相关事业发展的支持力度将不断加大。相对雄厚的国家财力将为机场、空管等民航基础设施建设提供强有力的支持，同时也为发展民用航空提供应急救援等公共服务、解决边远地区群众出行提供物质保障。

第四，科技创新的力度加大，为我国民航持续发展提供有力的技术推动。

我国涉及航空工业的科技成果不断问世，国产大飞机项目、北斗二代卫星导航系统的建设，将有力地推动民用航空相关领域科技创新，有助于打破大型飞机制造商的国际垄断，为我国民航提供具有竞争力的运输工具和配套系统。国内外航空技术及相关科技的进步，将进一步促进民航业提高效率、降低成本。

我国民航业面临的严峻挑战

中国民航有短板

我国民航业在面临难得机遇的同时，也面临严峻挑战。这些挑战主要表现以下短板：

第一，国际竞争力不足，难以应对航空自由化带来的激烈竞争。

国际航空运输的自由化进程，大大加剧了国际航空运输市场的竞争。我国民航在全球市场竞争中，与外国先进民航相比，仍处于劣势。具体表现在以下 4 个方面：一是尚未形成国际性航空枢纽。我国航空枢纽建设刚刚起步，在中转设施、运行流程和出入境环境等方面都存在严重不足。而在我国周边，日本成田和关西机场、新加坡樟宜机场、泰国曼谷机场、韩国仁川机场在国际航空枢纽建设方面都比我国先行一步，已形成包围之势，夺走了本属于我国的国际市场份额。二是国际航线网络不健全。国际航线少而分散，与国内航线的衔接性也较差。截至2010年年底，与我国建立双边航空运输关系的国家达112个，而我国航空公司开辟的国际航线国家和地区只有51个，特别是至非洲的航线只有4条，至南美只有一条，大量国际航权无力使用，流失了市场份额。三是在一些主要国际航线市场的竞争力不强。如在中美、中欧航线市场上，我国航空公司投入运力不足，市场份额较少，盈利能力很差。根据美国预测，中美航权谈判后新增航线每年将为美国航空公司带来50亿美元收益，而我国航空公司在中美航线上却长期处于亏损状态。四是航空货运处于被边缘化的状况。2009年，全行业仅有10家全货运航空公司，货运飞机87架。在我国国际航空运输货运市场上，我国航空公司的市场份额只占30%左右。现在，世界上航空货运巨头如美国联邦快递、德国汉莎航空货运等公司已纷纷在我国建立货运枢纽，快递网络遍布我国众多城市，高价位的快件、包裹、电子元器件由外航垄断的趋势越来越明显。

造成我国民航国际竞争力不强的原因：一是政策扶持力度不够。国航、南航、东航三大集团国家资本金投入不足，财务成本压力大，税费负担重，导致运输成本高，盈利能力弱。国家对国际枢纽航空港的建设，缺乏配套政策支持。现行的海关、边防和检疫制度不适应我国国际航空运输快速发展的需要。二是企业经营管理能力不强，国际竞争乏力。联合重组后，三大航空集团内部整合力度仍不够，经营机制、管理模式调整滞后。特别是在统一对外竞争上，大量内耗，没形成一致对外的机制，难以适应变化多端的国际市场竞争环境。此外，国家对国有控股航空运输企业的考核指标中没有体现国际竞争力的要求，导致企业普遍存在对开辟国际航线有畏难情绪，未形成具有前瞻性的、清晰的国际战略。反观外国实力强大的航空公司，凭借其资金、管理和人才方面的优势，纷纷向外扩张，进行收购兼并，进军他国市场。如新加坡航空公司欲购买东航部分股权，成为东航的战略投资者，以图利用上海枢纽在国际市场竞争中取得更多优势，同时进入我国内地航空市场。对此，我们应有充分的认识。三是国际化的经营管理人才和专业技术人才严重匮乏。

第二，基础性资源供给不足，成为制约民航全面协调可持续发展的瓶颈。

一是民航可用空域资源严重不足。空域资源同陆地、海洋资源一样，具有极大的经济价值，必须高度重视，充分合理地利用。在航空发达国家，民用航空均使用了国家空域的大部分资源。如美国供民航使用的空域达 80% 左右，而我国民航使用的空域仅为全国空域的 20%。在北京、上海、广州等地，民航可用空域的飞行量已经饱和，造成航班大量延误，同时带来严重的安全隐患。由于空中交通管制，国内很多航线不得不绕飞，如果把航路取直，每年仅油耗一项即可节省 87 万吨航油。随着航空运输和通用航空需求的不断增长，民航对空域资源的需求将越来越大，军、民航空域活动相互干扰的矛盾将日益突出。

二是人力资源严重不足。2008 年我国航空运输总周转量、旅客运输量和货运周转量，基本上与美国 20 世纪 70 年代末相当，但那个时候美国的飞行员总数达到 50 多万名。而 2010 年底我国拥有的飞行员总数才 2.48 万人，机务维修、空中管制人员也严重短缺，人力资源跟不上民航飞速发展的矛盾相当突出。

三是机场、空管设施等资源严重不足。与欧美等发达国家相比，我国民用机场数量少、密度低。2009 年，我国每万平方千米只有 0.23 个民用机场，美国为 5.98 个。一些发展中国家如巴西、印度、巴基斯坦等，其机场密度也大于我国。我国空中交通管制系统中的雷达系统、仪表着陆系统、导航台站等空管设施，只能达到美国 21 世纪初 1/6 ~ 1/4 的水平，还没有真正意义上的全国流量管理能力、气象服务水平和独立的卫星导航系统。

四是通用航空资源严重不足。我国 2010 年 GDP397983 亿元，相当于美国 1982 年的水平（中国 2007 年 GDP32500 亿美元，美国 1982 年 GDP32550 亿美元）。1982 年美国拥有通用飞机 10 多万架，飞行 2000 多万小时，通用航空机场15000多个。而2010年我国拥有的通用航空飞机（包括教学飞行训练飞机）只有1000余架，航空作业飞行13.6万小时，通用航空机场仅71个，差距巨大。我国通用航空发展滞后主要原因之一是政策制约，600米以下低空不开放。

第三，管理体制、运行机制还存在许多矛盾，不适应民航全面协调可持续发展的需要。

以决策体制而论，战略性产业需要一个强有力的高效决策和协调机制。前面提到，美国为实施“下一代航空运输系统”，相应成立了由七大政府机构组成的“联合计划发展办公室”（JPDO），以提高决策效率和政策执行力，保证战略目标的顺利推进。相比之下，我国民航业却政出多门，决策分散，协调难度大。如空域分配、航权谈判、飞机引进、行业规划、产业政策制定、机场建设、国有航空企业的资产管理等，分别由军队、外交部、发改委、商务部、财政部、国资委以及民航管理部门等行使或参与决策，没有综合协调机制，影响了决策效率和政策执行力。这也是我国民航发展战略规划长期缺位的一个重要原因。

在机场管理体制方面，机场定位不准。机场本属公共基础设施，发达国家多以机场管理当局模式管控机场，而我国把机场定位为企业。机场的企业定位及现有管理方式，已给机场的发展与运营带来诸多问题，亟待转型。

在立足中国放眼世界对民航业分析研究的基础上，民航局着手制定中国民航强国发展战略，用以统揽中国民航的发展。

所谓中国民航强国是指国家民航业综合实力位居世界前列，不仅是“量大”，更要“质强”，表现为民航业在国家经济社会发展中起到战略作用，安全、贡献、运行品质高，具有很强的国际竞争力、影响力和创新能力，在国际民航组织中具有话语权。

在发展路径上，要充分发挥后发优势，放眼世界，博采众长，科学参照，善于借鉴，避免失误，力争少走弯路、不走弯路，努力实现科学发展、跨越式发展，走出一条符合中国实际的民航强国之路。

世界民航强国的发展规律及趋势

20世纪80年代以来，受经济全球化、航空运输政策自由化，以及世界经济向后工业化转变等因素的影响，世界民航业发展格局、获益方式，已经和正在发生着深刻变化，形成了以美国、德国为代表的综合性民航强国，以新加坡、荷兰为代表的国际运输实力突出的民航强国。这些民航强国之所以"强"，有许多值得研究的内在发展规律和发展趋势，归纳起来主要有以下方面：

一是民航发展与国家经济社会发展良性互动，发展民航业上升为国家（地区）的重要战略。鉴于民航在经济社会发展中的作用，许多国家（地区）把民航业定位为战略性产业，把发展民航业上升为国家战略，使之成为本国（地区）在全球化中获取利益最大化的有力工具。比如，在世界民航业中，美国一直处于领先地位，这主要在于美国政府把"保持美国在全球航空业中的领导地位，提升空中交通容量，保证飞行安全，保护环境，保证国家防空，保卫国家安全"作为发展民航业的战略目标。欧盟也把发展民航业作为提高其全球竞争力、促进欧洲一体化的重要手段。20世纪的"亚洲四小龙"在短时间内实现经济腾飞，与其把民航业作为国家（地区）的发展战略密不可分。尤其新加坡，是一个"民航立国"的典型。近年来，海湾各国依靠雄厚的财力，大力发展民航，希冀通过民航业的强大来实现国家由石油资源型经济转变为依托现代服务业的综合型经济。

二是从国家利益最大化出发，推行有利于本国民航发展的政策。20世纪70年代后期，美国率先在国内航空运输市场实行"放松管制"政策，此后被绝大多数国家仿效。凭借本国民航的竞争优势，美国政府迅速在国际航空运输市场推行"天空开放"政策。值得注意的是，在推行"天空开放"过程中，像美国、欧盟国家这样的民航强国，通过力促其他国家向其开放航空市场，取得了航空运输霸主地位；像新加坡、荷兰这样的地域和人口小国，借助航空资源重新配置、航空市场重新分割的良机，走出去谋求更大的发展空间；像以旅游业为经济支柱的泰国、阿联酋等国家，通过"天空开放"带动了旅游等相关产业的发展。近几年来，美国和欧盟已将“天空开放”确立为一项基本的对外经济贸易政策，在国际经济政治交往中，将其纳入双边和多边战略对话内容。其实质目的是，在经济全球化过程中，更多地获取航空运输上下游产业利益。截至 2009 年年底，全球缔结了 167 份“天空开放”协定，涉及 102 个国家。

三是打造网络型航空公司以利竞争，航空公司联盟化和大型国际机场枢纽化成为趋势。航空运输业是典型的网络型产业，航线网络质量和运行效率，是决定航空公司竞争力的核心要素。各民航强国的骨干航空公司，普遍以航空联盟、并购重组、企业交叉持股等手段扩展航线网络。星空联盟、天合联盟和寰宇一家这三大航空联盟，占据了全球客运航空市场 80% 的份额。全球航空运输市场竞争格局，已演变成为联盟与联盟、大型网络型航空公司网络与网络之间的竞争。与此同时，打造网络型航空公司，使大型国际机场成为重要的客运快速中转中心、集散中心和综合物流结点，已是大势所趋。目前，在全球客运量中，全球前 50 位枢纽机场的比重已达到 57%；在全球国际旅客中，全球前 30 位枢纽机场的比重已达到 56%。因此，网络型航空公司和枢纽型机场，对行业资源的积聚、放射效应是巨大的，其发展趋势将影响全行业范围内各企业的战略发展取向，很大程度上将决定整个国家航空运输产业链的竞争优势。

四是由高端消费转向大众消费，低成本航空公司快速发展。20 世纪 70 年代，低成本航空模式最先在美国出现，很快吸引了大量旅客，市场份额不断攀升，并席卷整个欧美航空运输业。顺应大众多样化的消费需求，世界各民航强国航空旅行已逐渐从豪华、奢侈型为主，向大众、经济型为主转变。从年人均乘飞机出行次数看，目前美国为 1.78，欧洲主要民航强国也都在 1.7 次以上。尽管低成本航空的迅速兴起，大大加剧了市场竞争，然而，航空运输大众化发展方向得到了确立，“面向社会、服务大众”的产业价值得到了更加充分的体现。由此，低成本航空公司以性价比优势实现了快速发展，在全球范围内已成为一股不可小觑的力量，成为影响民航业发展的重要因素之一。

五是重视发展支线航空，普遍实施"国家基本航空服务计划"。在国家公共航空运输体系中，小型机场是"神经末梢"和基础节点，支线航空是"毛细血管"。综合实力强的民航强国，都具有发达的支线航空，这得益于这些国家政府的扶持政策。因为，即使像美国这样的发达国家，要实现支线航空的经济效益都是一个难题。特别是在日益激烈的市场竞争环境下，如果没有相应的补贴机制，航空公司就没有经营支线航空的积极性，直接削弱了国家航线网络的通达性，中小城市居民也享受不到国家的基本航空服务。美国的"基本航空服务计划"等政策，明确了小社区最低的航空服务水平，并通过政府向承运人支付补贴形式予以保证。在欧盟的"公共服务义务"航线政策中，对承担公共服务责任、运营支线定期航班的航空公司，成员国可以给予这些航线最低 3 年的保护期和一定的补偿。与此同时，发达国家的干线和支线航空公司之间，还建立了紧密的战略合作关系，支线与干线航班紧密衔接，形成了大型国际枢纽、地区枢纽与小机场的分工合作、良性互动发展格局。

六是把通用航空作为整个民航发展的基础，普遍重视通用航空的发展。作为民航完整产业链重要组成部分的通用航空，为商业航空运输输送了大量的专业技术和管理人才，是整个民航业发展的基础，还拉动了其他行业的发展。国际上已把通用航空发展水平，作为衡量一个国家民航业强弱和经济社会发展水平的重要标志。据统计，美国目前拥有近 22 万架通用飞机，38 万名通航飞行员，17000 个通用航空机场，年飞行量超过 2800 万小时，每年创造了 1500 多亿美元的经济收入，提供就业岗位 120 多万个。加拿大约有 3.1 万架通用航空飞机。在发达国家，通用航空之所以一直呈蓬勃发展之势，既与旺盛的市场需求有关，也与政府的产业化发展政策密不可分。普遍的做法是，放开低空空域，保证一定比例的繁忙机场起降时刻给予通用航空运营，投资研发小型而且经济的通用航空器，鼓励建设固定维修基地（FBO）等基础设施。

七是民航与其他交通运输方式联动发展，打造现代综合交通运输体系。在发达国家，由于运输方式的多样化，运输过程的统一化，各种运输方式朝着分工协作、互为补充的综合运输体系方向发展。尤其是大型国际航空枢纽，一般都与高速公路网络、高速铁路网络和城市轨道交通相连接，形成了相互衔接、优势互补的一体化综合交通体系，扩大了机场的辐射范围。许多国际性航空公司与高速铁路公司之间，还建立了代码共享等方式的合作关系，大大方便了旅客出行换乘。

当然，世界民航强国的发展规律和趋势不仅仅包括以上七方面，像人文、科技、环保、便捷、经济等现代社会发展的共性内容，也是我们建设民航强国过程中应该关注的新趋势。

建设民航强国的总体思路

服从于国家发展总体战略，以持续安全为前提，以提升发展质量为核心，以创新为动力，以确立民航业在国家发展中的战略地位为突破口，坚持改革开放，加强统筹协调，完善体制机制，加快建设民航基础设施网络，努力构建具有中国特色的现代民用航空体系，全面提升我国民航业综合国际竞争实力，促进国家现代综合交通运输体系的进一步完善，为经济社会又好又快发展服务。

建设民航强国，一要坚持为国家总体战略服务，自觉服从服务于党和国家工作大局，进一步发挥好民航业在促进经济社会发展，维护国家利益、国家形象和经济安全等方面的重要作用；二要坚持“安全第一”、以人为本，重点提高从业人员综合素质，努力实现持续安全，整体提高行业运行效率，不断提升服务品质；三要坚持主动发展，积极谋划、加快推进民航各生产要素的建设，增强民航为国家经济社会发展的保障能力；四要坚持协调发展，突出统筹好东中西部、干线与支线、航空运输与通用航空、国内与国际航空、客运与货运等发展关系，实现航空公司、机场和空管系统的协调发展，更好地适应国家综合交通体系建设的需要；五要坚持可持续发展，主动适应低碳经济发展趋势，提高资源和能源利用效率，建设资源节约型和环境友好型民航。

建设民航强国的战略目标是：到 2020 年，伴随我国全面建成小康社会，民航强国初步成形；到2030年，伴随着我国的新发展，全面建成安全、高效、优质、绿色的现代化民用航空体系，实现从民航大国到民航强国的历史性转变。围绕这一战略目标，战略步骤分两步走。第一步：从2010年起到2020年，为全面强化基础阶段；第二步：从2020年到2030年，为全面提升飞跃阶段。到2030年之后，全面建成世界公认、可堪自豪的民航强国。

中国民航强国的三大战略

推进民航强国建设，与民航业改革发展建设的各项工作密切相关。必须突出重点、寻求战略突破点，紧紧抓住事关民航强国建设，能统领我国民航业发展的全局性、长远性和基础性工作，形成全行业统一的战略意志行动。根据国民经济和社会发展以及参与国际竞争的需要，全行业要以不断夯实安全基础为重点，以拓展航空运输服务为基础，以提升国际竞争力为核心，重点推进持续安全、大众化、全球化三大战略。

实施持续安全战略，就是始终把安全工作放在第一位，坚持用中国民航安全文化统一行业思想，通过强化职责，提升素质，完善法规，改进监管，改善设施装备，提高管理水平，使中国民航百万飞行小时事故率保持在航空界、政府和公众可接受的范围以内，实现持续安全发展。为此，要牢固坚持“安全第一，预防为主，综合治理”的方针，全面深入贯彻落实持续安全理念，加强理念、法规、队伍、责任体系建设，实施《国家航空安全纲要》（SSP），完善安全管理系统（SMS），提高持续安全发展的综合保障能力，使我国整体航空安全始终保持世界先进水平。

实施大众化战略，就是民航要从提供高端性消费向满足大众经济型消费扩展，使社会大众能够享受到安全、便捷、经济的航空客货运服务，提高民航服务的覆盖能力，实现“县县通、及时达”。为此，要重点构建布局合理的机场网络体系、顺畅的公共航空运输体系、安全高效的空中交通管理体系、功能完善的通用航空体系，实施国家基本航空服务计划。其中，构建通达顺畅的公共航空运输体系，要积极发展空中客运快线，大力发展支线航空，推进低成本航空发展；要实现航空货运向现代物流转型，促进全社会物流的快速发展。通过实施大众化战略，使民航成为大众出行方式。

实施全球化战略，就是要充分利用全球化市场、全球化资源，为我国民航业开拓更广阔的发展空间，创造更有力的发展条件，提供更强大的发展动力。要重点加大力度“走出去”，使更多航班飞出去，构筑全球航线网络；更多资金投出去，形成国际竞争海外桥头堡；更多标准打出去，扩大国际影响力，为国家对外经济贸易政策和国际政治交往的总体战略服务。与此同时，要扩大和深化开放，加强与民航发达国家的交流与合作，把更多好的东西“引进来”，为我所用，实现引进消化吸收再创新；要参加国际组织有关民航公约、规章、标准的制定，积极主动将我国民航自主创立的先进理念、先进做法、先进标准推向国际。

持续全面提升运行主体的实力

在建设民航强国过程中，民航各企事业单位都发挥着各自的重要作用，其中，航空运输体系中的航空公司、机场、空管、服务保障等运行主体是主力军，航空公司又是排头兵。要围绕全力支持我国航空公司做强做优做大，持续全面提升这些运行主体能力，形成航空公司强、机场强、空管强、服务保障强以及通用航空系统强，各运行主体相互支撑、战略协同力强的发展格局。

1. 全力支持我国航空公司做强做优做大，培育具有国际竞争力的大型网络型航空公司。

航空公司是整个航空运输产业链的主体。国内外民航业的发展经验告诉我们，航空公司强则民航业强，航空公司弱则民航业弱。很大程度上讲，航空公司的竞争力决定着全行业的整体竞争力，也决定着一国民航业的国际地位。具有强大国际竞争力的航空公司，应该成为我国建设民航强国的首要标志。这几年来，随着国家和民航改革的深入，包括航空公司在内，民航企业发展外部环境尽管已经有了很大改善，但仍然存在不少问题，不利于我国航空公司经营发展、提升国际竞争力。要不断优化行业内外部环境，全力支持我国航空公司做强做优做大。

航空公司做强做优做大关键要练好“内功”。一家航空公司强不强，表现在许多方面。除具有一般实力强大企业的共性特征外，航空公司强的特征主要表现在安全水平高、战略定位准、网络规模大、运行效率高、服务质量优、抗风险能力强、盈利能力强等方面。从整体情况看，我国航空公司这方面还存在不小的差距。各航空公司要坚持不懈练“内功”，不断夯实航空安全各项基础，确保航空运输始终处于安全、稳定的可控状态。要切实提升服务内在品质，使竞争手段从单纯的价格竞争，转变到以安全质量、航班正点率等服务水平为主的综合性竞争上来。与此同时，各航空公司要不断清晰战略发展思路，保持稳健发展速度，坚持围绕做强做优做大航空主业谋划产业布局，避免重大决策失误影响企业安全正常运行、危及社会公众利益。之所以提出这方面的要求，是由航空公司所处的公众服务行业特性所决定的。

优化我国航空公司的结构。我国航空公司总体规模仍然偏小，还存在市场定位和战略同质化等问题，这是影响我国航空运输市场秩序和综合竞争实力的重要原因之一。而全球航空运输业已形成了以洲际网络型、区域型和低成本为主体的三种航空公司运营模式，且随着洲际网络型和低成本航空公司的发展，传统的区域型航空公司面临前狼后虎的困境，生存空间被进一步压缩的趋势明显。要通过政府引导、市场运作，推动联合重组，壮大企业规模，形成二三家大型网络型航空公司。同时，要完善市场准入制度，适当提高注册资本金，完善扶持政策，大力发展支线航空公司，推进低成本航空公司发展；要鼓励大型航空公司和支线航空公司之间建立股权和非股权联盟合作关系，形成分工合理、共同发展格局；要着力引导航空公司尽快形成差异化的市场和战略定位，打造具有不同运营模式的高品质航空公司；要着力发展货运航空，鼓励货运航空公司进行并购、重组和业务合作。到 2030 年，我国要拥有一个以上全球知名品牌的航空公司，综合实力进入世界前五名；形成一家有国际竞争力的航空货运公司，综合实力进入世界前五名。

形成支持我国大型网络型航空公司构建全球航线网络的政策环境。长期以来，多家国内航空公司共飞同一条国际（地区）航线带来了种种问题。无序竞争、运力资源投入分散以及“内耗”，影响了我国三大国际航空枢纽建设的进程，削弱了我国民航业整体国际竞争力。而民航发达国家都把不同航线由不同航空公司分头经营，集中力量一致对外。要尽快完善国际航权分配机制，整合已有的国际航权资源，增强我国航空公司在中国至北美、欧洲等国际航线上的抗衡实力，确立我国航空公司在中国至南美、非洲等国际航线上具有主导的优势地位。在建设国际航空客货枢纽过程中，要鼓励和支持主基地航空公司开辟中远程国际客货运航线，增加航班班次，打造“航班波”，形成有利于构建枢纽网络的政策环境。对开辟独家经营的特殊政策性远程国际航线，民航局等相关部门将根据经营情况形成支持政策。要支持有能力的航空公司通过并购等方式设立海外分支机构，建立海外航空枢纽节点。在航权开放方面，要服从国家外交政策大局，满足对外经济交往和人员往来需要，有效应对“天空开放”，根据国家实力对比，从我国航空公司国际竞争需要出发，加强总体政策研究，确定相应步骤、方式和进度，积极、渐进、有序、有保障地开放我国国际航空运输市场。

2. 着力构建布局合理的机场网络体系，培育具有国际竞争力的大型航空客货枢纽。

机场作为民用航空运输和城市的重要基础设施、国家及区域综合交通运输体系的重要组成部分，具有广泛的社会和经济效应。衡量一家机场尤其是大型国际航空枢纽强不强，要考虑区位、所在地经济发展水平等因素，而安全服务设施全、航线连通性广、客货规模大、服务流程顺、运行效率高、运营成本低、应急救援能力强、地面交通方式多、整体环境优等，是机场强的主要特征。我国机场整体发展与发达国家（地区）机场的差距还比较大，其中的原因是多方面的，主要是对机场定位不清、政府投资不足、管理体制不新。要认真贯彻落实《民用机场管理条例》，紧紧围绕公共基础设施定位，强化机场特别是大中型机场的公共基础设施服务功能，积极探索机场公益性设施和经营性设施分类管理的新模式，进一步推动机场由经营型向管理型转变，促进机场建设发展，提高运营管理水平。

构建布局合理的机场网络体系。从整体看，我国机场建设和发展，还不能很好地满足经济社会发展和行业快速发展的需求。突出表现在，机场总量不足、密度不高。从数量上看，我国 20 万以上人口的城市数已达 800 个以上，已有的 166 个民用机场，仅为城市总数的 1/5。从密度上看，我国每 10 万平方千米 1.6 个民用机场，仅为美国的 1/4；即使与印度和巴西相比，也相对偏低。2010 年全国还有 45% 的县、38% 的人口和 18% 的经济活动区不能得到航空运输服务。尤其是机场"东密西疏"的格局，与带动中西部地区经济社会发展的矛盾比较突出。与此同时，机场容量、功能不足。我国近 40 个机场的设施容量已经饱和或即将达到饱和状态，其中，9 个大中型机场已经饱和，预计一两年内还有 29 个机场将达到饱和状态。同时，绝大多数大中型机场综合功能跟不上经济社会发展需要，一定程度上限制了民航和地区经济的发展，影响了安全运行和运输服务。要力争我国机场数量及布局将进一步满足如下需求：在 100 千米范围内，全国 95% 以上的县级行政区、95% 以上人口能得到航空运输服务，所服务区域内的国内生产总值达到全国总量的 98% 以上。

培育具有国际竞争力的航空客货枢纽。我国经济已逐步融入世界经济一体化进程之中，确保人流和物流快速流动，需要在我国重要政治经济中心城市，搭建能与世界主要经济体平等对话的航空运输网络平台，必然要加快建设大型国际航空枢纽港。这对建设民航强国至关重要，有利于形成布局合理、规模适当、层次分明、功能完善的现代化民用机场体系。我国前 30 位机场的旅客运输量比例接近 90%，中小机场业务量则相对不足，且客流量主要集中于东部，这与我国区域间经济发展不平衡有着密切的关系。这几年来，我们的政策重点向中西部和中小机场倾斜，结合应对国际金融危机，还出台了中小机场、支线航空以及基建贷款利息补贴等办法，各项政策的综合效应开始显现。其中，从旅客运输增长速度看，中西部快于东部，中小机场快于干线机场，干线机场快于大型枢纽机场。为进一步促进民航区域平衡发展，还要鼓励、支持航空公司在新疆、西藏、内蒙古、宁夏、青海五省（区）增加运力投入，设立航空公司（分公司），新增国内国际航线航班。在加大政策支持力度的同时，还要高度重视航空枢纽建设对中小机场发展的带动作用。其实，航空运输是一个网络，大、中、小机场是相互依存的关系，只有小型机场发展起来了，我国航空运输网络才能真正实现四通八达。时下，我国主要是点到点航线结构，中小机场有限的客货流量资源分散在不同的航线上，加上航班频率过低，当地航空运输市场很难培育。如果建立枢纽网络型航线结构，客货通过区域性枢纽机场中转，扩大了对中小机场的航线辐射范围，等于增加了航线的数量。要从宏观上统筹解决这些问题，逐步形成功能完善的枢纽、干线、支线机场体系，大、中、小层次清晰的机场结构。

重视航空客货枢纽与其他交通运输方式的相互衔接问题。就全国机场整体而言，旅客进出机场的地面交通方式还不太便捷，机场服务和辐射的区域范围还不够广，一定程度上影响了机场整体功能的发挥。加强以大中型机场为核心的综合交通枢纽规划建设，对促进我国现代综合交通运输体系发展具有重大意义，对民航自身发展也具有积极而深远的影响。按照现代综合交通理念，要以机场为枢纽，把航空、铁路、公路有机结合起来，使机场与铁路干线网络、公路干线网络、城市轨道交通和城际铁路相连接，形成相互衔接、优势互补的一体化综合交通体系。

3. 着力构建安全高效的空中交通管理体系，推进新一代空中交通管理系统建设。

空管是民用航空运行体系的中枢，在建设民航强国中担当着举足轻重的角色。安全运行好、空域容量大、服务效率高、保障能力强，是空管系统强的主要特征，要围绕建设民航强国目标，构建安全高效的空中交通管理体系。

积极协调解决和有效开发民航空域资源。从我国航空运输市场发展态势看，空中交通流量将持续快速增长，着力改变空域资源紧张状况，全面提升空域使用效率，是建设民航强国的重要突破点。要适应航空运输发展需求，促进运行效率提高，加强与军方有关部门的协调，积极创新空域管理和灵活使用的机制，逐步改变航路航线固定使用的管理办法，推进飞行路线的灵活选择；要协调实施空域分类管理和使用，满足航空运输、通用航空等用户对空域的多样化需求；要积极优化空域和航路结构，完善全国航路航线网络，增大航路航线运行容量，实现空域的集约管理、高效使用；要全面提升导航、通信、监视、气象、情报的服务能力，推进空中交通综合服务体系建设，不断提高服务质量和水平。

加快新技术的推广和应用，提高设施设备保障能力。要全面构建功能完备、适应性强、结构完善、布局合理，具有我国特色的民航空管技术和装备体系，实现空管技术应用和装备水平的全面跨越式发展。特别是要广泛应用基于性能的导航技术（PBN）、广播式自动相关的监视技术（ADS-B）、通信导航监视的系统技术（CNS）及空管自动化的处理技术（ATM）等新技术，提高我国空中航行的综合技术保障能力，为不断提升空域容量和民航运行安全裕度提供技术保证。到2030年，要全面建成新一代空管系统，空管技术装备、管理手段和保障能力达到世界先进水平。

4. 着力构建安全、高效、经济的民航服务保障体系。

经过几十年的不断发展，我国民航业规模日益庞大，产业链逐渐变长，开始出现产业边界相对清晰、分工更为专业化的发展趋势。这是民航业发展逐渐成熟的标志。更重要的是，这种专业化的过程，是行业资源优化整合、实现规模经营、加速产业化的过程，有利于民航业健康可持续发展。在我国民航业技术服务保障体系中，适航与维修、航油供应、信息服务和航材保障等系统的地位和作用十分重要，是建设民航强国的一支重要力量。要以适应民航业可持续发展、增强国际竞争力的需要为出发点，到2030年，建成安全可靠、运行高效、技术先进、适应发展、服务成本低和创新能力强的民航支撑保障体系。

建立健全初始适航和持续适航审定系统，培育具有国际竞争力的飞机维修企业。以国家启动国产大飞机项目为契机，全面加强审定技术能力建设，建立适应国际新技术、新标准、新程序的适航审定系统，重点建设适航审定中心、验证中心和技术研究与管理中心，以及部分省（区、市）监管局适航审定机构。航空维修系统是确保飞行安全的重要物质基础，支持国内维修企业采取各种合作方式，学习吸收国外核心工程技术，提高航空器深度维修能力的国产化。加强与国内外航空工业界的合作，集中国内优势力量，进一步加强自主研发工作，整体提高我国航空器维修核心工程技术能力。通过提高民航主管部门的工程技术审定水平，完善工程技术审批体系，促进国内维修企业提升核心技术开发能力。进一步推进维修法规建设，细化实施标准，完善法规体系。要合理布局和引导产业集群建设，分别形成3个以上规模较大的维修产业集群、航空部（附）件维修集群及通用航空器维修集群，重点培育一两家具有国际竞争力的飞机维修企业。

构建安全稳定经济的航油供应保障系统，培育能适应民航业快速发展、符合航空用户需求的航油供应市场主体。“万里航程，从油开始。”航油供应保障系统是民航业发展的重要基础。要建立健全航油安全管理体系，将安全管理范围延伸到物流环节。降低航油成本、改善供油服务，要加快推进航空煤油供应体制改革，构建符合市场规则的航油供应市场机制，形成航油供应和加注油市场的有序竞争。针对国内航油资源不足、分布与消耗不平衡、运输存在瓶颈等问题，要稳定、优化进口航油资源供应渠道，大力发展航油物流，建设环渤海、长三角、珠三角三大航油储运基地。要积极开发应用低排放、可再生替代能源。

全面提升我国民航业信息化水平，培育具有自主知识产权和国际竞争力的信息技术服务供应商。当今世界，信息化水平是衡量一个国家现代化程度、一个行业国际竞争力的重要标志。民航是一个高度依赖信息技术的行业，加快信息化建设是民航强国建设的重要内容。要集中优势资源，全面提升生产信息系统、商务信息系统和电子政务系统水平，重点建设全球分销系统和公共信息服务系统。要引导和支持民航企事业单位通过技术创新，提高信息化水平，重点提升航空运输企业信息支持系统。要建立民航网络和信息安全保障长效机制，努力实现民航信息的持续安全。航空信息技术服务企业要强化市场、服务和竞争意识，更加主动地为民航业快速发展提供强有力的信息技术支持。

着力提升航材适航性和综合保障能力，培育具有国际一流管理水平的航材供应商。航材供应对航空公司与维修单位保障航空安全、提高维修效率和降低维修成本发挥着重要的作用，要着力系统提高航材保障的可靠性、敏捷性和经济性。要加强对航材供应商的监管，加强对器材采购、运输、储存和供应等各环节监督，确保航材的适航性。鼓励民航企业通过各种联合和合作方式，打造航材信息共享平台、规模采购平台和航材供应共享平台。促进航材供应商提高供应链管理水平，鼓励其与用户建立战略合作关系，成为服务优、信誉好、具有规模优势和国际一流管理水平的航材供应商。

5. 着力构建功能完善的通用航空体系，拓宽通用航空服务经济社会发展领域。

通用航空是民航业两翼之一，具有高效、便捷、适应环境能力强、专业技术水平高等特点。就整体而言，通用航空强的特征主要表现在具有一定的发展规模、安全水平高、业务种类多、受益范围广、应变能力强、服务成本低等方面。它对国家经济社会发展的贡献，不仅体现在通用航空产业链本身，而且是民航业发展的基础和航空运输体系的重要组成部分，更在国家经济建设、社会发展、公共服务等方面发挥着不可替代的作用。因此，通用航空发展状况是民航业发展水平的重要标志，也是社会经济发展、人民生活水平的重要标志。无论是与通用航空发达国家相比，还是与我国日益增长的社会经济发展需求相比，我国通用航空整体发展尚处于较低水平，加快通用航空发展是我国建设民航强国的重要内容之一。

民航局已印发了《关于加快通用航空发展的措施》。围绕构建功能完善的通用航空体系，我们将放宽市场准入，支持有条件的社团和企业兴办通用航空企业；扩大通用航空服务领域，提高经营性和社会公益性作业服务能力；依托航空制造企业，培育具有示范效应、产业拉动作用的重点通用航空企业；

制定通用航空发展规划，加快基础设施和运行保障体系建设，完善服务网络体系，作业范围基本覆盖所有县级行政单元。

关于建设民航强国的相关人才、科技、法规等保障措施在此就不一一赘述了。

谁应该更着急发展民航

中国是一个发展中国家，长期处于经济短缺状态，政府各级官员一直以来所倾心关注的是民众的吃饱穿暖问题，对民航业在经济社会发展中的战略作用缺乏深刻认识，觉得民航是一个高大上的交通工具，老百姓出行坐不坐飞机无所谓，也坐不起。加之中国民航在改革开放前规模小，在国家交通体系中占比低，不能对大众实现普遍性的公共服务，因而社会也把乘坐飞机视为高大上的奢侈消费，直到20世纪80年代，发达国家早已实现了民航服务的大众化，在中国乘坐飞机出行，购买飞机票时仍需要出具县级以上政府机关的证明函。

在民航的发展上，由于民航业高度的技术、资金密集性，在计划经济体制下，一直由中国民航局大包全揽。飞行单位由民航局组建，新建和改（扩）建民用机场的资金主要由国家负责，地方政府承担部分配套资金，由民航局负责组织实施工作，行业管理和运营也由民航局独干。地方基本不参与，也不愿意参与。

改革开放之后，随着有中国特色社会主义市场经济的建立，中国的民航业也走上了市场化的道路。民航业的市场化，意味着中国民航局原来对行业发展大包全揽的功能转型为对行业宏观指导和监管的职能。调动各级地方政府发展民航业的积极性，随着机场的建设管理下放到地方，这就意味着中国民航业的发展由计划经济的形态转变到了市场为牵引、地方政府为组织实施者的方向。遗憾的是，一段时间内，一些地方政府对民航业在经济社会发展中的作用和这种转变的认识是滞后的，这表现为一些地方不重视发展民航和不愿意接管机场。

地区管理局局长与省长的争吵

这是直到2006年还曾发生的事。民航某地区管理局局长，就关于机场下放地方和支线航空的发展事宜与经济欠发达地区的某省长交涉，该省长明确表示：省里没有管理机场的能力和缺乏机场经营补贴的经费，不具备承接机场管理的条件。至于发展支线航空嘛，一架支线飞机仅能载运30~50人，还不如一辆长途汽车，我们宁要长途汽车也不要那个支线飞机。

地区管理局长见状解释道，长途汽车不可与飞机相比……话还没说完，省长道：怎么不能相比，不都是拉人吗？……

结果两人为此争得面红耳赤，不欢而散。应该说，这种对民航业发展的认识并非个别现象，直到2013年，我在中国民航局局长的任上，这个省才把该省的机场管理职能主动接受下来。

机场真的成了“鸡场”

伴随着对民航业在经济社会发展战略作用认识的缺失，是对机场功能认识的缺乏。虽然有的地方早早建成了机场，却不会围绕机场的功能开展经济布局，进而实现以机场拉动经济发展。

某地级市早在1957年就开工兴建机场，1958年机场建成通航，这是新中国成立后地级市发展民航业的超前者。但是，由于缺乏围绕机场拉动经济的产业布局，致使机场的综合功能发挥受限，机场本身的运营也一时陷入困境，不得不停航。有的老百姓曾这样调侃道：“明明修好的机场，还不如改成‘养鸡场’呢。”正如有人对此所形容的：“热热闹闹修机场，综合规划没跟上，机场周围空荡荡，飞飞停停没希望。”后来，该市着眼机场综合功能的发挥，重新调整相关产业布局，对该机场实施新的改扩建，使该机场的年吞吐量多年保持着两位数的增长，目前已成为年旅客吞吐量百万级的支线机场，直接带动就业人员近3000人，成为该市经济社会发展的新引擎。

有机场被高看一眼，没机场低人一头

随着中国改革开放的进程，民航业在经济社会发展中的重要作用逐渐为人们所认识。特别在向民航发达国家的招商引资中，外商往往把有没有机场作为投资的必要条件。正如时任沿海某市委书记所讲的，在向外商招商引资中，多数外商首先问投资的所在地市有无机场。若说有机场，外商立马就抬头高看一眼；若说没机场，外商立即就低下了头，没了再谈的兴趣。不但外商这样看一地民航的发展，就是在国内也开始把有无机场看作一地经济是否发达的标志。该市曾对口支援西部某欠发达地区的经济建设，2012 年，该市书记和市长带人去西部受援某地考察时，接待人员首先问："你们市有机场吗？"书记和市长说没有。接待人员说："我们这里好赖还有个机场呢，你们连机场都没有还来我们这里帮扶什么？"该市书记和市长被问得哑口无言，回来立即决定上报立项修建机场，仅两年时间机场就建成投入运营，目前该机场旅客吞吐量已达百万级。机场不但成了该市招商引资一张亮丽的名片，而且极大地带动了该市观海旅游业的发展。

点上点金与面上收银

发展民航的甜头是在发展中尝到的。江苏盐城市在招商引资中与韩资企业现代汽车商谈在该市建厂事宜，韩方提出的条件之一是开通该市至首尔的航线，以方便韩方人员在中韩之间的往来。尽管开通这条航线该市每年要补贴 3400 万元，该市还是果断满足了韩方要求。结果以韩方现代企业为龙头，该市很快成为韩资企业的聚集地，不算带动的人员就业，仅税收就使该市每年增收 34 亿元以上。谈起这件事，该市相关人员兴奋地告诉我，人们常讲一本万利，我们用补贴民航 3400 万元，换来了 34 亿元，能做出一本百利的生意，也很够意思了。

江苏淮安市 2008 年 10 月修建机场，2010 年 9 月通航，运营后市政府每年补贴机场 2000 万元，此后，在不长的时间内，在该机场周围就聚集了 600

多家中外企业，使该市每年财政收入增加 50 多亿元。谈起这件事，该市领导感慨地说："修建机场原来是点上点金，面上收银啊！"

只要旅客成了堆，不怕机场那点亏

中国北疆最边远的县城漠河，人口不足 10 万，2006 年投资 2.38 亿元修建机场，2008 年 6 月 18 日正式通航。通航后立即有北京、上海、广东、台湾等十几个省的 40 多个旅游团体乘飞机来此旅游，仅 2008 年上半年漠河就接待游人 100310 人次，单是旅游收入就达 6736 万元。接着漠河与我国最南端的城市三亚实行游客乘机对接，全年下来，该县旅游及连带收入增加近 3 亿元，机场运营亏损 1500 万元。谈到这一数字，该县领导掰着指头说："按 15% 的利润率算，3 亿元的收入利润就是 4500 万元，就是补贴给机场 1500 万元还余 3000 万元呢，只要游客成了堆，不怕机场那点亏。"最后，他还神秘地告诉我："没有机场，我们这里几年也不见北京来的部委领导；机场一通航，今年已经有 29 位部委领导来漠河，来的领导都为我们对口解决了不少问题，光是资金加起来就是几个亿，超过了我们几年的财政收入，我还没算这次你给增加的那笔机场的续建费用呢。"

我也佯装神秘地悄声说："你们也别到处嚷嚷啊，都像你们这样要钱，民航局也没有多少机动费用呢。"

十堰无机场，"东风"要迁厂

中国东风汽车集团公司，其前身是 1969 年始建于湖北西北部大巴山山区十堰的"第二汽车制造厂"。"二汽"厂址选在十堰市，是"要准备打仗"的年代中国"大三线"建设的产物。随着中国改革开放的快速发展，东风集团公司实施国际化发展战略，"东风"汽车要走向世界。十堰市太过于偏僻，加之无机场，交通不方便，十堰市在国内外知名度也很低，许多人只知道"东风""二汽"，知道武当山，却不知道十堰市。曾有国外的合作大伙伴来"东风”考察，从国外飞到武汉仅用了4小时，再从武汉到十堰却用了6个多小时。当时外商就提出质疑，“东风”这么大的一个企业为何却处在偏僻之地？于是“东风”领导层一致有了工厂外迁的打算。十堰市政府一听“东风”要外“刮”，那还得了？！当时东风集团占了十堰市经济的60%，占了十堰市财政收入的50%多，如果“东风”从十堰市“刮”走了，十堰市的日子就可想而知了。后来几经多方面的交涉，“东风”公司的总部还是迁到了武汉市。虽说“东风”制造厂留在了十堰市，但是龙尾随着龙头晃，龙头不在了，还是让人心里直打荡。

十堰市曾在1981年就确定了机场建设计划，但是一直落不了地，主要原因还是上下对机场的作用缺乏充分的认识。市领导介绍，当年在机场选址时，所在地的村支书泪流满面阻止机场修建，说是土地没了，村民吃饭没了饭碗。他不懂得机场不但可以带来周边土地的升值，而且大批村民可以依托机场就业，而市里领导也不懂得从这些方面做说服工作，就这样一耽误就是30多年。直到眼看着“东风”要彻底东去，十堰市才急切切开始了十堰机场建设的启动工作。

在各方面的共同努力下，包括经当年“二汽”不少已在中央和国家部委老领导的推动，2012年9月12日国务院常务会议特事特办批准了十堰武当山机场的修建。机场建成后，不仅稳定了“东风”制造厂，而且还引来了新的汽车品牌关联产业。机场运行三年，飞机年起降就达14605架次，旅客年吞吐量超过152万人次，货邮吞吐量达1000多吨，成为全国支线机场快速发展的一个亮点，十堰市也随之大大提高了知名度。

大江大湖大武汉，机场小了不好办

一个时期，伴随着对民航在经济社会发展中作用认识的不足，是机建规划与建设速度的相对滞后。湖北武汉天河机场，1990年开工建设，1994年通航运营，2004年又进行第二期的扩建，2008年4月新航站楼投入运营，2009年机场旅客突破了1000万人次。为满足民航快速发展的需要，第二次扩建没满两年，2010年3月不得不新建第三航站楼。2010年12月刚刚建成新的航站楼，2011 年又进行大型客机备降场的建设，此项工程刚刚建完，2012 年 7 月又再次开工建设新的第二条跑道和对第三航站楼的扩容暨机场交通中心的建设。

民航基本建设一般应该是适度超前的，现在是机场建设追着民航发展跑。2012 年 7 月，结合武汉天河机场新建工程的开工，在与湖北省机关就民航与经济社会发展的关系进行交流时，我笑称："过去总讲湖北是大江大湖大武汉，现在还要加一句，机场小了不好办。"

这种民航基建追着民航发展跑的现象不独湖北，在全国普遍如此。当时全国有 16 个省市的机场同时进行着改扩建，最典型的要数云南腾冲机场了。

云南腾冲机场于 2007 年 2 月 1 日开工修建，2009 年 1 月 23 日建成通航。设计能力是到 2020 年机场旅客吞吐量年 20 万人次，结果机场通航的当年旅客就突破了 25 万人次。当时中央一位退下来的老领导去过腾冲回京后立即打来电话询问："腾冲机场为什么修得那么小啊？"紧接着腾冲机场便又着手进行相关改扩建工作。2018 年，这个县级机场吞吐量达到了 100 万人次，比早先规划的至 2020 年吞吐量达 20 万人次还提前了两年，旅客吞吐量却是原设计能力的 5 倍。

机场修在神农架，不好再把神农话

与民航机场建设滞后相伴的，是在机场选址上对机场经济、综合功能认识的不足，以及对长江流域要搞大保护、不搞大开发认识的欠缺。

神农架地处湖北省西北部，处在武当山、长江三峡风景带上，总面积 3253 平方千米。内有国家级的自然保护区和国家湿地公园，森林占地 85% 以上，占整个湖北省林地面积的 90.8%，是中国首个获得联合国教科文组织人与生物圈自然保护区、世界地质公园、世界遗产三大保护制度共同录入的"三冠王"名录遗产地，这在中国是唯一的。此后，神农架又被列入世界遗产名录。

神农架之名得之于中华始祖神农尝百草的传说。这是集神话、史话传说、野人灵怪传说和植物、生物、动物多样性于一体的神秘之境，令代代世人心驰神往。

神农架机场早在2006年之前就已规划立项，并通过了前期各项相关评估论证，着眼点在于解决林区8万余人地处偏远交通不便的问题。机场位于神农架林区红坪镇，这里是典型的喀斯特地貌。场址选在2584.8米陡峭的高山之巅,5处耸立60米以上的山峰被削平，再填平山间的洼地。跑道长2800米，宽45米，航站楼面积4000平方米。

修建神农架机场是一项甚为复杂的工程。当施工凿平山峰、拨开山上稀薄的土层时，喀斯特地貌特有的溶洞、溶沟全部裸露出来。神农架地貌是典型的峰丛洼地，容易出现不良地质现象，在机场边坡地带处理溶洞、溶沟、溶隙等共217处。在机场四周还修了10多处防滑坡，总长度5130米，边坡陡且高，最高的边坡69.2米。所谓边坡，实际上是一堵宽700米的超高挡土墙，再加上从山底到山巅机场所修的盘旋而上的公路，这一切对神农架地貌的损害、对林草的毁除和掩埋、对山林动物的惊扰等可想而知。

2012年7月，当我来到神农架机场工地调研看到这一切时，心中的沉重感不时泛起。夜晚，住在林区中的我辗转反侧。机场修在神农架，不好再把神农话，神秘之境被打破，潜在影响难述说。返程路上，我曾考虑建议神农架机场可否停止修建，但是鉴于当时的工程进度，已经是覆水难收了。神农架机场2014年4月建成通航，设计能力年旅客吞吐量2021年25万人次，至2019年，旅客吞吐量仅44446人次，与设计能力相去甚远，造成这种状况的主要原因在于，在那样的国家级自然保护区，是不可能依托机场大量聚集产业的。因此，机场的综合功能就难以发挥了。

要想富先修路，要想强上民航

20世纪80年代，中国有一句话，要想富先修路；进入新世纪，这句话变成了“要想强上民航”。

2007年，为适应我国经济社会发展的变化，中央适时提出了调整经济结构、转变经济发展方式的举措，为中国民航的发展开辟了新的空间。各地在实践中认识到，调整经济结构、转变经济发展方式的本质是提升经济发展的质量，大力发展现代服务业，使中国的经济由大变强。而民航业正是实现这一转变的具体抓手。

现代服务业主要指的是信息、旅游、金融、物流、科技、传媒、娱乐等新产业、新业态，这些都是以发达的航空为依托的。同时像电子、生物、医药、新材料、精密仪器等大批高附加值的产品，对航空运输也具有很强的依赖性。起步较早的地区正是利用民航业的发展，形成新的产业聚集，打造出本地在某一领域发展的强势地位。例如：天津的航空产业、重庆的电脑产业等等。最典型的要数浙江义乌了。义乌 1991 年建成通航机场之后，1993 年就实施第一期扩建，2006 年又实施二期扩建，2012 年又实施第三期扩建，2016 年实施第四期扩建，正是在这种紧锣密鼓不断地扩建中使义乌成为中国第一个对外通航的县级机场，进而也把义乌拉动成了世界小商品批发地，并在此基础上打造出了“义乌指数”（中国小商品指数简称，2006 年 10 月由国家正式发布），同时义乌也成了中国国际电子商务博览会的会址。义乌就是这样利用民航把自己打造成了全球知名的国际商贸城。

跑航班要航线，背后连着产业链

随着人们对民航业认识的加深，民航局机关由冷清也变得热门起来，甚至不少省市主要领导亲自到民航局来跑航班要航线。

这些年来，随着国内外产业结构调整加快，区域经济竞争日趋激烈，产品生命周期不断缩短，新的产品科技含量高，普遍有着小、轻、快、灵的特点，这些特点更适合航空运输，这就使机场突破了单一运输的功能，成为吸引一系列高科技产业、信息产业、现代制造业、现代服务业等的汇集区。多种产业的聚集又形成了相互影响、相互渗透、相互融合、相互促动的效应，从而形成了带动力和辐射力极强的“临空经济区”，这种“临空经济区”正是多种产业链结的结果。因此，正如人们所总结的，跑航班要航线，背后连着产业链。

“临空经济区”通过汇集经济社会发展中的人流、物流、资金流、技术流、信息流、数据流等优势资源，又对经济社会发展带来强大的辐射效应，成为一个区域乃至一个国家经济增长的发动机。

这种“临空经济区”甚至使得机场牵着城市走，城市跟着机场建，使某个区域变成了航空大都市。法国巴黎和意大利罗马的新城区就是这样产生的。我国河南新郑国际机场的修建及其所形成的“临空经济区”，又进一步证明了这一点。

不沿海不靠边，改革开放上蓝天

2008 年年初，河北省郭庚茂省长调任河南省长，带人来中国民用航空局座谈时说：“为官一任，总要干出一番事情，调任河南，就要为发展河南谋事。从地理上讲，河南的优势是中原大省，河南的短处是不沿海不靠边，在调整经济结构、转变经济发展方式、对外扩大开放中，河南在谋划怎么利用民航做文章，想听听民航局的意见和建议。”

我向郭省长一行建议道：“河南不沿海不靠边，改革开放上蓝天。可以利用河南地处中原、承东接西、连接南北的区位优势，以发展民航业为抓手，打造郑州临空经济区高地，以此带动河南经济社会整体发展，并以此所产生的辐射效应，吸引更多的资源聚集到河南，壮大河南的经济实力。”民航局还结合国内外实例，向他们介绍了如何认识民航、利用民航的问题。

2009 年，河南省立项扩建新郑国际机场的综合大计划就形成了。在机场扩建奠基的同时，他们招商引资而来的富士康生产基地等一批新产业，在新郑综合保税区也伴随着同时奠基。此后，河南省又联合中国民用航空局向国务院上报了建设“河南省郑州市航空经济综合实验区”的报告，得到了国务院的批复支持。这是我国第一个以航空经济为引领的国家级新区，河南的航空经济迎来了发展的大机遇。

郑州航空港区规划面积由原来的 138 平方千米扩大到 415 平方千米，规划人口 260 万人，成为国务院批准设立的航空经济先行区。2012 年郑州国际机场又实施了二期扩建工程，成为中原腹地最大的机场。此后不到三年时间，郑州航空港就吸引了43家航空公司入驻，货运航空公司达17家，开通全货运航线34条，其中国际航线29条，位居内陆省份第一。客运航线187条，其中国际航线26条。伴随中欧班列，河南货航也大举进军欧洲，为加强协同，2014年河南投资2.2亿美元，收购了欧洲卢森堡货运35%的股权。

2016年郑州航空港区进出口总额482亿美元，占全省67.6%，助推河南省外贸规模首次跨进全国前十；电子信息产业产值2899亿元，占全省73%；生产手机2.58亿部，智能手机产量占全球1/7，其中，苹果手机占全球产量50%，使郑州成为世界闻名的手机生产基地，手机产量居全球第一，并由此带动500多家科技企业聚集在郑州航空港临空经济区。

郑州航空港综合实验区五大定位——国际航空物流中心、以航空经济为引领的现代产业基地、中国内陆地区对外开放的重要门户、现代航空都市、中原经济区核心增长极的构想初步显现。为此，2016年，郑州又被国务院批复列入中国十大中心城市建设之列。

自2009年起，我把对世界民航、中国民航的研究，建设中国民航强国的战略，以及各地发展民航的实践，整理成《要充分发挥民航业在经济社会发展中的战略作用》的专题课件，三次在中央党校省部级干部班做报告，引起了人们的浓厚兴趣。中央党校把我的报告印成材料，连续下发给下期学员，并通过《学习时报》广为传播。

2012年，国务院印发《关于促进民航业发展的若干意见》(国发〔2012〕24号)。这是新中国成立以来，以国务院名义发布的第一个促进我国民航发展的专门文件，大大推高了各地发展民航的热情。结合落实这一文件，我应邀在全国29个省市自治区党委中心组学习会议，以及省领导参加的会议上（多数省市自治区将学习会以视频形式扩大至地市、区县），就如何看待民航、如何利用民航、如何发展民航做了专题报告，以适应民航发展的需要。

以国务院《关于促进民航业发展的若干意见》为标志，中国的民航事业由过去中国民航局统包统管的方式，比较全面地转变到了中国民航局宏观主导，实施监管，各地依据市场经济机制具体负责落实发展的方式上来。

2015年12月28日下午15时，与8年前的同月同日同时，中国民用航空局召开机关大会，上级宣布我卸任中国民用航空局局长的职务。回顾整整8年的主政中国民航，遗憾于自己的某些工作不尽如人意的同时，对全行业同仁致力于中国民航的发展取得的业绩，也有着共同的成就感。

根据国际民航组织相关机构数据，中国民航的安全水平由2007年低于美国，到2015年已居世界前列，好于美国，更好于世界平均水平（见《世界运输航空百万小时重大事故率比较》）。

世界运输航空百万小时重大事故率比较

2007—2015年

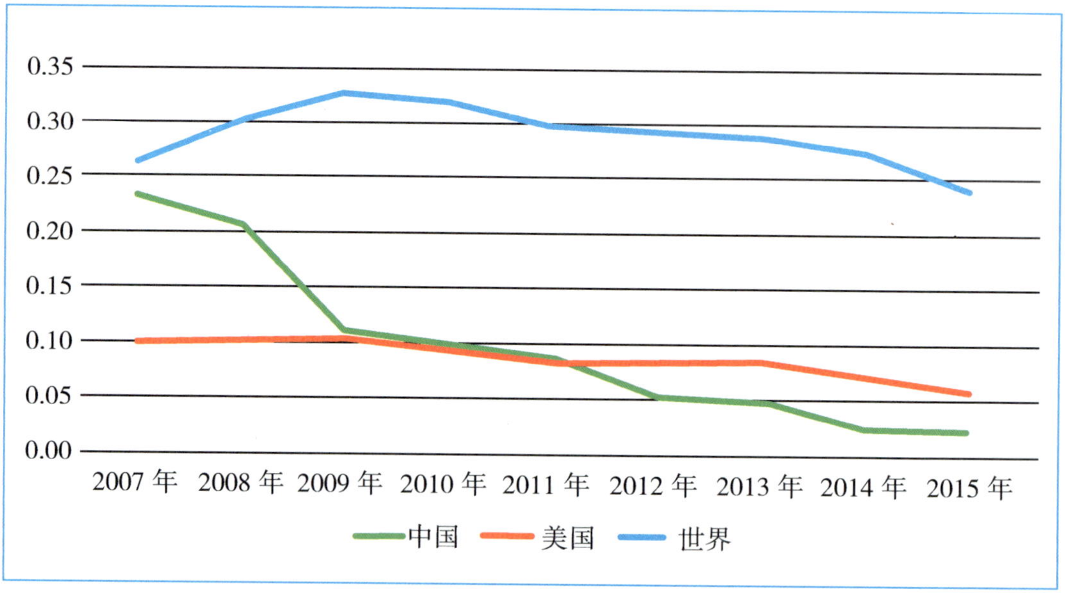

中国民航旅客周转量，在全国交通运输体系中的比重由2007年的12.9%上升到了2015年的24.2%。

中国民航的运输周转量、旅客运输量和货邮运输量分别是2007年的2.3倍、2.13倍、1.6倍。

中国民航的航线3326条，与2007年相比增幅达128%。国内通航城市由146个增加到204个，增长39%。通航国家由43个增加到55个，增长27.9%。

中国民航运输航空公司由2007年的42家增加到53家，增长30%。通用航空由2007年的72家增加到209家，增长290%。

中国民航运输机场由2007年的152个增加到210个，增长38.1%。

中国民航机队规模由2007年的1847架增加到4554架，增长146.5%，其中运输飞机由1134架增加到2650架，增长124.9%。

中国民航全行业除2008年受国际金融危机影响亏损277.8亿元外，2009年至2015年连续7年盈利，利润总额2303亿元，年均329亿元。总体上实现了健康发展。

中国民航在国际民航组织中的影响力逐年提升。2015年3月，中国民航选派的人员顺利当选国际民航组织秘书长，2018年又成功连任。

更可喜的是，各地发展民航的理念实现了可喜的转变，使得民航这一最具现代化的交通方式突破了单一的交通功能，全方位地促进着经济社会的发展。

在河南省郑州航空港经济综合实验区先行带动下，各地一个个依托机场的临空经济区异军突起，呈现出雨后春笋般的发展态势。截至2019年，全国颁证的239个机场中，所建的临空经济区已达87个，其中，国务院批复建设的国家级临空经济示范区多达14个；年旅客吞吐量千万级的39个机场中已建临空经济区38个；全国批准的18个自由贸易实验区，全部都落地在临空经济区。已获准设立的跨境电子商务综合实验区，多数也在临空经济区中，一个个“空港+口岸+航权+跨境+自贸+……”多重功能优势叠加的新型临空经济区，正成为加速实现区域内国内国际双循环、开放型经济发展的新引擎。

2016年，为打赢防治污染攻坚战，国家建立了中央生态环境保护督察工作机制，至今我已连续6年被选派担任中央生态环境保护督查组组长，成了打赢防治污染攻坚战的一名老兵……

后　记

我有幸出生在中华人民共和国建国之年。崭新、火热、昂扬、革故鼎新而又总体潮平海阔的伟大时代为我们提供了优于先辈的和平生活环境和干事创业的平台。个人的任何成就，都是这个伟大时代所赐予的。

我感谢那些具有挑战性的工作岗位，使我不断得到砥砺；感谢组织为我提供了那样多的展现自我的机会；感谢那些具有挑战性的工作，使我不断前进积蓄能量；感谢幸运总是光顾着我，使我诸事较为顺遂；感谢各个阶段那些给予我真诚帮助的长者和朋友们，使我要津有助。

历时一年半，拙作终于完稿了，我想首先把我的经历和所思所想与我的家人分享。在过往的岁月里，我陪伴他们甚少，他们也不清楚我各个阶段是如何履职的。但是，我各个阶段工作的背后，都凝结着他们默默无言的支持与付出。家人对此也习以为常，偶尔家庭相聚，母亲说得最多的一句话是：国事总比家事大。

独乐乐不如众乐乐。我更希望读者能从本书中各自寻找到自己喜欢的东西。有益于众人，才是我写作本书的初衷。

在本书写作中，储呈平先生帮助查找了大量资料，张建中先生给予了诸多协助，徐勇翔和陶柏彬先生精心帮助处理文字，我衷心感谢他们。同时，我还要衷心感谢光明日报出版社的朋友们为本书出版所做的卓有成效的工作。

在写作本书过程中，我心心念念的是真实、真实。但是，由于时间跨度过长，包括所思所想书中可能有不少缺失之处，敬请读友们赐教。

2021 年 10 月 6 日